# A morte menina
## Infância e morte infantil no Brasil dos oitocentos (Rio de Janeiro e São Paulo)

Programa de Pós-Graduação em História Social
Universidade de São Paulo
Faculdade de Filosofia, Letras e Ciências Humanas
Série Teses

UNIVERSIDADE DE SÃO PAULO
Reitor: Prof. Dr. João Grandino Rodas
Vice-Reitor: Prof. Dr. Franco Lajolo
FACULDADE DE FILOSOFIA, LETRAS E CIÊNCIAS HUMANAS
Diretora: Profa. Dra. Sandra Margarida Nitrini
Vice-Diretor: Prof. Dr. Modesto Florenzano
DEPARTAMENTO DE HISTÓRIA
Chefe: Profa. Dra. Marina de Mello e Souza
Vice-Chefe: Profa. Dra. Ana Paula Torres Megiani
PROGRAMA DE PÓS-GRADUAÇÃO EM HISTÓRIA SOCIAL
Coordenadora: Profa. Dra. Sara Albieri
Vice-Coordenador: Prof. Dr. Marcelo Cândido da Silva

Luiz Lima Vailati

# A morte menina

Infância e morte infantil no Brasil
dos oitocentos (Rio de Janeiro e São Paulo)

Copyright © 2010 Luiz Lima Vailati

Publishers: Joana Monteleone/ Haroldo Ceravolo Sereza/ Roberto Cosso
Edição: Joana Monteleone
Editor Assistente: Vitor Rodrigo Donofrio Arruda
Revisão: Thiago Scarelli e Marília Chaves
Projeto gráfico, capa e diagramação: Marília Reis
Assistentes de produção: Patrícia Jatobá U. de Oliveira
Natalia Marcelli de Carvalho
Imagem da capa: Gravura de Jean Baptiste Debret, Enterro de um negrinho. Fonte: DEBRET, Jean Baptiste. *Viagem Pitoresca e Histórica ao Brasil*. (Tradução e notas de Sérgio Milliet). São Paulo: Editora da Universidade de São Paulo, 1989, prancha 15.

CIP-BRASIL. CATALOGAÇÃO-NA-FONTE
SINDICATO NACIONAL DOS EDITORES DE LIVROS, RJ

V197m

Vailati, Luiz Lima
A MORTE MENINA: INFÂNCIA E MORTE INFANTIL NO BRASIL
DOS OITOCENTOS (RIO DE JANEIRO E SÃO PAULO) /
Luiz Lima Vailati
São Paulo: Alameda, 2010.
362p. : il. (Teses)

Inclui bibliografia
ISBN 978-85-7939-047-0

1. Mortalidade infantil - Rio de Janeiro (Estado) - História. 2. Mortalidade infantil - São Paulo (Estado) - História. 3. Ritos e cerimônias fúnegres - Rio de Janeiro (Estado). 4. Ritos e cerimônias fúnegre - São Paulo (Estado). 5. História social. I. Título. II. Série.

10-3345.    CDD: 981.5
           CDU: 94(815)

020374

ALAMEDA CASA EDITORIAL
Rua Conselheiro Ramalho, 694, Bela Vista
CEP 01325-000 São Paulo SP
Tel. (11) 3012-2400
www.alamedaeditorial.com.br

*A meus pais*

# Sumário

Prefácio 11

Introdução 17

PARTE I 35
LOCALIZANDO A MORTE MENINA

1. O objeto e sua trama 37
O objeto 39
Modelos e realidades nas cidades do Rio de Janeiro e São Paulo 57

2. O lugar da morte infantil 73
Mapeando a infância 75
As idades da infância 83

PARTE II 97
O GESTUAL DA MORTE MENINA

3. Traços gerais e primeiros cuidados 99
Aspectos gerais 101
Preparação para a morte 113
Após a morte: primeiros cuidados 127

4. A procissão, o enterro e depois 155
O cortejo fúnebre 157

O sepultamento 177
Após o enterro 199

PARTE III 209
DISCURSOS SOBRE A MORTE MENINA

5. O discurso eclesiástico e leigo sobre a morte infantil 211
O discurso eclesiástico 213
2. O discurso leigo 233

6. O discurso médico 257
Identificação, adaptação e distanciamento frente às concepções 265
tradicionais de morte infantil
Conflito e combate às concepções tradicionais de morte infantil 289

Conclusão 303

Imagens 313

Referências Bibliográficas 331

Agradecimentos 359

A Série Teses pretende colocar à disposição do leitor os resultados de pesquisas desenvolvidas no âmbito do Programa de Pós-Graduação em História Social da Universidade de São Paulo. Anualmente, uma comissão julgadora seleciona para publicação alguns dentre os melhores trabalhos de Mestrado e de Doutorado defendidos naquele ano. Desde 1997, com o apoio da CAPES, vários textos já foram publicados.

Promover a divulgação de uma tese ou dissertação é uma iniciativa importante em vários sentidos. Trata-se de um registro da pluralidade de temas e enfoques que o Programa e seu corpo docente desenvolvem. É também uma amostra da maturidade analítica alcançada por seus alunos. Mas, principalmente, a publicação representa para seus autores o coroamento de um percurso de leituras, pesquisa e escrita, e a possibilidade de colocar, em alguns casos pela primeira vez, os resultados de seu trabalho à disposição de um público leitor mais amplo.

O livro ora apresentado permite que as reflexões produzidas pelo novo pesquisador sejam incorporadas aos debates em curso na comunidade acadêmica. Essa é também uma das funções da Série Teses, que tem como objetivo básico a difusão e o enriquecimento do conhecimento produzido na área da História.

*Sara Albieri*, Coordenadora
*Marcelo Cândido da Silva*, Vice-Coordenador

# Prefácio

*Morte Menina* se apresenta como um daqueles trabalhos que surgem, é verdade com rara assiduidade, destinados a arrebanhar elogios superlativos e leitores fiéis. A começar pelo tema difícil em torno do qual o livro foi construído, a morte infantil, assunto frente o qual, com toda a certeza, a maior parte de nós prefere fugir: de fato, a mera menção de crianças agonizantes ou mortas nos causa tal desconforto que mal podemos considerar a possibilidade de enfrentar o assunto por alguns minutos, quanto mais investir diversos anos a pesquisar uma profusão de registros fúnebres, dedicados a anotar os percalços vividos por nossos antecessores que se defrontavam com a cotidianeidade da morte-menina.

Seguindo pelas fontes utilizadas que por sua fragmentação e morbidez, são capazes de afastar a maior parte dos interessados. Fontes como textos eclesiásticos, que intentavam disciplinar a vivência da morte para os fiéis, tornando sua experiência, tão comum nos tempos anteriores às vacinas, aos procedimentos assépticos e aos antibióticos, suportável, ou os assentamentos de óbitos com sua profusão de mortalhas, elaboradas e coloridas, a serem envergadas pelos pequeninos falecidos, ainda compromissos de irmandades, discriminando minuciosamente os procedimentos funerais devidos aos parvos, somadas as teses médicas sobre aborto, cesariana e embriotomia, as quais, para além da discussão médico-científica, na verdade se interessavam em discriminar a partir de que momento e como se poderia batizar um feto apenas parcialmente nascido e a literatura de viagem, sempre rica, porém preconceituosa, compõem a parte principal da miríade de fontes a partir das quais foi este livro redigido. Agrega ainda a este trabalho, uma outra série de registros de interesse tais como fotografias de inocentes amortalhados, em poses elegantes ou no colo de sua mães, imagens tumulares – do anjinho esprime-limão, do jovem inocente ainda em calças curtas, ou do anjo que os protegeria em sua passagem para o além –, cartas e diários.

Além disso, *Morte Menina,* ao invés de se circunscrever a um período de tempo curto, facilmente abarcado por uma pesquisa, produzindo um trabalho seguro, porém limitado – conforme aconselhado por nossas políticas de pós-graduação e agências financiadoras – investiu em enfocar o século XIX longo, insistindo em mostrar que é possível realizar trabalhos verdadeiramente ousados historiograficamente e criativos em termos de tema, abordagem e linguagem em nossos quadros de pós-graduação. Como orientadora da tese que deu origem a este livro fui testemunha da luta deste jovem e talentoso historiador, possuidor de uma extraordinária sensibilidade para apreender as complexidades da história social e das idéias, para perserverar na realização de um projeto ambicioso, pessoal e, sobretudo, profundamente inovador.

Pois, o que emerge das páginas de Luiz Vailati, não é, verdadeiramente, uma história da morte infantil, com seu cortejo fúnebre e triste. Contra todas as indicações, o que surge da leitura de *Morte Menina* é uma história da infância, apreendida por meio de seus registros mais eloquentes e, sem dúvida, definitivos. Como demonstra Luiz Vailati, as fontes fúnebres, quando lidas com a sensibilidade do historiador social, podem tornar-se as mais completas e ricas ferramentas para a reconstituição de uma história da infância, sempre entendida como uma história das percepções sociais dos adultos acerca da desta fase da vida. Necessariamente, torna-se esta também uma história da família, no interior da qual ou em referência à sua ausência, se desenrola a infância e a história das crianças.

Descrições dos elaborados funerais de anjinho, com sua pompa estridente, suas músicas profanas – como o tocar do miudinho, observado pelo viajante alemão Carl Seidler em 1835 – com a exposição suntuosa dos pequenos corpos, ricamente paramentados, maquiados e, finalmente, pregados a sustentáculos ou postes, de forma a tornar possível a exibição pública da beleza do inocente morto, ou expostos em carros fúnebres agalonados para a ocasião, fizeram parte do cotidiano das cidades do sudeste até bem avançadas décadas do XIX. Na ausência de prescrições fúnebres religiosas específicas à criança, que disciplinassem a aplicação dos cuidados rituais corretos aos inocentes mortos, e como forma de burlar os profundos traumas que o falecimento de um filho ocasionava em qualquer família, os coevos se dedicavam a organizar suntuosos e festivos rituais de enterramento, os quais, em quase tudo, se opunham a dos adultos. Como bem mostra *Morte Menina,* os cortejos de crianças, que eram realizados em plena luz do dia – ao contrário do dos adultos, realizados a noite – e na ausência da mãe, para qual a participação no enterramento era interditada, transformavam-se em eventos públicos, dos quais participavam passantes ocasionais e mesmo viajantes estrangeiros, mostrando-se, virtualmente, como inversão de tudo que dizia respeito a morte dos adultos. Os viajantes, testemunhas privilegiadas destes eventos, unanimimente registraram seu assombro desgostoso frente à aparente insensibilidade de uma população que parecia comemorar a morte de seus entes mais queridos.

Amortalhado primorosamente, envergando suntuoso paramento – como aquele observado pelo inglês, Thomas Ewbank no Rio, composto de túnica, saia curta presa por cinto, capacete de papelão dourado, apertadas botas vermelhas e espada, que vestia um pequeno defunto do sexo masculino – seguia o inocente morto para ser depositado nas igrejas, carneiros e, no correr dos séculos, nos cemitérios extra-muros. Aparentemente comemorada como a boa morte, isto é a morte do anjo sem pecado, nem por isso deixou este livro de notar que tais expansões encobriam a profunda tensão que causava, aos contemporâneos, a constante perda de crianças. A etiqueta da época, no entanto, restringia a manifestação de pesar dos parentes estritamente ao foro íntimo doméstico, ao qual os viajantes estrangeiros, que descreveram estes rituais, lamentando a falta de decoro dos participantes, estavam bem longe de penetrar.

Seria quase desnecessário acrescentar, que nem a infância como etapa da vida, nem o papel social das crianças que a compõem, foram denominadores constantes e estáveis. Muito pelo contrário, enfocando o século XIX longo, na corte e na cidade de São Paulo que se urbanizavam e modernizavam, Luiz Vailati pode sutilmente acompanhar as mudanças de peso que ocorreram no período.

Neste livro, discursos e práticas sociais se entrecruzam, compondo uma história que abandona modelos formais, como, por exemplo, de como a família deveria ser ou funcionar. Abdica ainda de verdades absolutas, sempre apontando as mediações sociais existentes entre discursos e práticas, como fica claro em sua análise do papel da igreja nas sociedades do Rio e São Paulo do período. E, finalmente, este trabalho supera uma história das idéias descarnadas de práticas sociais, como testemunha sua análise da formação do discurso médico no Rio, e tangecialmente na Bahia, a partir de meados do XIX. Ao invés de antepor o tratamento tradicional por parte da igreja e dos leigos, os quais relegavam a morte menina a um território quase ausente de normas ou a festejavam publicamente em funerais de anjos, à emergência de um discurso moderno, médico-cientificizante e aburguesado, Luiz Vailati persegue permanências inesperadas.

Mostra o autor, por exemplo, que em seu berço, a obstetrícia no Brasil se mantinha quase refém da Igreja, tendo sido a preocupação principal dos médicos a de respeitar os dogmas religiosos prescritos para a boa morte infantil, que propunham, acima de qualquer outra consideração, a prioridade do batismo sobre a salvação da vida da mãe ou do feto. Apenas em segunda instância propugnavam os doutores e doutorandos das faculdades de medicina ou da Imperial Academia de Medicina do Rio procedimentos médicos adequados ao enfrentamento de uma das maiores questões de saúde pública do período, qual seja, a da mortalidade infantil.

Um dos maiores desafios com que se defrontavam os obstetras do XIX era definir procedimentos frente aos partos difíceis, nos quais se fazia necessário decidir entre salvar a vida da mãe ou do nascituro. Como mostra Vailati, até por volta de 1850, a proeminência das recomendações da Igreja levam os médicos a optar pelo feto, com o objetivo não de salvá-lo, mas sim de batizá-lo devidamente. Seguindo as recomendações francesas, a partir da década de 1850, parte dos médicos passa a defender a salvação da mãe sobre a da criança, propondo, como forma de atender as exigências salvísticas da Igreja, o batismo intrauterino ou de fetos apenas parcialmente expelidos. Tratava-se aqui de poupar a mãe, enquanto ser plenamente desenvolvido, sobre o nascituro, que aparecia como uma promessa de vida facilmente ceifada pelos muitos imprevistos que a vida lhes anteporia.

Apenas a partir da consolidação de uma preocupação higienista, ligadas às políticas públicas que acompanharam a urbanização das cidades do sudeste, já no bem avançado XIX, que se definirá um discurso médico ligado ao bem estar coletivo, agora não da criança propriamente dita, mas da infância, entendida como futuro da nação. Daqui para frente vemos ocorrer a inversão dos polos de poder tradicional existente na família, proposta pelo Padroado, vigente desde a colônia, na qual o pai surgia como a figura organizadora primordial: assiste-se então a emergência de um modelo de família nuclear, centrado na criança, vista agora como o bem social mais precioso.

Mas eis o que surge das páginas de *Morte Menina*: não uma história acabrunhada e fúnebre, mas sim uma narrativa viva e envolvente de como os homens do XIX das cidades do sudeste manifestaram suas concepções a respeito da criança e de seu lugar social, as amaram, louvaram e homenagearam da maneira como podiam, em um quadro social marcado pela constante ameaça de perda de inocentes. Embora escrito por um jovem pesquisador, *Morte Menina* brinda seu leitor com uma narrativa complexa e sensível, própria do historiador curtido na árdua tarefa de recuperar a materialidade de práticas sociais e as ambiguidades de discursos formais. Sem perder o rigor acadêmico, o que surge das páginas deste livro é quase uma elegia à infância de outros tempos, ameaçada pela constância da morte e vivida sob o olhar cuidadoso de adultos sobressaltados pelos perigos da perda, mas ainda assim, infância. A morte-andorinha que a acompanhava – como a denominou o poeta Álvares de Azevedo, atormentado a vida toda pela visão, ainda na infância, do corpo do irmãozinho precocemente falecido – transformada em festa para os olhos e para a memória, podia ser, assim, relembrada para sempre. Assim o fez Luiz Vailati em *Morte Menina*, reconstituindo concepções, formas de viver e de morrer há muito perdidas para nós contemporâneos, cada vez mais temerosos dos registros definitivos.

Maria Helena Pereira Toledo Machado
Professora Livre-Docente
Departamento de História/ USP
Jandira/ março de 2010

# Introdução

O rito funerário no Brasil é objeto de um interesse que remonta à virada do século XIX. A natureza lúdica e espetacular com que então se apresentava essa prática, característica que compartilhava com as demais manifestações de religiosidade, parecia atingir nele uma de suas formas mais radicais. Disso resultou a atenção inusitada que ao cerimonial mortuário dedicaram os visitantes e exploradores estrangeiros às voltas nestas paragens. Oriundos, em sua maioria, da Europa Central Setentrional e dos Estados Unidos, eram esses viajantes aqueles cuja entrada no país fora franqueada quando do estabelecimento da corte de D. João VI no Rio de Janeiro.[1] Vindo com uma persistência que se prolongou até aos estertores do século e da qual resultou uma exaustiva literatura constituída de relatos e memórias, esses cientistas, artistas, missionários, comerciantes, agentes governamentais, militares ou meros aventureiros reagiram à observação dessas cerimônias com sentimentos que variaram da indignação à admiração. De modo geral, esses senhores – e algumas poucas senhoras – viram nelas o resultado não só de uma espiritualidade primitiva, cujo dolo era atribuído, sobretudo, à ação da Igreja Católica no país, como também de uma certa promiscuidade daqueles costumes de origem nativa e adventícia.[2]

---

1 Oberacker, Carlos. Viajantes, naturalistas e artistas estrangeiros. In Holanda, Sérgio Buarque de (dir.). História Geral da Civilização Brasileira. Tomo II: O Brasil Monárquico, 10 Volume: O Processo de Emancipação. São Paulo, Difusão Européia do Livro, 1970, p. 119-131, p. 119. Ver também: Pinto, Olivério M. Oliveira. "Viajantes e naturalistas". In Holanda, Sérgio Buarque de (dir.). História Geral da Civilização Brasileira. Tomo II: O Brasil Monárquico, 30 Volume: Reações e Transações. São Paulo, Difusão Européia do Livro, 1969, p. 444-467, p. 444.

2 Thomas Ewbank, por exemplo, assim se exprime acerca das manifestações religiosas que presenciou no Brasil: "Seja qual for a maneira como outros encarem as exterioridades do catolicismo romano, para mim serão sempre cheias de interesse. Reproduzem de maneira viva e harmoniosa os mistérios e cerimônias pagãs, sendo elas próprias quase tão exatamente pagãs quanto antes do advento de Cristo. [...]

No conjunto dos gestos que compunham as práticas fúnebres no Brasil dos oitocentos, um aspecto era também alvo da atenção desses viajantes: os funerais de criança. Ao acentuar as caraterísticas presentes nos demais cerimoniais fúnebres brasileiros, os rituais de morte infantil estavam mais do que nunca distantes dos costumes mortuários que estes haviam vivenciado em seus lugares de origem. Outros motivos, que não só a saturação dos elementos comuns a outras manifestações da sensibilidade religiosa tais como aconteciam no Brasil, também contribuíram para semelhante estranhamento. Quando ocorria a esses viajantes comparar os rituais fúnebres de adultos e de crianças, a surpresa era várias vezes ampliada pelo contraste desconcertante que isso propiciava. Essa experiência se lhes afigurava sob o seguinte esquema: morte de adulto/ cerimonial circunspecto/tristeza x morte de criança/cerimonial festivo/júbilo. É por esse motivo que para alguns deles a morte da criança acrescentava algo mais à interpretação que tinham das práticas fúnebres dos brasileiros. Produto de uma mistura de superstições de origens as mais diversas, ela testemunhava o fraco sentimento familiar de que sofria a sociedade brasileira e se apresentava como forte empecilho ao progresso da nação.[3]

---

O que é tudo isso senão uma repetição das pompas de Ísis e Cibele, de festivais celebrados em honra dos deuses do Egito, da Assíria, da Ásia Menor, de Cartago, da Grécia e da velha Roma? Cenas e atores semelhantes já foram vistos em Nínive, Babilônia, Corinto, Delfo e Atenas. Pelo menos tal me pareceu quando pela primeira vez as presenciei no Rio. Creio que o catolicismo, tal como existe no Brasil e, em geral, na América do Sul, representa uma barreira ao progresso, e outros obstáculos a ele comparados parecem pequenos" [Ewbank, Thomas. *A vida no Brasil; ou, Diário de uma visita à terra do cacaueiro e das palmeiras, com um apêndice contendo ilustrações das artes sul-americanas antigas.* (Tradução de Jamil Almansur Haddad, apresentação de Mário Guimarães Ferri). São Paulo, Editora da Universidade de São Paulo, 1976, p. 18-19].

3 A seguinte passagem de John Luccock ilustra bem essa interpretação de alguns viajantes sobre os funerais infantis: "Em uma dessas ocasiões foi ouvida uma mãe que assim se exprimia: 'Ó como estou feliz! Ó como estou feliz, pois que morreu o último de meus filhos! Que feliz que estou! Quando eu morrer e chegar diante dos portões do céu, nada me impedirá de entrar, pois que ali estarão cinco criancinhas a me rodear e puxar-me pela saia e exclamando: Entra Mamãe, entra! Ó que feliz que sou!' repetiu ainda, rindo a grande. Se isso fôsse considerado efeito de um desvio mental passageiro; o caso, porém, é que a satisfação em tais momentos é geral demais, e por demais ostensiva, para que deixe lugar a desculpas dessa espécie. Não posso ter uma opinião boa sobre o futuro de um estado onde assim se

Como se terá oportunidade de mostrar, essa interpretação dos funerais infantis chegou a estar presente entre os próprios brasileiros, ainda que em círculos bastante restritos. Estes eram formados basicamente por médicos e higienistas, intelectuais e políticos – cujas ideias ganham amplitude especialmente depois da criação das Escolas Médico-Cirúrgicas, em 1808 (que dariam origem às Faculdades de Medicina em 1832), da Sociedade de Medicina do Rio de Janeiro, em 1829 e, finalmente, da Junta Central de Higiene Pública, em 1851 – empenhados como estavam em aplicar uma série de medidas tendo em vista mudanças nas práticas cotidianas da população. Dessa transformação dependia, segundo eles, o ingresso do Brasil no concerto das nações desenvolvidas. Com efeito, no que respeita aos comportamentos funerários como um todo, esse grupo foi porta-voz e agenciador de uma nova sensibilidade – da qual o resto da sociedade brasileira não parecia estar em sintonia – e que teve como resultado a expulsão dos mortos do interior das igrejas na década de 1850, depois de ter sido esta questão objeto de uma longa disputa. A morte infantil vai dar origem a preocupações adicionais, manifestadas expressamente por alguns desses senhores, já na década de 1840.[4] Neste caso, não havia só o fato de que as práticas e os significados da morte da criança eram sintomas de um sentimento que ameaçavam o sucesso do tipo de família que eles queriam formar e conformar, mas, mais diretamente, esse tipo de concepção popular de morte infantil era uma das principais responsáveis pelos índices de mortalidade infantil que desde então passavam a tirar-lhes o sono. Como nossos visitantes europeus, os médicos e higienistas brasileiros

---

dissolvem os mais forte laços dos sêres desse mundo." [Luccock, John. *Notas sobre o Rio de Janeiro e partes meridionais do Brasil*.(Tradução de Milton da Silva Rodrigues, apresentação de Mário Guimarães Ferri. São Paulo: Editora da Universidade de São Paulo, 1975, p. 80].

4 Em 1847, o médico José Pereira Rego, o Barão do Lavradio, se manifesta nos seguintes termos no tocante às causas que contribuía para a mortalidade infantil: "o despreso no princípio das moléstias da primeira infância, apresentando-se ao médico crianças já moribundas de gastro-enterites, hepatites e tubérculos mesentéricos, julgando seus ignorantes projenitores ser uma felicidade a morte das crianças" *Apud*. Teixeira, José Maria. Causas da Mortalidade das Crianças no Rio de Janeiro. Memória apresentada à Imperial Academia de Medicina em resposta a esta questão posta a premio na sessão de 6 de Julho de 1886 e laureada com o 1º premio em sessão magna de 30 de Julho de 1887. In: *Annaes da Academia de Medicina*. Série 6, Tomo III, Rio de Janeiro, 1887-1888, p. 249-525, p. 267.

viram nesses comportamentos nada mais do que uma tradição que urgia ser suplantada através da mão providencial do progresso.

Chegaria o tempo em que essas manifestações seriam alvo de um olhar, se não mais simpático, ao menos não tão embebido de uma postura já de antemão desaprovadora. Remontando ao segundo quartel do século XX, a busca por traços culturais que traduzissem o "caráter brasileiro", tarefa que implicava olhar para suas tradições, não mais (ou não só) no sentido de vê-las apenas como reflexo e causa de um "certo atraso", fez com que as peculiaridades dos funerais infantis ganhassem um interesse plenamente renovado. Por exemplo, nos registros de nossos folcloristas e etnógrafos pioneiros, tais como Câmara Cascudo e Alceu Maynard, a descrição das atitudes frente à morte infantil marcará sua presença.[5] Um outro bom exemplo desse novo estado de coisas é que a morte infantil e as reações que outrora fomentava mereceram repetidas alusões na obra de um dos grandes "intérpretes da cultura nacional", Gilberto Freyre.[6]

Será sob os auspícios do que estava sendo descoberto por outras disciplinas – em especial a antropologia – que um maior número de historiadores tomará a reação do homem diante da morte como um objeto para o qual esforços eram válidos. Nesses últimos anos, ao lado dos trabalhos de antropólogos, sociólogos e psicólogos, esse tema foi abordado também sob a rubrica dos profissionais da história, em particular na França.[7] Como é de costume nesse âmbito, e não só por conta da influência que esse país exerce sobre a produção intelectual brasileira, o interesse na história da morte não deixaria de ecoar deste lado do Atlântico e de render alguns estudos importantes e é com eles que reaparece na literatura acadêmica, ainda que de forma apenas tangenciada – no sentido de que não existe qualquer trabalho que trate exclusivamente do assunto

---

5 Referências aos funerais infantis desses dois autores encontram-se, por exemplo, nas seguintes publicações: Cascudo, Luis da Câmara. *Superstição no Brasil*. São Paulo: Global, 2000; Araújo, Alceu Maynard. *Folclore Nacional III* – Ritos, sabenças, linguagem, artes e técnicas. São Paulo: Melhoramentos, 1964.

6 Freyre, Gilberto. *Casa Grande & Senzala*. Rio de Janeiro: Record, 2000. p. 201-202 e Freyre, Gilberto. *Sobrados e mucambos*: decadência do patriarcado rural e desenvolvimento do urbano; introdução à história da sociedade patriarcal no Brasil. Rio de Janeiro: Record, 2000, p. 178.

7 Para ficarmos com as três obras mais importantes desta escola: Ariès, Philippe. *O Homem Diante da Morte*. RJ, Francisco Alves, 1982. Chaunu, Pierre. *La Mort à Paris: 16$^e$, 17$^e$, 18$^e$ siècles*. Paris: Fayard, 1978. Vovelle, Michel. *Mort el L'Occident de 1300 à nos Jours*. Paris: Gallimard, 1983.

– o tema dos comportamentos frente à morte da criança no Brasil. A importância destes estudos para nós não é pequena, visto que muitas das hipóteses fundamentais desta pesquisa têm origem no que esboçaram esses trabalhos e que, por esse motivo, tornaram-se índice da relevância de uma investigação voltada a esse tema.

Mas não é só nesses estudos sobre a sensibilidade fúnebre que despontam as poucas reflexões sobre os rituais de morte infantil no Brasil. Um outro resultado da apropriação por parte dos historiadores de objetos e problemáticas tomadas de empréstimo a outras disciplinas foi o surgimento de estudos em torno da família, da condição feminina e da sensibilidade em relação à infância. No Brasil, os trabalhos que abordaram esses novos objetos não deixaram também de mencionar alguns aspectos das práticas e representações desencadeadas pela morte da criança. Este fenômeno, como bem perceberam estes estudiosos, oferecia uma série de elementos ricos de significado para as temáticas às quais eles estavam voltados. Ao lado do que já sinalizava a historiografia da morte no Brasil, esses trabalhos não deixavam margem de dúvida no tocante à premência de uma investigação cujo enfoque privilegiasse as práticas e representações que cercam a morte da criança.

Esta pesquisa está situada, portanto, no cruzamento dessas duas temáticas irmãs: a história da morte e a da infância. É igualmente patente o fato de que é dessa linhagem de leituras e escrituras, que por vezes e a seu modo falam das práticas e representações em torno da morte da criança na sociedade brasileira, que este estudo é mais diretamente tributário. De fato, a dívida para com um historiador como Philippe Ariès, que encampou a história desses dois objetos, é tão evidente a ponto de tornar essa afirmação quase desnecessária.[8] Entretanto, como já se observou, este trabalho é herdeiro de outras e mais antigas tradições. Para bem e para mal, este estudo também deve bastante aos primeiros testemunhos escritos sobre o fenômeno, como é o caso dos relatos de viagem, e basta que se considere o fato de que eles constituem grande parte do corpo documental sobre o qual se realizou a pesquisa para que se desvaneça qualquer dúvida a esse respeito.

Estabelecer a linhagem literária em que está situado um trabalho que tem como tema as práticas e representações relacionadas à morte da criança significa reconhecer

---

8 Foi mencionado o seu trabalho sobre a história da morte no ocidente, no caso da infância ele é autor de obra também pioneira, *L'enfant et la vie familiale sous l'Ancien Regime*. ARIÈS, Philippe. *L'enfant et la vie familiale sous l'Ancien Regime*. Paris: Éditions du Seuil, 1973.

os conteúdos e limites epistemológicos, metodológicos e ideológicos aos quais, querendo ou não, ele está preso e aos quais ele tem o dever de responder. Nesse aspecto, é também importante evidenciar os caminhos percorridos pela presente investigação. Inicialmente envolvido com questões relativas à história da morte no Brasil, e (des)animado em busca de resultados que pudessem de fato contribuir para as pesquisas nessa área, por sugestão de minha orientadora voltei a atenção aos chamados "funerais de anjinho", objeto o qual, como se disse acima, os trabalhos relativos às praticas e representações da morte no Brasil sinalizavam ser auspicioso, mas sobre o qual eles próprios não haviam chegado a se estender. Cheguei a semelhante constatação no tocante à bibliografia sobre a condição da criança no Brasil, reforçando a convicção de que um estudo que tivesse sob foco a morte da criança, nas atitudes e sentidos que a cercam, produziria, digamos, um viés privilegiado para se pensar as questões que nos colocam os estudos dedicados às temáticas da morte, especialmente as relacionadas à infância no Brasil. Nisso se incluiria, evidentemente, as problemáticas que geralmente acompanham esses dois objetos: a urbanização e a medicina social no Brasil; a família e a condição feminina, entre outros.

Essas leituras, enfim, permitiram constituir a proposta central da investigação nos seguintes termos: o estudo das práticas e representações em torno da morte da criança na sociedade brasileira e das mudanças que nesse âmbito teriam operado. Em outras palavras, o que está em questão *é a reconstituição dos significados, valores e sentidos que a sociedade brasileira nesse período atribuiu à morte da criança*. Isto posto, o trabalho se apoia em três grandes pontos: (1) pensar como os elementos que distinguem a morte infantil da morte adulta se relacionam com uma determinada concepção de infância; (2) considerar as práticas não verbalizadas vinculadas à criança morta – os rituais fúnebres, por exemplo – de modo a alcançar os possíveis significados da morte infantil; e (3) analisar os diferentes discursos produzidos em torno da morte da criança. Para tal, resolveu-se que esta pesquisa se concentraria nas cidades do Rio de Janeiro e São Paulo entre o início do século XIX e as primeiras décadas do XX.

A escolha desse recorte cronológico se justifica, conforme já foi apontado por alguns trabalhos,[9] pelo fato de que é neste intervalo que a questão da mortalidade

---

9 Segundo Margareth Rago, em seu estudo sobre o discurso das autoridades públicas e dos profissionais médico-higienistas a respeito da mortalidade infantil nas primeiras décadas so século XX observa que "o problema era novo, mas nesse momento histórico adquire dimensões inusitadas no discurso médico,

infantil começou a adquirir uma importância que se consolidaria em meados do século XX, evidenciando uma nova concepção mortuária relacionada à criança. A escolha do início do XIX como marco inicial se deveu a dois motivos. Por um lado, permitiu visualizar de maneira privilegiada a natureza das mudanças nesse âmbito, tendo em vista que as transformações nesse nível são melhor observadas numa perspectiva que dê conta da chamada "longa duração". Nesse sentido, pretendeu-se que essa delimitação favorecesse o paralelo entre momentos e temporalidades bastante distintos frente à mortalidade infantil. Por outro, essa estratégia torna possível verificar a relação desse fenômeno com as mudanças sociais ao longo do século XIX e com os problemas culturais de longo alcance, tais como a urbanização. A força com que os efeitos dessas mudanças se fizeram sentir, primeiramente na cidade do Rio de Janeiro e, mais tarde, em São Paulo, motivou a eleição dessas duas cidades como os dois sítios sobre os quais se realizaria a investigação.

Foi dito que esta pesquisa está inserida num universo metodológico no qual se encontram as histórias da morte tal como têm sido escritas nessas últimas décadas. Deve-se lembrar, no entanto, que a intenção de se ocupar com um tipo específico de fenômeno social – a morte da criança – acaba por impor uma clivagem entre os métodos e resultados dessa investigação frente às demais histórias sobre as atitudes para com a morte. Entre outras coisas, verifica-se que a relação existente entre o objeto de estudo – os comportamentos fúnebres – e os atores sociais envolvidos na trama narrativa faz-se de forma diferenciada. Os trabalhos sobre os comportamentos diante da morte voltaram-se, sobretudo, para uma abordagem em que a preocupação central era a de descobrir como os homens estudados vivenciavam, eles próprios, a ideia de sua morte – mesmo que, evidentemente, o exercício disso tivesse como suporte a morte alheia – sendo o testamento o registro privilegiado dessa experiência. Ora, os historiadores são conscientes de que grande parte do que se produz sobre o nome de "história da infância" é menos o estudo a respeito da experiência de ser criança ao longo do tempo (ainda que haja propostas válidas nesse sentido) do que dos sentimentos, valores, conceitos e comportamentos que a sociedade atribui a uma determinada faixa etária. A natureza, portanto, de uma história que objetiva analisar a morte infantil diz

---

criminologista, dos industriais, principalmente pela ameaça de despovoamento que representava para a nação" ( Rago, Margareth. *Do Cabaret ao Lar*. São Paulo: Ed. Paz e Terra, 1997, p. 126).

respeito a uma reflexão sobre como a sociedade (o mundo dos adultos) entendeu a morte da criança, não se tratando, por conseguinte, de uma investigação sobre como ela, a criança, vivenciava sua morte ou a dos outros. A propósito disso, vale ressaltar que as transformações que envolvem a sensibilidade frente à morte infantil nas sociedades estudadas ao longo do século XIX estão inscritas, como se procurará mostrar, na emergência de uma determinada representação fúnebre, identificada por Philippe Áries na Europa dos oitocentos e por ele batizada indistintamente de "bela morte do século XIX", "morte romântica" ou, mais sugestivamente, "a morte do outro".[10] Segundo o autor, na mesma medida em que esse tipo sentimento ressaltou, na morte, o doloroso caráter de ruptura dos laços afetivos construídos na terra, ele fez florescer uma crença no Além como lugar de libertação das mazelas mundanas e de reencontro definitivo daqueles que se amaram em vida.[11]

## As fontes

Como já foi constatado por outro célebre historiador da morte, Michel Vovelle, o estudo dos comportamentos coletivos frente à morte no Ocidente está cercado, entre outras coisas, de silêncios.[12] Por um lado, isso se deve à própria natureza dessa investigação que, tal como todas as histórias preocupadas com as atitudes coletivas, volta-se para grandes contingentes humanos nos quais uma minoria absolutamente discreta tem o privilégio de legar testemunhos escritos. Por outro lado, isso é resultado da escolha dessa temática em si mesma: as manifestações que a morte suscita não raro se apresentam por meio de tabus, mascaramentos e ocultações. Como bem pondera Vovelle, "sente-se que a história da morte é tecida de silêncios involuntários e silêncios voluntários".[13] Isso impôs ao historiador da morte que se habituasse e se tornasse sensível a fontes que em grande parte estão relacionadas a práticas não verbalizadas que, à condição de serem escrutinadas através de in-

---

10 Ariès, Philippe. *O Homem diante da morte* (tradução de Luiza Ribeiro). Rio de Janeiro: Francisco Alves, 1990, p. 482 e 484.

11 *Idem. Ibidem*, p. 475.

12 Vovelle, Michel. *Ideologias e Mentalidades*. (Tradução Maria Júlia Cottvasser). São Paulo: Editora Brasiliense, 1991, p. 137-138.

13 *Idem, ibidem*, p. 139.

terrogações adequadas, se revelam importantes índices de sensibilidades, valores e representações determinadas. Não é outra a situação daqueles que se voltaram para a história da condição infantil, ainda que isso implicasse unicamente a sondagem das concepções e percepções sociais em torno da criança. Esta última, via de regra, não produz(iu), ela própria, documentação escrita, e o que se registrou sobre ela dependeu dentre outras coisas, do interesse que então despertava, interesse esse relativamente recente no Ocidente.

Como se vê, uma investigação que tem por objeto o comportamento frente à morte da criança tem no silêncio uma presença ostensiva. Dos cuidados tomados para contornar e reverter essa situação a nosso favor, seguiram-se duas consequências. Em primeiro lugar, isso contribuiu ainda mais para o já comentado afastamento que caracteriza esse estudo dos demais trabalhos que compõem o campo historiográfico da morte, uma vez que essa investigação não conta com um tipo de fonte muito cara a essa temática, que é o testamento – as crianças não testam. Em segundo e como decorrência do anterior, tornou ainda mais necessário o recurso a outras fontes. Algumas delas, como é principalmente o caso dos relatos de viagem (apesar de já serem utilizadas pelos tânato-historiadores, especialmente no Brasil),[14] a necessidade fez com que fossem exploradas de forma mais intensiva. Por isso, diferentemente de outras pesquisas sobre a morte – em que (justificadamente) coube ao testamento lugar de primazia dentre os testemunhos sobre comportamento fúnebre no passado – nessa abordagem os relatos de viagem, bem como outras fontes, tais como os livros de registro de óbito e os manuais eclesiásticos, ganharam uma importância ainda maior.

Um primeiro corpo documental é, de fato, formado pelas narrativas dos viajantes estrangeiros que aqui estiveram. Apesar de quase todos discorrerem acerca da cidade do Rio de Janeiro, a importância dessas narrativas aqui se explica por mais de um aspecto: (1) representam elas um volume significativo de informação – analisamos cerca de vinte viajantes que se dedicaram a descrever funerais infantis, muitos deles pormenorizadamente; (2) esses relatos oferecem elementos para a reconstituição dos vários aspectos que compõem o campo de estudo no qual este

---

14 Os já citados trabalhos de João José Reis, *A morte é uma festa*, e o de Cláudia Rodrigues, *Lugares dos mortos na cidade dos vivos*, são bons exemplos do uso dos relatos de viajem na reconstituição dos costumes populares em torno da morte, no primeiro caso para Salvador, no segundo para o Rio de Janeiro.

fenômeno pôde ser observado. Como resultado do interesse que despertava a vida cotidiana dos "nativos", esses escritos oferecem descrições não apenas de práticas cerimoniais, mas também de outras manifestações importantes para o assunto em questão, em especial das reações emotivas que fugiam à gramática prescrita pelo ritual. Há viajantes, inclusive, que se reportam às representações verbalmente expressas pelos cariocas sobre a criança morta. Por fim – fato importantíssimo – (3) esses relatos cobrem quase todo o século XIX, o que faz deles sinalizadores únicos das mudanças que aí se operaram.[15]

Uma segunda espécie documental é formada pelos escritos produzidos pelos representantes da Igreja Romana. Entre estes há, em primeiro lugar, aqueles que se encarregam de regulamentar a prática religiosa da população, nisso se incluindo os gestos que cercam a morte da criança, documentação essa que cobre todo o período estudado. A importância mais notável desse tipo de fonte reside no fato de que ele permite recuperar não só as práticas que para Igreja pareciam ser aquelas adequadas às cerimônias fúnebres infantis como também torna possível abalizar, por meio do que esses escritos expressamente proíbem ou concedem, o comportamento do resto da população nesse âmbito.[16] Nesse grupo, há também aquelas obras de caráter doutrinal como é o caso dos compêndios, fundamentais em virtude de explicitarem, no nível do discurso, os diversos significados veiculados pela morte infantil. Entre as concepções que esses últimos permitem apreender estão, evidentemente, as que são defendidas pelas autoridades eclesiásticas, mas também, ainda que de forma mais

---

15 O levantamento dos viajantes deveu imensamente à pesquisa realizada pelas historiadoras Mirian Lifchitz Moreira Leite, Maria Lúcia de Barros Mott de Melo Souza e Bertha Kauffmann Appenzeller, que foi publicada no livro *A mulher no Rio de janeiro no século XIX. Um índice de referências em livros de viajantes estrangeiros*. São Paulo: Fundação Carlos Chagas, 1982.

16 Esse é o caso, por exemplo, do *Ritual do Arcebispado da Bahia*, que confirma práticas às quais outros documentos fazem referência. Mais especificamente, ao limitar o uso da mortalha branca às crianças e proibi-la às mulheres solteiras, o *Ritual* confirma a preferência que a população dá à mortalha branca, bem como à associação que a população fazia entre esta e as "donzelas" (Lemos, Pe. Lourenço Borges de. *Ritual do Arcebispado da Bahia*. Bahia: Typ. De Camillo de Lellis Marron & Cia, 1863, p. 118). Por outro lado, ao proibir nos funerais infantis o uso do guião e a condução das crianças mortas em andores em pé, ela ratifica os registros feitos pelos viajantes acerca desses costumes (*Idem, ibidem*, p. 144). O uso dos andores, relatado por Thomas Ewbank, é mencionado apenas como algo recentemente abandonado e que não havia sido observado presencialmente (Ewbank, Thomas. *A vida no Brasil*, p. 59).

esparsa e velada, aquelas das quais a população comunga, visto que são essas que esses representantes da Igreja desejam corrigir.[17]

Há um outro grupo de documentação produzido ou ligado à instituição eclesiástica, mas que nos informa mais diretamente sobre os cerimoniais da morte da criança, conforme de fato praticados pela população. São esses os estatutos de irmandades e confrarias e os livros de registro de óbito. Os primeiros, documentação de regulamentação das irmandades, agremiações religiosas formadas por leigos, contém os direitos e deveres que diziam respeito a cada de seus irmãos, nos permitindo conhecer os ritos e práticas comuns aos funerais uma vez que esse era o principal serviço prestado por tais instituições a seus associados. Já os livros de registro de óbito, produzidos pelos padres responsáveis de cada paróquia, informam, em geral, além do nome da criança falecida e sua condição social (livre, escrava, enjeitada, de mãe solteira etc.), os procedimentos rituais utilizados (encomendações etc.), local de enterramento (dentro da Igreja, no cemitério, no Adro) e o tipo de mortalha. É um testemunho privilegiado, portanto, para a observação das mutações nas práticas da morte infantil, assim como das distinções relacionadas com o sexo e condição social da criança. Procurou-se organizar, para cada paróquia, os registros dos livros de óbito produzidos durante um ano inteiro, computando-os em intervalos de vinte anos, segundo a seguinte tabela:

---

17 As justificativas que obras como *As Constituições Primeiras* dão à exigência do Batismo logo após o nascimento (Vide, D. Sebastião Monteiro da. *Constituições Primeiras do Arcebispado da Bahia*. São Paulo: Typographia 2 de Dezembro, 1853, p. 14) reflete não só uma determinada concepção de criança morta, que, nessa visão precisa do batismo para salvar-se, como de algum modo revela também, através da condenação monetária que se prevê para a desobediência dessa lei, que a opinião da população leiga sobre o assunto não era necessariamente a mesma. Isso é confirmado mais veementemente pelo célebre livro para pais e preceptores, a *Arte de criar bem o filhos na idade da Puerícia*, do jesuíta português Alexandre de Gusmão e usado no Brasil. Ao exortar os pais darem atenção aos sacramentos que devem aos seus filhos, em especial em perigo de morte, ele condena a idéia corrente de que a criança prescinde desses cuidados para sua salvação (Gusmão, Alexandre de. *Arte de criar bem os filhos na idade da puerícia*. Edição, apresentação e notas Renato Pinto Venâncio e Jânia Martins Ramos. São Paulo: Martins Fontes, 2004 p. 107).

| Paróquia | Ano | Idade do morto | Sexo | Condição Social | Sacramentos | Mortalha | Sepultura (Local) |
|---|---|---|---|---|---|---|---|
| | | | | | | | |

No caso das irmandades paulistanas essa documentação se encontra no Arquivo da Cúria Metropolitana de São Paulo. Na Cúria Metropolitana do Rio de Janeiro as condições de pesquisa se caracterizam pelo ínfimo período que é disponibilizado à consulta e ao péssimo estado de conservação, organização e disponibilização desse material. Por isso, não só não foi possível recuperar os compromissos e estatutos das irmandades como, no que respeita aos livros de assentamento de óbito, a consulta viu-se de tal forma limitada que a utilização dos dados assim recolhidos traria grandes riscos à investigação. Procurando, por conseguinte, contornar da melhor maneira essa situação, lançou-se mão dos dados oferecidos pelo trabalho de Claudia Rodrigues sobre as práticas fúnebres no Rio de Janeiro.[18]

O processo que se inicia com transferência da Família Real e prossegue com a Proclamação da Independência deu ensejo, como já comentamos, à emergência de um saber/poder médico sediado neste lado do oceano. A produção escrita que acompanhou esse movimento, principalmente após a criação das Academias de Medicina em 1832, vai se constituir para nós, ao lado da documentação eclesiástica, num importante registro acerca de determinadas representações da morte infantil encontradas no nível da expressão verbal mais elaborada, isto é, do discurso. Esse conjunto de escritos médicos que de um modo ou de outro se manifesta sobre a morte infantil é formado por teses e artigos sobre os mais diversos temas. As representações da morte infantil dispontam, primeiramente, nos escritos relacionados à questão do parto complicado, isto é, na polêmica entre aborto e embriotomia e a chamada operação "cesariana". Por fim, há aqueles que discorrem sobre a questão do infanticídio, bem como sobre os problemas e causas da mortalidade infantil e que tratam da questão demográfica, da amamentação, condições de higiene etc. Esses trabalhos se encontram na Biblioteca da Academia de Medicina do Rio de Janeiro, na Biblioteca Nacional, na Biblioteca da Faculdade de Medicina da Universidade de São Paulo, na Biblioteca da Faculdade de Medicina da Santa Casa de Misericórdia de São Paulo e na Seção de Obras Raras da Biblioteca Municipal Mário de Andrade.

---

18 Rodrigues, Cláudia. *Lugares dos mortos na cidade dos vivos: tradições e transformações fúnebres no Rio de Janeiro*. Rio de Janeiro: Secretaria Municipal de Cultura, 1997.

A pesquisa fez uso de outros tipos de fontes textuais as quais, devido principalmente ao seu caráter disperso, na maior parte dos casos dizem respeito a fontes citadas por trabalhos que se dedicaram mais intensivamente a esse tipo de documentação. Por conta do montante de tempo exigido por uma pesquisa que pudesse recuperar nessa documentação passagens sobre a morte infantil, resolveu-se recorrer aos levantamentos e transcrições realizados por outros trabalhos. Esse é o caso especialmente das cartas e diários particulares por meio das quais é possível reconstituir uma experiência da morte da criança sob um ponto de vista alheio às manifestações e representações fossilizadas pelo costume e pelo lugar-comum. Esses escritos oferecem, tendo em vista de seu caráter muitas vezes confidencial, um testemunho muito mais espontâneo das reações que esses eventos propiciavam.[19] De fato, uma das características da morte infantil para o período e sociedade estudados é que entre os leigos, o âmbito privado (cartas e diários) é o lugar por excelência em que se fala da morte infantil e, mais importante, é aquele no qual os sentimentos se manifestam de forma bastante diferenciada do que se vê no ritual. Essa medida, como se verá, atendeu satisfatoriamente aos objetivos da presente investigação, ainda que julguemos necessário, futuramente, um levantamento nesse *corpus* documental sob o enfoque adotado. Por fim, a investigação lançou mão, aqui e ali, de elementos que nos são oferecidos pela literatura (artística) produzida durante o período abordado e por dicionários da época.

Resta falar dos testemunhos de natureza não-textual utilizados por este trabalho: as fotos de anjinhos e os túmulos. Fundamentais para os estudos sobre os comportamentos diante da morte infantil são as fotografias das crianças mortas em seus caixões, produtos de um hábito que se disseminou a partir de meados da

---

19 Por exemplo, um certo magistrado cujo diário é citado por Jeffrey Needel (que não informa o nome do magistrado) em suas cartas expõe o fato de que a crença na qual a morte em tenra idade é dadivosa em nada contribuíra para diminuir o sofrimento que a morte de seus filhos causara. Em seu diário, esse magistrado confidenciava que, por ocasião do surto de febre amarela de 1850, havia pedido a Deus, "[...] no caso de exigir um sacrifício, antes me levasse os filhos porque eram inocentes e eu podia ter outros. Ah! Eu não sabia o que dizia. O meu filho morreu a 6 de abril [...] Minha Mariquinhas morreu a 9 [...] e eu durante muitos anos não me lembrava sem lágrimas dessa desgraça" (Needel, Jeffrey D. *Belle Époque Tropical*: Sociedade e cultura de elite no Rio de Janeiro na virada do século. (tradução Celso Nogueira). São Paulo: Companhia das Letras, 1993, p. 166).

segunda metade do século XIX entre as classes mais abastadas da sociedade brasileira. Trata-se de uma documentação única, tendo em vista a escassez de fontes iconográficas sobre os funerais infantis. A investigação beneficiou-se do acervo que o Museu Paulista possui desse tipo de fotografia, a maioria delas de autoria do fotógrafo Militão Augusto de Azevedo, produzido entre as décadas de 1860 e 1880. Quanto aos túmulos, a fecundidade de seu testemunho em muitos estudos, em particular para aquele que focaliza o fenômeno social da morte, é bastante evidente se considerarmos as pesquisas que se utilizaram desse tipo documental.[20] Isso se justifica basicamente pelo fato de serem os túmulos artefatos de fácil acesso (por sua conservação e pouca mobilidade) e datação.

O rigor que se exige de uma investigação dessa natureza faz necessário que se reconheça, de antemão, os limites que a realidade documental nos impõe: num trabalho que pretende abarcar práticas e representações de uma população cuja natureza sócio-cultural é de ordem heterogênea, é evidente que não se pôde reconstituir comportamentos e representações de todos esses grupos com a mesma intensidade. As documentações, com importantes exceções, como é o caso dos viajantes, interessados que estavam em tudo que lhes parecesse pitoresco, dizem respeito àquele setor da população mais diretamente submetido ao controle da Igreja católica – isto é, referem-se àqueles que eram enterrados em Igreja, e portanto, registrados ou cujos pais pertenciam às irmandades – fato sem o qual não seria possível recuperar suas práticas. Além disso, os registros se limitam ao falecimento daqueles que tinham, de algum modo, condições materiais para que sua morte deixasse vestígios. A investigação se ressente de algumas sérias lacunas, resultantes, por exemplo, do fato de que grande parte da população escrava não ter sido sepultada nas Igrejas, não deixando, assim, qualquer registro nos livros de óbito.

---

20 Para ficarmos com os mais importantes Ariès, Philippe. *O Homem Diante da Morte*. Rio de Janeito, Francisco Alves, 1982; Vovelle, Michel. *Mort el L'Occident de 1300 à nos Jours*. Paris: Gallimard, 1983. No Brasil, temos os seguintes trabalhos: Borges, Maria Elizia. *Arte tumular: a produção dos marmoristas de Ribeirão Preto no Período da Primeira República*. Tese (Doutoramento), São Paulo: Escola de Comunicação e Arte, Universidade de São Paulo, 1991; Lima, Tânia Andrade. De morcegos e caveiras a cruzes e livros: a representação da morte nos cemitérios cariocas do século XIX (estudo de identidade e mobilidade sociais). In: *Anais Do Museu Paulista*. São Paulo: Nova Série, v. 2, p. 87, janeiro-dezembro 1994, p. 87-150;

## Estrutura

O texto foi dividido em três capítulos. Como ficará evidente, a organização foi feita de modo a atender uma opção por uma escrita não-linear do objeto no tempo. Isso se deve, antes de tudo, a um entendimento particular da forma como se apresentou o fenômeno em seu conjunto. Procurou-se considerar sua natureza associando-o às mudanças que via de regra obedecem a um ritmo característico daquilo que se convencionou chamar de longa duração, à diversidade social e cultural dos atores envolvidos e à multiplicidade de dimensões em que esse acontecimento se desdobra. Verificou-se, assim, que a morte da criança, nos vários aspectos e níveis aqui focalizados, não se transformou de modo simultâneo. O que se assiste é o surgimento, a manutenção e a extinção de elementos cujas temporalidades foram, no mais das vezes, distintas (ainda que não completamente autônomas). Esse movimento não é tampouco unívoco, fato esse que, se negligenciado, não só compromete o entendimento desse acontecimento nos seus embates e conflitos sociais, como não garante uma análise que prime pela coerência.

A primeira parte – *Localizando a morte menina* – se dedica a cumprir duas tarefas fundamentais para o estudo do sentido particular que a sociedade estudada atribui à morte infantil. A primeira delas é verificar a existência de uma sensibilidade específica para com a morte da criança nessas sociedades, ou seja, constatar, por meio dos testemunhos que informam sobre as atitudes (práticas e discursos) face à morte, a existência de comportamentos diferenciados que fazem com que determinados indivíduos sejam associados a um grupo etário específico, nesse caso, a infância. Visto que nesse âmbito se observam comportamentos socialmente diferenciados, se fez necessária a exposição de alguns elementos constituintes da realidade estudada e cujo jogo, ao nosso ver, explica a atitudes frente à morte infantil nas cidades do Rio de Janeiro e São Paulo: (1) a influência do Concílio de Trento, o modelo patriarcal de família, e a realidade específica do exercício da Igreja na colônia e no império e seu reflexo documentação eclesiástica; e (2) a realidade familiar nas cidades do Rio de Janeiro e São Paulo. Feito isso, trataremos de localizar a "infância" no interior das atitudes mortuárias, bem como sondar acerca das mudanças que têm lugar nesse âmbito. Isso será feito por meio da comparação dos limites etários definidos pelas práticas fúnebres com aqueles relacionados a outras dimensões do cotidiano (trabalho, casamento etc.). Em poucas palavras, as questões que, de modo geral, nessa parte se colocam são as seguintes: nas sociedades cariocas e paulistanas dos oitocentos existe, de fato, uma "morte infantil"? Na morte, que limites etários definem a criança como tal? E, enfim, que criança é essa que é localizada nos testemunhos sobre a morte infantil?

A segunda parte – *O gestual da morte menina* – procurará investigar determinadas concepções de morte infantil por meio do exame de práticas não-verbalizadas das quais a sociedade estudada lança mão para com a criança que morre. Isso significa avaliar, em primeiro lugar, os cuidados de caráter ritual que se efetuam antes e depois da morte do indivíduo e que têm por objetivo controlar a passagem para o outro mundo – gestual que, em muitos aspectos, obedece a uma gramática própria. A relevância da análise desse conjunto de práticas se deve à possibilidade dela fornecer elementos importantes para o vislumbramento das representações associadas à criança, à sua morte, e ao que seria o "Além infantil". Em segundo lugar, trata-se igualmente de voltar a atenção às manifestações menos codificadas que, apesar se encontrarem sob o suporte dos ritos, com bastante frequência deles escapam. Essa ultima tarefa, diga-se de passagem, não apresenta poucas dificuldades, pois aí se incluem aspectos de sondagem difícil, como é o caso dos sentimentos envolvidos neste fenômeno. Em todo caso, não é possível esquivar-se desse esforço, uma vez que dele depende uma compreensão satisfatória, senão mais ampla, dos significados engendrados pela morte da criança.

A última parte – *O discurso sobre a morte menina* – trabalha com a morte infantil enquanto objeto de discurso isto é, procura verificar como os sentimentos e significados que giram em torno da morte da criança, cuja expressão na prática já foram de algum modo vislumbradas nos capítulos anteriores, tomam corpo nas falas a respeito desse assunto na forma como foram registradas direta ou indiretamente pelo testemunho escrito. Esta será a ocasião, portanto, em que será possível retomar, comparar e aprofundar as ponderações até aqui realizadas, com a finalidade de traçar um quadro mais completo e mais inteligível das diferentes concepções de morte infantil existentes, permitindo desvendar melhor as diversas sensibilidades com as quais se percebeu a criança no decorrer do período estudado. De fato, teremos oportunidade de constatar que a análise dos discursos na maior parte das vezes esclarece as hipóteses lançadas sobre os aspectos estudados nos capítulos anteriores. Ainda assim, é necessário fazer uma ressalva. A complementariedade com a qual foi entendida a relação entre práticas e discursos não implica que se pressuponha, *a priori*, que haja uma correspondência ou coerência estrita entre ambas dimensões da sensibilidade frente à morte infantil, mesmo porque, dada a natureza da documentação disponível, os comportamentos e as falas sobre a morte da criança não pertencem, via de regra, a um mesmo grupo social e, por conseguinte, a uma mesma concepção de morte menina. Com efeito, mostraremos nesse capítulo como a documentação eclesiástica, os relatos de viajantes e outros testemunhos configuram diferentes concepções de morte infantil num quadro em que se evidencia a existência de um relacionamento ambíguo entre o entendimento da Igreja e aquele adotado por grande parte da população. Chamamos essa relação de ambígua visto que ela se caracteriza, ora por uma comunhão de significados, ora por um distanciamento destes. Ao lado disso, teremos a oportunidade de constatar que, a partir (principalmente) de meados do século xix, a discursividade em torno da morte da criança aparece na fala de uma nova categoria social: os médicos. Com uma produção escrita que emerge, sobretudo, com a criação das Faculdades de Medicina em 1832, a morte da criança volta a ser veiculada no discurso em assuntos tais como o das gestações e partos complicados, mortalidade infantil, infanticídio, entre outros, numa atitude em relação às concepções populares e às da Igreja Católica que variou da concordância ao combate manifesto.

**Parte 1**
**Localizando a morte menina**

# 1. O objeto e sua trama

# O objeto

A elaboração do projeto que originou esse trabalho, no tocante à escolha de seu objeto – a morte infantil nas sociedades carioca e paulistana dos oitocentos – se escorou na análise dos indícios preliminares disponíveis e estudos anteriores que, de uma forma ou de outra, tangenciavam o tema. Com efeito, estes permitiam entrever a existência de uma concepção e práticas fúnebres específicas para a infância, no período e na sociedade em questão. Em outras palavras, acenavam, no interior das atitudes em relação à morte como um todo, para uma concepção e um comportamento diferenciado em relação à morte infantil, o que justificava um estudo mais detido.

Apesar desses elementos sinalirem vivamente em favor da validade desse objeto, dois problemas em particular tornam necessário que se lance mão de todo tipo de cautela para que não se venha a incorrer nas armadilhas do anacronismo. Em primeiro lugar, há o fato de não haver sobre o assunto qualquer pesquisa anterior mais sistemática. Em segundo, esse tema está associado a uma série práticas e representações relacionadas a uma determinada concepção e percepção de *infância* e que, por isso, estiveram também sujeitas a mudanças importantes durante o período estudado. Considerando que nessa época a forma como era percebida essa fase da vida não é exatamente a nossa, atribuir a essa sociedade uma concepção de morte infantil segundo o nosso entendimento do que seja a criança seria evidentemente inapropriado.

Mais duas considerações. Como se observará, a exigência metodológica de se atentar para a especificidade de tal recorte temático – a possibilidade de se atribuir a essa sociedade, um sentimento particularizado para a morte da criança – impôs que se ficasse atento a quaisquer diferenças (principalmente as etárias, mas não só elas) que os comportamentos fúnebres imprimissem. A exposição das conclusões contidas neste capítulo não reflete a ordem em que elas se consolidaram no decorrer da investigação. Com efeito, elas só foram possíveis quando da finalização do tratamento analítico das fontes, uma vez que o mapeamento dos limites etários que definem a infância procurou abranger a totalidade de manifestações face à morte infantil nas cidades estudadas. É por isso que a apresentação aqui feita de alguns resultados não seria possível a não ser por meio da descrição em grandes linhas de constatações que, de certa forma, dizem respeito aos capítulos posteriores.

Aos resultados, então. De fato, chegou-se à constatação de que para as cidades do Rio de Janeiro e São Paulo dos oitocentos, a morte de um grupo social diferenciado, relacionado à infância, era portadora de significados e práticas determinadas. Ainda que sejam considerados os limites que tanto o objeto da pesquisa como a natureza das fontes utilizadas determinaram ao trabalho, é possível verificar a existência de algo que poderíamos chamar de "morte infantil", com tudo que isso tem de específico. Mas não só. Da atenção que voltamos a toda distinção existente entre grupos etários, foi possível verificar que no interior das atitudes fúnebres tomadas na sua totalidade, a diferenciação feita entre adultos e crianças era aquela discriminação de maior importância.

É possível afirmar tal coisa por dois motivos. Primeiramente, isso se deve ao fato de ser essa diferença reconhecida pelos dois grandes grupos sociais – religiosos e leigos – cujas ideias e comportamentos as fontes aqui trabalhadas dizem respeito. Como irá ficar demonstrado no decorrer do trabalho, é extremamente raro que as práticas funerárias estudadas apontem para qualquer outra discriminação etária. Em todo caso, quando isso acontece, o que se verifica é que esse comportamento esteve limitado a um desses dois grupos. É o caso, por exemplo, do costume de se colorir o caixão de jovens, geralmente solteiros, de forma a distingui-los dos outros adultos, prática muito comum entre a população leiga na cidade do Rio de Janeiro, segundo o que nos informam os viajantes.[1] Esse costume de discriminar os

---

[1] Segundo o viajante Thomas Ewbank, os "caixões para casados são invariavelmente pretos, mas nunca para os jovens, para estes são vermelhos, esarlates ou azuis." (Ewbank, Thomas. *A vida no Brasil*: ou, Diário de uma visita à terra do cacaueiro e das palmeiras, com um apêndice contendo ilustrações das artes sul-americanas antigas. São Paulo: Ed. da Universidade de São Paulo, 1976, p. 58). À mesma época, o francês Jean Baptiste Debret observa que "as cores adotadas nos esquifes são: preto com galões de ouro e prata para os homens; carmesim ou vermelho-escuro com galões de ouro para as mulheres casadas ou viúvas; azul-celéste agaloado de prata para as moças" (Debret, Jean Baptiste. *Viagem Pitoresca e Histórica ao Brasil*. Belo Horizonte: Editora Itatiaia Limitada; São Paulo: Editora da Universidade de São Paulo, 1989. Tomo Terceiro, p. 203).

solteiros, não obstante, é veementemente desaprovado pelas autoridades eclesiásticas brasileiras, ao menos no que respeita às "virgens adultas".[2] Em segundo lugar, e o que é mais importante, esse corte que cinde em dois o fato social da morte – a morte da criança, de um lado, e a morte dos demais, do outro – tem lugar em todas as dimensões nas quais esse acontecimento se desdobra. Isso contrasta com o caráter pontual em que outras discriminações etárias aparecem, limitadas que estão a um aspecto ou outro daqueles que compõem o conjunto de atitudes diante da morte. A divisão entre adultos e crianças está presente em todos os níveis em que se esquadrinhou o fenômeno mortuário, isto é, nos rituais engendrados pela ocorrência do fenômeno e nos discursos produzidos em torno dele.

Mais ainda, talvez seja possível arriscar a hipótese, cuja comprovação está fora das pretensões desse trabalho, de que a morte da criança, para a parcela da sociedade brasileira cujo comportamento foi possível configurar através das fontes disponíveis, é aquela mais fortemente diferenciada. Essa hipótese é possível quando comparamos o tratamento que era dado à morte da criança e à do escravo nos compêndios que as regulamentavam. Era de se esperar que sua radical distinção jurídica determinasse uma diferenciação no conjunto de atitudes perante a morte ao menos comparável ao que se passa com a morte da criança. Não obstante, em se tratando da regulamentação ritual e do âmbito discursivo essa distinção se desfaz.

É o que fica fortemente evidenciado pelos testemunhos respeitantes a este âmbito dos comportamentos fúnebres, nos quais fica manifesto o esforço das autoridades eclesiásticas no sentido de que todos os grupos sociais, mesmo aquele cuja condição se caracterizava pela ambiguidade, como o era dos escravos, participassem dos aspectos rituais que acompanham a morte cristã. É o que testemunha a edição de 1853 das *Constituições Primeiras do Arcebispado da Bahia*, usada em todo o Brasil, mesmo após a Proclamação da Independência. O ano da edição usada

---

2 Segundo, por exemplo, o *Ritual do Arcebispado da Bahia*, de 1863, encontrado na Biblioteca da Cúria Metropolitana de São Paulo (o que sugere o conhecimento desta por parte dos clérigos paulistanos), "sommente aos menores de sete annos é permittido, além da palma e capella a mortalha de gala: ficando prohibido o costume de se amortalhar de gala e côres os cadáveres das virgens adultas, ás quaes unnicamente são permittidas palmas e capellas, e algumas flores naturaes sobre a mortalha, que poderá ser roxa" (Lemos, Pe. Lourenço Borges de. *Ritual do Arcebispado da Bahia*. Bahia: Typ. De Camillo de Lellis Marron & Cia, 1863, p. 118).

aqui (que faz referência às leis da versão original que perderam a validade) e o fato desta ter sido reimpressa na cidade de São Paulo atestam a pertinência desse documento para o nosso estudo.³ Escrita originalmente em 1707 por Dom Sebastião Monteiro da Vide, arcebispo da Bahia de maior vulto em todo o século XVIII, cargo que ocupou entre 1702 a 1722, esse corpo de leis significou uma tentativa de estabelecer uma legislação eclesiástica mais bem adaptada à situação da colônia, não se tratando, destarte, de uma mera cópia da sua versão europeia tridentina – apesar de influenciada por ela, conforme discutiremos adiante.⁴ Ao recomendar o sacramento da extrema-unção, as *Constituições* se pronunciam da seguinte forma: "Todos os fieis Christãos, que tiverem discrição, e malícia para peccar, são capazes deste Sacramento"; para mais adiante acrescentar: "Não se há de administrar este Sacramento aos meninos, que não tem uso da razão".⁵ Assim, ao mesmo tempo

---

3 Ildefonso Xavier Ferreira, autor do prólogo da edição de 1853, assim justifica a reedição das Constituições: "sendo certo, queos Srs. Bispos do Brasil adptarão estas Constituições com as modificações competentes, e análogas aos usos, e costumes de suas Dioceses, devendo por outro lado cada Parochia possuir este livro indispensável para que o Parocho soubesse ensinar a Doutrina Christã, e preencher exactamente seus deveres Parochiaes; muito numerosa que fosse sua impressão, seria pouco para a quantidade de Parochos, que então existião, e que se tem creado no Brasil. Sendo além disto necessária esta obra a todo o Sacerdote, que deseja mostrar-se digno do seu estado, necessária aos Advogados para as diversas questões ecclesiásticas, que apparecem no Foro; sendo finalmente útil a todo Pai de família para saber se conduzir, como Catholico, governar e dirigir seus familiares; esta obra se tornou rara no Brasil, e sua acquisição cara e difícil." (Vide, D. Sebastião Monteiro da. *Constituições Primeiras do Arcebispado da Bahia Feitas e Ordenadas pelo Reverendíssimo Senhor D. Sebastião Monteiro da Vide, 5º Arcebispo do dito Arcebispado, e do Conselho de Sua Majestade: Propostas e Aceitas em o Synodo Diocesano, Que o Dito Senhor Celebrou em 12 de Junho do Anno de 1707*. São Paulo: Typographia 2 de Dezembro, 1853, p. VI).

4 Sobre o autor das *Constituições* Primeiras, Dom Sebastião Monteiro da Vide, Eduardo Hoornaert informa que "Dom Sebastião quis formarum Brasil mais independente de Portugal e é nesta perspectiva que temos que entender as *Constituições Primeiras* por ele promovidas e proclamada. O nativismo brasileiro, que é uma forma de libertação, está presente nos esforços de Dom Sebastião. Há uma tendência de fazer um Brasil para os Brasileiros, e nesta perspectiva uma legislação eclesiástica brasileira adaptada às situações brasileiras, não copiada da legislação européia tridentina". [Hoornaert, Eduardo. Terceiro período. A cristandade durante a primeira época colonial. In: _____ (org). *História da Igreja no Brasil. Primeira Época*. Tomo II/1. Petrópolis: Vozes, 1992, p. 243-411. A passagem citada encontra-se nas p. 280-281].

5 Vide, D. Sebastião Monteiro da. *Constituições Primeiras do Arcebispado da Bahia*, op. cit., p. 82.

em que procura generalizar os procedimentos fúnebres para todos cristãos, exclui as crianças desses cuidados. Mais do que nunca, fica aqui demonstrado que o que foi dito sobre a postura da Igreja frente à generalização dos rituais católicos de morte para todos os grupos sociais, inclusive aos escravos, não se aplica à criança, a quem, como veremos mais adiante, serão reservadas recomendações bastante distintas das que são dirigidas aos adultos, sejam eles quem forem. Como acontece aos loucos, "doudos, e desacisados, que nunca tiveram uso de razão"[6] (mas mais ainda do que eles, já que para estes as diferenças nos procedimentos demandados na sua morte se limitam à proibição desses sacramentos), as crianças estão entre aqueles católicos para os quais a morte não iguala, mas separa.[7]

Em todo caso, essa primeira e necessária constatação de que, no conjunto das condutas desenvolvidas em torno do fenômeno da morte, a criança tem para si voltados comportamentos específicos, já nos oferece elementos para atribuir às sociedades carioca e paulistana uma percepção diferenciada do que seja a morte infantil, operando uma divisão dual – morte adulta/morte infantil – em todas as atitudes que a morte propicia. Ela é igualmente indicativa, por desdobramento, de uma certa sensibilidade na qual a criança é vista como portadora de uma natureza bastante específica. Deve-se considerar que para essa sociedade os problemas que

---

6 *Idem, ibidem.* p. 82.

7 É interessante notar que um outro guia religioso escrito no Brasil por volta de 1700 pelo jesuíta Giorgio Benci, preocupado com os cuidados espirituais que os senhores deveriam dispensar a seus escravos, tendo em vista, evidentemente, a cristianização desse enorme contingente humano despejado e instalado na colônia. Nas orientações que ele formula sobre como os senhores devem proceder quando da morte de um escravo não há nada aí que seja diferente daqueles cuidados rituais que a Igreja normalmente recomenda a um morto-adulto-cristão-livre. Pelo contrário, neste caso o padre assim os exorta: "Que Senhor haverá, que não deseje morrer Sacramentado? Pois estando o servo gravemente enfermo, por que não lhes chamais logo o Confessor, para que receba o Sacramento da Penitência? Porque lho dilatais de sorte que, quando chega o Sacerdote, o acha destituído dos sentidos e talvez já morto? E se, por causa do vosso descuido se perder a alma do escravo, que clamores e brados não dará ela do profundo Inferno, pedindo em Deus vingança contra seu senhor, que por lhe não acudir com a Confissão a tempo, a deixou cair naquele abismo de penas?" [Benci, Giorgio. *Economia Cristã dos Senhores no Governo dos Escravos* (livro brasileiro de 1700). (preparada prefaciada e anotada por Serafim Leite S.I.) Porto: Livraria Apostolado da Imprensa, 1954. p. 80]. O autor era de origem italiana (Rimini) tendo trabalhado junto ao padre Antônio Vieira no Brasil.

a morte coloca e os cuidados que demanda estão acima de tudo relacionados à salvação. Visto isso, o que fica evidenciado é que a morte da criança, ao exigir uma atuação que lhe é exclusiva, exprime uma concepção na qual é imputada à alma infantil um destino bem diverso das dos demais homens. Isso fica por ser explicado e confirmado nos capítulos que se seguem.

Resta, por ora, a questão: para o período e sociedades estudadas, é possível entrever mudanças tocantes à existência de uma morte específica à criança? Como deve ficar manifesto ao longo desse estudo, as mutações constatadas no intervalo enfocado apresentaram-se por vezes de forma bastante sutil e a análise conjunta dos dados trabalhados ao longo da pesquisa excluem uma mudança a tal ponto radical que determinasse uma indistinção entre a morte adulta e a infantil. Ela tampouco permite entrever com segurança sinais de mudanças que nesse sentido poderiam ter lugar para os períodos posteriores. É evidente que isso não significa que não houve mudanças. Só que essas dizem respeito não a uma abolição da identidade que a morte infantil possuía, mas sim ao fortalecimento de novas representações que promoviam essa discriminação. Com efeito, uma leitura geral possibilitou vislumbrar com clareza o movimento estabelecido entre as diferentes condutas e significados que rodearam da morte da criança.

Por exemplo, bem ao contrário do que parecia ser a regra no que diz respeito às manifestações exteriores face à morte infantil, analisadas na segunda parte da tese, na terceira parte teremos oportunidade de mostrar como os depoimentos epistolares, os registros tumulares, os diários, entres outros documentos, testemunham uma crescente valorização das manifestações de dor e pesar ocasionadas pela morte prematura de um ente querido.[8] Nessa parte também, veremos como o advento

---

[8] Tome-se, por exemplo, observações como as de Ferdinand Denis, que esteve entre a segunda e a quarta década do XIX no Brasil: "*os enterros de crianças fazem-se, no Brasil, com uma pompa entre nós ignorada, e que nada tem de fúnebre a idéia, geralmente admitida, que uma criança não abandona a terra senão para voar a uma morada mais ditosa, faz esquecer todas as demonstrações de dor*" (Denis, Ferdinand. *Brasil*. Tradução de João Etienne Filho e Malta Lima. Belo Horizonte: Ed. Itatiaia; São Paulo: Ed. da Universidade de São Paulo, 1980, p. 148) e compare com manifestações como estas que nos oferece esse verso retirado de um poema gravado no túmulo de Jorge Pompeu de Souza Queirós (1882-1900), do Cemitério da Consolação de São Paulo: "*Morrer assim fora bem triste sorte; Para que não pudesse ter na morte; O carinho das irmãs e o amor paterno*" [Jorge Pompeu de Souza Queirós (1882-1900). Lápide em mármore branco. Localização: Cemitério da Consolação, quadro 07, s/n, São Paulo, SP].

de um discurso novo sobre a morte infantil, relacionado com a emergente classe médica na Corte, veio reforçar essa tendência a atribuir significados novos – e bem mais negativos – à morte infantil, apresentada por esses doutores como obstáculo ao tão necessário povoamento da nação.[9]

É interessante agora verificar se essa distinção entre morte de criança e de adulto é expressa verbalmente, ou seja, saber se a morte da criança nos documentos referentes às sociedades cariocas e paulistanas possui um termo específico. Essa interrogação permitiria verificar a extensão dessa discriminação, dando indícios mesmo sobre se essa tendência se manifestava de forma consciente por parte da população estudada. Também a essa questão os testemunhos respondem positivamente. De fato, eles mostram que para *todo* o período em questão a criança morta, é nomeada, adjetivada como tal. Além apontar para o fato de que a morte infantil tem seu lugar na linguagem, essa preocupação em dar um nome à morte da criança, abundante em toda a documentação, nos informa sobre algo mais: infância aparece também aqui enquanto categoria etária *privilegiadamente* discriminada: nos testemunhos sobre a morte, dentre as possíveis divisões que têm base na idade – que de qualquer forma se referem às etapas da vida, conforme são então percebidas – a infância é a única cuja menção é tomada como pertinente. Vejamos.

De fato, essa preocupação de registrar a situação particular com a qual a infância se reveste diante da morte é encontrada nos livros de assentamento de óbito. A importância dessa série em particular provém do fato dela nos permitir visualizar a extensão social deste procedimento. Essa documentação corresponde a uma atividade própria dos párocos, visto que são eles os responsáveis pela confecção desse registro. Não obstante, esse testemunho importa na medida em que informa sobre o cotidiano efetivo das práticas fúnebres, uma vez que esses padres tinham, nesses

---

9 Essa nova concepção de morte infantil é bastante evidente no médico José Maria Teixeira, segundo o qual "*a não ser pois a immigração, vêmos todos os elementos conspirarem para o pouco desenvolvimento numerico do Rio de Janeiro, e como a mortalidade geral o que mais a faz avultar é a infantil, cumpre lançar mão de todos os meios para fazer diminuil-a*" (Teixeira, José Maria. *Causas da Mortalidade das Crianças no Rio de Janeiro*. Memória apresentada á Imperial Academia de Medicina em resposta a esta questão posta a premio na sessão de 6 de Julho de 1886 e laureada com o 1º premio em sessão magna de 30 de Julho de 1887. In *Annaes da Academia de Medicina*. Série 6, Tomo III, Rio de Janeiro, 1887-1888, p. 249-525, p. 524).

rituais, participação direta e, muitas vezes, diretiva. Esse é o caso dos assentamentos da Paróquia da Sé, onde já nos primeiros registros pesquisados, que remontam ao início do século XIX, se observa, por exemplo, o uso do termo "menor" para indicar que o morto ali inscrito era uma criança,[10] o mesmo se verificando quarenta anos depois, na Paróquia de Santo Amaro.[11] Na década de 1820, encontramos nos assentamentos da paróquia de Nossa Senhora do Ó o adjetivo "párvulo" para indicar a condição de criança[12] e na década de 1850 esse termo já é encontrado nos assentamentos da paróquia da Sé.[13]

Tal prontidão em distinguir a morte infantil vai além. A mesma preocupação em definir a situação de "criança" no acontecimento da morte fica evidenciada nos Compromissos das Irmandades que, por serem instituições leigas, se tornam instrumentos valiosos para a sondagem dos comportamentos de uma parcela mais significativa da população. Comparada com os Livros de Registro de Óbito, essa documentação faz uso de outros termos, revelando, de algum modo, uma certa espontaneidade da prática efetiva face à regulamentação da Igreja. Já na penúlti-

---

10 No livro de assento de óbitos da Paróquia da Sé, encontra-se o seguinte registro: "*Anna. Menor. Aos sete de janeiro de mil oitocentos falleceu de lombrigas Anna de dois annos de idade filha de José Caetano da Silva, e sua mulher Maria Ferreira da Assumpção* [?]. *Foi encomendada e sepultada em Santo Antonio* [grifo meu] ". Livro de Assento de Óbitos da Igreja de Nossa Senhora da Assunção, Paróquia da Sé (1798-1802), ACMSP, códice 02-02-02,

11 "*Sinhorinha menor Aos treze de setembro de mil oitocentos e quarenta e hum no Bairro da capelinha desta Villa de Santo Amaro faleceu Sinhorinha de dois annos filha de Francisco de Souza Dias e de Gertrudes Maria de Jesus, seu corpo envolto em panno roza foi sepultado dentro desta matriz e sua alma recommendada.*" Livro de Assento de Óbitos da Igreja de Santo Amaro (1824-1849), ACMSP, códice 04-02-17.

12 "*Brandina. Parvula. Aos seis de setembro de mil oitocentos e vinte nesta Igreja no Adro desta Matriz foi sepultado o cadáver de brandina de onze dias de idade filha de Gertrudes Maria solteira: moléstia incógnita envolta em branco, sua alma foi encomendada* [grifo meu]." Livro de Assento de Óbitos da Igreja de Nossa Senhora da Expectação, Paróquia de Nossa Senhora do Ó (1801-1859), ACMSP, códice 05-02-22, f. 45 (verso).

13 Por exemplo: "*Ignácio – parvulo – Aos treze de Agosto de mil oitocentos e cincoenta e trez, nesta freguesia faleceo com doze dias de idade Ignacio, filho natural de Emilia Maria Thereza, solteira desta Parochia. Encomendo foi sepultado no jazigo, no Cemitério da Igreja do Remédio*[grifo meu]. Livro de Assento de Óbitos da Igreja de Nossa Senhora da Assunção, Paróquia da Sé (1853-1860), ACMSP, códice 03-02-25, f.3 (verso).

ma década do século XVIII, o Compromisso da Irmandade de Nossa Senhora do Rosário dos Homens Pretos define nas suas cláusulas o que a Irmandade entende como sendo o proceder devido em caso de morte de "minino" e "criança".[14] A Irmandade de São Benedito, Santa Ifigênia e São Elesbão, em 1801, preocupou-se em mencionar os casos nos quais o filho do irmão é "filho menor".[15] Ainda em São Paulo, um ano depois, em termos idênticos se expressou a Irmandade do Santíssimo Sacramento da Freguesia de Santo Amaro.[16]

Os textos religiosos que circularam nessas cidades também denominam de forma diferenciada a morte infantil da adulta. Como se evidencia em citação anterior, a propósito da proibição da administração do sacramento da extrema-unção às crianças, se observa que, na edição de 1853 das *Constituições Primeiras*, há o uso do substantivo "meninos" para definir um grupo específico em relação ao qual os rituais fúnebres próprios aos adultos são diferenciados.[17] A alusão a essa situação etária, que por si só revela sua importância na definição de comportamentos mortuários específicos, é encontrada em um outro compêndio doutrinário. É o que se constata na leitura do *Ritual* do padre Lourenço Borges de Lemos de 1863, que se encontra no acervo da Biblioteca de Teologia da Cúria Metropolitana de São Paulo, e que por isso deve ter circulado entre os clérigos daqui. Para definir as crianças, cujas cerimônias fúnebres são objeto de instrução à parte, o autor desse compêndio lança mão da palavra "párvulo".[18] Além desse, o padre Lemos fará uso

---

14 "(...) *somente se uzara de guião nas procissões festivas, e não nos enterros onde somente leva a Irmandade de Cruz ao diante, excepto quando vae a enterrar hum minino, ou criança de idade (...)*" [Compromisso da Irmandade de Nossa Senhora do Rosário dos Homens Pretos. São Paulo, 1778 (ACMSP) p. 8].

15 "(...) *e quando morrer algum filho menor de algum Irmão, podera a d.ª Irmand.ᵉ acompanhalo e enterralo na sepulturas d.ª Irmand.ᵉˢ*" [COMPROMISSO da Irmandade de São Beneditto, Santa Ifigênia e São Elesbão. 1801, (ACMSP) p. 5.]

16 "(...) *E quando falecer algua mulher, ou filho-menor de Irmão, querendo este fazer enterro solene deverá esta Confraria a companhar com sua cruz, e cera de sua fábrica*". [Compromisso da Irmandade do Santíssimo Sacramento. Freguesia de Santo Amaro, 1802, (ACMSP) p. 6].

17 É o que nos informa, por exemplo, o já citado trecho: "*Não se há de administrar este Sacramento* [a extrema-unção] *aos meninos* [grifo meu]". (Vide, Sebastião Monteiro da. *Constituições Primeiras do Arcebispado da Bahia*, p. 82).

18 Por exemplo, "*Fica phroibido o costume de pôr as corôas das Imagens nos cadaveres dos parvulos* [grifo

de um outro termo para denominar a criança morta: "anjo".[19] Esse fato é único na documentação eclesiástica que pesquisamos mas, adiantamos, é muito comum entre a população leiga e sobre o qual falaremos mais adiante.

Uma consulta aos dicionários produzidos/utilizados[20] ao longo desse período confirmam, de fato, a equivalência de todos esses termos entre si – "criança", "menino", "menor", "párvulo" – utilizados para assinalar a condição de ser criança. O *Dicionário da Língua Portuguesa* de Antonio de Moraes Silva, de 1813, atribuiu aos adjetivos criança e menino(a) o mesmo significado, qual seja, "idade do homem até os sete anos".[21] A essa equivalência semântica os dicionários de Antônio Lopes dos Santos Valente, o de José Maria Lacerda, o do Frei Viera, e a edição de 1873 do dicionário de Moraes Silva,[22] todos das décadas de 1870 e 1880, acrescentam a expressão "párvulo", atestando,

---

meu]".(Lemos, Pe. Lourenço Borges de. *Ritual do Arcebispado da Bahia*. Bahia: Typ. De Camillo de Lellis Marron & Cia, 1863, p. 144).

19 "[O pároco] *lançará caritativamente agua benta sobre o* anjo". (Lemos, Pe. Lourenço Borges de. *Ritual do Arcebispado da Bahia*, p. 10).

20 Apesar de produzidos em Portugal, dois dos cinco dicionários utilizados expressam, já em seu título a intenção de serem utilizados nesse lado do Atlântico: O *Dicionário Enyiclopedico ou Novo Diccionario da Língua Portugueza Para Uso dos Portuguezes e Brazileiros* de D. José M. A Corrêa (Lisboa: Francisc Arthur da Silva, 1878) e o *Dicionário da Língua Portugueza. 7ª edição. Melhorada, e muito acrescentada com grande número de termos usados no Brasil e no Portuguez da Índia*, de Antonio de Moraes (Lisboa: Typographia de Joaquim Germano de Souza Neves: 1877). Um terceiro é a edição de 1813 do já citado dicionário de Antonio de Moraes Silva (Lisboa: Typographia Lacérdina, 1813. Tomos I e II), feito, portanto antes da Independência. Além disso, todos fazem parte do Acervo de Obras Raras da Biblioteca de Letras da FFLCH/USP, o que sugere o seu uso na cidade.

21 "**Criança**: *s.f. A menina, ou menino*" (Silva, Antonio de Moraes. *Diccionario da Lingua Portugueza*. 2 edição. Lisboa: Na Typographia Lacérdina, 1813. Tomo I, p. 495) e "**Menino**: *s. m. ou adj. Diz-se da idade do homem até os 7 annos*." (*Idem, ibidem*. Tomo II, p. 288).

22 "***parvulo*** *s. m. creança, menino*" (Valente, Antonio Lopes dos Santos. *Diccionario Contemporaneo da Lingua Portugueza. Feito sobre um plano completamente novo*. Lisboa: Parceria A. M. Pereira, Livraria Edidora, 1881, p. 1302); "***parvullo*** (...) *menino, creança*" (Lacerda, D. José Maria de Almeida e Araújo Corrêa. *Diccionario Encyclopedico ou Novo Diccionario da Lingua Portugueza Para Uso dos Portuguezes e Brazileiros*. Quinta Edição, Lisboa: Francisco Arthur da Silva, 1878. Vol. 2, p. 732); "***párvulo*** (...) *creança, menino, rapaz*" (Vieira, Dr. Fr. Domingos Vieira. *Grande Diccionario Portuguez ou Thesouro da Líingua Portugeza*. Porto: Chandron e Moraes, 1873, IV vol., p. 684); "***párvulo*** (...) *menino, criança, rapaz*" (Silva,

como foi observado nas demais fontes, o seu uso mais recente. Esses últimos precisam a definição de menor, que também pode ser entendida como compatível com o significado desses outros vocábulos – menino, criança, párvulo – apesar do termo menor se remeter também à condição jurídica da infância: a criança como indivíduo não-emancipado para dispor de si próprio e de seus bens.[23]

O mesmo não se passa com outras duas expressões que têm por finalidade estabelecer a distinção do defunto criança e que por isso merecem atenção particular: "inocente" e "anjo". No que respeita ao reconhecimento pela sociedade em questão de que a morte da criança é diferente das outras, a peculiaridade dessas duas expressões reside no fato de que três pontos principais os distanciam dos outros termos utilizados para designar a criança morta. O primeiro deles é que, com mais força que as expressões "menor", "menino", "criança", "párvulo", os substantivos "inocente" e "anjo" já trazem consigo significados que são fundamentais à caracterização da criança morta enquanto portadora de uma natureza diferenciada das dos demais defuntos. A segunda, que diz respeito à distinção promovida por vocábulos como "criança" e "párvulo", é fortemente acentuada pelos termos "inocente" e "anjo". Com efeito, o morto-criança é o único a possuir um nome só para ele. Isso adquire interesse quando se lembra que não há um nome especial para outros grupos, sejam velhos, mulheres, ou mesmo escravos. O que confirma, portanto, a hipótese da importância, dentre todas divisões fomentadas pelo comportamento fúnebre nas sociedades estudadas, daquela que respeita à separação entre adultos e crianças. Por fim,

---

Antonio de Moraes. *Diccionario da Lingua Portugueza. 7a ediçao. Melhorada, e muito acrescentada com grande número de termos novos usados no Brasil e no Portuguez da India*. Lisboa: Typographia de Joaquim Germano de Souza Neves: 1877. Tomo II, p. 416).

23 "***menoridade*** *(...) Idade d'aquelle que ainda não chegou ao tempo prescripto pelas leis para dispor de sua pessoa e bens*" (Vieira, Dr. Fr. Domingos Vieira. *Grande Dicionário Portuguez, op. cit.*, p. 200); "***menor*** *(...) O que está em idade de receber curador por morte do pae*" (Silva, Antonio de Moraes. *Diccionario da Lingua Portugueza. 7a ediçao, op. cit., p.298*); ***menor*** *(...) que ainda não tem edade que a lei requer para se considerar emancipado*" ( Lacerda, José Maria. *Diccionario Encyclopedico, op. cit.*, p. 592); "***menoridade*** *(...) s. f. o período da vida humana até á epocha em que a lei suppõe no individuo a capacidade necessária para reger sua pessoa e bens*". (Valente, Antonio Lopes dos Santos. *Diccionario Contemporâneo da Língua Portugueza, op. cit.*, p. 1145).

há o fato do uso bem marcado dos termos "anjo" e "inocente" por uma parcela determinada da população.

Uma dessas expressões particulares é o termo "inocente". Como foi dito, um dos seus aspectos deriva do fato de que essa expressão assinala uma qualidade que essa sociedade atribui à criança, a sua inocência. Esse adjetivo é utilizado para designar crianças em geral, tal como ficou demonstrado na leitura dos dicionários.[24] No entanto, o fato dessa designação aparecer para nomear o defunto criança, é bastante sugestivo. Primeiramente, assinala a importância dessa pretendida natureza infantil na forma como é concebida então a morte da criança. Em segundo lugar, evidencia a tendência que esse termo têm em especial para ser sinônimo de um tipo único de cadáver – a ser diferenciado dos demais – o "inocente".

Por fim esse termo é encontrado nos documentos mais diretamente relacionados às práticas das sociedades estudadas, como é o caso, por exemplo, dos livros de óbito das paróquias paulistanas. O termo "inocente" foi usado para qualificar, entre outros, o menino José em seu registro de óbito de 1828 na paróquia de Ibiúna.[25] O termo aparece também em outras paróquias da cidade e seus arredores, como é o caso, por exemplo, da do Brás[26] e a de Itapecirica.[27] Um tipo documental bastante distinto, as inscrições

---

24 "*innocente* (...) Criança, ou menino, menina enquanto não tem malícia" (Silva, Antonio de Moraes. *Diccionario da Lingua Portugueza. 7a ediçao, op. cit.*, p. 172); "innocente (...) menino, criança"(Lacerda, José Maria. *Diccionario Encyclopedico, op. cit.*, p. 358); "innocente (...) toda creança ainda não chegada á idade da discrição" (Vieira, Dr. Fr. Domingos Vieira. *Grande Dicionário Portuguez, op. cit.*, p. 1116).

25 "*Jose* innocente. *Aos dezesseis dias do mes de Novembro de mil oitocentos e vinte e oito annos no bairro de Pirapora desta Freguesia da senhora das Dores* [...] *de lumbrigas na idade de oito annos faleceu da vida presente José, filho de Ântonio Vieira Branco e sua mulher Maria Rita dos Passos pessoas brancas* [grifo meu]" (Livro de Assentamento de óbitos da igreja de Nossa Senhora das Dores. Paróquia de Ibiúna (1824-1829), ACMSP, códice 10-03-58, p. 40).

26 "*Feliciano recémnascido.Aos oito de junho de mil oitocentos e sessenta e seis, foi sepultado no cemitério d'esta freguesia o <u>innocente</u> Feliciano, recemnascido, filho legítimo de Eduardi Olimpio Silva, e de Amélia Augusta da Silva*[grifo meu]" Livro de assentamento de óbitos da Igreja de Bom Jesus de Matozinhos, Paróquia do Brás (1819-1882), ACMSP, códice 03-02-30, f.79 (verso).

27 "*Leonardo* innocente *Aos doze de fevereiro de mil oitocentos e sessenta e oito enterrei a Leonardo inocente filho de Antº Ferreira e de sua MulherMaria Vieira da Cruz nesta Igreja de Nossa Senhora dos Prazeres desta Aldea de Itapecirica* [grifo meu]" Livro de assentamento de óbitos da igreja de Nossa Senhora dos Prazeres, Paróquia de Itapecirica, (1761-1844) , ACMSP, códice 02-01-51,

tumulares, atestam a longevidade do uso desta expressão. Com efeito, nos túmulos dedicados a crianças, bastante comuns entre 1870 e 1930, especialmente no Cemitério São João Batista para o Rio de Janeiro e os Cemitérios da Consolação e do Araçá para São Paulo, a expressão "inocente" aparece às vezes utilizada para a indicação da condição etária do defunto. Esse é o caso, por exemplo, do túmulo do "inocente José Augusto Ribeiro Sobral" (1880-1882) localizado no Cemitério da Consolação[28] e, quase trinta anos depois, do "inocente Alberto" (1915-1920), localizado no Cemitério São João Batista, testemunho de seu uso entre os cariocas.[29]

Como foi dito acima, uma das características desse termo é o seu uso bem marcado socialmente. Com efeito, o que primeiro salta aos olhos é a sua ausência nos manuais eclesiásticos. Se esta expressão é encontrada em testemunhos relativos a práticas às quais a Igreja tem controle e participa – como é o caso dos livros de óbito e das inscrições tumulares –, ela está completamente ausente nos manuais de doutrina católica.[30] Isso informa não só uma postura diferenciada da Igreja em relação ao conjunto da sociedade, como também para um desnível no interior dela, isto é, entre a autoridades eclesiásticas, produtoras dessas obras, e os párocos, responsáveis pelos registros de óbito, uma das fontes em que a expressão "inocente" mais aparece. Esse fato nos dá indícios bastante relevantes para confirmar a existência de uma carga

---

28 José Augusto Ribeiro Sobral (*1880-†1882). Lápide e escultura em mármore branco. Localização: Cemitério da Consolação, s/n, São Paulo (SP).

29 Alberto (*1915-†1920). Monumento em mármore branco. Localização: Cemitério São João Batista, Quadro 20, s/n. Rio de Janeiro (RJ).

30 Esse termo, para designar toda criança morta, não foi encontrado nas obras clericais que também tratam desse assunto, publicadas entre fins do XVIII e início do XX, ee encontradas sejam na Biblioteca Nacional do Rio de Janeiro, sejam na Biblioteca da Cúria Metropolitana de São Paulo, assinalando, no caso daquelas publicadas em Portugal, para seu possível uso aqui. São elas: Vide, Sebastião Monteiro da. *Constituições Primeiras do Arcebispado da Bahia*; Lemos, Pe. Lourenço Borges de. *Ritual do Arcebispado da Bahia, op. cit.*; Betendorf, João Felippe. *Compendio da Doutrina Christã na Lingua Portuguesa e Brasilica*. Lisboa: Offic. de Simão Thaddeo Ferreira, 1800; Granada, Luis de. *Compendio de Doctrina Christãa*. Coimbra: Real Officina da Universidade, 1789; Pinheiro, J.C. Fernandes. *Manual do Parocho*. Rio de Janeiro: Livraria de B. L. Garnier, 1865; Lima, José Dias da Cruz. *Compendio de Doutrina Christã*. Rio de Janeiro: Typ. do Diario do Rio de Janeiro, 1875; Brito, D. Luis Raymundo da Silva. *Constituições Sinodaes da Diocese de Olinda*. Recife: Typ. Da Livraria Contemporânea, 1908; *Constituições Eclesiásticas do Brasil – Nova Edição da Pastoral Coletiva de 1915*. Canoas R.S.: Tipografia La Salle, 1950.

simbólica que diferencia esse adjetivo dos demais que são utilizados para designar as crianças nos assuntos funerários e encaminha elementos para que já se possa pensar sobre concepções de infância e de morte infantil.

Enfim, o outro vocábulo que os testemunhos sobre a morte infantil fazem referência é o termo "anjo". Tal como se passa com a expressão "inocente", as palavras "anjo/anjinho" são também utilizadas para designar a criança, o que está de acordo com uma determinada concepção daquilo que seria próprio de sua natureza. Visto isto, fica igualmente demonstrado que essa expressão, ao remeter a uma qualidade da criança tal como era então encarada, favorece o seu uso para designá-la na circunstância de sua morte.

O fato é que a expressão "anjo/anjinho" vai radicalizar ainda mais o aspecto comum a esses dois termos. Indo muito mais longe do que o termo "inocente", "anjinho" será, cada vez mais, sinônimo de criança morta. De fato, a constatação do uso dessa palavra por um grupo social específico, os leigos, é possível na medida em que ela aparece em alguns testemunhos que nos informam sobre os comportamentos de uma parcela maior da população. Este é o caso, por exemplo, dos relatos de viajantes. Entre os mais antigos a registrar o uso dos termos "anjo/anjinho" para se referir à criança morta está o artista francês Jean Baptiste Debret, que o fez por volta da década de 1820 na cidade do Rio de Janeiro.[31] Na mesma década, o americano Charles Stewart relata uma expressão, também ouvida na Corte, em que as crianças, ao morrer, tem suas almas *"enlarged to angel's size"*.[32] O que se conclui de sua menção do termo pelos viajantes era que o seu era bastante comum, pelo menos nas famílias mais abastadas da sociedade brasileira, levando conta que era

---

31 O francês Debret, ao comentar uma de suas ilustrações dos costumes funerários no Brasil, assim se refere a um dos caixões representados: *"Pequeno caixão de tampa encomendado para um* anjo [o grifo é do autor]" [Debret, Jean Baptiste. Viagem Pitoresca e Histórica ao Brasil. (Tradução e notas de Sérgio Milliet). Belo Horizonte: Editora Itatiaia Limitada; São Paulo: Editora da Universidade de São Paulo, 1989, tomo terceiro, p. 203]. Em outra passagem, fala o seguinte sobre o luxo de alguns enterros de crianças escravas: *"esse luxo é em geral reservado às casas ricas, onde se deseja praticar dignamente uma obra de devoção ao* anjinho [grifo meu]" (*Idem, ibidem*, p. 174).

32 Stewart, Charles Samuel. *A visit to the South Seas in the U.S. Ship Vicennes, during the years 1829 and 1830; with notices of Brasil, Peru, Manulla, the Cape of Good Hope, and St. Helena.* London: Fisher, Son, & Jackson, 1832. p. 49.

com elas que esses estrangeiros tinham maior proximidade e que é sobre funerais desses grupos aos quais eles geralmente se referem em suas narrativas. Cremos, não obstante, que seu uso devia estar difundido numa extensão social maior, visto que os folcloristas da primeira metade do século XX assinalam a utilização bastante freqüente do vocábulo nas cidades do interior.[33] Antes de continuarmos a análise do termo "anjinho" conforme aparece em outras fontes e aproveitando a ocasião de que estamos falando do registro dos viajantes, é necessário abrir parênteses. O francês Arago, em visita à Corte em 1839, registra o termo "pequeno Jesus".[34] Apesar de extremamente rico em significado – teremos oportunidade de analisá-lo no terceiro capítulo – não encontramos mais nenhuma referência a esse uso.

Os dicionários já citados confirmam essa prática, como o do Frei Domingos Vieira, de 1873, a edição de 1877 de Antônio de Moraes Silva e o de José Maria Lacerda de 1878, no qual é ressaltada a preferência, nos meios populares, pela expressão "anjinho" para designar a criança morta.[35] Assim como essa expressão, ao inaugurar o uso de um termo próprio para o defunto criança, acentua uma ca-

---

33 Alceu Maynard registrou o seguinte: "*Quando é criança que morre fazem guarda, mas não é costume rezar. À vezes cantam no 'velório de anjinho'*" (Araújo, Alceu Maynard. *Folclore Nacional III – Ritos, sabenças, linguagem, artes e técnicas*. Melhoramentos: 1964, p. 59). O mesmo pode ser dito se difusão geográfica, visto que, por volta de 1835, o tenente alemão Carl Siedler faz referência ao seu uso no Rio Grande do Sul. Segundo ele "O *pequeno cadáver (...) trajado como um* anjo *(sic)* [grifo e observação do autor, como se avisasse ao leitor que estava fazendo uso de uma expressão adotada pelos brasileiros ]" [Siedler, Carl. *Dez anos no Brasil*. (trad. Bertholdo Klinger). Belo Horizonte: Ed. Itatiaia; São Paulo: Ed. da Universidade de São Paulo, 1980. p. 156].

34 É o que ouve o autor ao cruzar com um sujeito que se dirigia a um funeral de criança: "*Un home m'arrête en plein jour par le collet au detour dún rue, et me demande si je veux lui faire le plaisir d'accompanher un petit Jésus au ciel*". (Arago, M. J. *Souvenirs d'un Aveugle Voyage Autour du Monde*. Tome Premier. Paris: Hortet et Ozanne, 1839, p. 102).

35 "**anjinho** (...) *Nome carinhoso que se dá ás crianças. – Na linguagem popular, emprega-se geralmente para designar a criança morta e exposta antes de ser enterrada*" (Vieira, Dr. Fr. Domingos Vieira. *Grande Dicionário Portuguez*, p. 418); "*anginho* (...) *Dá-se partcularmente este nome aos meninos, ou vivos, ou mortos, por ser o seu estado o da innocencia*" (Silva, Antonio de Moraes. *Diccionario da Língua Portugueza*, p. 127); "*anjo* (...) *Na linguagem vulgar, nome com que se designa qualquer criança menor de cinco annos*" (*Idem, ibidem*. p. 429); "*anjinho* (...) menino vestido de anjo em procissão; creança morta; defunto innocente" (Lacerda, José Maria. *Diccionario Encyclopedico, op. cit.*, p. 221).

racterística do termo "inocente", o seu emprego é ainda mais marcado socialmente. De fato, cabe assinalar que, no tocante à documentação que tivemos acesso e que selecionamos, o vocábulo "anjo/anjinho" está ausente tanto da documentação produzida pela Igreja – os escritos eclesiásticos e os livros de assentamento exceto, como vimos, no manual do padre Lemos – como dos testemunhos que resultam de uma atividade que são controlados por tal instituição, isto é os Compromissos de Irmandade.

Os dicionários de época, se não permitem lançar algumas luzes sobre quando o tipo de costume de chamar a criança morta de "anjinho" teria surgido, testemunham sua disseminação. A partir de um determinado momento, o uso do termo com esse significado específico não foi mais negligenciado pelos lexicógrafos. Publicado em 1813, o dicionário de Moraes Silva, não registrava a palavra "anjinho", somente "anjo", e esta não está associada à criança morta.[36] Já na edição de 1877, acompanhando os demais dicionários de época, esta obra já contém o termo "anginho" e informa que "dá-se particularmente esse nome aos meninos", acrescentando, sugestivamente, "ou vivos, ou mortos".[37]

Tendo em vista a utilização social das expressões "inocente" e "anjo" temos, pois, o seguinte quadro. Observou-se, em primeiro lugar, uma frequência significativa de seu uso na esfera das práticas que escapam em maior ou menor grau da participação dos dirigentes da Igreja, o que dá indícios de que essa tendência talvez não fosse compartilhada no meio clerical. Vimos igualmente que o testemunho no qual a postura da elite eclesiástica fica mais exposta – *as Constituições Primeiras* – se omite de estabelecer qualquer terminologia própria para definir a criança morta. Disso tudo, já é notável um contraste entre a conduta perante a morte infantil por parte desse grupo, em especial o episcopado, e o comportamento da população carioca e paulistana (incluindo-se aí os representantes da baixa hierarquia da Igreja, autores dos registros paroquiais) em que existe propensão em distinguir verbalmente a criança morta dos demais defuntos, por meio dos termos "inocente" e "anjo/anjinho". Como teremos oportunidade de demonstrar nos capítulos que se seguem, essa conduta di-

---

[36] "anjo (...) *Ser anjo na voz, na pureza, innocência*" (Silva, Antônio de Moraes. *Diccionário da Língua Portugueza*. 2ª edição. Lisboa: Typographia Lacérdina, *op. cit.*, 1813, tomo I, p. 136).

[37] "anginho (...) *Dá-se particularmente este nome aos meninos, ou vivos, ou mortos, por ser o seu estado o da innocencia*" (Silva, Antonio de Moraes. *Diccionario da Língua Portugueza*. 7ª edição, *op. cit.*, p. 127).

ferenciada diante da morte menina irá se manifestar inúmeras vezes nos aspectos considerados pela investigação. Tentaremos explicar esse quadro no item seguinte. Antes disso, mais uma observação. Não só a criança morta, mas o próprio acontecimento de sua morte foi objeto de uma qualificação que a distingue das outras mortes. Esse é o efeito da expressão "mortalidade infantil". O seu uso diz respeito, entretanto, a um outro contexto e está situado no interior de uma rede nova de signos que é bastante distinta daquela a qual pertenciam as expressões utilizadas para nomear a criança morta. Diferentemente destas últimas, essa expressão não está associada às concepções de caráter religioso sobre a criança e sua morte, tão pouco diz respeito à criança enquanto indivíduo. Pelo contrário, ela procura dar conta da morte da criança somente em sua dimensão biológica e coletiva, o que anuncia uma nova maneira de encarar o fenômeno. No Brasil, seu advento está associado às preocupações da classe médica em torno de questões demográficas (nascimento, morbidade e mortalidade dos brasileiros) assim como ao desenvolvimento de outro objeto que também foi alvo da preocupação desses acadêmicos, a infância. Esse termo irá aparecer nos escritos médicos que circulavam aqui e que se tornam mais frequentes a partir de meados do século XIX com a criação das faculdades de medicina nas cidades do Rio de Janeiro e Salvador em 1834. Algumas memórias, já pelo título, assinalam a que a mortalidade das crianças merecia uma menção e observação específica. Por exemplo, em 1847, José Pereira do Rego (o Barão de Lavradio), publica no jornal da Academia do Rio de Janeiro uma memória intitulada "Algumas considerações sobre as causas da mortandade das crianças no Rio de Janeiro e moléstias mais freqüentes nos 6 ou 7 primeiros anos de idade".[38] Nos *Annaes Brasilienses de Medicina* do ano de 1869, temos a "Memória lida na Academia Imperial de Medicina, pelo Sr. Dr. Luiz Corrêa de Azevedo, aos discutir-se as causas da mortalidade das crianças, na sessão de 26 de julho de 1869".[39] A questão

---

[38] Essa memória é citada por José Maria Teixeira em sua própria memória. (Teixeira, José Maria. "Causas da Mortalidade das Crianças no Rio de Janeiro. Memória Apresentada á Imperial Academia de Medicina em resposta a esta questão posta a prêmio na sessão de 6 de Julho de 1886 e laureada com 1º prêmio em sessão magna de 30 de julho de 1887". In *Annaes da Academia de Medicina*. Série 6, Tomo III. Rio de Janeiro: 1887-1888, p. 249-525, p. 267).

[39] Azevedo, Luiz Corrêa de. "Memória lida na Academia Imperial de Medicina, pelo Sr. Dr. Luiz Corrêa de Azevedo, ao discutir-se as causas da mortalidade das crianças, na sessão de 26 de julho

das "Causas da Mortalidade das Crianças no Rio de Janeiro" é posta a prêmio em 1887, vencendo o médico José Maria Teixeira com uma memória sob esse mesmo título.[40] Como teremos oportunidade de verificar na parte dedicada ao discurso médico sobre a morte infantil, essa visão particularizada da morte da criança se devia não só aos fatores específicos que presidiam esse fenômeno, como também aos efeitos deles decorrentes para a sociedade.

---

de 1869". *Annaes Brasilienses e Medicina*. Tomo XXI, Rio de Janeiro: Typographia Industrial Nacional, 1869, p. 112-122.

40 Teixeira, José Maria. "Causas da Mortalidade das Crianças no Rio de Janeiro", *op. cit.*, p.249.

# Modelos e realidades nas cidades do Rio de Janeiro e São Paulo

Constatou-se, no item anterior, uma diferença significativa entre a postura dos leigos e da elite clerical no que concerne às designações dadas à criança morta. Para um melhor entendimento desse fato, bem como de outras observações que serão apresentadas ao longo da tese é bastante útil a exposição de alguns fatores que, acredita-se, estão na origem das reações específicas frente à morte infantil por parte dos segmentos sociais cujo comportamento a investigação pôde reconstituir.

Nossa hipótese é que essas diferenças dizem respeito, em grande parte, a temporalidades e motivos distintos que animaram as regulamentações aplicadas às sociedades estudadas, bem como às condições efetivas de aplicação das mesmas.

Vejamos, primeiramente, os motivos relacionados às legislações e prescrições, especialmente as eclesiásticas, que estiveram em vigor para o período e sociedades estudados. Um dos paradigmas que conformaram esses valores são as resoluções conciliares de Roma, especialmente no caso das *Constituições Primeiras do Acerbispado da Bahia*.[1] Este corpo de leis resultou do Sínodo Diocesano da Bahia que, reunido em 1707, é visto por alguns autores como um divisor de águas da história colonial da Igreja no Brasil, enquanto uma iniciativa em prol de sua institucionalização e afirmação de sua autonomia frente ao Estado colonial.[2] Nesse sentido é que as *Constituições* consistiram na regulamentação da prática religiosa da colônia segundo a ortodoxia do Concílio de Trento e o v Concílio de Latrão.[3]

---

[1] Vide, Sebastião Monteiro da. *Constituições Primeiras do Arcebispado da Bahia*, op. cit.

[2] "Acreditamos [...] com Caio C. Boshi, que o Sínodo Diocesano da Bahia é 'o evento que divide a história eclesiástica colonial brasileira em duas fases distintas': a do período da conquista e colonização e a época da institucionalização da Igreja e de sua afirmação como instituição autônoma' (Torres-Londoño, Fernando. *A Outra Família. Concubinato, Igreja e escândalo na colônia*. São Paulo: Edições Loyola, 1999, p. 121).

[3] Como lembra Torres-Londoño, as "*fontes desse corpus normativo foram os concílios do século XVI, em*

Lembramos, especialmente, que a orientação tridentina das *Constituições* terá grande importância na forma decidida com que a Igreja se posicionará no que se refere aos sacramentos.⁴ Particularmente no caso do batismo, mostraremos ao longo da tese como a defesa que as *Constituições* e outros textos eclesiásticos que circularam no século XIX nas cidades estudadas fazem do sacramento batismal implicaram num determinado entendimento sobre a criança e sua morte. Esse fato talvez seja um dos motivos da inexistência de uma denominação específica para a criança morta nas *Constituições*, fato que, como se viu no item anterior, contrasta com a frequência com que esta aparece nos testemunhos relacionados às práticas efetivas da população nas cidades do Rio e de São Paulo. Com efeito, como será demonstrado ao longo do trabalho, a defesa do batismo e sua decorrente interpretação de morte infantil muitas vezes foi claramente determinante na forma como os escritos eclesiásticos em suas prescrições rituais e discursos se distanciaram, em vários pontos, das práticas e representações da morte menina observadas entre a população leiga nas cidades e período enfocados.

Mas as preocupações que pautaram a confecção das *Constituições* e, em maior grau, de outros escritos eclesiásticos (não tão preocupados com as orientações tridentinas), estiveram longe de ser somente aquelas ditadas pelos concílios romanos e, nesse ponto, esse corpo de leis se assemelha bastante aos códigos civis então em vigor nas possessões portuguesas, como é o caso das *Ordenações Filipinas*⁵ – compilação jurídico-legislativa que, especialmente no âmbito do direito civil, vigorou parcialmente até a promulgação do código civil brasileiro em 1917.⁶ Nesse ponto,

---

particular o V Concílio de Latrão e o Concílio de Trento". (Idem, ibidem, p. 121).

4 Segundo Torres-Londoño, a reforma proposta pelo Sínodo pretendeu uma *"prática dos sacramentos segundo os moldes tridentinos"* (Idem, ibidem, p. 123).

5 Almeida, Cândido Mendes de. *Código Philippnio ou Ordenações e Leis do Reino de Poryugal Recopiladas por Mandado D'El-Rei D. Philippe I*. Lisboa: Fundação Calouste Dulbenkian, 1985. Fac- símile da edição organizada por C. Mendes de Almeida em 1870.

6 *"Apesar das alterações realizadas na vigência das Ordenações Filipinas, foram elas a base do direito português até o século XIX. No Brasil, apesar da edição de novos códigos substitutivos, sobretudo no âmbito criminal e penal, as ordenações vigiram, ainda que residualmente, até 1917, quando foi promulgado o código civil brasileiro"* [Vainfas, Ronaldo (dir). *Dicionário do Brasil Colonial 1500-1808*. Rio de Janeiro: Objetiva, 2000, p. 347].

vale voltar a atenção para o papel que um determinado modelo de família possuiu na legislação portuguesa. Em sua análise sobre os paradigmas e tradições que orientaram o controle da família paulista por parte do Estado e da Igreja, autores como Antônio Candido assinalam a influência de um modelo baseado num "patriarcalismo exarcebado" que orientou os regimentos que regulavam a vida familiar na colônia.[7] Alzira Campos, em seu trabalho sobre a família paulista, lembra que o "intuito do Estado [português] era o de reforçar o poder paterno, uma vez que o pai representava o rei em sua casa. Intuito político aliado a objetivos explícitos em copiosa legislação".[8]

Nos caso da legislação e constituições eclesiásticas, o mesmo modelo patriarcal se fez presente, visto que esta não era uma instituição autônoma ao Estado. De fato, desde a bula *Etsi suscepti* de 1442 do Papa Eugênio IV,[9] a Santa Sé dá início a uma série de concessões aos reis portugueses, das quais resultou o estabelecimento ali do chamado *padroadro*, cujo significado foi um notável jugo da Igreja pelo Estado em Portugal e seus domínios.[10] Na prática, isso significou que no império lusitano o controle das nomeações das autoridades eclesiásticas, bem como a gestão das finanças da Igreja fossem atribuições do Estado, de tal modo que, segundo Américo

---

7 Antônio Candido, sobre as famílias sudestinas da colônia : "*Following an initial state characterized by an accentuated sexual promiscuity, this was the ideal type of Brazilian family until the nineteenth century. It was reinforced by all the force of law, of religion, and of morals*" (Candido, Antônio. The Brazilian Family. In Smith, T. Lynn; Marchant, Alexander (ed.). *Brazil: Portait of Half a Continent*. New York: The Dryden Press, 1951, p. 291-314. A passagem citada encontra-se na p. 292).

8 Campos, Alzira Lobo de Arruda. *Casamento e família em São Paulo colonial: caminhos e descaminhos*. São Paulo: Paz e Terra, 2003, p. 50.

9 Sobre a bula *Etsi suscepti*, Américo Lacombe afirma o seguinte: "*Não é ainda o Padroado mas é o início das concessões, cada vez mais importantes, que vão emanar de Roma.*" (Lacombe, Américo Jacobina. A Igreja no Brasil colonial. In. Holanda, Sérgio Buarque. *História Geral da Civilização Brasileira. Tomo I: A época colonial. 2º Volume: Administração, Economia, Sociedade*. São Paulo: Difusão Européia do Livro, 1968, p. 51-75. A passagem encontra-se na p. 53).

10 Como lembra Riolando Azzi, "*Por concessão da Santa Sé, os reis de Portugal gozavam do direito de Padroado sobre as novas colônias portuguesas. Deste modo os monarcas se constituíram como verdadeiros chefes espirituais das novas terras, por delegação do papa*" (Azzi, Riolando. Segundo período: a instituição eclesiástica durante a primeira época colonial. In:Hoornaert, Eduardo (org). *História da Igreja no Brasil*. Tomo II/1. Petrópolis: Editora Vozes, 1992, p. 153-242. A passagem encontra-se na p. 156 ).

Lacombe, "seria difícil ao vulgo ver nela não um departamento do Estado, mas um poder autônomo".[11] Este estado de coisas perdurará ainda durante o Império, na medida em que a *Constituição Imperial* de 1824, nesse âmbito, foi "fiel à tradição regalista portuguesa".[12] Disso tudo, importa assinalar o fato da possível influência que o modelo de família patriarcal teve na documentação eclesiástica analisada por nós, o que, ao nosso ver, contribuem para o entendimento de uma série de constatações importantes a que se chegou ao longo da investigação e sobre as quais se falará ao longo do texto. Por ora, basta adiantar que nossa hipótese é que esses motivos estão na origem ou ao menos se beneficiaram, da diferença de interesse que os manuais eclesiásticos têm em relação à criança (fato que teremos oportunidade de demonstrar na segunda parte dessa tese) em relação aos adultos, acompanhando nesse sentido as diferenças de hierarquia que o modelo patriarcal definia as personagens domésticas. Além disso, a constatação de que motivos outros – que não apenas a aplicação da ortodoxia de Trento – condicionaram a postura da Igreja em relação à criança e sua morte, ajuda a esclarecer as diferenças encontradas entre os próprios textos eclesiásticos, fato que ficará mais evidente no discurso eclesiástico sobre a morte menina (que analisaremos na terceira parte do livro).

E ainda há mais determinantes por detrás da disposição da Igreja para com a criança morta. Como nos lembra Eduardo Hoornaert, o Padroado no Brasil não é mera cópia do português: aqui ele "recebe novo significado que é exatamente o de

---

11 O *"Padroado consistiu praticamente no controle das nomeações das autoridades eclesiásticas pelo Estado e na direção, por parte deste, das finanças da Igreja. [...] de tal maneira estava a administração eclesiástica entrosada na máquina administrativa do governo civil, que seria difícil ao vulgo ver nela não um departamento do Estado, mas um poder autônomo"* (Lacombe, Américo Jacobina. A Igreja no Brasil colonial. *Op. cit.*, p. 57).

12 Nas palavras de Roque Spencer M. de Barros, *"fiel à tradição regalista portuguesa, a Carta* [Constitucional] *contrabalançava o privilégio* [de religião oficial] *com a desconfiança, resguardando no §14 do art. 102 o direito do beneplácito imperial quanto à validade, ou não no País 'dos decretos dos concílios e letras apostólicas, e quaisquer outras constituições eclesiástica, que não se opuserem à Constituição"* (Barros, Roque Spencer M. de. Vida Religiosa. In. Holanda, Sérgio Buarque de e Campos, Pedro Moacyr (dir). *História Geral da Civilização Brasileira. Tomo II: O Brasil monárquico. 4º Volume: Declínio e queda do Império.* São Paulo: Difusão Européia do Livro, 1971, p. 315-337. A passagem encontra-se na página 320).

significar a dependência colonial".[13] Isso está bastante de acordo com uma tensão que teria acompanhado o processo colonizador e que se expressaria ora através de um discurso orgânico (em consonância com interesses do empreendimento colonial), ora por meio de um discurso tradicional (mais apegado aos dogmas universalistas cristãos), conforme esquematizou Alfredo Bosi.[14] Com efeito, os textos eclesiásticos nos permitem perceber como no Brasil as diferentes disposições da Igreja para com a família e criança estiveram divididas entre a manutenção da religiosidade no país segundo os cânones romanos e os limites materiais e imperativos impostos pelo pacto colonial. Um possível exemplo de como os constrangimentos de nossa condição de colônia (no sentido amplo de uma economia escravista de monocultura agroexportadora, situação que permanece após a Independência) jogaram contra as determinações tridentinas é a negativa de muitos padres de casarem escravos no Rio de Janeiro de que nos fala Mary Karash.[15] Deve-se considerar, além disso, que a carência material e de quadros que presidiram a ação da Igreja no país. À época em que foram escritas as Constituições a falta de sacerdotes capazes de preencher as funções de juízes, provisores e vigários era tal que fazia com que os assentos de batismo casamento e desobriga ficassem sem registro.[16] Como ficará evidente ao longo deste trabalho, algumas concepções populares de morte infantil que eram incompatíveis com aquelas defendidas pelos representantes eclesiásticos, em alguns momentos chegaram a ter a

---

13 Hoornaert, Eduardo. Primeiro Período. A evangelização do Brasil durante a primeira época colonial. In: _____ (org). *História da Igreja no Brasil. Primeira Época*. Tomo II/1. Petrópolis: Vozes, 1992, p. 19-152. A passagem citada encontra-se na p. 39.

14 Segundo Bosi *"duas retóricas correram paralelas, mas às vezes tangenciaram-se nas letras coloniais, a retórica humanista-cristã e a dos intelectuais porta-vozes do sistema mercantil. Se a primeira aproxima cultura e culto, utopia e tradição, a segunda amarra firmemente a escrita à eficiência da máquina econômica articulando cultura e colo"* (Bosi, Alfredo. *Dialética da colonização*. São Paulo: Cia. das Letras, 1992, p. 37).

15 Segundo a autora, *"mesmo que conseguissem o dinheiro, os cativos ainda tinham de enfrentar a oposição de padres que se recusavam a realizar a cerimônia católica"* [Karash, Mary C. A vida dos escravos no Rio de Janeiro (1808-1850). São Paulo Companhia das Letras, 2000, p. 382].

16 *"Muitos assentos de batismos, casamentos e óbitos não eram feitos, faltando-se também com a celebração e o registro das desobrigas, como o constatou em visita a São Paulo em 1661 o prelado titular do Rio de janeiro dom Manuel de Souza Almada"* (Torres-Londoño, Fernando. *A Outra Família. Concubinato, Igreja e escândalo na colônia*. Op. cit., p. 113).

complacência destes últimos, visto que respondiam bem aos limites e interesses que as condições históricas locais lhes impunham.

É importante agora assinalar algumas características do quadro familiar nas sociedades cariocas e paulistanas conforme nos apresentam os estudos sobre o assunto, uma vez que deixam claro que estamos em presença de realidades familiares que muitas vezes fogem do modelo veiculado pela legislação eclesiástica que se pauta, como se viu, seja por uma orientação tridentina, seja preservando e adaptando o modelo patriarcal em conformidade com as exigências do Estado escravista agroexportador.

Em primeiro lugar, na trilha aberta pela crítica pioneira de Maria Odila Dias, que questiona a abrangência histórica que até então imprecisamente se atribuía ao "modelo patriarcal",[17] outros trabalhos vieram a confirmar essa observação. Segundo eles, na região sul do país não predominaram as famílias "extensas do tipo patriarcal", não se caracterizando, esses agrupamentos domésticos, nem por um grande número de integrantes, nem por uma estrutura mais complexa.[18] Os dados que temos para as duas cidades não permitem vislumbrar mudanças ao longo do período estudado, mas são importantes para dar uma ideia, em termos do número de participantes, do ambiente em que se davam as relações familiares. No caso da capital, podemos inferir essa situação através de um levantamento feito por M. B. Levy nos livros paroquiais, cujos resultados foram publicados por Eulália Lobo, segundo o qual, no ano de 1870, a Corte possuía 235.921 habitantes distribuídos em

---

17 Entre outras coisas, Maria Odila Dias em seu trabalho *Cotidiano e poder em São Paulo no século XIX* chama a atenção para a grande representatividade, antes relegada ao esquecimento, dos fogos chefiados por mulheres sós nessa cidade para o período em questão. Segundo a historiadora, na "*época da Independência, sabia-se que quase 40% dos moradores da cidade eram mulheres sós, chefes de família, muitas delas concubinas e mães solteiras*" (Dias, Maria Odila. *Quotidiano e poder em São Paulo no século XIX*. São Paulo: Brasiliense, 1995, p. 30).

18 Segundo Samara, os "*estudos e pesquisas mais recentes têm tornado evidente que as 'famílias do tipo patriarcal' não foram as predominantes, especialmente no sul do país nos séculos XVIII e XIX, onde eram mais comuns aquelas com estruturas mais simplificadas e menor número de componentes*" (Samara. Eni de Mesquita. Tendências Atuais da História da Família no Brasil. In: Almeida, Ângela Mendes de et alii. *Pensando a família no Brasil: da colônia à modernidade*. Rio de Janeiro: Espaço e Tempo, 1987, p. 25-36. A passagem citada encontra-se na p. 30).

41.200 fogos.[19] Isto dá, portanto, uma média de 5,7 pessoas por fogo. Para a cidade de São Paulo, baseando-se no censo de 1836, Eni Samara observa que o número de pessoas por fogo é pequeno, entre 1 e 4 pessoas, exceto nos casos de famílias com muitos escravos.[20] Segundo os dados por ela apresentados, as famílias nucleares são as mais recorrentes, correspondendo a 35,4% do total de famílias na cidade.

Concordando com Ronaldo Vainfas quando ele assinala que famílias de pequeno porte não representaram necessariamente um afastamento a uma concepção patriarcal de família,[21] sabemos, não obstante, que a família sacramentada pela Igreja esteve longe de abranger todos os lares paulistanos e cariocas, o que, para essa investigação (mais do que a constatação do tamanho médio das famílias estudadas), serve como importante indicador dos limites de aplicação dos modelos de família defendidos pela documentação legal e talvez esteja na origem das diferenças sociais de comportamento em relação à criança e sua morte.

Desde sua fundação, imprimiu-se à cidade do Rio de Janeiro sua vocação de cidade mercantil como decorrência de uma política colonial interessada na concentração em alguns pontos da costa de canais para os quais deveriam se dirigir toda produção colonial, tornando-os deste modo de capazes de assegurar o exclusivo comercial e viabilizar a arrecadação fiscal.[22] O território ocupado pela capital,

---

19 Lobo, Eulália Maria Lahmeyer. *História do Rio de Janeiro (do capital comercial ao capital industrial e financeiro)*. Rio de Janeiro: IBMEC, 1978, Tabela 3.52, p. 360.

20 "*As famílias numerosas, compostas de casais com muitos filhos e vários membros (...) não foi o tipo predominante em São Paulo. (...) Mesmo o número de pessoas por cada fogo, nesta data, é pequeno, entre um e quatro elementos em sua maioria, excetuando-se as famílias 'aumentadas' com muitos escravos e maior quantidade de componentes*" (Samara, Eni de Mesquita. *As mulheres, o poder e a família. São Paulo, Século XIX*. São Paulo: Marco Zero, 1989, p. 28)

21 Segundo Vainfas "*a maior ou menor concentração de indivíduos, fosse em solares, fosse em casebres, em nada ofuscava o patriarcalismo dominante, a menos que se pretenda que, pelo simples fato de não habitarem a casa-grande, as assim chamadas 'famílias alternativas' viviam alheias ao poder e aos valores patriarcais – o que ninguém seria capaz de afirmar, seguramente*" (Vainfas, Ronaldo. *Trópico dos Pecados. Moral, Sexualidade e Inquisição no Brasil*. Rio de Janeiro: Campus, 1989, p. 110).

22 "*Na fundação da cidade do Rio de Janeiro estava marcado o destino mercantil da cidade. A Coroa portuguesa com todas as conotações mercantilistas preocupava-se fundamentalmente com a criação de centros costeiros de irradiação, capazes de magnetizar o que fosse produzido na região. Os portos (...)*

não obstante, tem sua economia atrelada também à agricultura de exportação que acompanha o desenvolvimento da capitania (depois província) em que se situava, sendo esta primeiramente focada na cultura açucareira, para, em meados do século centrar-se no café.[23] Com a transferência da família real e o estatuto de sede do império tal caráter comercial saltaria em montante e complexidade de negócios.[24] Além disso, a vinda da Corte adicionou ao cenário social local a concentração e estabelecimento até então desconhecida de uma elite politico-econômica que se constituiria da Corte e o aparato político administrativo e dos representantes diplomáticos, grandes comerciantes e capitalistas (especula-se um contingente por volta de – cogitou-se 14.000[25] – 500 novos habitantes).[26] Após a independência, a expansão e hegemonia da economia cafeeira na década de 1850 e o desenvolvimento do sistema viário que garantiu por quase todo século o papel de centro de convergência do principal produto brasileiro potencializaram a importância da

---

*permitiam a centralização da produção e garantiam o direito de exclusividade do comércio. Era a aduana costeira que possibilitava ao Estado Absolutista português o controle da arrecadação do fisco"* (Lobo, Eulália Maria Lahmeyer. *História do Rio de Janeiro*. Op. cit., p. 19).

23 Segundo Eulália Lobo, o *"Rio de Janeiro ainda possuía um setor agrário importante no século XIX. Não havia nesse período uma ruptura entre o meio urbano e o rural. A evolução da agricultura seguiu a mesma linha na província e na cidade, uma estagnação do cultivo da cana-de-açúcar e de produção do açúcar e uma expansão da cafeicultura"* (Lobo, Eulália Maria Lahmeyer. *História do Rio de Janeiro*. Op. cit., p. 162).

24 *"A projeção da cidade como centro exportador autônomo colocou grande parte dos comerciantes em contanto direto com o comércio internacional, envolvendo-os em relações cujos montantes e trâmites exigiam um porte bem maior do que aquele conhecido no período colonial"* (Lobo, Eulália Maria Lahmeyer. *História do Rio de Janeiro*. Op. cit., p. 75).

25 Segundo Arthur Cézar Ferreira Reis, um dos processos envolvidos na transferência da corte para o Rio, *"foi a instalação, em uma cidade acanhada, (...) de 14.000 pessoas que chegaram com a Côrte"* [Reis, Arthur Cezar Ferreira. *A Província do Rio de Janeiro e o Município Neutro*. In: Holanda, Sérgio Buarque de. *História Geral da Civilização Brasileira*. Tomo II: *O Brasil Monárquico, 2º Volume: Dispersão e Unidade*. São Paulo: Difusão Européia do Livro, 1867, p. 315-352. A passagem encontra-se na p. 323].

26 Citando Nireu Cavalcanti, Armelle Enders, argumenta que o número de 15.000 *"ultrapassava de longe a capacidade de transporte da frota portuguesas e era incompatível com as fontes existentes. É mais razoável pensar que o êxodo da Corte portuguesas limitou-se, em 1808 e 1809, a quinhentos indivíduos, aos quais devem se acrescentar o pessoal de guerra e as tripulações"* (Enders, Armelle. *História do Ro de Janeiro*. Rio de Janeiro: Gryphus, 2002, p. 92).

cidade como polo de atração de coisas e gentes, favorecendo seu adensamento populacional. O contraponto disso tudo é a conformação de uma cidade em que quase metade de sua população era composta por escravos, fora os livres pobres e os forros: no ano de 1821, por exemplo o total de livres na cidade era de 57.605 (43.139 nas paróquias urbanas e 14.466 nas suburbanas) e o de escravos de 55.090 (36.182 nas paróquias urbanas e 18.908 nas suburbanas).[27]

O certo é que, nesse quadro, o matrimônio sacramentado esteve longe de ser uma realidade frequente para essa metade da população carioca que, como arrisca Mary Karash, provavelmente se via muitas vezes impossibilitada de constituir unidades familiares estáveis.[28] Para a autora, uma série de impedimentos provocava essa situação: o dispêndio que o matrimônio oficializado implicava; a contrariedade na criação de unidades familiares de escravos independentes; a já citada oposição dos padres em casar escravos, submetidos sempre aos exames de doutrina cristã; o desinteresse, especialmente dos africanos, em se submeter a essas exigências religiosas; a presença escassa de mulheres em relação aos escravos do sexo masculino, fato agravado pela morte precoce destas; a concorrência que os escravos homens sofriam dos imigrantes e forros que muitas vezes tomavam/compravam as escravas por esposas.[29] Os estudos recentes, ao mesmo tempo que demonstram que a família escrava foi uma realidade muito mais comum do que imaginavam os historiadores/demógrafos anos atrás,[30] reafirmam a escassez dos casamentos escra-

---

27 Lobo, Eulália Maria Lahmeyer. *História do Rio de Janeiro. Op. cit.*, Tabela 2.4, p. 135.

28 "(...) *suspeitamos que muitos escravos tinham poucas oportunidades de ter um casamento cristão ou uma união estável; assim não chegavam a existir unidades familiares, pela lei ou pelo costume*" [Karash, Mary C. *A vida dos escravos no Rio de Janeiro, op. cit.*, p. 387].

29 Karash, Mary C. *A vida dos escravos no Rio de Janeiro, op. cit.*, Sobre as várias razões apontadas para a fragilidade do casamento cristão e a fragilidade da família escrava, ver p. 382 à p. 392.

30 Em seu balanço sobre a bibliografia recente sobre a família escrava, e sobre as relações entre esta e a sistema da grande lavoura exportadora, José Flávio Motta, assinala que "*não obstante as dificuldades, a família cativa permaneceu presente; mais que isso, à medida que a cafeicultura avançou no sentido de uma economia de plantation, aparentemente a família escrava recuperou fôlego, seja como estratégia de sobrevivência empregada pelos cativos, seja pelo estímulo dos proprietários dos grandes plantéis, para os quais o estabelecimento de relações familiares entre os cativos colocar-se-ia como fonte adicional de acumulação em escravos*" [Motta, José Flavio. A família escrava na historiografia brasileira: os últimos 25 anos. In Samara,

vos na Corte: o índice de casados no Município Neutro, segundo o Relatório do Ministério da agricultura, é de 0,8%, enquanto que nas zonas cafeeiras de Minas Gerais é de 17,2%.[31] Não bastasse a consideração da situação dos escravos na cidade, para se ter uma ideia de quanto a família sacramentada não era regra, sabemos que o mesmo se passava entre a população livre lá, uma vez que, conforme observou Eulália Lobo através do registros paroquiais de batismo, a taxa de crianças ilegítimas para a primeira metade dos XIX girou em torno dos 10% anuais, mostrando que a pratica do matrimônio segundo os cânones católicos, esteve longe daquela pretendida pela Igreja.[32] Os dados recolhidos por Karash para os anos entre 1835 e 1852 através dos *Relatórios do Ministério do Império* nos mostram que os casamentos de livres e libertos variaram entre 9,4 casamentos por 1000 habitantes (para o ano de 1838) e 4,2 (1848).[33]

Sabemos, igualmente, que as uniões consensuais sem a aprovação da Igreja, bem como estruturas familiares instáveis também foram comuns na São Paulo dos oitocentos, e os estudos mais detalhados sobre o assunto para São Paulo ajudam a entender a questão dos livres e libertos também para a Corte. A despeito de ser a capital de uma capitania, depois província, a qual desde 1765 vive um novo momento com a restauração de sua autonomia administrativa e o florescimento da cultura da cana-de-açúcar – que fomentou a expansão viária do planalto –, no início dos oitocentos não apresenta mudanças sensíveis, dentre

---

Eni de Mesquita (org.). *Historiografia brasileira em debate: "olhares recortes e tendências"*. São Paulo: Humanitas/FFLCH/USP, 2002, p. 235-254. A passagem citada encontra-se nas p. 247 e 248].

31 Analisando o relatório do Ministério da Agricultura de 14 de maio de 1888 quanto ao pequeno número de escravos casados, José Oscar Beozzo, nota que os *"extremos, tanto na zona rural, Rio Grande do Sul (1,2%), Santa Catarina (1,1%), como na urbana, Distrito Neutro que compreendia a cidade do Rio de Janeiro (0,8%), contrastam com as zonas cafeeiras de Minas Gerais (17,2%) e sobretudo São Paulo (26,6%)"* [Beozzo, José Oscar. A família escrava e imigrante na transição do trabalho escravo para o livre. In: Marcílio, Maria Luiza (org.). *Família, mulher, sexualidade e Igreja na história do Brasil*. São Paulo: Loyola, 1993, p. 29-101. A passagem citada encontra-se nas p. 46 e 47].

32 Segundo Eulália Lobo, "*o número de crianças livres ilegítimas não se afasta muito de 10% anuais, o que indica que a prática do matrimônio entre a população livre estava bem aquém da preconizada pela ideologia religiosa predominante*" (Lobo, Eulália Maria Lahmeyer. *História do Rio de Janeiro*. Op. cit., p. 126).

33 Karash, Mary C. *A vida dos escravos no Rio de Janeiro*, op. cit., Para esses dados, ver tabela 9.2, p. 380.

outras coisas porque os terrenos ocupados por ela não ofereciam condições favoráveis ao sucesso da lavoura exportadora.[34] Em 1816, a cidade conta com 25.486 habitantes,[35] um quarto do que possuía a Corte nessa época.[36] Ainda que cada vez mais forte enquanto centro de convergência de rotas, o crescimento da capital provincial se realizaria de forma bastante lenta, ganhando algum alento com a instalação do curso de Direito do Largo São Francisco em 1827. A cidade teria de esperar a década de 1870 para que um surto de crescimento sem precedentes tivesse lugar, fomentado pelo excepcional desenvolvimento do plantio do café no oeste paulista, processo que afirma a cidade como lugar de residência permanente da elite cafeicultora, ponto de chegada de inúmeros imigrantes estrangeiros e polo central mercantil e financeiro. Ainda assim, em 1890 a cidade conta com 64.934 habitantes.[37] Enfim, como mostra o já citado livro de Maria Odila Dias, o resultado de uma cidade que quase até o último quartel do xix pouco recebe dos sucessos da economia exportadora da capitania/província é uma pobreza bastante generalizada entre uma população cujo sustento se faz por meio da produção e consumo de gêneros alimentícios secundários[38] e que se caracterizava

---

34 Sobre a São Paulo do século xix, foram utilizados os dados de Queiroz, Suely Robles Reis de. *São Paulo*. Madri: Ed. Mapfre, 1992, especialmente da p. 121 à 196. Sobre a especificidade da capital no quadro geral da província, Fernandes e Bastide lembram que as *"regiões ocupadas pela cidade e seu termo não ofereciam condições favoráveis ao desenvolvimento acentuado das duas produções agrícolas em que ela se alicerçava em terras paulistanas; a cana-de-açúcar e o café"* (Bastide, Roger; Fernandes, Florestan. *Brancos e negros em São Paulo*. São Paulo: Companhia Editora Nacional, 1971, p. 42 e 43).

35 Marcílio, Maria Luiza. *A Cidade de São Paulo: Povoamento e População*. 1750-1850, com base nos registros paroquiais e recenseamentos antigos. São Paulo: Pioneira, 1973, p. 99.

36 Em 1870 a capital do Império contava com um total de 235.291 (LOBO, Eulália Maria Lahmeyer. *História do Rio de Janeiro*. op. cit., Tabela 3.52, p. 360).

37 Marcílio, Maria Luiza. *A Cidade de São Paulo*. Op. cit., p. 99.

38 Segundo Maria Odila Dias, *"Mormente na conjuntura de urbanização incipiente de São Paulo, vincada pelo escravismo e pela economia de exportação (...) que não derramava senão incidentalmente na cidade seus lucros, nem favorecia a expansão do abastecimento interno ou a formação de um mercado de trabalho livre"*; entretanto, *"a multiplicação de mulheres pobres, escravas e forras, sobrevivendo do artesanato caseiro e do pequeno comércio ambulante, faz parte da consolidação da economia escravista*

por uma presença marcante de mulheres chefiando fogos, chegando à incrível fatia de 40% da população, à época da Independência.[39]

Essa cifra é mais um testemunho contundente acerca da distância efetiva entre a situação familiar na cidade e os modelos defendidos pelas autoridades eclesiásticas. Observação que se torna indiscutível quando se sabe que essas mulheres em grande parte encabeçam famílias ilegítimas: na capital paulista, dos 1.516 chefes de domicílio alistados em 1856, 503 eram solteiros, 662 casados, 282 viúvos e 3 divorciados,[40] sendo que dos "503 chefes de domicílio solteiros, 140 tinham de 1 a 6 filhos naturais, vivendo no mesmo domicílio".[41] Disso se depreende não só que as uniões sacramentadas não eram a única realidade, bem como a ausência marcante de um dos conjuges nesse quadro doméstico. A bibliografia sobre a família na cidade nos oferece as explicações para a realidade familiar encontrada por Dias. A lado da pobreza característica da cidade por quase todo os oitocentos e que explicariam os deslocamentos masculinos e que teriam sido ainda mais comuns no final do século XVIII,[42] se somam outras. Segundo Alzira Campos, a instabilidade da família paulista tem também como fatores a morte precoce de um dos cônjuges; os vários interditos que se colocavam aos casamentos intersociais e interraciais (instituídos por uma elite interessada na manutenção e ampliação do poder econômico e prestígio social) ao lado de uma prática sexual que desconhece esses limites, favorecendo a proliferação de mães solteiras e; as campanhas militares que arrastavam para longe o contingente masculino.[43] Pode-se acrescentar ainda o alto custo

---

*de exportação e do processo, concomitante, de concentração das propriedades e da renda".* (DIAS, Maria Odila. *Quotidiano e poder em São Paulo no século XIX.* São Paulo: Brasiliense, 1995, p. 15).

39 Ver passagem citada nota 77 deste capítulo (Dias, Maria Odila. *Quotidiano e poder em São Paulo no século XIX. Op. cit.,* p. 30).

40 Samara, Eni de Mesquita. *As mulheres, o poder e a família, op. cit.,* p. 36, tabela 3.

41 Samara, Eni de Mesquita. *As mulheres, o poder e a família, op. cit.,* p. 129.

42 Sâmara, citando Elisabeth Anne Kusnesof, comenta que a freqüência de fogos chefiados por mulheres pode ser explicada pela *"instabilidade da população masculina na cidade que se deslocava, com freqüência, para outras regiões, por motivos econômicos".* (Samara, Eni de Mesquita. *As mulheres, o poder e a família, op. cit.,* p. 37).

43 *"A organização da família paulista reflete fatores de instabilidade decorrentes da própria história*

do matrimônio em si[44] e alguns impedimentos que a Igreja colocava à realização do casamento, como quando um dos contraentes tinha tido relações com familiares do outro, situação à qual muitas vezes era difícil escapar.[45]

Além da forte presença da mãe solteira, outros traços eram característicos desse estado de coisas, tanto na Capital Imperial quanto na cidade de São Paulo e que a todo momento sinalizam na direção de um forte distanciamento dos modelos oficiais de família, ambiente bastante compatível com a observação de Antonio Candido acerca da naturalidade em que era vista a ilegitimidade, bem como a integração dos frutos dessa relação na sociedade brasileira, especialmente quando estes tinham a tez clara e/ou progenitores ilustres.[46] Confirmando essa naturalidade, podemos citar a questão da paternidade entre os sacerdotes, fato frequentemente assumido por estes publicamente sem que houvesse maiores escândalos por parte da comunidade.[47] Havia,

---

*de São Paulo. Instabilidade biológica e cultural: morte precoce de um dos cônjuges, especialmente o masculino; interditos a casamentos heterogâmicos, que condenavam parte da população a viver em comcubinato, com o cortejo das crianças ilegítimas ou abandonadas; crise econômica de um período medianeiro entre a mineração e o café; campanhas militares do Sul; alta taxa de mortalidade infantil".* (Campos, Alzira Lobo de Arruda. *Casamento e família em São Paulo colonial. Op. cit*, p. 292).

44 De acordo com Samara, o problema de matrimônio entre os pobres *"Geralmente vinha associado à falta de recursos, o que reforça a idéia de que o matrimônio, em muitos apectos, dependia da condição financeira dos noivos"* Samara, Eni de Mesquita. *As mulheres, o poder e a família, op. cit.*, p. 99).

45 Segundo Maria Beatriz Nizza da Silva, com base nos processo de casamento em São Paulo no começo do século, *"Observa-se igualmente neste processos matrimoniais que surgiam freqüentemente impedimentos ao casamento resultante de 'tratos ilícitos'anteriores de um dos contraentes com alguém de família do outro contraente"* (Silva, Maria Beatriz Nizza da. *Vida Privada e Quotidiano no Brasil. Na época de D. Maria I e D. João VI.* Lisboa: Editorial Estampa, 1993, p. 57).

46 Segundo A. Candido, uma das poções dadas aos filhos bastardos, à integração ao núcleo familiar legítimo esteve *"facilitated by the group attitude toward bastardy, extremely tolerant de facto and even the jure"*, e que *"Those of illigitmate birth who possessed a fair skin or illustrious fathers often were cared for with relative facility, especially in the early period"* (Candido, Antônio. *The Brazilian Family. Op. cit.*, p. 300 e 301, respectivamente).

47 Segundo Maria de Fátima R. das Neves *"os padres nunca procuravam ocultar os filhos que haviam tido já após a ordenação, ressaltando, porém, que os ditos filhos nasceram de mulheres solteiras, livres e desimpedidas, muitas vezes, de boa família".*Neves, Maria de Fátima R. das. O sacrilégio permitido: filhos de padres em São Paulo Colonial. In: Marcílio, Maria Luiza (org.). *Família, mulher, sexualidade e Igreja*

enfim, situações em que a criança se via fora de qualquer quadro familiar possível e não só aquele oficialmente veiculado pela Igreja. Este é o caso do abandono dos filhos, em especial, quando não há a adoção. Quando isso ocorria, as alternativas a essas crianças se limitavam, no pior dos casos, à sobrevivência nas ruas crescendo ora à base de esmolas e pequenos furtos, ou pela prostituição.[48] Com mais sorte, ingressavam ao Arsenal de Guerra (no caso dos meninos) e ao Recolhimento das Órfãs (mantido pela Misericórdia carioca) ou a outras instituições de proteção à infância desamparada que começam a proliferar ao final do dezenove.

O que pretendemos assinalar com o quadro esboçado acima é que a contrapartida desse distanciamento entre a família de fato e aquela dos modelos eclesiásticos foi uma postura diferenciada em relação à morte infantil quando comparamos as regulamentações eclesiásticas e os testemunhos mais diretamente relacionados às práticas e concepções relativos à população leiga. Se os motivos que pautaram o comportamento da Igreja em relação à criança morta nem sempre estiveram de acordo com o que determinava o rigor tridentino (limitada seja por conta do Padroado e imperativos do sistema mercantil, como também pelas condições materiais de aplicação e controle desses modelos), na prática o distanciamento era maior e mais cheio de consequências. No nosso caso em particular, as contradições entre essas duas dimensões se manifestaram através de concepções acerca da morte infantil que se distanciavam da ortodoxia de Trento, resultando numa mesclagem de concepções tradicionais de origem bastante remota e culturalmente diferentes, como já pudemos perceber na forma diferenciada com que a população leiga designa a criança em comparação com a elite clerical a qual procuraremos recuperar ao longo do livro.

Mas a trama que explica especialmente as transformações que tocam às atitudes perante a morte infantil ainda está incompleta. Outros elementos devem ainda ser considerados. Um deles, o qual já fizemos referência nas linhas acima, diz respeito ao enriquecimento que as cidades estudadas conheceram ao longo do XIX, em ritmos e intensidades distintas, evidentemente. Como veremos na segunda parte,

---

na história do Brasil. São Paulo: Loyola, 1993, p. 135-148. A passagem citada encontra-se na p. 142.

48 Sobre a criança abandonada e as instituições assistenciais, ver Marcílio, Maria Luiza. A roda dos expostos e a criança abandonada na História do Brasil 1726-1950. In: Freitas, Marcos Cezar de (org.). *História Social da Infância no Brasil*. São Paulo: Cortez, 2003, p. 53-80.

as reformas urbanas resultantes disso, bem como as mudanças no poder aquisitivo e nos padrões de etiqueta imprimirão mudanças sensíveis nas práticas fúnebres infantis. Outros fatores julgamos mais conveniente tratá-los mais adiante, quando os efeitos que têm sobre as práticas e representações da morte menina puderem ser observados. Um deles é a mudança que se observa na forma de se expressar os sentimentos familiares, fato que já se observa ao nível das práticas rituais, numa valorização do âmbito privado. O outro é o advento do discurso médico sobre a morte infantil. No final do item anterior assinalamos que os escritos médicos lançam uma denominação específica para o fato bruto da morte da criança, o tema da mortalidade infantil. Como as representações da morte infantil relativas à classe médica estudadas aqui dizem respeito principalmente àquelas que aparecem nas teses de doutoramento, deixaremos para tratar dos motivos que orientaram a novas representações da morte menina, bem como o uso específico que esses médicos fizeram das representações tradicionais, na terceira parte desta tese, quando nos debruçaremos sobre o discurso sobre a morte infantil, veiculado principalmente nas teses da faculdade de medicina do Rio de Janeiro no século XIX.

## 2. O lugar da morte infantil

# Mapeando a infância

Com o que foi exposto no capítulo anterior confirma-se a especificidade de que se revestia a morte infantil na sociedade brasileira no período em questão. Viu-se que eram dedicadas à criança morta práticas diferenciadas, discriminando-a de forma privilegiada, dos outros mortos. Além disso, constatou-se que tal postura em distinguir a morte da criança era amplamente amparada nas palavras. Posto isso, resta a pergunta: onde, mais precisamente, se situa essa diferença? Em outras palavras, interessa agora interrogar os testemunhos relativos à prática fúnebre acerca das idades a partir das quais dispensava-se ao moribundo e aos seus restos mortais uma série de procedimentos respeitantes unicamente à criança morta.

As *Ordenações Filipinas* já nos oferecem uma primeira delimitação da infância no que concerne à morte, aos seus possíveis significados e comportamentos. Isso se deve ao fato deste corpo de leis regular uma dimensão das práticas fúnebres que tinham conjugada em si, além de uma preocupação religiosa, uma exigência jurídica: o testamento. Segundo o Título LXXXI das *Ordenações Filipinas*, o "Varão menor de quatorze anos, ou a fêmea menor de doze não pódem fazer testamento, nem o furioso".[1] No que se refere à idade, portanto, os 12/14 anos fixam um limite que determina dois grupos nos cuidados de preparação à morte: os que podem e os que não podem testar. É índice também de uma sensibilidade diferenciada sobre quando era concebido o fim da infância, segundo uma distinção de gênero: a mulheres chegam antes à idade adulta.

Continuando na análise dos tipos documentais de cunho regulador, temos os compêndios de doutrina cristã que fornecem, igualmente, informações que permitem configurar os limites a partir dos quais era percebida a infância. O mais

---

[1] Almeida, Cândido Mendes de. *Código Philippnio ou Ordenações e Leis do Reino de Poryugal Recopiladas por Mandado D'El-Rei D. Philippe I*. Livro IV. Lisboa: Fundação Calouste Dulbenkian, 1985. Fac-símile da edição organizada por C. Mendes de Almeida em 1870, p. 908.

antigo, as *Constituições Primeiras do Arcebispado da Bahia*, faz pouca referência aos limites de idade precisos que se devem respeitar nos procedimentos ligados à morte, se atendo àqueles, por assim dizer, de caráter secundário. Por exemplo, sobre a extrema-unção e sua aplicação etária, as *Constituições* afirmam apenas o seguinte: "*Não se há de administrar este Sacramento aos meninos, que não tem uso de razão*". Não define, portanto, os limites para a categoria "menino".² De fato, esse compêndio o fará apenas em duas circunstâncias de menor importância. Em primeiro lugar, ao fixar o limite de sete anos para o estabelecimento de regras diferenciadas ao uso do toque de sinos pelos defuntos.³ E, mais adiante, ao garantir àqueles sem qualquer posse os "suffragios costumados", impõe como condição ser "pessoa maior de quatorze anos".⁴

Já o *Ritual do Acerbispado da Bahia* do padre Lemos, que é de 1863, ao determinar a quais indivíduos se deve administrar o sacramento da extrema-unção, afirma que isso deve ser feito "a todo aquelle, que tiver mais de sete annos".⁵ A mesma idade define procedimentos diferenciados em relação à mortalha e adereços que cobrem o corpo.⁶ Ainda nesse manual, o limite instaurado aos sete anos fixa uma série de cuidados específicos no que se refere à encomendação do corpo: com um tópico à parte, intitulado "Da encommendação dos párvulos", o autor esclarece que esta deveria ser usada "sendo o defunto maior de sete annos".⁷ Como se vê, ao

---

2 Vide, Sebastião Monteiro da. *Constituições Primeiras do Arcebispado da Bahia*, op. cit., p. 82.

3 "(...) *mandamos que tanto que fallecer algum homem, se fação tres signaes breves, e distinctos; e por mulheres dous; e se forem menores de sete até quatorze annos de idade, se fará um signal sómente, ou seja macho, ou fêmea*". (Idem, ibidem. p. 291).

4 "*E mandamos outro-sim, que fallecendo em nosso Arcebispado alguma pessoa maior de quatorze annos, que estiver debaixo do pátrio poder, e não tiver ainda legítima, ou fazenda bastante para todos os suffragios costumados, se diga por sua alma a missa de corpo presente, e um Officio de tres lições*". (Idem, ibidem. p. 294).

5 *Deve se administrar este Sacramento a todo aquelle, que tiver mais de sete annos, estando em perigo de vida, ainda mesmo que se duvide já ter esta idade*" (Lemos, Pe. Lourenço Borges de. *Ritual do Arcebispado da Bahia*, op. cit., p. 76).

6 "*Sommente aos menores de sete annos é permittido, além da palma e capella a mortalha de gala*". (Idem, ibidem. p. 118).

7 Idem. ibidem, p. 118.

que respeita aos limites que orientam a percepção da infância, esse livro se distingue do anterior em dois pontos importantes. Um deles é especificar a concepção de criança em aspectos importantes do ritual funerário como a extrema-unção e a encomendação do corpo. O outro é a padronização desse limite que, como vimos em todos os casos, é fixado para a idade de sete anos.

Como é o caso dessas duas constituições consultadas acima, que não foram produzidas nas cidades em estudo (não se encontrou, diga-se de passagem, constituições eclesiásticas produzidas pelo clero paulistano ou carioca) mas constam do acervo da Biblioteca da Cúria Metropolitana de São Paulo, pelo menos ao que se refere à administração do sacramento da extrema-unção, mostram que a idade de sete anos conservará um papel de divisor etário por bastante tempo. Além disso, o fato de serem produzidas em localidades tão distantes, Canoas (Rio Grande do Sul) e Olinda (Pernambuco), quase as duas extremidades do país, sugere que entre o meio eclesiástico estudado deveria haver um consenso sobre o assunto. Estamos falando das *Constituições Sinodaes da Diocese de Olinda* de 1908, escrita por D. Luís Raymundo Brito, onde se lê que "não se deve negar a Extrema-Unção (...) aos meninos chegados aos 7 annos".[8] Mais ou menos do mesmo período (resultante da Pastoral Coletiva de 1915, mas reeditada em 1950) *As Constituições Eclesiásticas do Brasil* lembram a validade dessa velha recomendação.[9] Como se vê, esses dois exemplos mostram à extensão tempo-espaço das mudanças que o manual do padre Lemos anuncia, permitindo verificar que, entre a elite clerical, uma maior precisão em identificar a criança e, provavelmente, um maior interesse dedicado a ela, vieram para ficar.

Esses documentos, apesar de seu caráter normativo, oferecem indícios sobre as concepções da sociedade que os elaboram e as utilizam. Ora, a constatação de mudanças no conteúdo desses compromissos insinua que estas não ficaram à margem das transformações sociais. Há, no entanto, aquelas fontes que permitem entrever

---

8 Brito, D. Luis Raymundo da Silva. *Constituições Sinodaes da Diocese de Olinda*. Recife: Typ. Da Livraria Contemporânea, 1908, parágrafo 324, p. 88.

9 "[Sobre a extrema unção] *Por via de regra, na Igreja latina, não se deve conferir êste Sacramento às crianças antes de terem chegado ao* **uso da razão**, *isto é, aos 7 anos, mais ou menos, a não ser por justa e grave causa*". (*Constituições Eclesiásticas do Brasil – Nova Edição da Pastoral Coletiva de 1915*. Canoas R.S: Tipografia La Salle, 1950. p. 65).

o que acontece no âmbito dos comportamentos fúnebres para uma parcela maior da população. Temos, em primeiro lugar, os já comentados compromissos de irmandades. Apenas como referência (uma vez que foge do período estudado) na cidade de São Paulo, já em 1730, o compromisso da Irmandade das Almas garante acompanhamento e sepultura aos filhos dos irmãos "menores de 12 annos".[10] Mais próxima do período que trabalhamos, a Irmandade de Nossa Senhora do Rosário dos Homens Brancos em 1773, se pronuncia com a mesma preocupação: impondo, no entanto, o limite de 7 anos.[11] O mesmo se passa com os compromissos respeitantes ao século XIX. No seu estatuto, datado de 1813, a Irmandade de Santo Elesbão e Santa Ifigênia, irmandade cuja denominação é de notória preferência africana, informa o seguinte sobre o acompanhamento dos irmãos: "da mesma [?] forma se acompanhará a qualquer filho ou filha que falecer de algum Irmão ou Irmã, athe a idade de sette anos sendo seos filhos legitimos".[12] No mesmo ano, a da Irmandade de Nossa Senhora da Boa Morte pronuncia-se em termos idênticos.[13]

Dispomos, também, das abundantes informações provenientes dos livros de assentamento de óbito. No que se refere ao mapeamento etário de algumas práticas funerárias, deve-se dizer que essa documentação é de valor inestimável. Como os estatutos, ela permite vislumbrar, a partir uma amostra bastante representativa da população, com que idade um defunto é objeto de uma série de práticas diferenciadas. Como para outras questões, esse *corpus* documental dá condições para verificar como as práticas efetivas dessa sociedade se comportam frente às normas expostas nos manuais eclesiásticos relacionadas aos limites de

---

10 "*Logo que falecer qualquer Irmão, o Provedor avisará a todos para em suas o acompanharem á sepultura com a Cruz da Irmandade e o mesmo se fará ás Mulheres dor Irmãos e seus filhos menores de 12 annos*". Compromisso *da Irmandade das Almas*. Matriz da Cidade de São Paulo, 1730. p. 1 (ACMSP).

11 "*Serão enterrados, os Irmaons desse Irmand$^e$ e Seos filhos, q. Não tiverem sette anos, nas sepulturas, q. Privativamente lhes forem concedida*". Compromisso *da Irmandade de Nossa Senhora do Rosário dos Homens Brancos*. Nazaré Paulista, 1773, p. 4 (ACMSP).

12 Compromisso *da Irmandade de Santo Elesbão e de Santa Iphigenia, Parochia de Santa Iphigenia*, 1813 (ACMSP) s/p.

13 Da "*mesma forma se acompanhara a qualquer filho, ou filha que falecer de algum Irmão ou Irma the a idade de sette annos*" (Compromisso *da Irmandade de Nossa Senhora da Boa Morte*, São Paulo, 1813 ACMSP) s/p.

idade que devem ser observados nos comportamento em torno da morte. Com efeito, na maior parte dos livros de óbito está inscrita a idade do morto que ali foi registrado. Sendo assim, a avaliação dos limites etários para aquém dos quais um defunto é considerado "criança" é possível por dois indícios. O primeiro deles, mais imediato, diz respeito aos livros de óbito nos quais os registros sobre o falecido vêm acompanhados de adjetivos que como vimos qualifica a criança ("inocente", "menor"), permitindo avaliar até que idade se lançava mão desses termos. Neste sentido, sua utilização torna-se testemunho da percepção da infância em situações de falecimento. O segundo procedimento, aplicado no caso dos livros de óbito em que as expressões de qualificação da criança como tal não aparecem, consiste em comparar a idade do defunto com determinadas práticas que são igualmente registradas nesses livros. A partir da presença ou da ausência de referência aos sacramentos e ao testamento, é possível estabelecer se o defunto era visto como adulto ou criança.

Dos livros de óbito das freguesias paulistanas que foram levantados,[14] cujos registros foram computados na pesquisa num intervalo de vinte anos para todo o século XIX, resultaram numa amostra de 810 registros de crianças mortas. Eles confirmam na prática cotidiana a recomendação dos manuais eclesiásticos de condutas diferenciadas para crianças menores de sete anos. Isto diz respeito principalmente àqueles procedimentos que são passíveis de recuperação, isto é, aqueles referentes aos últimos sacramentos. De fato, nesse universo, apenas quatro crianças tinham mais de sete anos de idade, o que perfaz menos de 0,05% do total. É interessante, no entanto, observar que dessas crianças com mais de sete anos, três delas têm apenas oito, o que não significa um extrapola-

---

14 Foram consultados os seguintes livros de óbito das Igrejas da cidade de São Paulo, pertencentes ao Arquivo da Cúria Meropolitana de São Paulo (ACMSP): Livro *de assentamento de Óbitos da Igreja de Nossa Senhora da Assunção*; Livro *de assentamento de óbitos da Igreja de Bom Jesus de Matozinhos*; Livro *de assentamento de óbitos da Igreja de Nossa Senhora da Conceição*; Livro *de assentamento de óbitos da Igreja de Nossa Senhora da Expectação*; Livro *de assentamento de óbitos da Igreja de Nossa* Senhora da Penha; Livro de assentamento de óbitos da Igreja de Nossa Senhora da Penha – Penha; Livro de assentamento de óbitos da Igreja de Monserrate; Livro *de assentamento de óbitos da Igreja de Monte Serrate de Cotia*; Livro *de assentamento de óbitos da Igreja de Nossa Senhora dos Prazeres*; Livro *de assentamento de óbitos da Igreja de Nossa Senhora do Rosário*; Livro *de Assentamento de óbitos da Igreja de Santo Amaro*; Livro *de assentamento de óbitos da Igreja de São Roque*.

ção efetiva desse padrão. A quarta dessas crianças, cuja idade se distancia mais da regra, tinha 11 anos. Isso assinala para um sutil desvio, na prática, de uma orientação que procede de uma percepção da infância da qual as autoridades eclesiásticas comungam. Uma confirmação dessa prática só seria possível com um trabalho de cômputo da totalidade dos registros, tarefa que essa pesquisa não comportaria. Dedicar a um indivíduo de 11 anos cuidados rituais que são prescritos pelos manuais doutrinários para crianças de no máximo 7 anos, já dá indícios de uma percepção da infância algo distanciada daquela que tem a Igreja, sensibilidade esta que, como veremos, se desdobra em outras dimensões dos comportamentos fúnebres da população.

Os relatos do viajantes que aqui estiveram e que presenciaram funerais de crianças são outro tipo de testemunho que permite avaliar os limites a partir dos quais se percebe a criança morta. Entretanto, essas narrativas requerem atenção especial, na medida em que para esse aspecto – até que idade o indivíduo morto é considerado criança, "inocente", "anjo" – algumas de suas observações são de caráter mais impressionista. Deve-se considerar que em alguns casos esses viajantes, não conhecendo a criança morta, apenas presumiam a sua idade, fato que eles próprios esclareceram em suas narrativas. Em todo caso, esse material não oferece informações muito distintas daquelas já observadas nas outras fontes.

Dos relatos de viagem que usamos a esse respeito não há nenhum sobre São Paulo, todos dizendo respeito, por conseguinte, à Corte.[15] Em torno da década de 1820, Debret observa que as "cores adotadas nos esquifes são (...) rosa ou azul-celeste agaloado de prata para as crianças de menos de oito anos, os anjinhos".[16] Mais ou menos na mesma época, o marinheiro Charles Stewart chama a atenção para o fato de que *"when children under seven years of age die, their bodies, in full dress, are exposed in procession through the streets"*.[17] Uma década depois, descrevendo determinações

---

15 Ainda que fora das cidades estudadas, cabe registrar o testemunho do alemão Carl Siedler para Serrito, Rio Grande do Sul em 1835. Segundo ele, *"Havia falecido em Serrito uma criança de distinta família, de uns dez anos de idade, e a pedido dos pais o corpo de oficiais do 27º batalhão foi convidado pelo vigário a participar das últimas homenagens ao pequenino morto. (...) o pequeno cadáver jazia como um boneco de cera (...) trajado como um anjo* [grifo do autor]". (Siedler, Carl. *Dez anos no Brasil*, op. cit., p. 156).

16 Debret, Jean Baptiste. *Viagem Pitoresca e Histórica ao Brasil*, op. cit., p. 203.

17 Stewart, Charles Samuel. *A visit to the South Seas in the U.S. Ship Vicennes, during the years 1829 and*

etárias no que se refere às praticas fúnebres no Rio de Janeiro o pastor Daniel Kidder observa que "se o morto tem mais de 10 anos de idade, os parentes conservam-se em casa, durante oito dias".[18] Estando no Brasil já na década de 1850, o inglês John Candler faz idêntica observação.[19] Por fim, em 1845 o pastor Thomas Ewbank, assinala o costume de amortalhar diferentemente. Segundo ele, "as crianças com menos de 10 e 11 anos são vestidas de freiras, santos e anjos".[20]

Do exposto aqui se conclui que comportamentos reveladores de determinadas percepções da morte assinalam para uma certa divisão etária que, diferente das outras, é comum a todo esse conjunto de práticas: aquela que promove uma divisão entre adultos e crianças. Além disso, pelo que se constata dos dados acima expostos, o limite de idade em que nas práticas fúnebres se exerce tal distinção entre adultos e crianças está localizado ora por volta dos sete anos, ora entre os doze e quatorze anos. De modo mais imediato, isso assinala que, apesar do lugar específico dedicado à infância nessas sociedades, a definição de quando ela se encerra é uma questão que não têm uma resposta unívoca, uma vez que depende de uma prática específica à qual ela está relacionada. Por exemplo, para essa sociedade, um mesmo indivíduo pode ser considerado adulto naquilo que diz respeito à extrema-unção (isto é, ter mais de sete anos), mas ainda ser tomado como criança no que se refere à feitura do testamento (no caso, ele teria menos de doze anos).

Mas pode-se ir mais longe. Visualizados em conjunto, esses procedimentos fúnebres indicam práticas claramente diferenciadas no modo de discriminar adultos de crianças. Uma primeira, relativa às elites eclesiásticas que se expressam por meio de seus compêndios e outra mais relacionada aos outros grupos que compõem a

---

*1830; with notices of Brasil, Peru, Manulla, the Cape of Good Hope, and St. Helena*. London: Fisher, Son, & Jackson, 1832, p. 49.

18 Kidder, D. P. & Fletcher, J. C. *O Brasil e os Brasileiros*. (tradução Elias Dolianti) São Paulo: Companhia Editora Nacional, 1941, p. 232.

19 "*If the deceased be above ten years of age, the immediate relatives remain at home for eight days*". (Candler, John, and Burgess. *Narrative of a recent visit to Brasil*. London: Edward Marsh, 1853, p. 45).

20 Ewbank, Thomas. *A vida no Brasil: ou, Diário de uma visita à terra do cacaueiro e das palmeiras, com um apêndice contendo ilustrações das artes sul-americanas antigas*. (trad. Jamil Almasur Haddad). Belo Horizonte: Ed. Itatiaia; São Paulo: Ed. da Universidade de São Paulo, 1976, p. 59.

sociedade brasileira. O que fica evidenciado é a preferência por parte da Igreja católica em situar o limite etário, para além do qual devem ser observados rituais fúnebres específicos, na idade de sete anos, ao passo que, a prática efetiva (em facetas não tão controladas pela Igreja dentro daquilo que é possível de se recuperar através dos relatos de viajem) percebe-se a tendência em estender essa fronteira até cerca dos doze a quatorze anos.

Ainda que as duas idades-chave, sete e doze/quatorze anos, se alternem entre si como limites nos quais a infância é percebida no interior das atitudes frente à morte como um todo, permanece válido reafirmar a importância da distinção entre adultos e crianças, dentre todas outras concernentes a critérios etários. Como se pretende demonstrar adiante, no interior das atitudes fúnebres tomadas na sua totalidade, para cada procedimento determinado (seja a administração dos sacramentos, seja a permissão para a feitura do testamento) permanece a divisão dual adulto/não-adulto (criança, portanto), não havendo, salvo em exceções pontuais (como é o caso das cores para mortalhas e caixões para virgens e solteiros, por exemplo), outras categorias.

# As idades da infância

A constatação de que as práticas fúnebres configuram um campo em que a distinção etária é instrumento privilegiado de diferenciação e que, de modo geral, duas idades orientam essa divisão – uma situada entre os seis e oito anos e outra entre os doze e os quatorze – alcança um sentido maior quando se volta a atenção para outras dimensões do comportamento cotidiano. Trata-se agora de verificar se em outros aspectos da vida social foi recorrente a consideração das duas idades como marcos divisórios na percepção da infância. Se essa tarefa põe à prova a hipótese de que os estudos dos fenômenos culturais associados aos comportamentos frente à morte da criança oferecem elementos privilegiados para avaliar a percepção da infância para o período e sociedade em foco, ela também permite explicitar melhor os motivos e imagens que levaram dois grupos sociais, elite eclesiástica e leigos, a dar preferência a respectivamente, as idades de 7 e de 12 anos como limites entre a infância e o mundo dos adultos no tocante aos comportamentos fúnebres.

Conforme mostraremos ao longo desse item, a historiografia e os documentos que de um modo ou de outro discorrem acerca do cotidiano da criança no espaço e tempo investigados confirmam aquilo que foi observado nos testemunhos relativos às atitudes mortuárias. Eles informam que, as idades de seis/sete anos e de doze/quatorze anos configuraram, de fato, duas "idades-chave" na definição do que vem a ser a infância. Tendo em mãos esses limites, convém, pois, analisar o que caracteriza o período do qual essas idades simbolizam o termo – a infância, enfim. Importa, igualmente, verificar quais atributos novos o indivíduo ganha ao completar essas duas idades para que, pela negatividade, seja possível visualizar de que forma a criança é concebida nesse momento. Isso equivale a perguntar por aquilo que falta à criança, visto que nisso consiste também sua especificidade.

Antes de falar sobre o período da vida que a idade de 7 anos encerra, vale lembrar que autores como Maria Beatriz Nizza da Silva salientam que este era dividido em dois. A idade de 3 anos dividia em dois essa faixa e se funda basicamente no fato de que esse intervalo entre o nascimento e esta idade era então um período em que o leite materno consistia na principal alimentação da criança.[1] De nossa parte, vale apenas reafirmar que outras delimitações etárias que não aquelas que separaram os mortos entre adultos e crianças, como é certamente o caso desta instaurada pela idade de 3 anos, não tem maiores implicações sobre como se orientaram as condutas face à morte da criança.

De todo modo, segundo o que até agora se sabe sobre esse período, é que a vida da criança (qualquer que seja sua condição) acontece fundamentalmente no âmbito doméstico, pouco sendo exigido em termos de papéis sociais uma vez que não é marcado, nem por uma significativa atividade produtiva, tampouco por um uma educação mais ou menos formal.[2] É um tempo preenchido, na sua maior parte, pelas primeiras experiências de sociabilidade, entre pais, irmãos, parentes próximos, senhores, *sinhás*, escravos e agregados, sendo comuns, observações dos viajantes sobre crianças escravas que, em companhia de suas mães, andam livremente nos sobrados de seus senhores, sem qualquer tipo de ocupação e objeto muitas vezes dos carinhos que os senhores das casas lhes dispensam,[3] apesar de muitos relatos de época permitirem questionar deveras a exatidão dessa constatação, ao mencionarem os castigos e maus tratos a que essas crianças estiveram submetidas.[4] É um

---

1 Segundo Nizza da Silva, "*do nascimento até aos 3 anos de idade, temos uma primeira infância caracterizada biologicamente pelo facto de a criança ser amamentada com leite humano*" (Silva, Maria Beatriz Nizza da. Vida Privada e Quotidiano no Brasil. Na época de D. Maria I e D. João VI. Lisboa: Editorial Estampa, 1993, p. 13).

2 Nizza da Silva assinala que "*dos 4 aos 7 anos decorre uma segunda fase da infância em que a criança acompanha a vida do adulto sem nada lhe ser exigido em troca, nem trabalho, nem cumprimento dos deveres religiosos, nem estudo*" (Idem, ibidem, p. 13).

3 O francês Jean Baptiste Debret, que esteve aqui entre 1816 e 1831 ao descrever a rotina doméstica no Rio de Janeiro, assinala o trânsito que nesse espaço tinham os escravos que ainda mal andavam: "(...) *os dois negrinhos, apenas em idade de engatinhar e que gozam, no quarto de dona da casa, dos privilégios do pequeno macaco, experimentam suas forças na esteira da criada*"; "*No Rio, como em todas outras cidades do Brasil, é costume, durante o 'tete-à-tete' de um jantar conjugal (...) que a mulher se distraia com os negrinhos que substituem os doguezinhos*" (passagens citadas por Mott, Maria Lúcia de Barros. A criança escrava na literatura de viagens. Cadernos de Pesquisa, vol. 31, p. 57-68, 1979, p. 1).

4 É muito rico, ao questionar essa visão edulcorada dessa etapa da infância escrava de maior contato

dos períodos da vida (junto, talvez, com o da senilidade) em que o cativo possui mais baixo valor comercial.[5]

Caracterizado, portanto por sua incapacidade de exercer qualquer atividade produtiva que lhe garanta a sobrevivência, ainda que alguns estudos apontem que a criança fosse utilizada no Brasil para alguns pequenos serviços durante essa idade,[6] era comum a distinguir juridicamente o menor de sete anos enquanto completamente dependente em relação aos adultos, em relação à mãe e ou à ama (no caso dos expostos) durante a fase de amamentação[7] e ao *pater famílias*, depois desse período.[8] Não é por outro motivo que a Santa Casa de Misericórdia do Rio de Janeiro, em seus regimentos de 1738, definia que os enjeitados enviados às "cria-

---

com a família do senhor, o testemunho da célebre parteira Mme. Durocher que nos apresenta Maria Lúcia Mott: "*Mme. Durocher, parteira por cerca de 50 anos no Rio de janeiro, afirma que as crianças em geral eram transformadas em tetéias por causa de sua pouca idade e ignoravam a distância respeitosa que deveria haver entre seu senhor, que às vezes tinham mais ou menos a mesma idade. Quando estas crias se rebelavam contra as mordidas e tiranias sofridas, os pais em vez de repreenderem os filhos, acabavam por castigar o pequeno escravo cujo único crime, freqüentemente era fugir do 'sinhôzinho' e não deixar que o mordesse à vontade*". (Mott, Maria Lúcia de Barros. Ser mãe: a criança escrava em face do aborto e do infanticídio. In *Revista História*. São Paulo, 120, p. 85-96, jan/jul. 1989, p. 91).

5 Segundo José Roberto de Góes e Manolo Florentino, "*comparativamente ao que valia aos quatro anos de idade, por volta dos sete um escravo era cerca de 60% mais caro e, por volta dos 11, chegava a valer duas vezes mais*" [GOES, José Roberto de; Florentino, Manolo. Crianças escravas, crianças dos escravos. In Del Priore, Mary (org). *História das crianças no Brasil*. São Paulo: Contexto, 1999, p. 175-191, p. 185)].

6 De acordo com Renato Pinto Venâncio, "*nos censos mineiros elaborados por ordem das Câmaras, crianças cativas ou pobres de apenas três anos eram arroladas como pagens*" (Venancio, Renato Pinto. Os Expostos de Catas Altas – Minas Gerais, 1775-1885. In Rizzini, Irene (org). *Olhares sobre a Criança no Brasil*. Rio de Janeiro: Editora Universitária Santa Úrsula, 1997, p 127-141, p. 132).

7 Alzira Campos, se reportando às *Ordenações Filipinas*, assinala que os "*deveres dos pais de criarem seus filhos são ordenados no caso de matrimônio ou de separação do casal, quando então, a mãe será obrigada a criar o filho até a idade de 3 anos, fornecendo-lhe apenas o leite*" (Campos, Alzira Lobo de Arruda. *Casamento e Família em São Paulo Colônia*. São Paulo: Paz e Terra, 2003, p. 84).

8 Acrescento com Nizza da Silva: "*Se a criação dos filhos, até aos 3 anos de idade, estava a cargo das mães ou amas, daí para a frente a questão dos 'alimentos', como então se dizia, competia claramente aos pais, mesmo em relação aos filhos ilegítimos*" (Silva, Maria Beatriz Nizza da. *Vida Privada e Quotidiano no Brasil. Na época de D. Maria I e D. João VI*, op. cit., p. 16).

deiras", deveriam com elas permanecer até os sete anos de idade, sendo para isso remuneradas.[9] Da mesma forma serve de exemplo a Lei do Ventre Livre que, sob o argumento de obrigar os senhores a manter os ingênuos junto à mãe, assegurava a tutela deste ao senhor da mãe, que por sua vez ficaria encarregado de seu sustento, até que a criança completasse os oito anos de idade.[10]

O que significa a idade de sete anos? O que ela traz de novo, para que seja possível condicioná-la, por esse viés, às peculiaridades da infância? No Brasil, durante o período abordado, a idade de sete anos figura como marco importante no processo de inserção da criança no mundo dos adultos. De fato, esse momento assinala o início de um novo período no qual o indivíduo é chamado a assumir o lugar social que lhe está reservado e a tomar consciência dele. Tendo em vista atender a essa exigência da qual depende a reprodução social é que a estreia no mundo dos adultos se apresentou sob formas bastante distantes.

Numa sociedade no qual o trabalho manual, que prescinde de uma formação mais elaborada e prolongada, é atividade quase que exclusiva de escravos e dos setores mais pobres da população livre, essa idade marca o ingresso e fixação no mundo do trabalho, daí a importância dessa idade para as classes trabalhadoras.[11] No caso particular de São Paulo que, como bem demonstrou

---

9 "*Os enjeitados permaneciam de um a dois meses na Casa da Roda (...) Os que sobreviviam eram enviados a 'criadeiras', pagas pela Santa Casa, devendo permanecer na companhia dessas mulheres até a idade de sete anos*" (Lima, Lana Lage da Gama Silva e Venancio, Renato Pinto. O abandono de crianças negras no Rio de Janeiro. In Del Priore, Mary (org). *História da criança no Brasil*. São Paulo: Contexto, 1991. p 61-75, p. 67).

10 Assim se pronuncia a *Lei do Ventre Livre* em seu artigo 1º, inciso 1º: "*Os ditos filhos menores [da mulher escrava] ficarão em poder e sob autoridade dos senhores de suas mães, os quais terão obrigação de criá-los e tratá-los até a idade de 8 anos*". [Lei do Ventre Livre (Emancipação Parcial dos Nascidos e Liberação dos Escravos da Coroa) – Lei Nº 2.040 (28 de Stembro 1871). In Bonavides, Paulo; Amaral, Roberto. *Textos Políticos da História do Brasil*.Volume II Império Segundo Reinado (1840-1889) Brasília: Senado Federal, 2002, p. 645. Disponível em <http://www.cebela.org.br/tex_indice.asp>. Acesso em 10 set. 2004].

11 Como lembra Maria Lúcia Mott, "*aos 7 ou 8 anos começava uma nova etapa na vida da criança escrava: passavam a trabalhar no serviço mais pesado e regular*" (Mott, Maria Lúcia de Barros. Ser mãe: a criança escrava em face do aborto e do infanticídio, *op. cit.*, p. 88). Renato Pinto Venâncio, sobre a região de Catas Altas, Minas Gerais, informa que as crianças "*quando atingiam os cinco ou seis anos, elas come-*

Maria Odila Dias sobre os fogos chefiados por mulheres,[12] a falta de recursos imperante fazia dos escravos de menor valor (mulheres, mas também crianças, ainda que em menor grau) uma presença marcante no conjunto dos bens da maioria das pequenas propriedades em fogos chefiados por mulheres. Como acontecia com os escravos adultos do sexo feminino, esse também foi o caso da criança escrava que começa a trabalhar, cuja importância assinalaram Maria Lúcia Mott e Maria de Fátima Neves.[13] A respeito dos enjeitados, tomamos de novo o exemplo que nos é oferecido pela regulamentação da Santa Casa de Misericórdia do Rio de Janeiro, visto que ele é bastante esclarecedor a esse respeito: atingida a idade dos sete anos, a criança deve trabalhar – sem remuneração – para "ajudar" a manter os seus custos junto às famílias adotivas e instituições responsáveis pelo recolhimento dos enjeitados que completam essa idade no Rio de Janeiro, o Arsenal da Marinha e o Recolhimento das Órfãs.[14] No caso

---

*çavam a fazer pequenos serviços, (...) Ao atingirem a faixa etária entre nove e quatorze anos, as meninas e os meninos apareciam nas listas de habitantes com profissões definidas"* (Venancio, Renato Pinto. Os Expostos de Catas Altas – Minas Gerais, 1775-1885, op. cit., p. 132).

12 Em seu estudo sobre os fogos chefiados por mulheres na cidade de São Paulo dos oitocentos, Maria Odila Dias, "*Setenta por cento das proprietárias de um a três escravos tinham em casa apenas mulheres, às vezes mulheres e moleques. O preço de escravas mulheres era sempre menor que os dos homens, mais numerosos e com demanda maior, tanto da parte dos negociantes negreiros como dos fazendeiros de café ou senhores de engenho*" (Dias, Maria Odila. Quotidiano e Poder em São Paulo no Século XIX. São Paulo: Brasiliense, 2001, p. 122).

13 Segundo Maria de Fátima Rodrigues da Neves, "*a busca de sustento para si e sua prole levava-as* [as escravas] *a trabalharem desde cedo, acostumarem seus filhos a trabalhar e, assim, são freqüentes as referências de viajantes a crianças escravas misturadas ao burburinho da cidade, desempenhando uma série de tarefas essenciais à vida urbana*" [Neves, Maria de Fátima Rodrigues das. Infância de faces negras: a criança escrava brasileira no século XIX. São Paulo, 1993. Monografia (Mestrado em História Social) - Faculdade de Filosofia, Letras e Ciências Humanas, Universidade de São Paulo, p. 53]. Segundo a mesma autora, nos "*núcleos urbanos de nosso passado, as crianças cativas, além dos afazeres domésticos, que desempenhavam tal como seus pares das fazendas, ainda trabalhavam nas chácaras que cuidavam do abastecimento de gêneros alimentícios das cidades e atuavam como vendedores ambulantes de comidas e doces*" (Idem, ibidem. p. 74). A importância da criança escrava também foi assinalado por Maria Lúcia Mott (Mott, Maria Lúcia de Barros. Ser mãe: a criança escrava em face do aborto e do infanticídio, op. cit., p. 87).

14 "*A partir daí* [da idade de sete anos], *as crianças eram encaminhadas a famílias adotivas ou ao Arse-*

da cidade de São Paulo, em que a Câmara pagava uma determinada soma às famílias que recolhessem as crianças abandonadas, a idade de sete anos, pontuava o fim desses emolumentos, pressupondo que a partir daí a criança era capaz de trabalhar em troca do abrigo e sustento fornecido.[15] Vemos, portanto, que no caso dos escravos, dos expostos, e das crianças pertencentes às camadas mais pobres da população, um dos atributos novos que advém com a idade de sete anos no processo de integração do indivíduo ao grupo dos adultos é a capacidade produtiva.

Os filhos da elite conheciam uma experiência bem diversa. Se, como acontecia até com a criança escrava, o período anterior aos sete anos era marcado por uma liberdade relativa no interior do âmbito doméstico, a partir dessa idade eram estas crianças encaminhadas, não ao mundo do trabalho, mas às instituições sociais disponíveis de formação que as capacitassem a cumprir sua função de domínio, como era o caso, por exemplo, do prestigioso Externato Pedro II, em cujos bancos sentou a quase totalidade dos filhos da aristocracia cafeeira do Império e de outros setores da elite.[16] Havia ainda outras alternativas: uma educação mais ou menos informal, proporcionada por adultos instruídos (como os capelães) aos quais cabia ensinar as primeiras letras, bem como a formação oferecida pelas chamadas Aulas Régias e, a partir da segunda década do século XIX, pelas escolas abertas na

---

*nal da Marinha, no caso dos meninos, e ao Recolhimento das Órfãs, no caso das meninas. Em quaisquer das situações, as crianças deveriam trabalhar gratuitamente durante sete anos, em troca de teto e de alimentação*" (Lima, Lana Lage da Gama Silva e Venancio, Renato Pinto, O abandono de crianças negras no Rio de Janeiro, op. cit., p. 67).

15 Segundo Nizza da Silva, "*mais do que um comportamento caritativo por parte de pessoas de posses, o acolhimento de um exposto em casa significava um mero contrato com o pagamento, por parte da Câmara, de um estipêndio pelos cuidados de criação e educação até os 7 anos; ou uma utilização dos seus serviços após esta idade divisória entre o mundo da criança e o mundo do trabalho* [grifo meu]" (Silva, Maria Beatriz Nizza da. História da Família no Brasil Colonial. Rio de Janeiro: Nova Fronteira, 1998, p. 214).

16 "*Os meninos da elite iam para a escola aos sete anos e só terminavam sua instrução, dentro ou fora do Brasil, com um diploma de doutor, geralmente de advogado. Num colégio conceituado como o Externato Pedro II, freqüentado por quase todos os filhos da aristocracia cafeeira e pela elite urbana, havia um rol exaustivo de disciplinas*" (Mauad, Ana Maria. A vida das crianças de elite durante o império. In Del Priore, Mary (org). História das crianças no Brasil. São Paulo: Contexto, 1999, p. 137-191, p. 152).

Corte por estrangeiros.[17] Data também dessa época as primeiras escolas dedicadas à educação femininas, administradas principalmente por inglesas e, após a derrota de Napoleão, francesas.[18] Ainda na cidade do Rio de Janeiro, a década de 1850 vê franquearem-se o ensino público primário a todos os cidadãos livres (e vacinados), um dos resultados do processo de "institucionalização e estruturação" dos serviços públicos na Corte Imperial.[19] Mais preocupado em criar meios de reposição de mão de obra qualificada, do que de fato promover uma democratização da educação escolar no país, o *Regulamento da Instrução Primária e Secundária no Município da Corte* (Lei 1331 A. 17/02/1804), garantia apenas em casos excepcionais (pela demonstração de "acentuada distinção" e capacidade) o nível secundário para as crianças de baixa renda.[20] No entanto, a preocupação em dar um ensino de natureza profissionalizante às crianças pobres só se concretiza com a criação do

---

17 "*Ao lado das famílias que mandavam os filhos para as Aulas Régias, cujos professores eram pagos com o rendimento do imposto conhecido como subsídio literário, outras havia que prefeririam contratar professores particulares e, mais tarde, a partir da segunda década do séc. XIX, enviá-los para os primeiros colégios privados*". (Silva, Maria Beatriz Nizza da. *História da Família no Brasil Colonial*, p. 223) Segundo a autora, "*no Rio de janeiro, sede da Corte, os colégios abertos por estrangeiros concorriam com os dos professores locais e, entre 1809 e 1821, pelo menos 19 instituições de ensino particular foram anunciadas nas páginas da Gazeta do Rio de Janeiro*" (Idem, ibidem, p. 223).

18 Segundo Nizza da Silva, "*foi a presença da Corte no Brasil e a presença de estrangeiros que levaram a mudanças na educação feminina*" (Idem, ibidem p. 237). No caso específico do Rio, autora observa que "*quanto aos colégios e aulas no centro da cidade destinados à educação feminina, aparecem nos anúncios da Gazeta do Rio de Janeiro pelo menos 15 estabelecimentos diferentes, alguns dirigidos por inglesas e francesas, estas contudo só depois da paz na Europa e a derrota de Napoleão*" (Idem. Ibidem p. 237)

19 "*A partir de 1850, no âmbito do Estado, a crescente institucionalização e a estruturação dos chamados serviços públicos na Corte imperial (...) resultaram no surgimento de preocupações e medidas em prol da implantação de um sistema de educação pública*" [Martinez, Alessandra Frota. Educar e Instruir: Olhares Pedagógicos sobre a Criança Pobre no Século XIX. In Rizzini, Irene (org). *Olhares sobre a Criança no Brasil*. Rio de Janeiro: Editora Universitária Santa Úrsula, 1997, p. 155-180, p. 155].

20 Segundo Martinez, aos "*meninos pobres, o governo forneceria vestuário e material escolar, obrigando os pais a garantirem instrução elementar a seus filhos (...). Pelo Regulamento de 1854, os meninos pobres só poderiam dar continuidade aos estudos no caso de demonstrarem acentuada distinção e 'capacidade' para tal*" (Idem, ibidem, p. 157)

*Asilo de Meninos Desvalidos* na Corte em 1874, em meio aos debates que presidiram os últimos anos de escravidão no país.[21]

Seja como for, este conjunto de atributos novos que marca uma dimensão da passagem da infância para o mundo adulto caracterizado pela competência, seja para trabalhar, seja para dominar, pressupõe antes de mais nada a emergência de um elemento fundamental para a percepção da infância e da sua peculiaridade nesta sociedade: o uso da razão. A "malícia", no seu traço mais visível, isto é, a capacidade em discernir entre o bem e o mal, aparece, com efeito, como aquilo que configura o fim da infância e cuja ausência diz respeito ao seu principal predicado, a *inocência*. Essa concepção de infância que é atrelada a uma suposta incapacidade de ações deliberadamente más e da idade de sete anos atuando como o ponto final desse estado, tem, por exemplo, seu reflexo na prática judicial. Na prática jurídica oitocentista, era até essa idade que se estendia a responsabilidade penal, marcando, nesse âmbito, o ingresso na vida adulta, conforme observou Fernando Torres-Londoño.[22]

Deve-se lembrar ainda que a ausência ou presença do elemento "malícia" importa de tal modo na forma como essa sociedade define a criança ou o adulto, que muitas vezes ela torna prescindível mesmo a verificação da idade. Basta para definir se um indivíduo é ou não é ainda um adulto verificar se ele possui ou não a tal qualidade da "malícia". É desnecessário lembrar o quanto isso é um fator de imprecisão na delimitação do que seja a infância, visto que, com ele, a infância pode ser estendida para bem antes ou depois do sete anos. Esse fato torna-se bastante elucidador quando são consideradas as eventuais extrapolações nas idades que aparecem nos rituais fúnebres que são dedicados às crianças, algo previsto

---

21 "A intenção de criar escolas profissionais foi materializada pelo governo imperial com a fundação do Asilo de Meninos Desvalidos em 1874. (...) O estabelecimento do Asilo, com um atraso de vinte anos, relacionava-se claramente com o contexto de efervescência dos debates sobre a emancipação dos escravos e veio corroborar a hipótese de que a instrução e a educação, na década de 1870, foram consideradas vias possíveis para a reorganização das relações de trabalho e de controle social" (Idem, ibidem, p. 164).

22 "Assim, a pessoa ficava submetida ao pátrio poder até os 21 anos, enquanto sua responsabilidade penal podia começar aos 21 anos, enquanto sua responsabilidade penal odia começar aos 7 ou 9 anos, dependendo do juiz. Na prática, a serem essas as idades passavam a marcar a entrada na vida adulta" (Torres-Londoño, Fernando. A origem do conceito de menor. In Del Priore, Mary (org). *História da criança no Brasil*. São Paulo: Contexto, 1991. p. 129-145. p. 131).

no próprio rigor das *Constituições Primeiras* quando definem etariamente a quem deve ser aplicados determinados sacramentos.[23]

Em todo caso, é precisamente nesse aspecto – a competência para discernir e pecar – que, pelo menos ao que se refere às autoridades episcopais, a idade de sete anos representa o grande divisor de águas da vida individual. Não é outra coisa que o corpo de regulamentações rituais assinala sobre a percepção da infância e do que lhe é devido, quando se volta a atenção às idades que devem, segundo essas obras, ser observadas na administração dos sacramentos. Tomados em conjunto, a grande maioria dos sacramentos tem na idade de sete anos um ponto de inflexão, para além do qual providências distintas são prescritas. A partir dos sete anos é proibida aos párocos a administração do batismo em filhos de escravos "infiéis" sem que o indivíduo tenha instrução prévia nos dogmas católicos.[24] Na maior parte das vezes, a regulamentação em torno da idade se apresenta numa série de positividades, seja na forma de obrigações, seja na de permissões. O sacramento da confirmação é recomendada aos maiores de sete anos,[25] o mesmo se passando com o da confissão[26] pois, segundo as *Constituições Primeiras* os sete anos assinalam a chegada dos "anos da descrição". Para esses homens da Igreja é essa idade a partir

---

23 Como acontece com quase todas as prescrições sacramentais as *Constituições*, no Título XXXVI que se refere ao sacramento da confissão, assim se manifesta em seu artigo 139: "*Por preceito da Santa Igreja catholica todo o fiel Christão assim homem, como mulher, tanto que chegar aos annos da discrição, que regularmente são os sete annos, e antes delles, tanto que tiver malícia, e capacidade para peccar, é obrigado, sob penna de peccado mortal, a se confessar inteiramente, ao menos uma vez cada anno a seu próprio Parocho*" (Vide, D. Sebastião Monteiro da. *Constituições Primeiras do Arcebispado da Bahia*, op. cit., p. 61)

24 Assim se manifesta o Título XIV, parágrafo 53 das *Cosntituições*: "*E sendo os taes escravos filhos de infiéis, que não passem de idade de sete annos, ou que lhes nascerem depois de estarem em poder de seus senhores, mandamos sejão baptisados*" (*Idem, ibidem*, p. 21).

25 É o que manda o Título XXI, parágrafo 77 das *Constituições*: "*Ordenamos, que quem houver de receber o Sacramanto da Confirmação tenha ao menos sete annos de idade*"(*Idem, ibidem*, p. 31).

26 Lembramos que as *Constituições*, em seu títuo XXXVI, parágrafo 142, ordenam "*Por preceito da Santa Igreja catholica todo o fiel Christão assim homem, como mulher, tanto que chegar aos annos da discrição, que regularmente são os sete annos, e antes delles, tanto que tiver malícia, e capacidade para peccar, é obrigado, sob penna de peccado mortal, a se confessar inteiramente, ao menos uma vez cada anno a seu próprio Parocho*" ( *Idem, ibidem.* p. 61).

da qual já se é possível realizar o "desposório de futuro", em outras palavras, o dispositivo que institucionalizava as promessas de casamento.[27] Essa idade já anunciava, portanto, o início do investimento não só na reprodução da estrutura social feita por intermédio da família, como estabelecimento dos papéis sexuais que tem no matrimônio a sua efetiva consumação.

O que significava, por sua vez, a idade de doze a quatorze anos? A leitura nos leva a crer que esse limite de idade marca o desfecho e a realização do processo de socialização, isto é, o ingresso no mundo dos adultos, processo esse que teria início a partir dos sete anos. Ele assinala, na maioria dos aspectos considerados, o fim efetivo da infância. As coisas assim se passam na medida em que os entre os doze e os quatorze anos é demarcado a época da maturidade produtiva ou, em outras palavras, da realização do indivíduo enquanto força de trabalho já devidamente desenvolvida e treinada[28] – quando isso se faz necessário – e adequada de forma a melhor atender às expectativas sociais. Com efeito, alguns fatos prestam um testemunho inequívoco desta observação. É a partir dos doze anos que o escravo dá início a um período (que dura em torno de dez anos) no qual ele atinge o seu maior valor de venda no mercado.[29] É, igualmente, note-se bem, a idade em que os enjeitados podem trabalhar para suas "criadeiras", de tal

---

27 O segundo Título LXIII artigo 262 das *Constituições*, os *"Desposorios futuros são o mesmo que promessa de futuro Matrimonio: para elles é necessário, que tenhão os promittentes assim homens, como mulheres sete annos completos de idade"* (Idem. ibidem. p. 108).

28 Analisando os relatos de viagem, Maria Lúcia Mott constata que *"por volta dos doze anos as meninas e os meninos escravos eram vistos como adultos, no que se refere ao trabalho e a sexualidade"* (Mott, Maria Lúcia de Barros. A criança escrava na literatura de viagens, op. cit., p. 64). Góes e Florentino observam igualmente que *"por volta dos 12 anos, o adestramento que as* [as crianças escravas] *tornava adultos estava se concluindo. Nesta idade, os meninos e as meninas começavam a trazer a profissão por sobrenome: Chico Roça, João Pastor, Ana Mucama"* [GÓES, José Roberto de & Flornetino, Manolo. Crianças escravas, crianças dos escravos, op. cit., p. 184].

29 Lembramos que, segundo Góes e Florentino, *"comparativamente ao que valia aos quatro anos de idade, por volta dos sete um escravo era cerca de 60% mais caro e, por volta dos 11, chegava a valer duas vezes mais"* (Goes, José Roberto de; Florentino, Manolo. Crianças escravas, crianças dos escravos, op. cit., p. 185). Com efeito, Julita Scarano, para as crianças das Minas Gerais informa que *"escravo bem valioso e apreciado era aquele que tinha de 15 a 24 anos, visto como o mais capaz e em melhores condições de exercer o fatigante trabalho da mineração"* (Scarano, Julita. Criança esquecida das Minas Gerais. Del Priore, Mary (org). História da criança no Brasil. São Paulo: Contexto, 1991, p. 107-136, p. 113).

forma que, agora, tenham direito a uma remuneração.[30] Nesse aspecto, esse momento marca a afirmação da independência individual – em tese, seu sustento não depende mais dos outros – apontando, desta feita, para um modo de ver a infância enquanto um estado sob o signo da dependência.

Como encerramento de um processo que se iniciaria a partir da idade de sete anos, a ocasião dos doze anos é, acima de tudo, a da plenitude da "malícia" que mais do que nunca parece dizer respeito não só à capacidade de raciocinar e distinguir entre as boas e más ações, como também à capacidade de contrair relações sexuais, estritamente falando. Tudo isso denotava, em definitivo, a perda da "inocência" ou, em outro termos, daquilo mesmo que resultava de uma natureza ainda imaculada que se atribui à criança e que em última instância a definia. A conquista pelo indivíduo de todas as capacidades psíquicas às quais, segundo se acreditava sobrevinham a partir dessa idade, já implicava também na responsabilidade integral de suas ações. É isso, por exemplo, o que deixa entrever o código penal de 1830 que imputa aos quatorze anos o início da responsabilidade penal,[31] ainda que aos rapazes de até vinte um anos fosse imposta uma pena alternativa ao rigor dos trabalhos nas galés, nesse caso, a "prisão com trabalho".[32]

No que se refere à regulamentação eclesiástica, a idade de 12/14 anos, na medida em que dá plena forma à capacidade intelectual e, portanto, à competência para pecar, possui igualmente um papel fundamental, ainda que menor do que a idade de sete anos. Aí também se observa a tendência em ver nessa idade a conclusão de um amadurecimento do indivíduo que teria se iniciado aos sete anos. De fato, um dos testemunhos mais significativos dessa fase que parece ser vista como desdobramento de um mesmo processo de passagem da condição de criança para a

---

30 Segundo Lima e Venâncio, os enjeitados, dos "*14 anos em diante, poderiam empregar-se, percebendo salários*" (Lima e Venancio. Abandono de Crianças Negras no Rio de Janeiro, *op. cit.*, p. 67).

31 Assim se manifesta o artigo 10 do Capítulo Primeiro do Título Primeiro da Parte Primeira do *Código Criminal de 1830*: "*Art. 10. Também não se julgarão criminosos: 1. Os menores de 14 annos*". (Vasconcelos, Jose Marcelino Pereira de. *Codigo Criminal* do Imperio *do Brazil*. Rio de Janeiro : Laemmert, 1878, p. 4).

32 O Artigo 45 do Capítulo IV do Título II da Parte Primeira informa que: "*A pena de galés nunca será imposta: [...] II. Aos menos de 21 annos, e maiores de 60, aos quais se substituirá esta pena pela de prisão com trabalho pelo mesmo tempo*" (Vasconcelos, Jose Marcelino Pereira de. *Código Criminal do Imperio do Brazil*, *op. cit.*, p. 16).

de adulto é o fato desta ser entendida exatamente como o é a idade de sete anos. A idade dos 12/14 anos é definida, em algumas passagens das *Constituições Primeiras* como aquela em que são chegados "os annos da discrição", como o faz, por exemplo, o parágrafo 86 que regulamenta a administração da Eucaristia.[33] Como se vê, nessas prescrições, essa "idade-chave" se apresenta também como um período limite mais crítico, na medida em que não tem lugar ao mesmo tempo para homens e mulheres. Segundo alguns autores,[34] porém, a administração desse sacramento era adiantada algum tempo (às crianças costumava-se crismar com 10 anos), para que não ficasse muito próximo da cerimônia de casamento. Chegamos, por sinal, ao matrimônio, sacramento dependente da maturidade sexual e que, além de completar o processo de corrupção da pureza infantil, associada, esta última, a um estado virginal. Ele é franqueado, nas *Constituições*, a partir dos doze anos para as mulheres e quatorze para os homens.[35]

Um aspecto fundamental deve ainda ser ressaltado. A propósito dos comportamentos fúnebres, foi dito acerca da preferência da idade de sete anos por parte da Igreja na diferenciação das práticas. Vimos também que ela contrastava com a visível inclinação da legislação civil, nesse caso o *Código Filipino*, em fixar esse limite em torno dos 12/14 anos, no que respeita à prática testamentária. Essa interpretação encontrou reflexo em outros aspectos regulamentados pela legislação civil, como ficou testemunhado pela preferência oficial que o Código Penal dá à

---

[33] É o diz o Título XXIV, parágrafo 86, que regulamenta a administração do sacramento da eucaristia: "*todos os fieis Christãos de um, e outro sexo, tanto que chegarem aos annos da discrição, que nos homens regularmente são os catorze, e nas mulheres os doze [...] são obrigados ao receber, ao menos uma vez cada anno pela Paschoa da Ressurreição*" (Vide, Sebastião Monteiro da. Constituições Primeiras, op. cit., p. 86).

[34] "*Outro rito da religiosidade católica presente no cotidiano das crianças era a primeira comunhão que se realizava geralmente entre dez e 13 anos. No caso das meninas, o mais cedo possível para se evitar a proximidade com o casamento, evento associado a uma outra idade da* vida" (Mauad Ana. A vida das crianças de elite durante o império, op. cit., p. 166). Gilberto Freire lembra que "*Desde o dia da primeira comunhão que deixavam as meninas de ser crianças: tornavam-se sinhá-moças. Era grande dia. Maior só o do casamento*". (Freyre, Gilberto. Casa Grande & Senzala. Rio de Janeiro: Record, 2000, p. 399).

[35] Sobre o Matrimônio, assim prescreve o Título LXIV, parágrafo 267 das *Constituições*: "*O Varão para poder contrahirMatrimonio, deve ter quatorze annos, e a fêmea doze anno também completos*". Vide Sebastião Monteiro da. *Constituições Primeiras*, op. cit., p. 109-110).

idade de quatorze anos como definidora da imputabilidade criminal. Com isso, o que fica claramente delineado é um tipo de sensibilidade diferenciada por parte das autoridades civis face à outra da qual a elite episcopal era a representante. Entre esta, a idade de sete anos era, por assim dizer, valorizada enquanto fronteira entre a criança e o adulto, dando ênfase à possibilidade de discernimento como elemento fundante dessa mudança.[36] Para o Estado, todavia, o acento era posto na maturidade sexual atingida aos 12/14 anos, que atuava, por conseguinte, como determinante na concepção do que era infância. Quanto à pratica efetiva da população cujo comportamento é referenciado pelos relatos de viagens, registros de óbitos e manuais eclesiásticos (em suas proibições) viu-se que, se não há certeza que optavam pelo limite de 12/14 anos, não há também uma linha rigorosa para distinguir adultos de crianças. Através das observadas associações entres virgens e crianças esboça-se uma sensibilidade na qual é forte a associação entre o fim da infância e a prática sexual, oficialmente representado pelo matrimônio. Essa mentalidade é reforçada por uma legislação que, como vimos, adota um modelo familiar patriarcal, apesar de em muitos pontos distante da realidade familiar nas sociedades estudadas. Esse modelo se caracterizou pelo papel secundário dado aos filhos solteiros que, infantilizados, são postos à sombra da figura do pai todo-poderoso: é o filho "emparentado", que a legislação submetia, até a maioridade, ao pátrio poder, como observaram os historiadores da família no Brasil.[37]

Quanto à Igreja, a análise que Michel Foucault faz da importância crescente que, após a contrarreforma, tem a confissão – que as *Constituições* a ela obrigam

---

36 Miriam Moreira Leite chamou atenção, com efeito, para as diferenças entre o que o código filipino concebia enquanto infância, e o que a Igreja Católica entendia por isso. Segundo ela, *"para o código filipino, que continuou a vigorar a te o fim do século XIX, a maioridade se verificava aos 12 anos para as meninas e aos 14 anos para os meninos, mas para a Igreja Católica, que normatizou toda a vida das famílias nesse período, 7 anos já é a idade da razão"* [Leite, Miriam Moreira. A infância no século XIX segundo memórias e livros de viagem. In: Freitas, Marcos Cézar (org). História Social da Infância no Brasil. São Paulo: Cortez, 1997, p. 19].

37 "Quanto à prole, sujeitava-se ao pátrio poder, exercido pelos pais. Antes de atingir a maioridade, o filho dizia-se 'emparentado'" (Campos, Alzira Lobo Arruda. *Casamento e família em São Paulo colonial*, p. 51). Segundo Nizza da Silva, estes eram aqueles *"que ainda estavam sob a autoridade paterna por serem menores, solteiros ou morarem com os pais"* e *"estavam obrigados a trazer para o monte aquilo que ganhassem com suas atividades"* (Silva, Maria Beatriz Nizza da. *História da Família no Brasil Colonial*, op. cit., p. 36).

os indivíduos após a idade de sete anos, ou antes, caso haja *malícia* – talvez ofereça elementos para se pensar essa distinção. Ele assinala que uma "dupla evolução tende a fazer, da carne, a origem de todos os pecados, *e a deslocar o momento mais importante do ato em si para a inquietação do desejo*".[38] Considerando o caráter tridentino dos compêndios eclesiásticos setecentistas elaborados no Brasil, ainda que estes significassem uma adaptação à realidade da colônia portuguesa, não teríamos aí uma explicação plausível para a preferência, por parte da Igreja, da idade de sete anos como inauguradora de um período no qual o indivíduo é capaz de pecar? O acento será posto cada vez mais não na consumação do ato carnal, mas na intenção deste, que passa a ser tida também como pecado. Assim sendo, é bastante plausível que, para a Igreja, o "estado de inocência" teria que ser recuado para aquela idade em que esta julgava que o indivíduo era capaz tanto de discernir quanto de produzir fantasias de teor erótico. Para a Igreja, razão e desejo caminhavam juntos. Não é por menos que o termo "malícia" carrega em si os dois sentidos. Ele significa, além da consciência plena que o indivíduo tem de seus atos, a capacidade de dar a eles um segundo sentido, sempre negativo e, na maior parte das vezes, sexual.

---

38 Foucault, Michel. História da sexualidade I: A vontade de saber. (trad. Maria Thereza da C. Albuquerque e J. A. Guilhon Albuquerque). Rio de Janeiro: Ed. Graal, 1988. p. 23. O grifo é meu.

# Parte II
# O gestual da morte menina

# 3. Traços gerais e primeiros cuidados

## Aspectos gerais

Tal como se afirmou anteriormente, quando são tomados os comportamentos fúnebres como um todo, com mais razão para aqueles que dizem respeito à primeira metade do século XIX, as crianças aparecem, dentre todos os grupos que compõem a sociedade em estudo, enquanto categoria privilegiadamente discriminada. Dissemos igualmente que um dos motivos que tornam essa afirmação plausível é o fato de ser a morte da criança, na quase totalidade das atitudes situadas em torno dela, descolada de um outro conjunto a que poderíamos chamar de morte adulta. Com efeito, tal é a importância desse caráter distintivo do qual decorrem dois tipos de morte/mortos, que ele não só não passou desapercebido por aqueles viajantes estrangeiros que tiveram oportunidade de testemunhar ambos, como lhes causou forte impressão. Não é outro o motivo que levou o pastor metodista Daniel Kidder, em meados da década de 1830, a ser enfático na afirmação de que, ao se fazer um paralelo entre os funerais de adultos e os de crianças, "o contraste é maior do que se possa imaginar".[1] É chegado o momento de demonstrar isso. Escolhi fazê-lo começando por aquilo a que chamarei de *características gerais das práticas engendradas em relação à criança morta tomadas em seu conjunto*. O balanço desses traços comuns oferece um importante ponto de partida no entendimento seja das mudanças, seja das permanências relativas a esse âmbito. Dentre essas características, enumero as seguintes: *pouca gravidade* (manifestada por uma *ausência de cauções espirituais* e por uma *permissividade* por parte da Igreja), *exarcebamento e festividade* (estas últimas sendo modo leigo de compor esse quadro de *pouca gravidade*).

O primeiro traço distintivo da morte da criança nos é fornecido por intermédio do que nos diz o silêncio tecido em torno dela, posto que é, ainda quando

---

1 Kidder, Daniel Parish. *Reminiscências de viagens e permanência nas províncias do Sul do Brasil: Rio de Janeiro e São Paulo: compreendendo notícias históricas e geográficas do Império e das diversas províncias*. (trad. Moacir N. Vasconcelos; notícia biográfica Rubens Borba de Morais) Belo Horizonte: Ed Itatiaia; São Paulo: Ed. da Universidade de São Paulo, 1980. p. 159.

tomado isoladamente, prenhe de significado. Com efeito, principalmente para as décadas que abrem o período estudado, a morte infantil se caracteriza pela sua ausência numa série de testemunhos privilegiados para o estudo da morte que estão relacionados à regulamentação de práticas que tinham papel fundamental nos comportamentos dessa dimensão do cotidiano. Essas fontes são velhas conhecidas daqueles que se dedicam à história tanatológica no Brasil. Esse grupo é constituído, em sua maior parte, pelos manuais e pelas constituições eclesiásticas. Em linhas gerais, o que mais imediatamente se depreende da leitura dessas obras é que a criança está ausente das prescrições rituais fúnebres.

Começo pelas *Constituições Primeiras do Arcebispado da Bahia*[2] que, como já se disse, se trataram de um corpo de leis criado em 1707 com o objetivo de regulamentar a ação da Igreja na colônia e o comportamento dos fiéis e que significou não só uma mais efetiva aplicação dos dogmas estipulados pelo Concílio de Trento, mas também uma tentativa de adaptação destes à realidade específica da colônia. Como teremos oportunidade de demonstrar nas páginas que se seguem, os assuntos relacionados à morte se expressam, numa primeira leitura dessa obra, de um modo essencialmente negativo. Nas questões relativas aos procedimentos funerários, em especial aqueles que implicam uma participação mais direta dos padres e que são sistematicamente regulamentados, a criança se vê notavelmente excluída. A morte infantil aparece aqui como a situação na qual se deve dispensar a quase totalidade dos cuidados prescritos ao morto adulto. Veremos, mais adiante, que à criança morta era negada, por exemplo, os últimos sacramentos, dentre outras coisas. O mais significativo de tudo, no entanto, é que, nas *Constituições*, a decisão de proscrever para uma determinada faixa etária uma série de procedimentos rituais, vistos como inapropriados para esse grupo, não significou, como se poderia esperar, que as autoridades eclesiásticas esclarecessem o que deveria ser efetivamente feito para o pequeno defunto. Se essa obra deixa bastante claro o que não era permitido para a criança morta, nada informa sobre o que deveria ser feito.

---

2 Vide, D. Sebastião Monteiro da. *Constituições Primeiras do Acerbispado da Bahia Feitas e Ordenadas pelo Reverendíssimo Senhor D. Sebastião Monteiro da Vide, 5º Arcebispo do dito Acerbispado, e do Conselho de Sua Magestade: Propostas e Aceitas em o Synodo Diocesano, Que o Dito Senhor Celebrou em 12 de Junho do Anno de 1707.* São Paulo: Typographia 2 de Dezembro, 1853.

Uma resposta mais imediata é que essa despreocupação para com a criança morta está diretamente relacionada à fidelidade tridentina das *Constituições* e de outros textos eclesiásticos analisados aqui. Em linhas gerais (falaremos nisso ao logo da tese), o Concílio estava de acordo com a crença de que bastava apenas o batismo para a criança ser salva.[3] Mas, se isso explica as motivações de origem que fizeram com que esses textos se manifestassem desse modo, elas não esgotam todos os significados que estas posturas tiveram em seu exercício ao longo de dois séculos. Como já comentamos, outras determinações presidiram o comportamento da Igreja na sociedade em estudo. Nesse sentido, não é absurdo atribuir essa exclusão feita à morte infantil à situação da Igreja nos primeiros tempos de sua atuação no Brasil, entre outros motivos. Visto que a maior parte dos procedimentos rituais que são proibidos à criança diz respeito àqueles que pedem participação direta dos representantes da Igreja (administração dos sacramentos, missas póstumas, etc.) essa posição pode ser lida enquanto uma forma dessa instituição se poupar de uma série de obrigações às quais, em virtude de sua condição – caracterizada, como se mencionou no início da tese, por sérias deficiências em termos materiais e de efetivos humanos – ela não poderia de forma alguma dar conta. Isso parece ser bastante razoável quando se considera que, na época, a morte de crianças não era fato pouco comum.

De qualquer forma, as condições precárias nas quais se encontrava o episcopado brasileiro não explicam plenamente as relações que há entre o modo como estava inserida a Igreja na sociedade brasileira e ausência da morte infantil na legislação eclesiástica. Outros fatores se valeram da postura tridentina para com a criança morta. Um deles, que também já enumeramos anteriormente, foi a valorização do modelo familiar patriarcal empreendido pelo Estado e de que a instituição eclesiástica, sob o regime do Padroado, muitas vezes foi propagadora.

---

3 Como nos ensina o jesuíta Alexande de Gusmão, em 1685, "*primeiramente é certo e de fé, definido no concílio tridentino, que os meninos inocentes que morrem logo depois do batismo, sem terem uso da razão, vão logo direto ao céu sem passarem pelo purgatório; [...] porque, como o mesmo concílio diz, imaculados sem culpa, puros e amados de Deus, como herdeiros de Deus, Nosso Senhor e cohereos de Cristo, nenhuma coisa os detém para que não vão logo ver a Deus*" (Gusmão, Alexandre de. *Arte de criar bem os filhos na idade da puerícia*. Edição, apresentação e notas Renato Pinto Venâncio, Jânia Martins Ramos. São Paulo: Martins Fontes, 2004, p. 107).

Nessas condições, a despreocupação com a morte menina pode ser entendida também como um certo descaso.

Mas, se a regulamentação eclesiástica dos rituais funerários infantis em vigência durante o período enfocado esteve muitas vezes sob o signo da exclusão e da proibição, em outras dimensões destes, é manifesta uma certa tolerância por parte deste escritos. Quando se trata da criança morta, os autores destas prescrições não só se redimem de mandar observar os cuidados rituais como uma parte importante do que a população realiza nesses cerimoniais não parece incomodá-los, contrastando profundamente com que se passa em relação aos funerais dos adultos. Isso é bastante evidente quando são cotejados outros testemunhos que, objetivando regular estas cerimônias, acabam fazendo, vez por outra, referência às práticas fúnebres infantis. Isso acontece na medida em que muitas das práticas que são comuns a estes funerais e que parecem ser encaradas com naturalidade ali são proibidas nos rituais fúnebres dos crescidos. Naquilo que não depende da presença do pároco, a morte infantil é o lugar onde se pode (quase) tudo. Um precioso exemplo nos é dado pelo pedido de aprovação em 1778 ao bispo daquela que viria a ser a Irmandade de Nossa Senhora do Rosário dos Homens Pretos da cidade de São Paulo:

> Pede provisão de approvação, com que erigimos, e confirmamos este compromisso, e os seus vinte e quatro capitulos com a decclaração somente se uzara de guião nas procissões festivas, e não nos enterros onde somente leva a Irmandade Cruz ao diante, excepto quando vae a enterrar hum minino, ou criança de idade.[4]

Não poderia ficar melhor exemplificado o caráter não regulamentado da morte infantil. Ora, não se deve esquecer que esse documento era escrito para atender às expectativas das autoridades religiosas e é, sob esse ponto de vista, que o texto deve ser considerado, ou seja, como também fazendo parte da expressão da vontade da Igreja no Brasil. Num documento desse caráter, a irmandade não vê problemas em confirmar o uso, nos cortejos fúnebres de crianças, do "guião" – uma espécie de estandarte que ia à frente das procissões – prática que, conforme

---

4 Compromisso da *Irmandade de Nossa Senhora do Rosário dos Homens Pretos*. São Paulo, 1778. p. 8.

somos informados por esse mesmo documento, contraria a expectativa desses senhores para os funerais adultos. Não se deve subestimar o teor dessa proibição, visto que da garantia em cumpri-la dependeu a institucionalização da irmandade. Não se deve também, por conseguinte, deixar de visualizar o campo do que é permitido nos rituais de morte infantis. Ao afirmar que o guião, no caso dos funerais, só será utilizado nos de criança, a irmandade se antecipa à tolerância que a Igreja assume nessa questão, tolerância esta que é – e de novo temos aí um testemunho da posição das elites episcopais brasileiras sobre o assunto – ratificada pela aprovação do compromisso.

Dessa característica da morte infantil que se configura por meio daquilo que não se pode fazer nos funerais adultos ainda é possível se vislumbrar vestígios na segunda metade do século XIX, numa obra constante do acervo da Cúria metropolitana de São Paulo, o *Ritual do Arcebispado Bahia*, de 1863.[5] Importa aqui atentar para uma passagem dessa obra na qual se encontra a proibição do uso, no caso de virgens e solteiros, de cores e adereços comumente utilizados nos funerais dos "párvulos" e que, segundo esse compêndio, devem a eles se limitarem.[6] É, ainda na segunda metade dos oitocentos, a morte infantil se apresentando como o território das práticas proibidas no cerimonial mortuário adulto.

Todavia, quando considerados outros testemunhos (aqueles respeitantes não mais a uma normatização das práticas fúnebres, mas relacionados ao modo como estas se apresentaram efetivamente), como é caso dos livros de viagem, tudo nos orienta na interpretação de que, ao silêncio das autoridades episcopais, não correspondeu por parte da população um comportamento caracterizado pela inexistência de práticas fúnebres para a criança. Com efeito, na práxis cotidiana, a morte da criança nunca é negligenciada.

Tanto é assim que é possível afirmar que a morte infantil é permeada por uma terceira característica: um investimento exagerado. O que aí se observa é um zelo significativo em proporcionar à criança morta uma série de procedimentos que

---

5 Lemos, Pe. Lourenço Borges de. *Ritual do Arcebispado da Bahia*. Bahia: Typ. De Camillo de Lellis Marron & Cia, 1863.

6 "*Sommente aos menores de sete annos é permittido, além da palma e capella a mortalha de gala*" (*Idem, ibidem*. p. 118).

essa sociedade parece julgar indispensáveis. Um costume, em particular, desfaz qualquer ideia de que havia um descaso para com crianças que morriam: trata-se do hábito de se depositarem os pequeninos defuntos nas Rodas de Expostos, para que estas instituições lhes assegurassem que fossem devidamente enterradas.[7] De fato, esta prática não só deixa patente uma preocupação com o que fazer com os "inocentes mortos", como também sobre a extensão social deste costume, que atinge, por sinal, até aqueles que devido à suas carências materiais, não deixam de surpreender que demonstrassem tal desassossego. Confirmando também essa disposição entre os menos abastados temos o caso das escravas libertas, que como observara Debret, comumente empregavam parte considerável de seu parco pecúlio na tentativa de garantir um enterro para seus pequeninos que estivesse em conformidade com o que se esperava desse tipo de evento.[8] Os cuidados com os rituais fúnebres infantis eram, a partir do que essas práticas nos permitem entrever, um dever ao qual ninguém parece se furtar.

Não é surpreendente que entre os mais bem situados financeiramente – ou que assim quisessem ser tomados por – esse desvelo tivesse se traduzido em pompa. No cerimonial fúnebre como um todo, tal era o dispêndio (material e simbólico) invertido nessas cerimônias, que este não poucas vezes chocava os viajantes que por aqui passaram no correr do século dezenove. O marinheiro americano Charles Samuel Stuart, na década de 1830, é enfático sobre do enterro que testemunha; segundo ele, *"The only spetacle of interest I met was a*

---

[7] Segundo Renato Pinto Venâncio para a Roda de expostos de Salvador "*entre 1790 e 1796, foram enviados 51 expostos mortos, ou seja, para 8% dos abandonados daqueles anos a Roda serviu de cemitério gratuito*" No caso desta mesma prática no Rio de Janeiro, em especial na segunda metade do XIX, Venâncio observa que "a *Roda serviu para perpetuar a antiqüíssima tradição de manter os vivos e os mortos o mais próximo possível, possibilitando que as mulheres pobres garantissem o enterro cristão dos filhos, o que uma vez mais sugere interpretarmos a linguagem do abandono como um código cifrado do amor materno*" (Venâncio, Renato Pinto. Maternidade Negada. in Del Priore, Mary. *Historia das mulheres no Brasil*. São Paulo : Contexto, 1997. p. 189-222. As passagens citadas localizam-se, respectivamente, nas p. 206 e 213).

[8] Explicando suas pranchas sobre enterros de "negrinhos", Debret, lembra que "*A negra livre remediada, sempre membro de uma irmandade religiosa, não hesita em realizar essa despesa que considera um dever*" (DEBRET, Jean Baptiste. *Viagem pitoresca e histórica ao Brasil*. Op. cit., p. 174).

*splendid funeral in the Rua do Ouvidor*".[9] No caso das crianças, isso não seria diferente, pelo contrário. Segundo o pastor Daniel Kidder que esteve na Corte e em São Paulo no fim da década de 1830, "Quando se trata de criancinha, o enterro é considerado motivo de júbilo e organizam, então uma procissão triunfal".[10] De tal forma esse investimento hiperbólico alimentou a imaginação destes europeus que alguns como Dabadie (cujos exageros preconceituosos lhe granjearam a antipatia de Gilberto Freyre), afirmavam ser comum, no Brasil, pessoas se arruinarem para enterrar seus familiares com uma "pompa real".[11] Ele acrescentava que, muitas vezes pelo luxo empregado se tinha em conta que um certo funeral era de um príncipe, pelo menos um senador, quando se descobria que se tratava de uma criança de modesta origem.[12]

Sem dúvida, a já comentada tolerância de que as práticas fúnebres infantis eram objeto frente às autoridades episcopais deve ter fomentado a utilização desses cerimoniais como suporte privilegiado de uma manifestação ostentatória tão comum entre as elites tradicionais no Brasil. Como já foi há muito apontado por estudiosos como Gilberto Freyre e Sérgio Buarque de Holanda, as distinções sociais no Brasil, na ausência de signos estáveis e perenes – tais como gozavam a nobreza europeia – costumaram-se assentar no amplo uso de recursos materiais de natureza supérflua, sendo as festas e cerimônias religiosas as ocasiões propícias a dar lugar a essas manifestações ostentatórias.[13]

---

9 Stewart, Charles Samuel. *A visit to the South Seas in the U.S. Ship Vicennes, during the years 1829 and 1830; with notices of Brasil, Peru, Manulla, the Cape of Good Hope, and St. Helena*. London: Fisher, Son, & Jackson, 1832, p. 49.

10 Kidder, Daniel Parish, *reminiscências de viagens e permanência nas províncias do Sul do Brasil*, op. cit., p. 158.

11 Sobre as crianças que morriam, Dabadie lembrava que "*Sa famille s'endette et se ruine pour accumuler des trésors sur son cadavre et l'enterrer avec une pompe royale. C'est peut-être absurde, mais c`est l'usage, et cet usage console les mères*".(Dabadie, F. *A Travers L'Amérique du Sud*. Paris: Ferdinand Sartorius, éditeur, 1858, p. 7).

12 "*Faites place à l'interminable suite de voitures de deuil qui se dirige vers le cimetirère. Au luxe déployé, vouz pensez avoir sous les yeux le convoi d'un prince ou tout au moins d'un sénateur. Il n'en est rien cependent: le mort qu'on fête ainsi est un bambim de modeste origine*" (Idem, ibidem, p. 7).

13 Freyre lembrava que "*Le Gentil de la Barbinais escreveu que se não fossem os santos e as amásias os*

Nos casos dos funerais, a Igreja tridentina tentará a todo custo se opor a estas tendências, atitude revelada numa legislação fúnebre inclinada a limitar tais exageros. Quando se lembra que o cerimonial mortuário infantil era deixado de lado por parte das autoridades religiosas as quais parecia pouco importar a forma como era realizado, não é surpreendente que as elites coloniais se aproveitassem dessa ocasião para, mais do que em qualquer outra, colocar o espetáculo a serviço da manutenção de representações cuja função era dar conta da reprodução da hierarquia social.

Um outro traço peculiar resultante da pouca regulamentação de que era objeto a morte infantil é o caráter informal de que usualmente ela se revestia e que deu margem, num primeiro momento, para que muitos dos visitantes estrangeiros atentassem apenas para seu aspecto comemorativo. Alguns aspectos destes funerais fizeram com que estes fossem percebidos por parte dos viajantes como festas apenas e não um cerimonial cujo ritual específico contava com elementos comuns a outras manifestações festivas. O inglês John Candler, que passou pela Corte em 1852, escreveu que esses cerimoniais muito se pareciam com festivais, assinalando neles a ausência do luto, os toques de sinos feitos singularmente – "as if for joy", conforme imaginou – e amigos distribuindo congratulações aos parentes do defunto.[14] No entanto, longe de ser apenas um festejo como outro qualquer, os enterros dos "anjos" não eram de forma alguma desprovidos de condutas específicas para a ocasião. O fato é que essas práticas, quando comparadas com aquelas que demandas pelo falecimento de um adulto, tendiam a se concentrar em certos as-

---

colonos, no Brasil, seriam muito ricos. Mas todo dinheiro era pouco para fazerem figura nas festas de igrejas, que se realizavam com uma grande pompa [...] Ainda hoje se encontra no brasileiro muita simulação de grandeza no vestuário e em outras exterioridades" (Freyre, Gilberto. Casa Grande e Senzala, op. cit., p. 493) Sobre a "'nobreza nova'dos Quinhentos" Sérgio Buarque assialava que "o que prezam acima de tudo os fidalgos quinhentistas são as aparências e as exterioridades por onde se possam distinguir da gente humilde" (Holanda, Sérgio Buarque de. Raízes do Brasil. Rio de Janeiro: Editora José Olympio, 1971, p. 79).

14 "Funerals in Rio Janeiro are conducted, as in other Catholic cities, with much pomp; but when a child dies, the parents are so certain of its felicity, according to the dogmas taught them by the Church, that they put on no mourning habiliments, but act as if it were a festival: sometimes the parish bells are rung, as if for joy, and their friends pour in congratulations" (Candler, John, and Burgess. Narrative of a recent visit to Brazil. London: Edward Marsh, 1853. p. 44).

pectos dessas solenidades religiosas, aqueles que os estudiosos da religião no Brasil chama de "exteriores", isto é, mais ligados aos aspectos visuais e materiais do que a uma interioridade dogmaticamente pautada e controlada pela Igreja.

Mais ainda, esses e outros aspectos favoreciam a convicção de muitos estrangeiros, como podemos ver pela passagem acima citada de Daniel Kidder sobre a morte pueril ser entre os brasileiros, antes de tudo, motivo de júbilo. Para Luccock, que esteve no Rio de Janeiro nas duas primeiras décadas do oitocentos, isso era sintoma da fragilidade dos laços familiares nessas terras, fato de que se escandalizava e, segundo o qual, em virtude dessa situação, o futuro do Império estaria para sempre comprometido.[15] Teria chamado a atenção desse metodista o fato de se manifestar "entre os parentes mais distantes, maior complacência que pesar e, mesmo na mãe, nenhuma dor profunda, nada que ao menos pudesse distinguir dos outros acompanhantes".[16] A mesma observação é ponderada por Ferdinand Denis que esteve no Rio de Janeiro durante a década de 1830.[17] De fato, mais do que qualquer outra coisa, são os *"yeux secs"* dos participantes de um funeral de criança que causam perplexidade ao francês M. J. Arago, em 1839.[18]

Eles, certamente, não estiveram totalmente equivocados ao conceber, como tais, os funerais infantis. Não vimos que o compromisso da Irmandade de Nossa Senhora do Rosário dos Homens Pretos, ao definir para quais atividades se usa-

---

15 Sobre os funerais de criança ele observara que *"que a satisfação em tais momentos é geral demais, e por demais ostensiva,[...]. Não posso ter uma opinião boa sobre o futuro de um estado onde assim se dissolvem os mais forte laços dos sêres dêste mundo"* (Luccock, Jonh. *Notas sobre o Rio de Janeiro e partes meridionais do Brasil tomadas durante uma estada de dez anos nesse país de 1800 a 1818*. (trad. Milton da Silva Rodrigues) São Paulo: Livraria Martins, 1942, p. 79).

16 *Idem, ibidem*, p. 79.

17 "Os enterros de crianças fazem-se, no Brasil, com uma pompa entre nós ignorada, e que nada tem de fúnebre. A idéia, geralmente admitida, que uma criança não abandona a terra senão para voar a uma morada mais ditosa, faz esquecer todas as demonstrações de dor" [Denis, Ferdinand. *Brasil*. (trad. João Etienne Filho e Malta Lima) Belo Horizonte: Ed. Itatiaia; São Paulo: Ed. da Universidade de São Paulo, 1980, p. 148].

18 Sobre os funerais de uma criança que presenciara, Arago lembrava talvez com um certo tom de ironia *"Je venais d´accompagner un enfant au ciel, bonheur bien grand sans doute, car chez tous les invités à la fête les yeux sec, et les vêtements mondains"* (Arago, M. J. *Souvenirs d'un Aveugle Voyage Autour du Monde. Tome Premier*. Paris: Hortet et Ozanne, 1839, p. 103).

ria do guião, coloca os funerais de crianças (em oposição aos de adulto) ao lado das que ele próprio chama de "procissões festivas"? O erro está em considerar que as manifestações constituintes dos enterros dos "inocentes" como derivadas de um certo desprezo pela criança que tomaria forma na comemoração de seu falecimento. Alguns costumes já descritos aqui desmentem de todo esta visão, como é o caso das mães que levam seus filhos já mortos às rodas de expostos das Santas Casas de Misericórdia na expectativa de lhes proporcionar um enterro decente. Nos funerais infantis, a despeito do que acreditaram esses estrangeiros, havia bastante lugar para a expressão de afeto para com a criança morta. Para além de qualquer menosprezo do qual a criança podia ser vítima nesta sociedade, o que está na base deste comportamento é uma determinada concepção de morte e de infância que imprimia uma certa positividade a um evento certamente traumático. Esses discursos dão elementos para pensar este acontecimento não só como aquela ocasião onde imperava, dentre outros sentimentos, o júbilo. Com efeito, quando mais adiante forem analisadas as discursividades em torno da morte da criança através das cartas de pais que experimentaram a perda prematura de seus filhos veremos que não era exatamente assim que as coisas se passavam e quanto de sofrimento esteve envolvido nesse momento.

Essa é a situação que se afigura por quando se aborda o conjunto das práticas desencadeadas pela morte da criança. Tendo estabelecido as características gerais desses comportamentos, podemos agora nos perguntar pelas mudanças observadas nessa dimensão do fenômeno para o período enfocado pela pesquisa. Uma das mais notáveis mudanças ocorrida durante esse período foi a incorporação de novos elementos no conjunto que compõe o aparato mortuário como, por exemplo, o uso de carros fechados, a fotografia e, mais tarde, a estatuária tumular. De fato, estes elementos que participaram da transformação nos rituais fúnebres infantis estiveram associados às mudanças em relação aos rituais fúnebres como um todo. Uma delas é o fechamento cada vez maior dos cerimoniais de morte para o interior da esfera privada. Ele operou alterações na forma como era realizado o cortejo fúnebre e na proximidade estabelecida entre o cadáver e a população que o acompanhava. Além disso, esses deslocamentos significaram, no que se refere à organização espacial da morte, uma separação entre o mundo dos mortos e o dos vivos, da qual fez parte a criação dos cemitérios extra-muros, que, por sua vez, inauguraram uma nova materialidade (a estatuária tumular) a ser explorada na celebração da morte menina. Em todo caso é importante lembrar que essas novas posturas não implicaram num abandono pelo gosto do fausto e da ostentação nessas ocasiões rituais, fenômeno aliás também observado em algumas outras cidades – como Nápoles, segundo o que nos informa M. Vovelle.[19] Como veremos, os gastos exagerados e a profusão material que distinguiam os enterros no Brasil tenderam a aumentar para o período estudado, visto que essas cidades conheceram um sensível enriquecimento então. Nesse sentido, não é possível afirmar que as mudanças nos rituais de morte infantil não se expressaram imediatamente através uma diminuição da pompa.

Falou-se que uma das principais características dos funerais de crianças era o caráter festivo com o qual eles se apresentavam, destoando significativamente do clima lúgubre dos rituais de morte dos adultos. Também nesse aspecto, é notável uma nova configuração geral das práticas fúnebres pueris. Com procuraremos demonstrar quando tratarmos do testemunho cemiterial, a partir de meados do século XIX, os comportamentos relacionados à morte da criança têm condição de expressar, de forma inédita, o pesar que está associado à perda de um ente querido. Não se pretende aqui dizer que anteriormente a morte infantil era algo

---

19 "*Peut-on dire ici que les pompes baroques soient du passé, lorsquón voit la somptuosité ultime e dérisoire de ces carrosses que possède chacune d'elles pour conduire ses membres à leur dernière demeure, ou de ses cercueils d'apparat poses sur une plate-forme, que les voyageurs intrigues décrivent jusquà la fin du siècle? Comme ils décrivent aussi lê cortège des religieux, des pénitents, des vieillards de l'asile de San Gennaro dei Poveri... Dans ce context, on comprend mieux ce que peut être à Naples, jusqu'au début du XX$^e$ siècle, l'investissement colletif sur la mort, et les formes de dévotion populaire festive qui l accompagnent ainsi à la Toussaint, gigantesque pique-nique aux flancs de Poggioreale, au cœur même du Campo Santo*" Vovelle, Michel. Mort el L'Occident de 1300 à nos Jours. Paris: Gallimard, 1983, p. 606. Sobre as relações entre o barroco e a pompa fúnebre, de que nos fala Vovelle, é bastante útil a explicação que nos dá Adalgisa Campos em seu trabalho sobre a pompa fúnebre em Minas Gerais nos setecentos: "*Na valorização que a cultura barroca deu à iconografia e ao espetáculo, o gosto pelo encantatório da aparência não esteve presente apenas nas manifestações literárias, plásticas e nas representações de natureza sagrada. Essa tendência para estetizar as relações que os homens travavam entre si e com Deus foi bastante enraizada nas representações do luto. A ênfase dada às imagens, às alegorias e emblemas tinha como objetivo viabilizar a eternidade para os mortos. Esse fim primeiro da pompa fúnebre em alguns momentos foi esquecido tornando aquele evento, um espetáculo do funesto.*" (Campos, Adalgisa Arantes. Considerações sobre a pompa fúnebre na Capitania das Minas: o século XVII" In *Revista do Departamento de História da UFMG*. N° 4, p. 3-24, 1987. A passagem citada encontra-se na p. 5).

que inspirava acima de tudo exultação, naquilo que esse sentimento tinha de mais profundo, visto que isso seria tomar, tal como fizeram os viajantes, alguns aspectos exteriores dos funerais e parcelas limitadas da experiência que se tinha desse fenômeno como a totalidade do acontecimento. O fato é que nesses cerimoniais, a expressão da dor, quando não era interdita, não era de forma alguma valorizada, tal como frequentemente ocorria no luto aos mortos adultos. Com efeito, como discutiremos ao longo do trabalho, na segunda metade do século XIX assinala a emergência de uma prática e concepção de morte infantil na qual a manifestação expansiva do pesar que esse acontecimento dava lugar começou a ser permitida, favorecida e mesmo valorizada, num momento em que a exaltação da família nuclear e dos sentimentos que a devem sustentar são ideais defendidos pela classe médica, como demonstraremos na última parte da tese. Em poucas palavras, não cabendo à extensão e natureza desse tipo de pesquisa afirmar que a morte infantil passou da condição de fato providencial à fatalidade lastimada, trata-se de ressaltar que a morte da criança torna-se um fenômeno no qual passou ser apreciada a expressão de uma série de sentimentos outros que já deviam estar presentes, quadro este que pretendemos tornar mais claro ao final deste livro.

# Preparação para a morte

Sobre os comportamentos e representações em torno da morte no Ocidente, Philippe Ariès observa que, em determinado momento (mais ou menos entre o século XI e o XII),¹ assiste-se a um corte fundamental na expectativa que os homens tinham do que lhes advinha com esse evento. Até então este se lhes afigurara sob a forma de um sono profundo que duraria até o dia do Juízo Final quando então teria lugar o julgamento de toda a humanidade, dividida entre os justos e os ímpios, aos quais seriam reservados ou o céu ou o inferno.² Essa concepção escatológica se modificaria no sentido de que a morte estaria relacionada não mais a um julgamento coletivo e ao final dos tempos, mas a um outro que seria individual e simultâneo à hora da morte.³ Sendo individual, cada homem, de acordo com sua história de vida, seria o último responsável pelo destino de sua alma e, portanto, estava em suas

---

1 Segundo Áries, *"une certaine vulgate de la mort [...] adoptée par la civilisation occidentale [...] a eté, non pás interrompue ni effacée, mais partiellement alterée pendant lê second Moyen Age, c'est à dire à partir du XI<sup>e</sup>- XII<sup>e</sup> siècle"* (Ariès, Philippe. *Essais sur l'histoire de la mort en Occident*. Op. cit., p. 32).

2 *"Cette image correspond à l'eschatologie commune des premiers siècles du cristianisme: les morts (c'est-à-dire qu'ils l'avaient confié aux saints) s'endormaient comme les ept dormants d'Éphèse (pausantes, in sommo pacis) et reposaient (requiescant) jusqu'au jour du second avènement, du grand retour, ou ils se réveilleraient dans la Jerusalém celeste, soit au Paradis. Il n'y avait pás de place, dans cette conception, pour une responsabilité individuelle, pour um comptage des bonnes et des mauvaises actions"* (Idem, ibidem, p. 33).

3 Segundo Airès ,*"Au XII<sup>e</sup> siècle [...] apparaît une iconographie nouvelle, inspirée de matthieu, la résurrection des morts, la séparation des justes et des damnés: le jugement (à Conques, sur le nimbe du Christ, un mot est écrit:* Judex*), le pèsement des âmes par l'archange saint Michel"*. Já no século XV, um segundo fenômeno é observável nas *artes moriendi* publicadas então e que *"a consiste à supprimer le temps eschatologique entre la morte t la fin des temps, et à situer le Jugement non plus dans l'éther du Grand Hour, mais dans la chambre, autour du lit du mourant"* (Idem, ibidem. As passagens encontram-se, respectivamente, nas p. 34 e 35).

mãos garantir sua salvação espiritual, devendo para isso construir uma vida pautada pela virtude e obras pias.[4] Sendo simultâneo à hora da morte, o julgamento fazia desse instante e daqueles que lhes eram imediatos uma ocasião de peso sumamente estratégico na decisão do caminho que a alma iria tomar.[5] Era, portanto, quando se devia lançar mão de todos os recursos rituais disponíveis para que a passagem para o outro lado ocorresse com o resultado esperado. Esses procedimentos tomavam importância tal que podiam muitas vezes retificar ou – na falta ou uso incorreto deles – arruinar qualquer trajetória de vida, por pior ou melhor que ela tivesse sido.

Quais eram esses cuidados? Temos, em primeiro lugar, aqueles providenciados pelo próprio indivíduo que precavidamente havia de antecipar-se a sua morte. Ele o fazia através de um instrumento apropriado: o testamento. Além de seu caráter jurídico – que foi o que dele hoje nos chegou – com sua cláusulas relativas à distribuição dos bens materiais deixados pelo testador, esse documento era escrito sobretudo na intenção de garantir para si os cuidados necessários à salvação, em particular aqueles que tinham lugar após a ocorrência da morte.[6] Nele, além da declaração de fé e encomendação da alma – em si já um procedimento ritual com vistas a assegurar uma boa acolhida no céu – se escolhia a mortalha, o local de enterro, as irmandades e padres que deveriam acompanhar o funeral, o número de missas e obras pias a serem realizadas depois do enterro, tudo isso contabilizado e pago (em geral à Igreja) conforme a consciência de culpa de que cada um guardava de suas faltas. Sobre a importância desse instrumento, os estudos sobre a morte no

---

4 Sobre a relação entre a morte e a biografia individual, Áries observa que "*Aux XIVᵉ et XVᵉ siècles, elle est définitive, sans doute sous l'influence des ordres mendiants. On croit désormais que chaque homme revoit sa vie tout entière au moment de mourir, em un seul raccourci. On croit aussi que son attitude à ce moment donnera à cette biographie son sens dénititif, sa conclusion*" (Idem, ibidem, p. 37).

5 Em sua análise do conteúdo dos manuais de bem morrer, Áries nos chama atenção para a seguinte imagem: "*Dieu et as cour sont là pour constater comment le mourant se comportera au cours de l'epreuve que lui est proposée avant son dernier soupir et qui va déterminer son sort dans l'eternité. [...] Son attitude, dans l'éclair de ce moment fugitif, effacera d'um coup les péchés de toute sa vie, s'il repoussé la tentation, ou, au contraire, annulera toutes se bonnes actions, s'il cede*" (Idem, ibidem, p. 36).

6 João José reis observa, para os testamentos baianos, que os "*motivos que levavam as pessoas a testar confirmam que o ato era tido como um instrumento de salvação*" (Reis, João José. A morte é uma festa. Op. cit, p 93).

Brasil para o período em questão, assinalam o que, mais do que a morte, o que se temia era morrer sem os devidos preparativos para o bom devir eterno, e é nesse sentido que deve ser entendida uma das principais funções do testamento.[7]

Ora, conforme mencionamos no segundo capítulo deste trabalho, de acordo com o *Código Filipino* – que, em virtude do caráter jurídico de partilha de bens do testamento, legislava sobre o assunto – homens menores de quatorze anos e mulheres abaixo de doze estavam impedidos de testar.[8] Envolvendo a questão da maioridade legal, da posse de bens e do discernimento para dispô-los, a razão de ser dessa lei é óbvia. Não obstante, considerado a natureza desse documento cuja importância religiosa era tão ou maior que a civil, uma vez que o que estava em jogo era a vida eterna, este estado de coisas não deixa de ser bastante significativo. O teor dessa alienação seria talvez amenizado se existisse em favor desses "menores" um outro instrumento que, como o testamento, lhes garantisse a realização desses cuidados espirituais. Mas não era isso o que acontecia. Essa situação nos leva a constatar uma determinada percepção da infância que tornava prescindível esse tipo de diligência. Resta saber se esses cuidados efetivamente lhes eram oferecidos mesmo sem o testamento ou se ausência deles se justificava na falta de utilidade desses meios no caso da criança morta.

De fato, como veremos adiante, algumas preocupações rituais que constavam nos testamentos não faltavam às crianças, quando de sua morte. Elas, de um modo ou de outro, eram devidamente amortalhadas, acompanhadas e enterradas, ainda que não pudessem decidir sobre isso, o que não deixa de ser um dado importante. Assim, é necessário para melhor avaliar o grau da diferença que esse fato promovia entre adultos e crianças mortas verificar o que, com o impedimento da feitura do testamento, faltava à criança. De antemão, podemos afirmar que elas estavam

---

7 Conforme assinala João José Reis, *"O temor da morte [...] não deve ser visto como o medo sem controle. O grande medo era mesmo morrer sem um plano, o que para muitos incluía a feitura do testamento"* (Idem, ibidem, p. 95).

8 Lembramos que o Título LXXXI das *Ordenações Filipinas*, ordena que o *"Varão menor de quatorze annos, ou a fêmea menor de doze não pódem fazer testamento, nem o furioso"* (Almeida, Cândido Mendes de. *Código Philippnio ou Ordenações e Leis do Reino de Poryugal Recopiladas por Mandado D'El-Rei D. Philippe I*. Livro IV. Lisboa: Fundação Calouste Gulbenkian, 1985. Fac- símile da edição organizada por C. Mendes de Almeida em 1870, p. 908).

privadas daqueles cuidados como as obras pias e missas póstumas. Como analisaremos com mais vagar na parte referente aos rituais feitos após o enterro, essas eram medidas que tinham sua razão de ser na crença que a contínua ação dos vivos em favor dos mortos por um tempo indeterminado, na forma dessas missas e outras obras piedosas, podia intervir positivamente no sucesso que essas almas teriam no Além. De algum modo, o que esse fato nos informa é que, tendo em vista que as *Ordenações* estavam em vigência durante o período por nós enfocado, que para as sociedades carioca e paulistana dos dezenove não parecia importante se a criança que morria fosse favorecida ou não desses cuidados por parte dos vivos, sugerindo que estes não tinham qualquer tipo de préstimo a ela.

Em todo caso, o testamento não era o único instrumento que se acionava antes que a morte se consumasse em vistas a assegurar a salvação da alma. Havia ainda a administração dos últimos sacramentos, preparativos cujo exercício estava a cargo, não do moribundo, mas dos representantes eclesiásticos. Estes, para melhor darem conta dessa tarefa, faziam uso de um instrumento auxiliar: os "manuais de bem-morrer". Um dos de que se tem notícia de sua circulação no Brasil – fato que o tornou célebre entre os nossos historiadores da morte – foi escrito no começo do século XIX por um padre português da ordem de São Camilo, Bernardo José Pinto de Queirós, intitulado *Práticas Exhortatórias para Socorro dos Moribundos*.[9] Segundo o que ele nos informa, alguns cuidados tinham ocasião já no leito de morte e consistiam basicamente na aplicação dos quatro sacramentos – confissão, comunhão, confirmação e, específico para o momento, o de extrema-unção. Como de costume em obras desse tipo, o manual ressalta a importância dessa operação, baseado que estava na já comentada concepção que via a hora da morte como o instante onde tudo se ganha e se perde, uma vez que é quando se luta com as últimas e mais fortes investidas do diabo, ansioso por aumentar seu séquito.[10]

---

9 Queirós, Bernardo José Pinto de. *Praticas Exhortatórias para Socorro dos Moribundos ou Novo Ministro de Enfermos composto pelo padre José Bernardo Pinto de Queirós Religioso da Ordem de S. Camilo.* Lisboa, na Typografia Rollandiana, 1802.

10 Assim o camiliano define a eficácia dos últimos sacramentos: "Os peccados que não foram inteiramente expiados, os esforços dos tentados, a oppressão em que nos expõem as enfermidades, tudo nos deve causar um grande medo: Jesus Christo nos dá hum Sacramento, que apaga o resto dos pecados,

As *Constituições Primeiras*, durante muito tempo o único corpo de legislação eclesiástica escrito pela Igreja no Brasil, fez as vezes de manual de bem-morrer, visto que instruía a clérigos e fiéis sobre como proceder nesse momento decisivo. Ao tratar do sacramento da extrema-unção e dos benefícios que este produz na pessoa que o recebe, as *Constituições* ressaltam que não se deve administrar esse sacramento à criança menor de sete anos – a não ser que ela possua "*malícia*".[11] No âmbito dos comportamentos fúnebres fica, pois, evidente uma certa representação na qual a ausência da "malícia", ao mesmo tempo que define o que é característico da infância, torna os limites de idade imprecisos. No que se refere à necessidade desta sagração, um indivíduo é ou não é mais tomado como sendo criança, independente de ter mais ou menos de sete anos, uma vez que a "malícia" é o elemento determinante. Em todo caso, não só tudo parece apontar novamente para a existência de um entendimento no qual a criança prescindia de alguns cuidados fundamentais aos adultos em "artigo de morte", como nos permite associar a essa crença uma concepção da criança nos próprios termos desta sociedade, veiculando inequivocamente uma determinada postura em relação à morte infantil a uma visão da infância como um estado sem máculas.

Na prática, essa proibição parece ter sido seguida à risca. Os livros de assentamento de óbito que pesquisamos – as da cidade de São Paulo[12] – nos quais estão

---

que desarma o nosso inimigo, que allivia as dores do corpo, que dá uma nova força, que dá huma nova força á alma". Nesse sentido, deste modo ilustra padre o preço de se furtar a tais cuidados: "Ah! e onde estaria a vossa alma se a morte vos sorprendesse naquelle tenebroso tempo, em que andava enlaçada com tantas e tão grandes culpas? Ella estaria já, sem dúvida, sepultada nas vorazes chamas do inferno; onde tereis por companhia os demonios, e por alegria não mais que gemidos, suspiros e lamentaveis ais" (*Idem, ibidem*. As passagens citadas encontram-se, respectivamente nas p. 38 e 196).

11 O Título XLVII das *Constituições*, "Do sacramento da extrema unção: da instituição, matéria, fórma ministro, e effeitos deste sacramento, e a quem se deve ministrar "assim define o sacramento: É o Sacramento da Extrema Unção o quinto dos da Santa Madre Igreja, de grande utilidade para os fieis, instituido por Christo Senhor nosso, como definio o Sagrado Concilio Tridentino para nos dar especial ajuda, conforto, e auxílio na hora da morte, em que as tentações de nosso commum inimigo costumão ser mais fortes, e perigosas, sabendo que tem pouco tempo para nos tentar " e acrescenta : "Não se há de administrar este Sacramento aos meninos, que não tem uso de razão" [Vide, D. Sebastião Monteiro da. *Constituições Primeiras do Arcebispado da Bahia, op. cit.,* As passagens citadas encontram-se respectivamente nas p. 81 (§ 191) e p. 82 (§.196)].

12 Foram pesquisados os seguintes livros de óbito, que constam do acervo do Arquivo da Cúria Metropolitana de São Paulo: Livro *de assentamento de Óbitos da Igreja de Nossa Senhora da Assunção*;

registrados os sacramentos que eram administrados aos moribundos revelam que, para todas as crianças, de 1800 (ano em que iniciamos o levantamento) até mais ou menos a década de 1860 (depois da qual muitas poucas paróquias ainda informam sobre os sacramentos), não era costume aplicar esses quatro tipos de unções que constam nos registros dos adultos. Essa proscrição e a obediência a ela tiveram, portanto, longa duração. Não é outra coisa de que nos dão notícia os compêndios eclesiásticos escritos ao longo do período, pois manuais como o já comentado livro do padre Lemos, *Ritual do Arcebispado da Bahia de 1863*[13] e, quarenta anos mais tarde, as *Constituições Sinodaes* do padre Luís Raymundo Brito,[14] da Diocese de Olinda, reeditam essa preceito. A razões disso tudo estão relacionadas não só ao já comentado desinteresse que os autores eclesiásticos analisados aqui demonstram dispensar à criança e cuja transformação tudo indica se deu de maneira gradativa, mas também às condições que asseguraram a aquiescência desse interdito por parte da população. Ora, que outra razão senão a existência nas sociedades estudadas de uma crença que atribuía à criança (e, por conseguinte, à criança morta) uma natureza tal que dispensasse esses cuidados de que os pecadores não podiam abrir mão, explica que essa mesma sociedade tão zelosa nesses assuntos tenha aceitado tão prontamente essa proibição? Deve-se lembrar que isso se aplica também aos mais abastados, aos quais não faltavam condições para encontrar um padre que satisfizesse o desejo de administrar tão

---

*Livro de assentamento de óbitos da Igreja de Bom Jesus de Matozinhos; Livro de assentamento de óbitos da Igreja de Nossa Senhora da Conceição; Livro de assentamento de óbitos da Igreja de Nossa Senhora da Expectação; Livro de assentamento de óbitos da Igreja de Nossa Senhora da Penha; Livro de assentamento de óbitos da Igreja de Nossa Senhora da Penha – Penha; Livro de assentamento de óbitos da Igreja de Monserrate; Livro de assentamento de óbitos da Igreja de Monte Serrate de Cotia; Livro de assentamento de óbitos da Igreja de Nossa Senhora dos Prazeres; Livro de assentamento de óbitos da Igreja de Nossa Senhora do Rosário; Livro de assentamenhto de óbitos da Igreja de Santo Amaro; Livro de assentamento de óbitos da Igreja de São Roque.*

13 "*Deve se administrar este Sacramento a todo aquelle, que tiver mais de sete annos, estando em perigo de vida, ainda mesmo que se duvide já ter esta idade*" (Lemos, Pe. Lourenço Borges de. *Ritual do Arcebispado da Bahia*. Bahia: Typ.De Camillo de Lellis Marron & Cia, 1863. p. 76).

14 "*Não se deve negar a Extrema-Unção 1º) aos meninos chegados aos 7 annos ou aos em quem a malícia supra edade.*" Brito, D. Luis Raymundo da Silva. Constituições Sinodaes da Diocese de Olinda. Recife: Typ.Da Livraria Contemporânea, 1908. § 324.

precioso sacramento a um ente estimado, uma vez que a própria lei, naquilo que se refere ao papel da "malícia", dava margem à sua transgressão.

A despeito disso tudo, ainda no âmbito dos cuidados espirituais agenciados antes da morte do indivíduo com a finalidade de lhe assegurar um lugar no paraíso celeste, é certo que a criança não estava totalmente desamparada: havia o batismo. Acontecimento social de importância singular, ele marcava o ingresso do indivíduo na religião e comunidade católica, conforme dão conta de explicar as nossas primeiras constituições eclesiásticas e, além disso, restabelecia a rede de relações pessoais ao redor do recém-sacramentado e daqueles que lhes eram mais próximos, função esta devidamente apontada por aqueles que estudaram as formas de sociabilidade escrava no Brasil, como Mary Karash,[15] para o Rio de Janeiro da segunda metade do XIX. Para os doutores da Igreja, todavia, essa primeira unção tinha um outro papel mais primordial: ela retificava a condição humana originalmente corrompida pelo pecado original, restaurando o primitivo "estado de inocência" de nossos primeiros pais.[16] Esse discurso eclesiástico sobre a morte infantil e o papel que o batismo nele tem será oportunamente discutido na terceira parte deste trabalho. Por ora, basta salientar que dessa concepção resultavam desdobramentos bastante substantivos para as práticas e representações que circundavam a morte da criança.

O primeiro é que do batismo dependia a salvação individual de *todos*. Com efeito, ao contrário dos outros sacramentos, ele é exigido também para as crianças:

---

15 Segundo Karash, "*As mães utilizavam manifestamente o batismo para estabelecer um grupo de parentesco 'ritual' para seus filhos, na eventualidade de sua morte. Tendo em vista que o pai escravo de uma criança freqüentemente não tinha condições (ou disposição) para assumir responsabilidades, os padrinhos cuidavam de uma criança sem mãe* (Karash, Mary. A vida dos escravos no Rio de Janeiro, op. cit., p. 344). É nesse sentido de Mary Del Priore afirma que "*O batismo consistia não somente num rito de purificação e de promessa de fidelidade ao credo católico, mas uma forma de dar solenidade à entrada da criança nas estruturas familiares e sociais*" [Del Priore, Mary. O cotidiano da criança livre no Brasil entre a Colônia e o Império. In Del Priore, Mary (org). História das crianças no Brasil. São Paulo: Contexto, 1999, p. 84-106. A passagem citada encontra-se na p. 95].

16 Vide, D. Sebastião Monteiro da, *Constituições Primeiras do Arcebispado da Bahia*, op. cit., p. 13 e 14, § 34, 35 e 36; Lima, José Dias da Cruz. *Compêndio de Doutrina Christã*. Rio de Janeiro, 1875 p. 12. Betendorf, João Felippe. *Compendio da Doutrina Christã na Lingua Portugueza e Brasilica*. Lisboa: Offic. De Simão Thaddeo Ferreira, 1800, p. 116. Para maiores detalhes ver o capítulo 5 desta tese.

os pais deviam providenciar sua administração num prazo de até oito dias após o nascimento do rebento.[17] O que nos chama mais atenção é as que razões alegadas pela Igreja para a urgência desta caução estão diretamente relacionadas com a morte da criança visto que grandes eram as probabilidades delas falecerem.[18] Desse ponto de vista, para os pequenos, o batismo surgia antes de mais nada como um sacramento fúnebre que lhes era excepcionalmente indispensável. É com veemência que a Igreja no Brasil procurou garantir essa santa unção. Entre outras coisas, a lei prometia sanções (como o pagamento de "10 tostões" no início do século XVIII) aos pais que não batizassem o recém-nascido dentro do prazo estipulado.[19] A relação entre batismo e morte fica ainda mais evidente pelo fato de que a preocupação das autoridades episcopais era redobrada sobretudo em momentos em que a ameaça de morte seguia ainda mais de perto os pequenos. Nesse sentido, as *Constituições* instruíam detalhadamente como proceder nas mais diferentes situações: partos complicados, fetos portadores de graves deficiências físicas (com duas cabeças, por exemplo), entre outros casos.[20] O que importava, acima de tudo,

---

17 *"Como seja muito perigoso dilatar o Baptismo das crianças, com o qual passão do estado de culpa ao da graça, e morrendo sem elle perdem a salvação, mandamos, conformando-nos com o costume universal do nosso Reino, que sejão baptizadas até os oito dias depois de nascidas"* (Vide, D. Sebastião Monteiro da. *Constituições Primeiras do Arcebispado da Bahia*, op. cit., p. 14, § 36).

18 *"devem os pais ter muito cuidado em não dilatarem o Baptismo a seus filhos, porque lhes não succeda sahírem desta vida sem elle"* (Idem, ibidem, p. 14, § 35).

19 *E que seu pai, ou mãi, ou quem dellas tiver cuidado, as facão baptizar nas pias baptismaaes das parochias, d'onde forem freguezes; e não o cumprindo assim pagarão dez tostões"* (Idem, ibidem, p. 14, § 36).

20 *"44 Por que muitas vezes acontece perigarem as mulheres de parto e outro-sim perigarem as crianças, antes de acabarem de sahir do ventre de suas mãis, mandamos as parteiras, que apparecendo a cabeça, ou outra alguma parte da criança, posto que seja mão, ou pé, ou dedo, quando tal perigo houver, a baptizem na parte, que apparecer, e em tal caso, ainda que ahí esteja homem, deve por honestidade baptizar a parteira, ou outra mulher, que bem o saiba fazer.*
*"45 Também acontecendo que alguma mulher prenhe falleça de parto, ou de outra causa, sem ter sahido do ventre a criança, ou alguma parte della, devem as pessoas da casa da defunta, havendo a certeza della ser morta, e probabilidade da criança estar viva, procurar, que por autoridade da Justiça se abra a mãi com muito resguardo, para que não matem a criança, e sendo achada viva a baptizem logo por efusão ou aspersão.*
*"46 Se nascer alguma criança monstruosa, e não tive fórma humana, não será baptizada sem nos consul-*

é que a criança não morresse sem antes de estar consagrada. As *Constituições* não fazem senão reeditar aquilo que já havia sido preocupação das primeiras missões jesuíticas no Brasil, como atesta o livro do padre João Betendorff, *Compêndio da Doutrina Christã na Lingua Portuguesa e Brasilica*.[21] Mesmo vindo de longe, esta postura ainda demonstrará grande resistência.[22]

Um exemplo bastante ilustrativo dessa preocupação em assegurar o batismo a bebês e fetos por parte da Igreja católica e de outras autoridades responsáveis pela manutenção da fé – como os reis peninsulares que legislaram com essa finalidade – nos é oferecido pelo estudo do historiador José G. Rigau-Pérez. No seu caso, ele analisa a Cédula Real outorgada em 1804 por Carlos IV, rei da Espanha, que ordenava às autoridades civis e religiosas da América Espanhola e Filipinas que cuidassem que nenhuma mulher grávida fosse enterrada sem que fosse administrado o batismo no feto por intermédio de uma cesariana *postmortem*.[23] Esse fato, além de

---

tarem. *E tendo fórma de homem, ou mulher ainda que com grandes defeitos no corpo, a devem baptizar estando em perigo, como ordinariamente estão, as que nascem deste modo. Porêm se representar duas pessoas com duas cabeças, e dous peitos distinctos, cada uma será baptizada per si, salvo se o perigo da morte não der a isso lugar; porque então podem, e devem ser baptizadas ambas juntas, dizendo a fórma em número plural, e lançando a água juntamente em ambas as cabeças*" (Idem, ibidem, p. 18).

21 "*E se o parto for trabalhoso, e que antes de nascer totalmente a criança haja perigo de morrer, bastará que a bautizem em hum braço, mão ou pé, ou em qualquer outra parte que puder ser. E nisto haja muito cuidado, porque não aconteça morrer alguma criança sem bautismo quando o podera receber e ir ao Ceo.*" (Betendorf, João Felippe, *Compendio da Doutrina Christã* , op. cit., p. 116).

22 Ora, até 1919, pelo menos, é discernível essa preocupação, segundo o que consta nas *Constituições Eclesiásticas do Brasil*, publicadas nesse ano. "*Cumpram os Revs. Párocos o dever de instruir os fiéis, mòrmente os casados e pessoas que assistem as parturientes e as que sofrem abôrto, a respeito da obrigação de batizar os fetos abortivos e embriões, embora de poucos dias, e outros recém-nascido, ainda que apresentem aspecto plenamente cadavérico, uma vez que não estejam claramente putrefatos; pois tais fetos e crianças freqüentemente nascem em estado de asfixia e d morte aparente, de modo que neles não se vê nenhum sinal de vida, e contudo estão vivos*". (Constituições Eclesiásticas do Brasil – Nova Edição da Pastoral Coletiva de 1915. Canoas R.S.: Tipografia La Salle, 1950. p. 58).

23 "*On April 13, 1804, Charles VI issued a royal cedula (admonition with the force of law) ordering the civil and religious officials in Spanish America and the Philippines to ensure that no pregnant woman was buried unless a postmortem cesarean section was carried out*. (Rigau-Pérez, José G. Sugery at the Service of Theology: Postmortem Cesarean Sections in Puerto Rico and the Royal Cedula of 1804. In:

mostrar de forma clara o importante papel que tinha o batismo nos quadro dos rituais fúnebres infantis é, conforme salienta o autor, um excelente exemplo de como uma preocupação preponderantemente espiritual, orientada de acordo com o que as autoridades eclesiásticas pensavam sobre o assunto, conformava a prática médica naquela parte do mundo.

No Brasil, com efeito, é através de algumas questões relacionadas às atividades obstétricas que fica especialmente evidenciado a importância e exclusividade do batismo como sacramento salvívico para a criança. Elas dizem respeito ao debate que se abre no século XIX, em torno das alternativas cirúrgicas nos casos de gestação e partos de risco. No que diz respeito ao período enfocado, as técnicas vigentes de obstetrícia e as condições de assepsia faziam com que alguns partos complicados – em especial aqueles nos quais a criança estava impedida de sair do ventre da mãe devido ao estreitamento da bacia – resultassem em alternativas que representavam perigo certo à vida do bebê ou da mãe.[24] Uma delas, a esteriostomia, ou operação cesariana, que consistia na abertura do ventre materno para desta forma retirar o bebê, era, em quase todos os casos, fatal para a parturiente.[25] Além dela, havia outras duas operações, que a partir de determinado momento, passam cada vez com mais veemência a serem defendidas por alguns médicos, uma vez que era garantia da preservação da vida da mãe. Uma delas, denominada embriotomia, era realizada durante o parto, na

---

*Hispanic American Historical Review*. 75:3, Duke University Press, 1995, p. 377-404. A passagem citada encontra-se na p. 377.

24 Com efeito, conforme assinala Maria Lúcia Mott, "*como a maioria dos partos era realizada em casa, nem sempre havia um local apropriado para a operação, as mortes por infecção em decorrência da operação eram freqüentíssimas, pois nem todos os médicos seguiam à risca os ensinamentos sobre assepsia, e o uso do clorofórmio não era de todo seguro pelas seqüelas que poderia causar ao feto e à mãe*". Nesse quadro, "*A indicação da operação cesariana ou da embriotomia foi um assunto que gerou polêmica, no período, pois a escolha de um ou de outro método poderia significar salvar a vida da mãe ou do feto*" (Souza, Maria Lúcia de Barros Mott de Melo. *Parto, Parteiras e Parturienses. Mm. Durocher e sua época*. São Paulo, 1998. Tese (Doutorado em História Social)- Faculdade de Filosofia, Letras e Ciências Humanas, Universidade de São Paulo. As passagens citadas encontram-se, respectivamente nas p. 282 e 279).

25 "*A cesariana em mulher viva era recomendada no caso do estreitamento pelviano ser tão pronunciado que impossibilitasse até mesmo o uso dos instrumentos para fazer a embriotomia. Era uma operação perigosa e freqüentemente mortal [...] segundo Sabóia, 'a operação salvava metade dos fetos e determinava a morte de 2/3 a 3/4 das mulheres'*" (Idem, ibidem, p. 278).

qual o feto era mutilado, de modo a desobstruir sua passagem e retirada.[26] A outra, feita antes que o parto ocorresse, quando já prevista a sua complicação, era o chamado *aborto terapêutico*.[27] A contrariedade maior de um segmento da classe médica em relação a essas práticas diz respeito, antes de tudo, por que elas impediam que o feto fosse batizado antes de falecer.[28] O interessante é que teses produzidas na Faculdade de Medicina do Rio de Janeiro ao longo do século xix, que defendem o aborto, julgam importante responder a essas questões e o fazem utilizando-se de argumentos de ordem religiosa. Com efeito, essa concepção estava de tal forma enraizada, mesmo entre esses médicos, que estes tratavam de defender suas ideias mostrando – fazendo uso para isso dos próprios doutores da Igreja – que era possível batizar o feto dentro do ventre da mãe.[29] Estavam, certamente, convencidos esses médicos que era um problema menor o que depois aconteceria com o bebê, uma vez que sua alma já estaria a salvo.

A função primordial e única da qual o batismo se reveste na morte da criança é reveladora do papel determinante que essa unção tinha na concepção que a Igreja veiculava de infância e, por conseguinte, da ambiguidade com que esta instituição no Brasil lidava com esse assunto em particular. Ao mesmo tempo que revela

---

26 "*A palavra embriotomia é utilizada para designar a operação que tinha por finalidade mutilar o feto, vivo ou morto, no útero materno para tornar possível a extração pela via natural*" (Idem, ibidem, p. 276).

27 Membro da Imperial Academia de Medicina, Nicolau Joaquim Moreira assim definia o aborto em 1856, "Aborto é a expulsão do seio materno de um feto não viável" (Moreira, Nicolau Joaquim. Breves considerações sobre o aborto provocado debaixo do ponto de vista médico e humanitário. Memória apresentada a Academia Imperial de Medicina do Rio de Janeiro. in: *Annaes Brasilienses de Medicina*. Rio de Janeiro, 1856. p. 216-224. A passagem citada encontra-se na p. 216).

28 *Segundo a tese de 1873 do doutorando Sebastião Mascarenhas, da faculdade de medicina do Rio de Janeiro,* "No aborto provocado, dizem elles [os "cezarianisttas"], o féto é privado da salvação espiritual porque morre sem batismo" (Mascarenhas, Sebastião Gonçalves da Silva. *Do aborto provocado. These apresentada á Faculdade de Medicina do Rio de Janeiro*. Rio de Janeiro: Typographia Universal de Laemmert, 1873, p. 12).

29 Segundo o doutorando carioca Luiz Feijó Jr, "*Outra objeção apresentada pelos cesareanistas, é baseada na impossibilidade de salvar-se a alma do feto, que não pode ser regenerada pela água do baptismo. Nos regeitamos este modo de pensar, fundados em que o baptismo póde ser administrado ao feto ainda dentro da cavidade uterina*" (Feijó Júnior, Luiz da Cunha. *Da embriotomia e seu parallelo com a symphiotomia e a operação cesareana*. Rio de Janeiro: Typographia Universal Laemmert, 1866, p. 16).

uma preocupação atípica para com a criança morta (cujo preço poderia ser a morte da mãe, como vimos) justificava profundamente as razões que levavam a negar outros sacramentos. Por um lado, ela se opõe a uma certa postura que parece se apoiar uma concepção de infância caracterizada pela pureza e inocência. As crianças batizadas e as crianças não-batizadas eram vistas pela Igreja em condição espiritual diametralmente diferentes, estando as últimas longe do estado de graça que caracterizaria as primeiras. Um dos desdobramentos desse entendimento, é encontrado, por exemplo, nas constituições eclesiásticas que negam às crianças sem batismo, até a criação dos cemitérios seculares, o sepultamento *ad sancto*, isto é, no solo sagrado das dependências das igrejas. Como veremos com mais vagar no próximo capítulo, na mentalidade cristã, desde longo tempo, esse era uns dos mais antigos dispositivos de salvação da alma. Essa proibição é aplicada em especial a excomungados, sismáticos e povos pagãos. À criança não-batizada era dirigida, portanto, uma das piores privações, senão a pior, que poderia ser feita a um morto.[30] Por outro lado, os doutores e divulgadores da fé católica, insistindo na ideia de que o indivíduo ao ser batizado recuperava o estado de pureza que os descendentes de Adão haviam perdido quando do pecado de origem contribuíam, a seu modo, para que a crença na natureza pura e livre de pecados da criança se manifestasse com mais força entre a população, ainda que os documentos eclesiásticos relativos à morte da criança nunca confirmaram claramente esse ideário sobre a infância. Voltaremos com mais vagar a esse assunto na última parte desse trabalho.

Importa assinalar por ora que a veiculação dessa crença nas sociedades estudadas não deixava de lhe ser, em certa medida, bastante conveniente. A política da elite clerical com relação ao batismo, quando pensada dentro do quadro de representações em torno da criança, sua natureza e sua morte é um fenômeno absolutamente privilegiado para que se vislumbre a relação que a Igreja brasileira manteve com a criança e, como já se comentou no primeiro capítulo, está bastante de acordo com uma tensão que teria acompanhado o processo colonizador e que se expressaria ora através de uma postura mais conforme aos interesses do empreendimento colonial, ora por meio de uma atitude mais apegada aos dogmas

---

30 O Título LVII das *Constituições Primeiras*, "*Das pessoas a quem se deve negar sepultura ecclesiastica*", enumera, entre este, "*As crianças, que não foram baptizadas, posto que seu pais, sejão ou fossem Christãos.*" (Vide, D. Sebastião Monteiro da. *Cosntituições Primeiras do Arcebispado da Bahia*, op. cit., p. 301§ 857, item XI).

conciliares. Com efeito, através do batismo é possível entrever como no Brasil as diferentes disposições da Igreja para com a criança estiveram divididas entre a manutenção da religiosidade no país segundo os cânones romanos e os imperativos impostos pela realidade do Padroado. Ora, parte desta disposição dos documentos eclesiásticos para com a criança ganha maior significado quando considerada a pouca importância com que era vista tradicionalmente a criança no modelo patriarcal de família, como bem notara Jurandir Freire Costa.[31] Isso certamente se refletiu na postura de um clero submetido ao Padroado e defensor dos valores do Estado. Segundo o mesmo autor, o contrapondo religioso disto era que "exceto nas experiências de 'redução' dos jesuítas, em que desempenhou um papel importante na conversão dos pais, a criança, enquanto ser biológico e sentimental, era desprezada pela religião".[32] Aproveitando, no entanto, a deixa do autor no tocante à importância da criança no projeto jesuítico, cabe acrescentar que essa visão instrumental da criança para a propagação da fé cristã desse lado do Atlântico não esteve completamente ausente fora do contexto inaciano: ela certamente oferecia uma interpretação a mais para a importância que os compêndios escritos e (ou) vigentes no país davam ao batismo.

---

31 Como assinala Jurandir Costa *"Do ponto de vista da propriedade, a criança era um acessório supérfluo. Ao pai-proprietário interessava o filho adulto, com capacidade para herdar seus bens, levar adiante seu trabalho e enriquecer a família"* (Costa, Jurandir Freire, *Ordem médica e norma familiar*, op. cit., p. 158).

32 *Idem, ibidem*, p.159.

## Após a morte: primeiros cuidados

À exceção do batismo, os rituais da morte infantil se concentram no momento imediato após a consumação da morte. Durante grande parte do período estudado, e para todos os mortos, adultos e crianças, esses primeiros cuidados tomados diziam respeito à preparação do corpo para que ele fosse velado, exposto e enterrado. Aspectos fundamentais para o estudo das sensibilidades para com a morte têm lugar nesse momento, uma vez que esses cuidados não eram menos importantes que os outros que lhe seguiam no rol do gestual fúnebre.[1] Um desses elementos, talvez o mais importante, diz respeito à vestimenta do cadáver. Diferentemente do que hoje isso nos possa parecer, essa dimensão do gestual funerário está bem longe de ter uma importância secundária e restrita ao plano estético ou de mero decoro.

Tendo origem em tempos nos quais a crença na separação entre corpo e alma após a morte não era algo bem definido, a ideia de que a forma como se era enterrado era também como se entraria no além chegou ao século XIX no Brasil. Assumindo uma dimensão de insondável importância, devia-se cuidar do aspecto pelo qual corpo se ia apresentar no "Reino dos Mortos" e disso dependia mesmo a direção que a alma irremediavelmente tomaria na geografia do outro mundo.[2] De tal modo a escolha da última roupa interferia nos des-

---

[1] Como lembra João José Reis, para a Bahia da primeira a metade do XIX *"Primeira providência: preparar o defunto para o velório e tratar do funeral. O cuidado com o cadáver era da maior importância, uma das garantias de que a alma não ficaria por aqui penando"* (Reis, João José. *A Morte é uma Festa*. op. cit., p. 114).

[2] *"Embora não tenhamos informações precisas sobre os múltiplos sentidos atribuídos às mortalhas por nossos antepassados, o certo é que não eram um elemento neutro. Seu uso exprimia a importância ritual do cadáver na integração do morto ao outro mundo e sua ressurreição no fim deste mundo. Era uma representação do desejo de graça junto a Deus, especialmente a mortalha de santo, que de alguma forma antecipava a fantasia de reunião à corte celeste. [...] Vestir o cadáver com a roupa certa podia significar, se não um gesto suficiente, pelo menos necessário à salvação"* (Idem, ibidem, p. 124).

tinos da alma que muitos que testavam procuravam informar como queriam estar vestidos nessa ocasião.[3]

Como a investigação comprovou, as crianças, no geral, apesar de não decidirem sobre isso (uma vez que não deixavam testamento), não eram enterradas sem os trajes adequados. Nesse fato se encontra, dentro do conjunto das práticas fúnebres, a primeira manifestação de que às crianças mortas não se votava qualquer tipo de descaso, a despeito da omissão costumeira da documentação eclesiástica sobre esta questão. Mais ainda, conforme já foi argumentado, esse desinteresse em regulamentar e controlar esse e outros aspectos do funeral infantil deu margem para que a manifestação de uma sensibilidade para com a morte em que o apelo visual era uma preocupação importante encontrasse nesse acontecimento um amplo campo de expressão. O fato é que a mortalha da criança em nada devia a dos adultos mortos. Já nesse aspecto, os visitantes estrangeiros se mostraram favoravelmente surpresos pelo esmero em que esses pequenos defuntos eram arrumados e expostos. "*Prazerosamente*", "*ricamente*" são os termos por meio dos quais homens como John Luccock, no começo do período estudado, e, no final da década de 1830, Daniel Kidder,[4] lançam mão para descrever a maneira pela qual eram preparadas as crianças na Corte.

Como eram, então, vestidos esses cadáveres? Em primeiro lugar, através do cuidadoso levantamento realizado por Cláudia Rodrigues,[5] somado ao que inú-

---

3 Sobre os testamentos baianos da primeira metade do XIX, João José Reis informa que "*Os que testavam deixavam instruções sobre como desejavam vestir-se para o funeral*" e "*para se ter tudo ao gosto, podia-se descer a minúcias*" (Idem, ibidem, p. 116).

4 *John Luccock nos conta que "estava eu parado junto ao portão de uma capela, quando trazido por quatro pessoas, chegou um estrado contendo o que já tinha sido uma menina linda, prazeirozamente vestida e, como de costume inteiramente à vista*" [Luccock, John. *Notas sobre o Rio de Janeiro e partes meridionais do Brasil tomadas durante uma estada de dez anos nesse país de 1800 a 1818*. (trad. Milton da Silva Rodrigues) São Paulo: Livraria Martins, 1975, p. 39]; Kidder no final da década de 1830 presenciando um funeral, descobre "*num ataúde aberto, o corpo da criança ricamente vestida e coberta de laços de fitas e flores*" [Kidder, Daniel Parish. *Reminiscências de viagens e permanência nas províncias do Sul do Brasil: Rio de Janeiro e São Paulo: compreendendo notícias históricas e geográficas do Império e das diversas províncias*. (trad. Moacir N. Vasconcelos; notícia biográfica Rubens Borba de Morais) Belo Horizonte: Ed Itatiaia; São Paulo: Ed. da Universidade de São Paulo, 1980, p. 158].

5 Devido a motivos já apresentados na introdução, a pesquisa viu-se obrigada a fazer uso dos dados levantados por Cláudia Rodrigues em seu trabalho, para que fosse possível cotejá-los com que já tínha-

meros viajantes nos deixaram sobre o assunto, somos informados de que meninos e meninas eram, durante a maior parte do século XIX, envolvidos em mortalhas de santos. Thomas Ewbank, no Brasil entre 1845 e 1846, nos deixou uma descrição bastante interessante sobre esse costume:

> As crianças com menos de dez e onze anos são vestidas de frades, freiras, santos e anjos. Quando se veste de São João o cadáver de um menino, coloca-se uma pena em uma das mãos e um livro na outra. Quando é enterrada como São José, um bordão coroado de flores toma o lugar da pena, pois José tinha um cajado que florescia com o de Araão. A criança que tem o mesmo nome que São Francisco ou Santo Antônio usa geralmente como mortalha um hábito de monge e capuz. Para os maiores, São Miguel Arcanjo é o modelo. Veste-se então o pequeno cadáver com uma túnica, uma saia curta presa por um cinto, um capacete dourado (de papelão dourado) e apertadas botas vermelhas, com a mão direita apoiada sobre o punho de uma espada. As meninas representam "madonas" e outras figuras populares.[6]

A preferência pelas vestes de santos já à primeira vista não nos causa estranheza, visto serem deste tipo as mortalhas que eram de costume utilizadas como derradeira roupa. Isso estava de acordo com uma crença na qual o falecido, vestido desse modo, seria favorecido pela intervenção do santo – que o receberia e o guiaria em direção ao Céu – de cujo hábito escolhera por mortalha.[7] Assim, seu protetor em vida não lhe faltaria na morte. Era, em suma, uma demonstração de fé (e, para alguns, de despojamento, o que explicava o sucesso que tinham os há-

---

mos levantado para São Paulo (Rodrigues, Cláudia. *Lugares dos mortos na cidade dos vivos: tradições e transformações fúnebres no Rio de Janeiro*. Rio de Janeiro: Secretaria Municipal de Cultura, 1997).

6 Ewbank, Thomas. *A vida no Brasil: ou, Diário de uma visita à terra do cacaueiro e das palmeiras, com um apêndice contendo ilustrações das artes sul-americanas antigas*. (trad. Jamil Almasur Haddad). Belo Horizonte: Ed. Itatiaia; São Paulo: Ed. da Universidade de São Paulo, 1976, p. 59.

7 É nesse sentido que João José Reis explica um dos motivos pela grande preferência, entre os adultos baianos, de serem enterrados com o hábito da ordem franciscana. Segundo o autor "*A iconografia franciscana indica que o santo tinha um lugar destacado na escatologia cristã. Na cidade da Bahia, uma pintura no teto da desaparecida catacumba do convento de são Francisco [...] retrata o santo resgatando almas do Purgatório, que visitava periodicamente com essa finalidade*" (Reis, João José. *A morte é uma festa, op. cit.*, p. 117).

bitos das ordens mendicantes) que certamente seria reconhecida em tão decisivo momento. Desta forma, era natural que se escolhessem santos de sua predileção ou patronos de sua irmandade. Era comum, como nos ensina a passagem citada de Thomas Ewbank, que se vestissem as crianças com o hábito do santo de seu nome: se a criança se chamasse Francisco, por exemplo, ia vestida com o hábito de monge (certamente devia ser a da ordem de mesmo nome). Vestindo a criança com as roupas deste ou daquele santo, os pais imaginavam garantir que seu rebento não ficaria desamparado no outro mundo, estando guardado sob os cuidados desses santos. Como certamente não o fora enquanto era viva, não era indiferente aos pais o que poderia acontecer à criança quando morta.

Mas é possível avançar a afirmação de que essa prática estava também relacionada com razões que são ainda mais específicas de uma certa sensibilidade para com a criança. Ela diz respeito a uma crença – da qual falaremos mais detidamente no capítulo concernente aos discursos em torno da morte infantil – no papel de intermediária que a criança morta ocupa entre os vivos e as autoridades celestes.[8] Essa função se assentava no estado de pureza com a qual ela era caracterizada e que já garantia prerrogativas especiais à criança enquanto viva. Isso fica bem exemplificado em práticas como a participação dos pequenos nas procissões religiosas e, significativamente, na sua participação nos rituais fúnebres tradicionais: Alceu Maynard, já em meados do século xx, registrou, no meio rural do país, o costume de deixarem às crianças a realização da encomendação dos corpos, etapa de extrema importância nos funerais.[9] Quando morta, estando em contato mais direto com os santos, esse poder de intermediação entre os homens e as entidades celestes era potencializado. Mais do que nunca, escolher a mortalha de um santo

---

8 O francês Jean-Baptiste Debret, em 1816, nos diz o seguinte sobre a grande mortalidade infantil entre os escravos: *"a perda desta criança escrava dá à dona da casa a consolante esperança de um anjinho que por ela interceda no céu"* [Debret, Jean Baptiste. *Viagem Pitoresca e Histórica ao Brasil*. Tomo Terceiro. (Tradução e notas de Sérgio Milliet). Belo Horizonte: Editora Itatiaia Limitada; São Paulo: Editora da Universidade de São Paulo, 1989, p. 176].

9 *"Assinalamos a participação de alguns meninos na 'recomenda'. A presença de meninos é um dos índices de continuidade destas tradições populares porque é o grupo das crianças e das mulheres o melhor guardador e transmissor do folclore"* (Araújo, Alceu Maynard. *Folclore Nacional* III – *Ritos, sabenças, linguagem, artes e técnicas*. São Paulo: Melhoramentos, 1964. p. 65).

em particular significava a possibilidade de melhor explorar esse poder, tendo em vista um objetivo preciso, uma vez que, no universo da religiosidade popular, cada santo "especialista" em determinados tipos de providências.

Levar em conta essa concepção nos leva perguntar pelas razões que faziam com que determinadas mortalhas de santos eram preferencialmente eleitas. Rodrigues nos informa que os santos mais procurados eram Nossa Senhora da Conceição (correspondendo à imensa maioria das meninas) e São João Evangelista.[10] João José Reis, em seu trabalho sobre a Bahia, mostrou com notável sensibilidade como a preferência a esta e outros santos para a mortalha das crianças soteropolitanas está relacionada à questão da procriação.[11] É oportuno, nesse sentido, mencionar o uso caso de São João Batista, que, apesar de estar em número pequeno em relação a outras mortalhas (3.3%, conforme mostra a tabela 1) também aparece para as mortalhas infantis. Reis lembra que ele foi fruto de uma união de pais tidos como estéreis.[12] No cerimonial fúnebre infantil para além dos cuidados tendo em vista a salvação do morto e a proteção dos vivos, uma outra preocupação a eles se soma: a manutenção da linhagem, que é comprometida com a perda filial. E é isso que permite entender a preferência que dada a determinadas mortalhas para a criança

---

10 Segundo Cláudia Rodrigues "percebe-se, entre as crianças, a difusão das mortalhas de Nossa Senhora da Conceição, com 31.5%; em segundo lugar, com 20.0%, o uso das vestes dos meninos do coro, aqueles que ajudavam o padre na missa, fazendo parte também do coro infantil: trajavam uma batina vermelha e por cima uma veste branca – as vestes de menino do coro predominam no período anterior a 1845, após o qual não se faz, nos assentos de 1850, 1855 e 1860 referência às mortalhas, provavelmente devido à epidemia, que ocasionou as dificuldades dos párocos em registrarem os óbitos (...) Quando reaparecem as referências, a partir de 1865, as vestes de menino do coro, bem como grande parte das demais, já haviam dado lugar às vestes angelicais e/ou virginais. Em terceiro lugar, surgiu a mortalha de São João Evangelista, com 8.8%" (Rodrigues, Cláudia. *Lugares dos mortos na cidade dos vivos, op. cit.*, p. 210 e 211).

11 "As altas taxas de mortalidade infantil tornavam a sobrevivência das crianças uma preocupação fundamental das famílias baianas. (...) Algumas mortalhas infantis parecem evocar mitos de fertilidade, como as de Nossa Senhora da Conceição e a de São João. (...) Nossa Senhora é o arquétipo cristão de mãe, mas sua qualidade de conceber, de gerar vida é o aspecto aqui evocado. A Senhora da Conceição era uma espécie de deusa brasileira da fertilidade". (Reis, João José. *A morte é uma festa, op. cit.*, p. 120).

12 Rei assinala que, no caso de São João Batista, *"temos um santo nascido de mãe já velha e até então considerada estéril, e de um pai que sempre desejara procriar".* (Idem, ibidem, p. 121).

morta. Ora, com a morte de um filho, em que outro momento seria mais premente o desejo de se ter outro, e que outra forma seria mais eficiente de assegurar a sua concretização do que enviar o "inocente" ao encontro desses santos, que, dada a condição tão especial do mensageiro, não deixariam de receber e atender a esse pedido? No caso do santo que os cariocas mais escolhiam para mortalha se suas crianças, São João Evangelista, a preferência talvez esteja, como aponta Reis, pelo fato de que o santo "representava a morte prematura".[13]

Tabela 1
Índice de mortalha de criança segundo sexo para o Rio de Janeiro

| Mortalha | Geral | | Homem | | Mulher | |
|---|---|---|---|---|---|---|
| | n° | % | n° | % | n° | % |
| Háb. de S. João | 40 | 3.3 | | – | 40 | 6.6 |
| Háb. de S. J. Evangelista | 107 | 8.8 | 1 | 0.2 | 101 | 16.7 |
| Háb. de N. S. da Conceição | 385 | 31.5 | 345 | 58.3 | 31 | 5.1 |
| Háb. de N. S. do Carmo | 14 | 1.1 | 7 | 1.2 | 7 | 1.2 |
| Háb. de S. Domingos | 52 | 4.2 | 6 | 1.0 | 45 | 7.4 |
| Háb. de N. S. das Dores | 75 | 6.1 | 71 | 12.0 | 1 | 0.2 |
| Veste de menino do coro | 245 | 20.0 | 7 | 1.2 | 235 | 39.0 |
| Háb. De outros santos | 61 | 5.0 | 26 | 4.4 | 33 | 5.4 |
| Preta | 31 | 2.5 | 11 | 1.9 | 19 | 3.1 |
| Branca | 90 | 7.4 | 52 | 8.8 | 36 | 6.0 |
| Outras Cores | 22 | 2.0 | 11 | 1.8 | 11 | 2.0 |
| Vestes angelicais | 84 | 7.0 | 47 | 8.0 | 38 | 6.3 |
| Vestes do uso | 14 | 1.1 | 7 | 1.2 | 6 | 1.0 |
| **Total** | **1221** | **100** | **591** | **100** | **603** | **100** |

Fonte: Rodrigues, Cláudia. *Lugares dos Mortos na Cidade dos Vivos*. Dissertação de Mestrado, Niterói: Universidade federal Fluminense, 1995. p. 211.

---

13 *Idem, ibidem*, p. 122.

## Tabela 2
### Índice de mortalhas de criança por sexo em São Paulo

| Mortalha / grupo | Homens | | Mulheres | |
| --- | --- | --- | --- | --- |
| | nº | % de mortalhas para esse grupo | nº | % de mortalhas para esse grupo |
| Branca | 256 | 58,3% | 251 | 64,8% |
| Vermelha | 138 | 25,6% | 115 | 29,7% |
| Azul | 20 | 3,7% | 13 | 3,4% |
| Branca e vermelha | 8 | 1,5% | 5 | 1,3% |
| Branca e azul | 6 | 1,1% | 7 | 1,8% |
| Vermelha e azul | 6 | 1,1% | 1 | 0,3% |
| Outras | 5 | 0,9% | 5 | 1,3% |
| Total | 439 | 100% | 387 | 100% |

Fonte: Livros de assentamentos de óbitos constantes do acervo do Arquivo da Cúria Metropolitana de São Paulo – Livro de assentamento de Óbitos da Igreja de Nossa Senhora da Assunção; Livro de assentamento de óbitos da Igreja de Bom Jesus de Matozinhos; Livro de assentamento de óbitos da Igreja de Nossa Senhora da Conceição; Livro de assentamento de óbitos da Igreja de Nossa Senhora da Expectação; Livro de assentamento de óbitos da Igreja de Nossa Senhora da Penha; Livro de assentamento de óbitos da Igreja de Nossa Senhora da Penha – Penha; Livro de assentamento de óbitos da Igreja de Monserrate; Livro de assentamento de óbitos da Igreja de Monte Serrate de Cotia; Livro de assentamento de óbitos da Igreja de Nossa Senhora dos Prazeres; Livro de assentamento de óbitos da Igreja de Nossa Senhora do Rosário; Livro de assentamento de óbitos da Igreja de Santo Amaro; Livro de assentamento de óbitos da Igreja de São Roque.

## Tabela 3
### Índice de mortalhas de crianças por condição social no Rio de Janeiro

| Mortalha | Livres | | Forros | | Escravos | |
| --- | --- | --- | --- | --- | --- | --- |
| | nº | % | nº | % | nº | % |
| Háb. de S. Francisco de Paula | – | – | 1 | 1.1 | 4 | 1.0 |
| Háb. de S. João | 32 | 19.0 | – | – | 5 | 1.2 |
| Háb. de S. João Evangelista | 7 | 4.1 | 1 | 1.1 | 4 | 1.0 |
| Háb. de N. S. da Conceição | 61 | 35.6 | 44 | 47.0 | 130 | 31.3 |

| | | | | | | |
|---|---|---|---|---|---|---|
| Háb. de N. S. do Carmo | 1 | 0.6 | – | – | 8 | 2.0 |
| Háb. de S. Miguel | 2 | 1.2 | – | – | – | – |
| Háb. de S. Domingos | 2 | 1.2 | 9 | 9.6 | 37 | 9.0 |
| Háb. de N. S. das Mercês | – | – | 3 | 3.1 | 3 | 0.7 |
| Háb. de N. S. das Dores | 14 | 8.1 | 7 | 7.4 | 17 | 4.1 |
| Háb. de Sta. Efigênia | – | – | 6 | 6.4 | 2 | 0.5 |
| Vestes de menino do coro | 36 | 21.0 | 17 | 18.0 | 79 | 19.0 |
| Háb. De outros santos | 3 | 1.7 | – | – | 9 | 2.1 |
| Preta | 2 | 1.2 | 2 | 2.1 | 26 | 6.2 |
| Branca | 7 | 4.0 | 4 | 4.2 | 69 | 16.6 |
| Outras cores | 3 | 1.7 | – | – | 17 | 4.1 |
| Vestes angelicais | – | – | – | – | 4 | 1.0 |
| Vestes do uso | 1 | 0.6 | – | – | 1 | 0.2 |
| **Total** | **171** | **100** | **94** | **100** | **415** | **100** |

Fonte: Rodrigues, Cláudia. *Lugares dos Mortos na Cidade dos Vivos*. Dissertação de Mestrado, Niterói: Universidade federal Fluminense, 1995. p. 212.

### Tabela 4
### Índice de mortalhas de criança por condição social em São Paulo

| Mortalha | Livres | | Escravos | | Forros | |
|---|---|---|---|---|---|---|
| | nº | % | nº | % | nº | % |
| Branca | 375 | 68.1 | 124 | 78 | 8 | 88,9 |
| Vermelha | 103 | 18.0 | 31 | 6,3 | 1 | 11,1 |
| Azul | 29 | 5.3 | 4 | 2,5 | – | – |
| Branca e vermelha | 13 | 2.4 | – | – | – | – |
| Branca e azul | 13 | 2.4 | – | – | – | – |
| Vermelha e azul | 11 | 2.0 | – | – | – | – |
| Outras | 10 | 1.8 | – | – | – | – |
| **Total** | **550** | **100** | **159** | **100** | **9** | **100** |

Fonte: *Livros de assentamentos de óbitos constantes do acervo do Arquivo da Cúria Metropolitana de São Paulo – Livro de assentamento de Óbitos da Igreja de Nossa Senhora da Assunção*; Livro de assentamento de óbitos da Igreja de Bom Jesus de Matozinhos; Livro de assentamento de óbitos da Igreja de Nossa Senhora da Conceição; Livro de assentamento de óbitos da Igreja de Nossa Senhora da Expectação; Livro de assentamento de óbitos da Igreja de Nossa Senhora da Penha; Livro de assentamento de óbitos da Igreja de Nossa Senhora da Penha – Penha; Livro de assentamento de óbitos da Igreja de Monserrate; Livro de assentamento de óbitos da Igreja de Monte Serrate de Cotia; Livro de assentamento de óbitos da Igreja de Nossa Senhora dos Prazeres; Livro de assentamento de óbitos da Igreja de Nossa Senhora do Rosário; Livro de assentamento de óbitos da Igreja de Santo Amaro; Livro de assentamento de óbitos da Igreja de São Roque.

## Tabela 5
### Índice dos tipos de mortalhas (adultos e crianças) em relação ao total para o Rio de Janeiro *

| Anos | Total de assentamentos de óbito | Roupas do uso | | Vestes angelicais/ Virginais | | Sem referência à mortalha | | % de não menção aos santos e às cores |
|---|---|---|---|---|---|---|---|---|
| | | nº | % | nº | % | nº | % | |
| 1812 | 237 | – | – | – | – | 17 | 7.2 | 7.2 |
| 1824 | 673 | – | – | – | – | 10 | 1.5 | 1.5 |
| 1845 | 652 | 5 | 0.7 | – | – | 3 | 0.4 | 1.1 |
| 1865 | 250 | 165 | 66.0 | 67 | 26.8 | 3 | 12 | 94.0 |
| 1885 | 57 | 9 | 15.8 | – | – | 45 | 78.9 | 94.7 |

Fonte: Rodrigues, Cláudia. *Lugares dos Mortos na Cidade dos Vivos*. Dissertação de Mestrado, Niterói: Universidade federal Fluminense, 1995. p. 213.*A estrutura da tabela está aqui conforme foram publicados no original. Restringiu-se, no entanto, à décadas também levantadas para São Paulo.

## Tabela 6
### Índice de mortalhas de crianças em São Paulo

| Mortalha | 1808 | | 1828 | | 1848 | | 1868 | | 1888 | | Total | |
|---|---|---|---|---|---|---|---|---|---|---|---|---|
| Branca | 177 | 90% | 212 | 91% | 90 | 51% | 80 | 38% | 49 | 38% | 608 | 65% |
| Vermelha | 8 | 4% | 9 | 3,8% | 68 | 39% | 101 | 49% | 67 | 52% | 253 | 27% |
| Azul | 11 | 5,5% | 8 | 3,4% | 2 | 1,1% | 11 | 5,4% | – | – | 32 | 3,4% |
| Vermelha e branca | – | – | – | – | – | – | 4 | 2% | 9 | 7% | 13 | 1,4% |
| Azul e branca | – | – | – | – | 10 | 5,7% | 1 | 0,5% | 2 | 1,5% | 13 | 1,4% |
| Azul e vermelha | – | – | – | – | 4 | 2,3% | 7 | 3,4% | – | – | 11 | 1,2% |
| Outras | 1 | 0,5% | 3 | 1,3% | 2 | 1,1% | 2 | 1% | 2 | 1,5% | 10 | 1% |
| total | 197 | 100% | 232 | 100% | 176 | 100% | 206 | 100% | 129 | 100% | 940 | 100% |

Fonte: *Livros de assentamentos de óbitos constantes do acervo do Arquivo da Cúria Metropolitana de São Paulo - Livro de assentamento de Óbitos da Igreja de Nossa Senhora da Assunção; Livro de assentamento de óbitos da Igreja de Bom Jesus de Matozinhos; Livro de assentamento de óbitos da Igreja de Nossa Senhora da Conceição; Livro de assentamento de óbitos da Igreja de Nossa Senhora da Expectação; Livro de assentamento de óbitos da Igreja de Nossa Senhora da Penha; Livro de assentamento de óbitos da Igreja de Nossa Senhora da Penha – Penha; Livro de assentamento de óbitos da Igreja de Monserrate; Livro de assentamento de óbitos da Igreja de Monte Serrate de Cotia; Livro de assentamento de óbitos da Igreja de Nossa Senhora dos Prazeres; Livro de assentamento de óbitos da Igreja de Nossa Senhora do Rosário; Livro de assentamento de óbitos da Igreja de Santo Amaro; Livro de assentamento de óbitos da Igreja de São Roque.*

Outras mortalhas, mais simples, evidenciam com maior clareza a distinção feita com relação à morte infantil. É na mortalha branca que vemos aparecer pela primeira vez uma das cores que predominam nos funerais de "anjinho". No caso do Rio de Janeiro, o dados de Cláudia Rodrigues nos mostram que esta era uma das mais comuns entre as crianças escravas, correspondendo a 16, 6% dos registros de crianças escravas (ver tabela 3) - ela perde para o hábito de Nossa Senhora da Conceição (31,3%) e para a veste de menino do coro (19,0 %). A população branca e forra do Rio de Janeiro demonstra uma preferência sensivelmente menor para essa mortalha: 4,0% e 4,2% respectivamente (tabela 3). Para São Paulo, segundo o que nos dizem os livros de assentamento de óbito, o branco era, disparadamente, a mortalha mais utilizada para as crianças, correspondendo a 65% do total de registros computados (ver tabela 6) sendo utilizada em 68,1% dos registros de livres, em 78% dos escravos e em 88,9% dos forros (ver tabela 4). De fato, como veremos adiante, o branco aparece em outros elementos dos funerais de crianças, escravas ou não. Tendo em vista a freqüência desta cor, é importante tentar avaliar o conteúdo simbólico veiculado por essa cor. Nos primeiros tempos do cristianismo o branco era a cor que representava por excelência os mártires da Igreja.[14] Ainda que isso diga respeito a uma associação bastante distante na história dessa religião, a relação entre a criança morta e a figura dos mártires é, como teremos oportunidade de demonstrar, tão recorrente em outros aspectos do aparato fúnebre infantil, que não poderíamos deixar de assinalá-la. A partir dessa associação já é possível entrever uma concepção que reservava à criança

---

14 *"Related to Hellenistic and above all to Roman traditions, Christian color symbolim was generally based on white, which was the color of joy, innocence, and purity.* White was the color of the martyr, *the* candidadtus exercitus *('white-clad army')"* [Eliade, Mircea (ed.). *The Encyclopedia of Religion*. New York: MacMillan Publishing Company, 1987, p. 562].

um lugar diferenciado entre os demais mortos, junto aos mártires. Em todo caso, no que respeita aos significados mais amplos e mais resistentes que essa liturgia tradicionalmente atribuía ao branco há entre os estudiosos da semiologia cristã uma certa unanimidade, de que esta seria a cor da alegria e, antes de tudo, da inocência e da pureza virginal.[15] Além disso, com o branco estamos de volta à relação entre criança morta e a figura de Nossa Senhora da Conceição, uma vez que é com essa cor que a Virgem se veste em suas representações da Imaculada Conceição.[16]

Inocência, pureza virginal, alegria. A análise das mortalhas e das cores utilizadas nos funerais de adultos e crianças além de confirmar a existência de uma crença em que a criança era associada aos atributos de pureza e inocência, informa de onde essa qualidade lhe advém, principalmente entre o mundo leigo. Nos rituais fúnebres estudados a associação tradicionalmente feita entre a "inocência" infantil e a ausência do ato sexual fica explicitada pelo fato de que as moças virgens também eram enterradas do mesmo modo que as crianças, ainda que isso contrariasse expressamente a vontade da Igreja.[17] Como a cor da alegria, o branco do hábito mortuário infantil se opõe

---

15 Em seu compêndio sobre signos e símbolos da arte cristã, George Ferguson observa que "*White has always been accepted as symbolic of innocence of soul, of purity, and holiness of life*" (Ferguson, George Wells. *Signs & symbols in Christian art*. New York : Oxford University Press, 1961, p. 152); Segundo Chevalier e Gheerbrant "*el arte cristiano há terminado poco a poco, sin hacer de ello regla absoluta, por atribuir el branco al Padre, [...] a la fé [...] a la castidad*" (Chevalier, Jean e Gheerbrant, Alain. *Dicionário de Símbolos*. RJ: José Olympio, 1995, p. 320); O dicionário de Ryston Pike lembra que "*El blanco u oro se usa en todas las festividades principales de la Trinidad, de Cristo y de la Virgen María, asi como em las de los santos que fueran Confessores o Vírgenes, pero no Mártires*" [Pike, E. Royston. *Diccionario de Religiones*. (Adaptación de Elsa Cecilia Frost) Mexico: Fondo de Cultura Económica. 1960, p. 107]; Ver também nota 66, onde citamos uma passagem sobre os significados branco na liturgia cristã [Eliade, Mircea (ed.). *The Encyclopedia of Religion. Op. cit.*, p. 562].

16 George Ferguson assinala que "*White is worn by Christ after his Ressurection. It is also worn by the Virgin Mary in paintings of the Immaculate Conception*" (Ferguson, George Wells. *Signs & symbols in Christian art. Op. cit.*, p. 152).

17 O Ritual do Acerbipado da Bahia estabelecia que "*Sommente aos menores de sete annos é permittido, além da palma e capella a mortalha de gala: ficando prohibido o costume de se amortalhar de gala e côres os cadáveres das virgens adultas, ás quaes unicamente são permittidas palmas e capellas, e algumas flores naturaes sobre a mortalha, que poderá ser rôxa.*" (Lemos, Pe. Lourenço Borges de. *Ritual do Arcebispado da Bahia. Op. cit.*, p. 118.

à mortalha do adulto, muitas vezes de cor preta ou roxa, as cores da penitência.[18] A criança, já no que essa prática permite ler, dispensa essa atitude, assim como de outros procedimentos normalmente utilizados para o ajuste satisfatório da balança das almas. Devido ao estado de inocência com que morria, não se tinha necessidade de qualquer caução expiatória, e só deveria haver, pois, lugar para o rejubilamento.

Em todo caso, o branco não está relacionado apenas a uma distinção etária, ele é signo de uma diferença cultural também. Vimos que se no Rio de Janeiro e, principalmente, São Paulo, a escolha da mortalha branca para os "inocentes" é encontrada em todas categorias sociais, um grupo em particular faz uso mais largo dela, o dos escravos. Como José Reis observou para a Bahia, em que a escolha do branco para mortalha era também notável entre os escravos,[19] os costumes funerários transplantados deste continente devem, por sua vez, ter contribuído consideravelmente para essa preferência. Autores como Jean Chevalier apontam para o fato de a cor branca ser, entre os africanos, a cor por excelência da morte e dos mortos.[20] A morte da criança, na liberalidade resultante do pouco interesse que ela desperta por parte da legislação eclesiástica no Brasil aparece também como suporte privilegiado de práticas culturais complexas e variadas tão marcantes na religiosidade popular do país, dando exemplo de como a similaridade

---

18 O dicionário de símbolos de Chevailier e Gheerbrant lembra que a arte cristã deste modo atribui qualidades espirituais à cores: "*el verde a la esperanza, el blanco a la fé, el rojo al amor y la caridad,* el negro a la penitencia [grifo meu]" Chevalier, Jean e Gheerbrant, Alain. *Dicionário de Símbolos. Op. cit.*, p. 219 e 320) Quanto ao roxo, Royston Pike observa que "*El morado es el color de la penitencia, se emplea em Advento, la Quaresma y las virgilias*" (Pike, E. Royston. *Diccionario de Religiones. Op. cit.*, p. 107).

19 João Reis, comparando a freqüência de determinados tipos de mortalha entre os escravos baianos com o resto da sociedade baiana, assinala que "*a ordem de preferência dos africanos se assemelhava à dos testadores em geral, mas entre eles havia realmente uma tendência maior ao uso da mortalha branca*". O autor lembra que "*várias nações africanas da Bahia faziam do branco a cor mortuária. Para os edos do Benim, o branco simbolizava pureza ritual e paz, ofure na língua local. Entre os iorubas estava associado ao orixá Obatalá ou Orisala, senhor da criação e zelador da vida, cuja cor-símbolo é o branco*" (Reis, João José. *A morte é uma festa, op. cit.*, p. 116)

20 "*Em el África negra, el color es um símbolo igualmente religioso, cargado de sentido y de poder. Los diferentes colores son otros tantos médios de acceder al conocimiento Del outro y de actuar sobre el. Se invisten de um valor mágico: el blanco es el color de los muertos*" (Chevalier, Jean e Gheerbrant, Alain. *Dicionário de Símbolos. Op. cit.*, p. 320).

simbólica entre esses corpos de crença deu condições para existência de tais manifestações miscigenadas.

Mas o uso de mortalhas coloridas, dentre aquelas que não exatamente reproduziam hábitos de santos, também foi extremamente frequente, conforme dão testemunho os livros de óbito das igrejas paulistanas. Como se observa na tabela 6, o branco, com efeito, sofria uma concorrência significativa do vermelho (com 27% dos registros computados), e em muito menor escala pelo azul (3,5%). Evidentemente, assim como o branco, essas mortalhas em cores vivas marcam uma forte distinção das do adulto, em geral pretas, roxas e de outras cores escuras. Isso está, certamente, de acordo com uma concepção de morte infantil que via a salvação como garantida e que, por isso, fazia com que elementos festivos, como é o caso do uso de cores gritantes, não estivessem ausentes nos funerais de criança. Esse costume, como vimos, dois séculos atrás, já havia sido apontado por nossos observadores adventícios como mais uma entre tantas demonstrações de que no Brasil a morte da criança era matéria para comemoração. Temos condições, não obstante, de ir mais longe na interpretação deste comportamento.

A escolha do vermelho, em particular, estava certamente relacionada com outros significados. O carmim tem na liturgia cristã um uso que nos é extremamente sugestivo, estando associado aos Santos Mártires, como referência ao sangue vertido em defesa da fé cristã.[21] Nesse sentido é que, após o Concílio de Trento, esta se tornará oficialmente a cor dos santos mártires (no lugar do branco) e, no caso do vermelho na sua versão mais clara, dos anjos.[22] Mais óbvia

---

21 Segundo George Ferguson, *"Red is the Church's color for the martyred saints, because many of the early Christians suffered martyrdom in the Roman persecutions, or at the hands of the barbarians"* (Ferguson, George Wells. *Signs & symbols in Christian art. Op. cit.*, p. 152); Royston Pike observa que *"El rojo se usa em las fiestas Del Espíritu Santo y en las commemoraciones de los Mártires (em el primer caso simboliza las línguas de fuego de Pentecostes y en el segundo la sangre vertida pó los que murrieran por la fé)"* (Pike, E. Royston. *Diccionario de Religiones. Op. cit.*, p. 107);.

22 *"The first real codification of the liturgical colors began under Innocent III (1198-1216) and reached its definitive form under Pius V (1566-1572) after the Council of Trent (1545-1563). According to this final codification, white is used in the sacred vestments for the great festivities of the liturgical year and is regarded according to this final order as a symbol of triunph as well as of innocence and purity. Red is reserved for the feasts of the martyrs, symbolizing the blood of sacrifice and eternal life.* [Eliade, Mircea (ed.) *Encyclopedia of Religion. Op. cit.*, p. 563].

no caso da associação entre a criança morta e o anjo, não resta dúvida de que, no Brasil, o vermelho usado nos funerais de crianças se prestava também a promover um paralelo entre a criança e o mártir, associação que como vimos já era veiculada pelo uso do branco. Um viajante mesmo teve oportunidade de constatar este fato aqui: como observara Thomas Lindey no alvorecer do século XIX, essa não só era a cor do hábito dos sacerdotes nas celebrações para as Almas dos Mortos mas, para o que nos interessa mais particularmente, essa era a cor utilizada também para as celebrações feitas no dia dos Santos Inocentes, denominação dada aos mártires bebês mortos por ordem de Herodes.[23]

Isso explica em grande parte preferência pela chamada veste de "menino do coro", mortalha que, conforme nos informa Rodrigues, durante muito tempo foi a mais usada para os meninos. Ela consistia de uma batina vermelha sobreposta a uma veste branca, o mesmo tipo de hábito que era utilizado, como o próprio nome diz, pelos coroinhas, crianças encarregadas de auxiliar o sacerdote nos ofícios religiosos. Esta roupa, além de certamente satisfazer aos interesses da Igreja por estar intimamente ligada ao exercício do culto católico oficial, equivalia conjugar a força simbólica dessas duas cores. O mesmo ocorria em São Paulo, onde os livros de óbito assinalam ser bastante considerável a freqüência de "túnicas vermelha e branca", que temos fortes razões para crer que se trata desse mesmo tipo de hábito.[24] Conforme nos aproximamos dessas

---

23 Sobre o hábito dos padres no Brasil, Lindley notou que "*this last habit is of various colors, as the mass of the day requires: such as white for the services of the Virgin; green for Sundays; crimson for the Apostles; purple for the day of Innocents, the Souls of the Dead and for lent; and black for funerals*" (Lindey, Thomas. *Narrative of a Voyage to Brazil*. London: Printed for J. Johnson. St Paul's Church-Yard: 1805, p. 65).

24 Foram consultados os seguintes livros de óbito das Igrejas da cidade de São Paulo, constantes do Arquivo da Cúria Metropolitana de São Paulo: Livro *de assentamento de Óbitos da Igreja de Nossa Senhora da Assunção*; Livro *de assentamento de óbitos da Igreja de Bom Jesus de Matozinhos*; Livro *de assentamento de óbitos da Igreja de Nossa Senhora da Conceição*; Livro *de assentamento de óbitos da Igreja de Nossa Senhora da Expectação*; Livro *de assentamento de óbitos da Igreja de Nossa Senhora da Penha*; Livro *de assentamento de óbitos da Igreja de Nossa Senhora da Penha – Penha*; Livro *de assentamento de óbitos da Igreja de Monserrate*; Livro *de assentamento de óbitos da Igreja de Monte Serrate de Cotia*; Livro *de assentamento de óbitos da Igreja de Nossa Senhora dos Prazeres*; Livro *de assentamento de óbitos da Igreja de Nossa Senhora do Rosário*; Livro *de assentamento de óbitos da Igreja de Santo Amaro*; Livro *de assentamento de óbitos da Igreja de São Roque*.

práticas, mais somos informados a respeito de uma concepção na qual o traço distintivo da criança é sua natureza santificada.

Condição particular que será ainda mais manifestamente demonstrada por uma outra mortalha cujo uso, segundo Claudia Rodrigues, aumentará bastante ao longo do século: as vestes de anjo.[25] Lembramos a passagem de Ewbank acima citada, segundo a qual uma seria bastante comum entre as crianças mais velhas: o cadáver é vestido com uma túnica, que vinha acompanhada de uma saia curta presa por um cinto, na cabeça ele recebia um capacete de papelão dourado e era calçado com "apertadas botas vermelhas", tendo presa à mão direita uma espada.[26] Nessa ocasião, torna a ficar evidente a associação feita entre a criança e a figura do anjo, paralelo já constatável no uso do termo "anjinho" para designar a criança morta. A relação entre eles é tão forte, que a morte não era a única circunstância em que a criança tinha oportunidade de se vestir como tal. Muitos foram os viajantes que, para todo o século XIX, falam das procissões em que crianças (no geral menores de sete anos, como salientam estes relatos) saíam representando anjos, cujas descrições deixam evidente o gosto pelo exagero: asas artificiais; perucas; profusão de pedras etc.[27] Ainda nesses casos, todavia, há uma forte pro-

---

25 "*Quando reapareceram as referências* [às mortalhas nos livros de óbito da freguesia do Santíssimo Sacramento], *a partir de 1865, as vestes de menino do coro, bem com grande parte das demais, já haviam dado lugar às vestes angelicais e/ou virginais*" (Rodrigues, Cláudia. *Lugares dos mortos na cidade dos vivos. Op. cit.*, p. 211].

26 Ewbank, Thomas. *A vida no Brasil, op. cit.*, p. 59.

27 "É Debret, que esteve na Corte no início do século XIX, quem nos dá a descrição mais detalhada, dos anjos que observa na procissão do enterro: "*Esses anjos usam todos pequenas perucas retorcidas e empoadas, com um enorme diadema barato e coroadas de um ramalhete de flores ou de penas bem grandes, fixado no alto da cabeça. O resto do traje, lembrando um pouco o de Luís XVI, compõe-se de uma túnica amarrada à cintura, de veludo vermelho ou azul-rei com galões de renda de ouro e prata. A barra da saia, meio aberta em fôrma e com franjas, é guarnecida de um arame grosso para conservar a forma arrendondada, à exceção de alguns cantos arregaçados para dar a idéia do efeito do vento. Um véu de tule prateado, armado também com um arame grosso, forma uma nuvem em torno da cabeça, arquitetada no intuito de dar à fisionomia certa espiritualidade. Essa coisa informe, que de longe parece um fole amarrado às costas do anjo quase esconde as duas asas de cisne que completam a indumedária. Esses anjos usam ainda meias de seda branca; as botinas de veludo vermelho ou verde com galões de ouro sobem até a metade da perna; enormes girândolas penduradas às orelhas e grandes chapas de diamantes falsos formando pulseiras ou broches enfeitam o infeliz anjo, que a passos lentos e compassados zela pelo movimento de todas essas sa-

ximidade entre as representações dos anjos e a temática da morte. A procissão em que os anjos por excelência desfilam é precisamente a do Corpo de Cristo, que não é outra coisa senão um cortejo fúnebre, o maior deles. Além de reafirmar uma série de valores agregados à criança morta, como seu estado de pureza que toma corpo na figura do anjo, o uso das vestes angelicais acentuam igualmente outras características comuns a todas dimensões dos enterros dos inocentes, como é o caso da ostentação material, tem nelas um suporte especial. Esse tipo de mortalha, composto de plumas e sedas e muitas joias, chamou a atenção de estrangeiros como Stewart e Candler que estiveram no Rio de Janeiro em 1829 e 1852, respectivamente.[28]

Como se vê, além do hábito, havia outros cuidados na preparação do corpo. Já aqui alguns aspectos importantes dos rituais fúnebres têm seu lugar. Um deles é o de arrumar o cadáver de forma a lhe restituir o aspecto que tinha quando vivo, por intermédio da maquiagem. O francês Gendrin lembra do amplo uso desse material em cadáveres que, dentre outras coisas, eram apresentados com lábios e faces avermelhadas e cabelos empoados.[29] Como em outros

---

liências redondas ou pontudas a fim de conservar certa dignidade durante as duas ou três horas que dura o seu papel singular" (Debret, Jean Baptiste. *Viagem pitoresca e histórica ao Brasil. Op. cit.*, p. 40 – nota de rodapé 4); Sobre isso, ver também Ebel, Ernst. *O Rio de Janeiro e seus arredores em 1824. op. cit.*, p. 38 e 134; Denis, Ferdinand. *Brasil. Op. cit.*, p. 144; Kidder, Daniel Parish. *Reminiscências de viagens, op. cit.*, p. 137; Ewbank, Thomas, *A vida no Brasil, op. cit.*, p. 96 e 160; Canstat, Oscar. *Brasil. Terra e Gente.* (trad. Eduardo de lima e Castro). Rio de Janeiro: Conquista, 1975, p. 208.

28 Assim o americano Charles Stewart descreve os mortos *"under seven years of age"* que encontra no Brasil entre 1829 e 1930: *"the cheeks being painted, the head crowed with artifitial flowers, and the whole figure sometimes dressed in imitation of na angel, with expanded wings of tinsel and gauze"* (Stewart, Charles Samuel, *A visit to the South Seas, op. cit.*, p. 49); John Candler, no Brasil em 1852) observa que *"when a child dies the remains of the deceased child are decked out to represent na Angel; the coffin is profusely adorned"* (Candler, John, and Burgess. *Op. cit.*, p. 44); Ainda que diga respeito ao Rio Grande do Sul, a descrição do ex-tenente alemão Carl Siedler em 1835 é bastante interessante. Segundo ele, o *"pequeno cadáver jazia como um boneco de cera sobre a cama de gala, enfeitada de coroas e flores, mãozinhas cruzadas, trajado como um anjo (sic) que como alva pomba irá diretamente para o céu"* (Siedler, Carl. *Dez anos no Brasil. Op. cit.*, p. 155).

29 Segundo Gendrin que esteve no Brasil em 1816, *"Les inhumations au Brésil se font de la manière suivante: pour les personnes qui ont de la fortune, on met sur les brancards d'une voiture une bière ouverte, dans laquelle est placée la personne décédée, paré de ses plus beaux habits, les joues et les lèvres vermillonnées et les cheveux poudrés"* Gendrin, Victor-Athanase. *Récit historique, op. cit.*, p. 63.

procedimentos, isso também se apresentava, na criança, de forma hiperbólica. Arago lembra da pequena menina morta cujas faces lhe foram pintadas em abundância de um rosa brilhante, resultando numa aparência que lhe fez lembrar *"les acteurs au théâtre"*.[30] Conforme verificado pelo mesmo viajante, não podiam faltar outros adereços, que iam das fitas coloridas e flores artificiais às pedras preciosas, fato confirmado também por Enest Ebel (1824), Daniel Kidder (1837), Ferdinand Denis (1838).[31]

Por sinal, Ebel em 1824 na Corte, e outros viajantes para outras cidades,[32] repararam, entre esses adornos, numa peça fundamental: a coroa sobre a cabeça. Os retratos das crianças mortas fotografadas por Militão Augusto de Azevedo nas décadas de 1860 e 1880 na cidade de São Paulo atestam a longevidade dessa prática (figuras 15, 16, 17, 19, 20, 22 do caderno de imagens). Nos escritos judaicos cristãos, o uso da coroa possui mais de um significado possível,

---

30 Em 1839, o francês Arago assim descreve o "inocente" cujo funeral testemunhara: *"une petite figure pâle que deux dames paraient de fleurs, de rubans et de pierres précieuses, tandis qu'une jeune fille lui fardait les joues d'un rose brillant, comme font les acteurs au théâtre"* (Arago, M. J. *Souvenirs d'un Aveugle Voyage Autour du Monde. Op. cit.*, p. 102); Ver também a descrição de Charles Stewart, na nota anterior sobre as faces pintadas das crianças mortas (Stewart, Charles Samuel, *A visit to the South Seas, op. cit.*, p. 49).

31 Ernest Ebel, no Rio de Janeiro em 1824, sobre um funeral infantil na Capela Real, "A custo e bem de perto, pude ver, sob as flores e os enfeites dourados o corpo de uma criança recém-nascida" (Ebel, Ernst. *O Rio de Janeiro e seus arredores em 1824. Op. cit.*, p. 135); Nos últimos anos da década de 1830, Daniel Kidder se recorda de ver, "num ataúde aberto, o corpo da criança ricamente vestida e coberta de laços de fitas e de flores" (Kidder, Daniel. P. *Reminiscências de viagens, op. cit.*, p. 158); Denis observa, em 1838 que "Com frequência encontram-se, nas ruas do Rio ou nas de São Salvador, uma dessas pequenas criaturas, rodeadas de flores artificiais, repousando num pequeno ataúde que um pano bordado envolve" (Denis, Ferdinand. *Brasil. Op. cit.*, p. 148); Outros viajantes, em outros lugares do Brasil, observam o mesmo costume. James Wetherell, em 1860, em Salvador, sobre funerais infantis nota que *"The corpse gaily dressed is exposed to view, surrounded with flowers and a gilt crown upon the head"* (Wetherell, James. Brazil. *Stray Notes from Bahia Being Extracts from Letters, & C., During a Residence of Fifteen Years*. Liverpool: Webb and Hunt, 1860. p. 111). Carl Siedler, no Rio Grande do Sul em 1835 observa o mesmo uso de flores e coroas no funeral de "anjo" que ele presencia (passagem citada na nota 80- Siedler, Carl, *op. cit.*, p. 156).

32 Passagem citada na nota acima - Ebel, Ernst. *O Rio de Janeiro e seus arredores em 1824. Op. cit.*, p. 135; O uso da coroa é também observada por Siedler no Rio grande do Sul em 1835 (passagem citada na nota 80- Siedler, Carl, *op. cit.*, p. 156) e Whetherell na Bahia em 1860 (passagem citada na nota acima - Wetherell, James. *Op. cit.*, p. 111).

de acordo com Chevalier e Gheerbrant, alguns deles bastante sugestivos para o assunto estudado aqui. Num deles, a coroa representa a salvação eterna que vem como recompensa a uma vida regida pela fidelidade à causa da fé.[33] A ideia desse ingresso na Corte Celeste está bastante de acordo com uma conduta ritual que, como vemos mostrando, associa a morte infantil à "boa morte". O outro significado estaria ligado ao batismo, e sua imagem está relacionada à do paraíso, uma vez que alguns textos assinalam que é da *árvore da vida* de que são feitas as guirlandas dos iniciados.[34] Mas uma vez, temos a presença de um elemento a assinalar a crença na certeza da salvação infantil.

Outro material bastante frequente nos funerais dos "inocentes" de que os viajantes fizeram referência é o pano bordado ou da toalha de renda. Este artigo era interposto entre o corpo e o suporte onde ele era depositado, fosse ele o caixão ou qualquer outro instrumento utilizado com essa finalidade. Ferdinand Denis, que escreve em 1838, recorda, dos funerais infantis, de serem os pequenos caixões cobertos por uma toalha de renda.[35] Outros testemunhos parecem indicar que comunidade escrava e/ou de afro-descendentes faziam uso dela: segundo Debret, que esteve no Rio de Janeiro entre o primeiro e o segundo quartel do XIX, esse artefato era encontrado na modalidade mais sim-

---

[33] Segundo os autores, "*A imagem da coroa está relacionada, nos escritos judaicos cristão, com modos os mais diversos de representação*" um deles "*A coroa do atleta vitorioso nos jogos e combates do estádio. É essa realidade concreta que o cristianismo primitivo transpõe num registro espiritual e religioso. A vida do cristão implica, na sua fidelidade, num esforço sustentado. [...] A vitória, e a coroa, que constitui o seu prêmio, não são mais comparadas a uma recompensa merecida por uma vida moral exemplar, mas à* **salvação eterna**, *concedida àquele que, levando à sério o Evangelho, viveu com um único fito, o de honrá-lo*" (Chevalier, Jean e Gheerbrant. Dicionário de Símbolos. Op. cit., p. 290 e 291, respectivamente).

[34] O outro significado, segundo Chevalier e Gheerbrant, "*aproxima da coroa a guirlanda que os iniciados recebem nos cultos que têm mistérios [...] É lícito indagar se não conviria evocar que simboliza a* **iniciação** *cristã [...] É fácil observar que, nesses textos [as Odes de Salomão] a imagem da coroa está indissoluvelmente ligada à do paraíso, uma vez que é a árvore da vida que fornece os materiais de que a coroa será feita*" (Chevalier, Jean e Gheerbrant. Dicionário de Símbolos. Op. cit., p. 290)

[35] A passagem está transcrita na nota 83 (Denis, Ferdinand. Brasil. Op. cit., p. 148).

ples de enterros de "negrinhos": o tabuleiro em que vai a criança é recoberta por uma toalha de renda.[36]

Isso não é tudo; falta, evidentemente, falar dos caixões. Para o início do período estudado, seu uso não tinha ainda papel fundamental que mais tarde conhece dentro do quadro material que compõe a ritualística fúnebre infantil. Da leitura dos viajantes fica claro que seu uso principal é de servir de suporte a exposição e transporte do cadáver. Já no início do século XIX, os testemunhos assinalam que o enterro em caixões não era regra e, uma vez que o corpo não era enterrado dentro dele, um mesmo esquife era utilizado em diversos funerais.[37] É Debret que, nesse aspecto, traça o quadro mais detalhado: no que se refere às cores, ele assinala que

> As cores adotadas nos esquifes são: preto com galões de ouro e prata para os homens; carmesim ou vermelho-escuro com galões de ouro para as mulheres casadas ou viúvas; azul-celeste agaloado de prata para as moças; rosa ou azul-celeste agaloado de prata para as crianças de menos de oito anos, os *anjinhos*.[38]

Como de costume, o uso dessas cores e da prata contrastava com preto e o carmesim para respectivamente os caixões de homens e mulheres, ambos galonados de ouro, e no caso do azul-celeste, favorecia a identificação entre as crianças e as moças solteiras, pois essas também podiam ter seu esquife nesta cor. Thomas Ewbank, em 1845, confirma essa tendência, observando que "Os caixões para

---

36 Segundo o autor, sobre os dois tipos de enterro de crianças negras "*O segundo enterro é infinitamente mais simples e exige apenas um carregador para o caixão, ao preço de oito francos no máximo; entretanto, para o indigente que utiliza o seu tabuleiro recoberto por uma toalha de renda, a fim de nele depositar o corpo*" (Debret, Jean Baptiste. *Viagem Pitoresca, op. cit.*, p. 174).

37 Segundo Debret, "*Distinguem-se nos serviços funerários brasileiros, dois tipos de esquifes para exposição e transporte dos corpos que são em geral enterrados com o rosto descoberto. O dignatário e o homem rico são depositados num caixão fechado por um tampa de charneira; o citadino de mediócre fortuna é transportado em caixão sem tampa*". A impressão de que, ao menos nem todo são enterrados em caixões, é reforçada pela descrição que Debret dá dos enterros de luxo entre as crianças escravas, segundo ele *exige locação temporária não somente da cadeirinha forrada de damasco mas ainda do pequeno caixão enfeitado com ramalhetes de flores artificiais e da coroa de folha fornecida pelo* armador. Terminado o entêrro todos os acessórios são devolvidos ao armador" (Idem, ibidem, p. 211 e 174, respectivamente).

38 *Idem, ibidem*, p. 203.

casados são invarialvemente pretos, mas nunca para os jovens, para estes são vermelhos, escarlates ou azuis".[39] O fato deste distinguir os caixões não entre os de adultos e de crianças, mas entre caixões de solteiros e de casados, reforça exemplarmente as constatações anteriores da associação que a população leiga faz entre a infância e a ausência do ato sexual. Em todo caso, o uso de cores distintas é observada cinquenta anos mais tarde pela norte-americana Marguerite Dickins.[40] Mas havia diferenças de acordo com as posses. Assim Debret nos descreve dos remediados: "Caixão simples e sem tampa para transporte de um anjo, com seus acessórios. O fundo é em geral de tafetá branco recoberto por forro com o mesmo pano mas de cor rosa e agaloado de prata"[41] (ver figura 2). Para os que possuíam maiores recursos, havia o

> Pequeno caixão de tampa encomendado pra um anjo; coberto de seda cor-de-rosa, forrado de branco com galões de ouro ou prata; a tampa entreaberta mostra as duas pequenas armações que o compõem e o cadeado para prender o fecho. A chave desse cadeado fica com o mais próximo parente, ao ser o caixão definitivamente colocado dentro o jazigo nas catacumbas, onde permanece fechado e murado durante um ano.[42]

Em 1824, uma descrição de Ernest Ebel, confirma o uso de um mesmo tipo de féretro no enterro de um recém-nascido.[43] Quanto aos escravos, imperava a simplicidade. Gendrin nos informa sobre escravos enterrados em rede, sem qualquer

---

39 Ewbank, Thomas. *A vida no Brasil, op. cit.*, p. 58.

40 "*The coffins are long, narrow, shalow boxes of wood, over which are nailed red cloth for children and purple for other people*" (Dickins, Marguerite. Along shore with a man-of-war. Boston: Arena Publishing Company, 1893, p. 58).

41 Debret, Jean Baptiste. *Viagem Pitoresca, op. cit.*, p. 203.

42 *Idem, ibidem*, p. 203.

43 Ebel nos conta, a respeito do funeral de criança que assiste na Capela Real em 1824, que "*Sobre um estrado, estava um pequeno caixão todo paramentado com flores e galões, o qual, como um armário, abria duas tampas pela parte de cima*" (Ebel, Ernst. *O Rio de Janeiro e seus arredores em 1824. Op. cit.*, p. 135).

tipo de lençol.⁴⁴ Já Debret nos fala do uso para crianças escravas, de dois tipos de enterro (ver figura 2):

> o mais luxuoso, que ocupa o centro da gravura, exige locação temporária não somente da cadeirinha forrada de damasco mas ainda do pequeno caixão enfeitado com ramalhetes de flores artificiais e da coroa de folha fornecida pelo armador [...]
> O segundo enterro é infinitamente mais simples e exige apenas um carregador para o caixão, ao preço de oito francos no máximo; entretanto, para o indigente que utiliza o seu tabuleiro recoberto por uma toalha de renda, a fim de nele depositar o corpo.⁴⁵

Com efeito, uso de uma bandeja de madeira nos enterros de crianças africanas foi igualmente observado por Kidder no Engenho Velho, onde o cerimonial africano era tolerado.⁴⁶

Tendo traçado o quadro dos preparativos rituais e materiais que compõem os cuidados para com o cadáver que se seguem imediatamente após a morte, resta, evidentemente, falar das transformações que aqui são perceptíveis. Em seu trabalho sobre as práticas fúnebres na cidade do Rio de Janeiro, Cláudia Rodrigues levantou algumas mudanças que teriam ocorrido na escolha das mortalhas infantis durante o século XIX. Como fica demonstrado pela tabela 5, a autora constatou que os hábitos de santos e, principalmente, o mais procurado, a veste de menino do coro, teriam, cada vez mais, cedido espaço para outras mortalhas, em sua maioria aquelas que representavam anjos e virgens. A autora associou essa transformação a um processo de secularização das práticas fúnebres, transformação esta que teria

---

44 *"on va déclarer qu'un nègre vient de mourir, ou l'envoie chercher par deux porteurs noirs chargés d'un grand batôn et d'un hamac, ou met les mort dans ce hamac, sans aucoune espèce de linceul, puis on le porte à la fosse comune"* (Gendrin, Victor-Athanase. *Récit historique, exact et sincère, par mer et par terre, de quatre voyages faits au Brèsil, au Chili, dans les Cordillères des Andes, à Mendoza, dans le Désert, et à Buenos-Aires*. Versalhes: Gendrin, 1856, p. 63).

45 Debret, Jean Baptiste. *Viagem Pitoresca, op. cit.*, p. 203.

46 Num funeral de criança escrava chamou a atenção de Kidder um ramalhete atado a uma das mãos do pequeno cadáver. Segundo ele, *"vimos um negro com uma bandeja de madeira sobre a cabeça, na qual levava o cadáver de uma criança coberta com pano branco e enfeitado de flores, com um ramalhete atado a mãozinha"* (Kidder, Daniel Parish. *Reminiscências de viagens, op. cit.*, p. 160).

se refletido na escolha das mortalhas. Estando a autora preocupada com o movimento geral da mudança – isto é, para todas as faixas etárias, os dados dão plausibilidade à sua interpretação. Quando levamos em conta o quadro maior da escolha das mortalhas (adultos e crianças), é possível, com efeito, entrever um movimento de diminuição no uso de mortalhas que fazem referência a símbolos oficiais da religião católica tais como os hábitos das ordens regulares e os de determinados santos. Apesar disso, essa hipótese, quando consideramos especificamente as mortalhas infantis, se torna de algum modo ambígua para que tenha força como única e predominante explicação. Como a autora mesma mostra, as mortalhas virginais (as "madonas") durante quase todo o século XIX foram muito procuradas.

No caso da cidade de São Paulo, os livros de assentamento de óbito nos falam de um movimento que esteve evidentemente atrelado a um processo de laicização.[47] Mas esses dados dizem respeito a uma gradual ausência para todos os mortos registrados, de informação sobre aspectos de natureza espiritual como os sacramentos, encomendações e mortalhas utilizadas, numa tendência que tem início a partir da década de 1860, para se tornar absoluta pelo fim do século. O registro desse tipo de acontecimento deu lugar a informações relativas ao fato biológico da morte como, por exemplo, uma maior precisão sobre as causas do óbito. Em poucas palavras, esse processo é testemunho, mais do que de uma mudança na escolha da roupa com que se era enterrada, de uma nova concepção por parte das autoridades (civis e religiosas) do que deveria ser digno de registro. Em todo caso, antes da completa extinção desses registros de mortalha, são constatadas, de fato, alterações na frequência em que aparecem determinadas vestes, mesmo que isso não possa estar imediatamente relacionado a um movimento em direção à secu-

---

[47] Foram consultados os seguintes livros de óbito das Igrejas da cidade de São Paulo, constantes do Arquivo da Cúria Metropolitana de São Paulo: Livro *de assentamento de Óbitos da Igreja de Nossa Senhora da Assunção*; Livro *de assentamento de óbitos da Igreja de Bom Jesus de Matozinhos*; Livro *de assentamento de óbitos da Igreja de Nossa Senhora da Conceição*; Livro *de assentamento de óbitos da Igreja de Nossa Senhora da Expectação*; Livro *de assentamento de óbitos da Igreja de Nossa Senhora da Penha*; Livro *de assentamento de óbitos da Igreja de Nossa Senhora da Penha – Penha*; Livro *de assentamento de óbitos da Igreja de Monserrate*; Livro *de assentamento de óbitos da Igreja de Monte Serrate de Cotia*; Livro *de assentamento de óbitos da Igreja de Nossa Senhora dos Prazeres*; Livro *de assentamento de óbitos da Igreja de Nossa Senhora do Rosário*; Livro *de assentamento de óbitos da Igreja de Santo Amaro*; Livro *de assentamento de óbitos da Igreja de São Roque*.

larização. Conforme fica exposto pela tabela 6 a forte preferência pelo branco que caracterizou o costume mais difundido em São Paulo cedeu, cada vez mais, à escolha de mortalhas coloridas, sejam elas de uma ou mais cores: se 1808 ela correspondeu a 90% das mortalhas estudadas, mantendo-se nesse índice em 1828 (91%), em 1848 este número já cai para 51% e, duas décadas depois, atinge 38%, conservando essa cifra nos registros que encontramos para 1888. Em contraposição a mortalha vermelha, que para 1808 e 1828 corresponde a 4% e 3, 8% das mortalhas, em 1848 chega a 39%, não parando mais de crescer; em 1868 são 49% das mortalhas e, em 1888, 52%. Como interpretar isso?

Creio ser possível pensar essas mudanças, e acredito que essa hipótese valha para ambas as cidades, São Paulo e Rio de Janeiro, no sentido de elas representam um maior investimento material dos recursos utilizados nesse âmbito dos rituais fúnebres infantis. Voltando para o dados disponíveis para o Rio de Janeiro, quando comparamos as descrições do hábito de menino do coro e as de anjo, sabendo que a primeira fora suplantada pela outra, essa hipótese não é de forma alguma absurda. Ao que tudo indica, as mortalhas angelicais pressupunham uma profusão comparativamente maior de tecidos e adereços que as de coroinha, o que deveria certamente fazer com que as primeiras fossem mais onerosas. Agora, quando considerados os testemunhos dos viajantes sobre outros elementos do aparato material que conformam os primeiros cuidados com o cadáver e, como veremos a propósito, outros momentos do ritual fúnebre, pouca dúvida resta quanto à natureza dessa mudança.

Nesse aspecto, os viajantes nos dão notícia de uma transformação em termos de um maior dispêndio no que respeita à cultura material mortuária, que é perceptível sobretudo pela introdução de um costume novo por parte parcela melhor aquinhoada da população: o de se enterrar os defuntos junto com o caixão. No caso das crianças Debret nos dá um depoimento bastante interessante. Segundo ele,

>Existem também, nas catacumbas, salas preparadas com compartimentos menores ara o sepultamento dos filhos dos irmãos. Mas o espírito comercial já penetrou nesse campo de repouso fraterno e concede-se às famílias ricas estranhas á confraria, o privilégio de alugar o jazigo mediante compromisso de retirar os ossos no fim de um ano. Entretanto, preferindo elas deixá-los, são os pequenos sarcófagos guardados com os dos confrades, abuso absolutamente contrário à primitiva lei da confraria.

Esse abuso no entanto muito contribuiu para o aumento do luxo na exposição anual dos sarcófagos, nos dias de finados, festa funerária em que o expansivo brasileiro mistura o amor filial à vaidade, a fim de atrair a curiosidade publica para o objeto de sua devoção.[48]

Esse fato, por si só já é indicativo de uma tendência no sentido um incremento material no interior da ritualística fúnebre, visto que esse costume implicava na aquisição de um produto, que, como vimos, era antes alugado. Além disso, temos outras informações de que estes caixões, que seriam expostos no dia de Finados, eles próprios sofreram importantes transformações. A violência desse movimento foi tal que foi percebido pelos contemporâneos em questão de décadas. Disso nos presta, novamente, valioso testemunho Debret. Segundo ele, ao falar acerca das exposições de urnas nos dias de Finados:

> As primeiras exposições, modestas e naturalmente pouco concorridas, apresentaram apenas duas fileiras de pequenas urnas de madeira, de um pé de altura e dois de comprimento, pintadas de preto e nas quais se haviam inscrito em branco os nomes, qualidades, idade e data do falecimento do indivíduo cujos ossos se achavam aí enterrados. No entanto, a partir de 1816, já se viam pequenos sarcófagos de forma mais elegante e, desde então, surgiram verdadeiras obras-primas de marcenaria, cujas vias escolhidas com cuidado já bastavam para enfeitá-las e cujas inscrições se constituíam de caracteres pintados a ouro ou incrustados.
>
> Entretanto, a partir de 1827, a influência das artes inspirou a esses operários, ainda sem teoria, o desejo de se distinguirem pelas formas novas de suas produções; e, entregues à fuga de sua imaginação, compuseram monstruosidades cuja estravagância e riqueza satisfaziam o amor-próprio dos herdeiros. Em 1830, principalmente, viram-se inúmeras espécies de urnas de madeira suportadas por três ou quatro pés bastante altos e de ferro, cujos desenhos complicados tornavam parecidos com pedaços de balcão. Outros suportes, ao contrário, de contornos mirados, pareciam atestar a esterilidade do desenhista ou a economia de quem o encomendara.
>
> É preciso confessar que tudo isso, pintado de fresco ricamente dourado ou prateado,

---

48 Debret, Jean Baptiste. *Viagem Pitoresca, op. cit.*, p. 209.

atrai o olhar e seduz efetivamente a multidão dos curiosos, em sua maioria admiradores de uma imitação crua e berrante de falso mármore sobre o qual se vê uma chapa oval e cobre, de fundo brunido cujo brilho apenas permite ler a inscrição.[49]

Essa situação já estava, de fato, plenamente configurada quarenta anos depois, quando seu conterrâneo, Gendrin[50] lembrava dos caixões forrados de veludo galonado em ouro ou prata, artefato que causava enorme sedução na população em geral, como fica demonstrado nas multidões que correm a visitar as catacumbas quando da exposição destas urnas. Essas mudanças chegam a ponto de Daniel Kidder, no Rio de Janeiro em 1840, falar desses féretros adornados com brocados de ouro que muitos eram "grandes como mausoléus".[51]

Para a cidade de São Paulo, o contrato de 1876 de seção da Câmara Municipal do privilégio exclusivo dos serviços funerários da cidade à Santa Casa de Misericórdia nos legou um importante documento sobre os caixões de crianças. Uma das tabelas estipulava os preços a serem cobrados pelos caixões de "anjo" e definia como este deveria ser:

> N.1 "Caixão de madeira de seda de cor bordada de ouro fino, forrado de cetim branco superior, competentemente guarnecido de galão de ouro fino de 18 a 21 linhas de largura, levando travesseiro da mesma seda bordada com grega de ouro cobrindo a costura, com quatro argolas, garras e cadeado dourado, por 80$000".
>
> N.2 "Caixão coberto de cetim Macau superior de cor, forrado de cetim branco, com 12 tiras de galão entrefino de fantasia de 18 a 21 linhas de largura, levando travesseiro do mesmo cetim com grega de ouro entrefino para cobrir a costura com quatro argolas, garras e cadeado dourado, po50$000".

---

49 *Idem, ibidem*, p. 209-210.

50 Sobre os caixões no Brasil o autor lembra que "*La bière est garnie intérieurement de velours et galonnée tout autour*"(Gendrin, Victor-Athanase. *Récit historique, op. cit.*, p. 63).

51 "*Tais urnas são de tamanhos e formatos variados, mas, raramente têm aparência de féretro. Algumas são grandes como mausoléus; outras, pela sua ornamentação externa, dão idéia de caixa para roupa. O lugar e as circunstâncias parecem altamente impróprios para exibição de ornamentos, entretanto, algumas dessas urnas mortuárias são enfeitadas com brocados de ouro e prata aplicados sobre cetim e veludo, para admiração dos visitantes*" (Kidder, Daniel Parish. *Reminiscências de viagens, op. cit.*, p. 160).

N. 3 "Caixão coberto com cetim Macau de cor, forrado de morim, guarnecido com 10 tiras de galão palheta francês superior de 15 a 18 linhas de largura, levando travesseiro do mesmo cetim com grega entrefina para cobrir costura, com quatro argolas, garras e cadeado por 35$000".

N.4 "Caixão coberto de belbutina de cor superior, forrado de morim, guarnecido com 10 tiras de galão palheta francês superior de 15 a 18 linhas de largura, levando travesseiro da mesma belbutina, com quatro argolas e cadeado, por 20$000".

N.5 "Caixão coberto de belbutina de cor, forrado de morim, guarnecido com oito tiras de galão palheta de 15 linhas de largura, levando travesseiro da mesma belbutina com quatro argolas e cadeado, por 20$000".

N.6 "Caixão coberto de metim de cor, forrado de morim, guarnecido com 6 tiras de galão palheta de 12 linhas de largura, levando travesseiro do mesmo metim, com quatro argolas e cadeado, por 10$000".[52]

Como se nota, o documento procura estabelecer minuciosamente o material de que eram feitos os vários caixões, colocados em ordem decrescente de valor, e é testemunho de um novo contexto no qual caberá às autoridades municipais a ingerência e o controle das práticas fúnebres, bem como dos negócios que estas davam lugar. Chama a atenção a qualidade dos materiais utilizados nos modelos mais caros – seda, forro de cetim e galões de ouro, o que vem a confirmar do que já observamos no tocante ao dispêndio material que caracterizava os cerimoniais fúnebres. Não há muita informação sobre as cores utilizadas, apenas referência ao cetim branco, o que também está de acordo com o que sabemos dos elementos frequentes nos rituais da morte menina. As fotos de crianças mortas do acervo de autoria de Militão Augusto de Azevedo, pertencentes ao acervo iconográfico do Museu Paulista e que correspondem principalmente às décadas paulistanas de 1860 e 1880 confirmam o uso de caixões forrados de tecido branco (figuras 20 e 22). Outros se distinguem pelo uso de um tecido mais escuro, mas com faixa branca ao longo do féretro (figuras 15, 17 e 19). A ausência de qualquer modelo aberto, por outro lado é sinal de que os artefatos fúnebres obedecem a uma nova disposição para o cadáver, questão que discutiremos no capítulo seguinte. Nesse sentido, um outro elemento, o cadeado nos chama atenção para o fato de esses pequenos caixões não são mais alugados (é índice de

---

52 Guedes, Sandra Paschoal L. C. Atitudes Perante a Morte em São Paulo. *Op. cit*, p. 93.

propriedade definitiva), bem como sinaliza acerca da afirmação desse objeto em seu papel de pôr a salvo o corpo que lá está.

Esse movimento no sentido de um enriquecimento material do aparato material, bem como numa relação entre vivos e mortos ao longo do século XIX nos rituais de morte menina está evidentemente ligado ao crescimento e enriquecimento que essas duas cidades conheceram durante esse período. É importante ressalvar que as cidades do Rio de Janeiro e de São Paulo, como comentamos no início deste trabalho, vivenciaram tais transformações em velocidades e graus consideravelmente distintos pelo menos até a consolidação da economia cafeeira em São Paulo. Ambas, todavia, dão sinais de mutação no decorrer do século. Vimos como testemunho fúnebre, em especial os registros de mortalha nos livros de óbito, dá conta de mostrar essa mudança e a diferença em seus diferentes ritmos vividos nessas duas cidades. Mas mostra porém, ainda mais. Ela lança luz sobre a relação entre o desenvolvimento dessas cidades e da vida urbana e a incorporação de novos hábitos. Já nesse âmbito fica evidenciado que uma nova disposição de consumo, perceptível pela riqueza dos artefatos fúnebres, não significou uma simples adoção de práticas fúnebres correntes na Europa. Tendo em vista que para que isso ocorresse seria necessário um enxerto de sensibilidades e concepções de morte – no nosso caso, infantil – a tal ponto distintas, delas resultaram o completo estranhamento e incompreensão que dedicaram às práticas fúnebres infantis nossos observadores estrangeiros.

# 4. A procissão, o enterro e depois

# O cortejo fúnebre

De todas as fontes consultadas, apenas um documento faz referência ao que parece ser um velório de criança. É a narrativa de M. J. Arago, feita em 1839. Descreve o francês

> Un homme m'arrête en plein jour par le collet au détour d'un rue, et me demande se je veux lui faire le plaisir d'accompanher un petit Jésus au ciel.
> Que faut-il faire pour cela?
> Me suivre.
> Je vous suis.
> Nous entrâimes dans une maison de belle apparence, et nous montâmes à un premier étage. Une centaine de cierges allumés dans une chambre close, éclairaient une petite figure pâle que deux dames paraient de fleurs [...]
> Je m'assis quelques instants au milieu d'un groupe de femmes richement parées et caquetant à voix basse. Bientôt le cortége se mit en marche pour l'église voisine.[1]

Essa descrição guarda bastante semelhanças com o que poderia ser um velório, mas o pouco tempo que o autor esteve no recinto – pouco tempo após sua chegada, o cortejo já havia se posto em marcha – não nos permite ter uma ideia clara dessa etapa dos rituais fúnebres. É bem verdade que, para os velórios no geral, são poucas as descrições dos viajantes, o que se explica principalmente pelo fato de que as práticas que estes descrevem dizem respeito, na maioria dos casos, às dimensões mais públicas desses rituais. Em todo caso, João José Reis observava que, segundo Wetherell, as crianças mortas na Bahia saíam em exibição em cadeiras de arruar a visitar os amigos da mãe.[2] O autor, ao considerar a afirmação de Daniel Kidder

---

1 Arago, M. J. *Souvenirs dún Auveugle Voyage Autour du Monde*. Op. cit., p. 102 e 103.

2 Wetherell achava que o baiano não via como infortúnio a morte da criança, cujo cadáver era [...] transportado numa cadeira de arruar. 'As cortinas da cadeira', escreveu, 'são levantadas e presas com fitas co-

sobre serem raros os velórios infantis no Brasil, sugere que, nesse caso, tratava-se de um "rito de inversão" em relação aos funerais adultos, visto que, ao invés de serem visitados, os "anjinhos" visitavam.[3] Essa observação de José Reis é, de fato, comprovada pelo o que até agora vimos acerca da morte infantil em sua diferença para com a adulta: nos mais diversos aspectos rituais ela representava uma inversão do que era feito nos funerais adultos. No que respeita ao velório em particular, sabemos que esse momento específico do ritual fúnebre era essencial para que o translado do falecido à sua morada no além fosse feito corretamente. A vigilância dos vivos e a presença das velas era a garantia de que o diabo e sua corte seriam derrotados em suas investidas no intento de levar o morto consigo.[4] Sendo assim, esta prática informa sobre uma determinada concepção fúnebre que, de alguma forma, torna a vigília dos vivos sem préstimo para a criança morta.

Mas, um momento dos funerais infantis dos quais restaram bem mais testemunhos é o cortejo fúnebre. É a ocasião em que o corpo deixa o local onde era visitado (geralmente a residência) e se dirige à Igreja, onde seria, até a metade do século XIX, enterrado. De todas as etapas que compunham o cerimonial fúnebre infantil, essa foi a que deu origem à maior parte dos registros que os viajantes estrangeiros

---

*loridas e o pequeno 'anjo' é carregado na cadeira para visitar os amigos da mãe [...]'Nenhuma outra fonte descreve essa 'exibição'* (Reis, João José. *A morte é uma festa*, op. cit., p. 140)

3 *"Talvez se tratasse de um rito de inversão – ao invés de receber vivitas, os defuntinhos visitavam, por lhes faltarem velórios, que segundo Kidder eram raros para crianças"* (Idem, ibidem, p. 140).

4 José de Souza Martins, em seu artigo sobre os rituais fúnebres no interior assinala a importância dos procedimentos que têm lugar no velório e no cortejo fúnebre, cuidados dos quais dependem a segurança dos vivos e o bom encaminhamento dos mortos. Segundo ele, *"Assim como os ritos da agonia são ritos de tempo, são de tempo os ritos da morte, os ritos relativos ao morto são ritos de espaço [...] Tudo indica que a alma tem imensas dificuldades para encontrar o seu lugar próprio [...] A luz, que é dos vivos e da vida, é a doação dos vivos aos mortos, é o meio que os vivos utilizam para controlar e orientar a alma, para conduzi-la do lugar dos vivos ao lugar dos mortos"*. Nesse sentido *"Há um conjunto grande de cuidados, que são tomados na relação com o morto e no deslocamento do corpo"* e *"Basicamente, a obediência a uma certa ordem no lidar com o corpo é uma forma de lidar com a alma, de afastá-la da casa e da família, de fazer com que ela acompanhe o corpo e se recolha ao seu espaço, que é o do cemitério"* (Martins, José de Souza. A morte e o morto: Tempo e espaço nos ritos fúnebres da roça. In Martins, José de Souza (org) Martins, José de Sousa. *A Morte e os Mortos na Sociedade Brasileira*. São Paulo: Hucitec, 1983, p. 258-269. A passagens citadas encontram-se nas p. 264, 265 e 268 respectivamente).

fizeram deste assunto. Não era para menos. Era a procissão fúnebre o ponto alto da participação coletiva que compunha os rituais de morte tradicionais, ocasião em que caráter público dos funerais se manifestava com maior intensidade – a cidade toda é chamada a participar deles. A morte infantil, com a permissividade ritual que a caracterizava, não deixou de potencializar em alto grau essa caraterística. Por esse motivo, esse conjunto que é constituído pela procissão e o transporte do cadáver revela a forte tendência que a morte da criança tinha, ora de exarcebamento das atitudes que a morte como um todo engendrava, ora de inversão destas mesmas – no sentido de deslocar a gravidade comum aos funerais dos adultos para um outro tipo de postura. Vejamos.

Durante grande parte do século XIX brasileiro, rezava o costume realizar o translado do corpo à Igreja para ali ser enterrado à noite.[5] Ora, segundo a passagem citada do francês Arago sobre o funeral de criança do qual fora convidado a participar, este nos conta que isso acontecera *"en plein jour"*. Com efeito, essa diferença não passou desapercebida a Kidder, que, ao enumerar as diferenças entre os dois tipos de funerais, lhe ocorreu mencionar, em primeiro lugar, a questão do período do dia em que essas cerimônias acontecem.[6] Estamos novamente diante de uma inversão em relação à morte adulta, como também de uma prática que relaciona a morte da criança a um acontecimento cujo sucesso já se conhece de antemão. As cerimônias de um adulto eram noturnas, com tudo aquilo que a noite encerra de mistérios e perigos, em bastante conformidade com que se acreditava serem os primeiros momentos que presidiam a passagem para o Além. O dia, por sua vez, é o lugar do cotidiano, daquilo que é familiar. Se o defunto adulto realizava sua última viagem nas trevas, como referência ao seu decisivo e desafiador transpasse para o outro mundo, ocasião em que até os mais pios poderiam se perder, para a criança morta esse translado não comportava risco ou surpresa. Tudo indica que a procissão diurna era índice de que se dava por garantida sua salvação.

Mas a luminosidade que o dia proporciona parece ter também uma outra função aqui. Uma delas é dar condições para que o cadáver seja visto por maior

---

5 *"Quando o funeral é de adulto, o contraste e maior que se possa imaginar. O cortejo sai geralmente à noite"* (Kidder, Daniel Parish. *Reminiscências de viagens, op. cit.*, p. 160).

6 Ver passagem citada na nota acima (Kidder, Daniel Parish. *Reminiscências de viagens, op. cit.*, p. 160).

número de gente possível. É possível afirmar que, nos funerais ocidentais tradicionais, o morto presidia o espetáculo (os rituais fúnebres eram, em parte, isso), visto que esse acontecimento era por ele planejado em testamento nos seus mínimos detalhes. Aqui, o morto era, ele próprio, o espetáculo. Aos participantes, desincumbidos de prestarem certo auxílio não só ao defunto, em momento no qual se faz necessário reunir forças para o bom encaminhamento do translado espiritual, como aos familiares, esses em processo de reordenamento tendo em vista a superação do vácuo social que a morte de um adulto geralmente produz, cabe uma única atitude, a de louvar o pequeno falecido. Esta inversão dia/noite que caracteriza os "funerais de anjinho" está ligada com aquela outra apontada por Reis, em que o defunto faz visitas ao invés de recebê-las. Sendo assim, é nesse momento que a comunidade tem ocasião de ver o morto e apreciar o esmero com que foi arrumado para o evento. É em virtude disso que a principal característica do funeral infantil nessa fase do cerimonial era a super exposição do morto. De fato, a primeira coisa de que recorda o marinheiro norte-americano Charles Stewart acerca dos funerais infantis que observou na década de 1820 era que "*when children under seven years die, their bodies, in full dress, are exposed in procession through the streets*".[7]

Tal era o esforço para conseguir o máximo nesse sentido que a notícia de que o cadáver da criança ia de pé – do estranhamento com que esse hábito se apresenta a nós, hoje, é possível vislumbrar o teor das transformações que tiveram lugar nas práticas e representações da morte da criança ao longo desses dois séculos. De origem certamente anterior ao período estudado, tudo indica que esse costume ainda era comum nessas cidades no primeiro quartel do XIX. É o que nos conta Thomas Ewbank, em 1845. Segundo ele,

> Era costume antigamente conduzir os cadáveres de crianças em pé em procissão pelas ruas e, a não ser pelos olhos fechados, dificilmente se podia acreditar que estivesse morta a criança que via à sua frente, com faces coradas, cabelos voando ao vento, meias e sapatos de seda, as vestes resplandecentes de pedras preciosas, tendo um ramo de palma na mão e descansando a outra com perfeita naturalidade em algum suporte artificial. Mas como podia ser o corpo sustentado em

---

7 Stewart, Charles Samuel. *A visit to the South Seas, op. cit.*, p. 49.

vertical? 'Geralmente nestes casos' – explicou-me a senhora P., que muitas vezes auxiliou tais cerimônias – 'uma cruz de madeira é fixada na plataforma, prendendo-se o corpo a ela por meio de fitas amarradas nos tornozelos, nos joelhos, sob os braços e no pescoço'. Há 25 anos esse processo era comum, mas limita-se principalmente ao interior.[8]

É possível imaginar que talvez se tratasse um exagero do narrador, não fosse pelo que se observou acerca das atitudes para com a criança morta até aqui. De fato, temos indícios de que essa prática realmente existiu. Um outro documento não só comprova a veracidade deste costume ao mesmo tempo que assegura, se não sua continuidade para um período mais longo – em lugares menos urbanizados certamente – ao menos de que sua existência estivesse ainda fresca na memória coeva: o *Ritual do Arcebispado da Bahia*, de 1863, assinalava que ficava "reprovado o costume de se conduzir os cadaveres dos mesmos ['dos parvulos'] em andores, e em pé".[9]

De todo modo, para o período enfocado, não existem outras referências a essa prática, o que aponta para a sua inexistência principalmente nas grandes cidades. É apropriado pensar que o caráter "pitoresco" com que esse costume por certo se assumiria aos olhos dos viajantes estrangeiros teria feito com que, caso fossem efetivamente observados, resultassem em registro. Entretanto, ainda que não tenha presenciado exatamente essa prática nos funerais dos quais participou, Luccock, no Rio de Janeiro nas duas primeiras décadas do xix (na época, portanto, a que Ewbank se referia) contava que

> Estava eu parado junto ao portão de uma capela, quando trazido por quatro pessoas, chegou um estrado contendo o que já tinha sido uma menina linda, prazeirosamente vestida e, como de costume, inteiramente à vista.[10]

---

8 Ewbank, Thomas. *A vida no Brasil*, op. cit., p. 59.

9 Lemos, Pe. Lourenço Borges de. *Ritual do Arcebispado da Bahia*. Op. cit., p. 144.

10 Luccock, John. *Notas sobre oRio de Janeiro*, op. cit., p. 39-40.

Como se vê, ainda que não assuma a radicalidade da prática descrita por Ewbank, o relato de Luccock não deixa dúvidas sobre uma intenção em tornar o cadáver o mais visível possível.

Como eram organizados estes funerais? Ernest Ebel, em 1824 no Rio de Janeiro, presencia um enterro de anjo, e assim nos conta sobre o cortejo:

> Passando eu, faz dois dias, junto à Capela Real, deparei com uma fila de homens a segurarem velas acesas em plena rua; aproximando-me foi-me logo oferecida uma igual que aceitei de pura curiosidade, incorporando-me à fila para esperar o que estava por vir. Pouco depois, foi-nos dado sinal e entramos aos pares na igreja.[11]

Ao que parece, o alemão encontrou com o cortejo quando este já estava às portas da Igreja, onde a criança iria ser enterrada. Ainda assim, a passagem nos dá notícia de elementos importantes. O primeiro deles é que o cortejo nessa época era feito a pé e em fila, tal como acontecia também nos enterros de adultos.[12] A narrativa de Ebel nos informa também sobre a origem das pessoas que participam do cortejo fúnebre infantil, nas suas relações com o defunto. Em primeiro lugar, sobre a presença maciça de pessoas do sexo masculino. Outros viajantes precisam melhor esse fato observado pelo alemão. Como nos conta John Candler sobre um funeral de criança no Rio de Janeiro em 1852, "*we observed no women among the company, and some of the men were smoking! Custom forbids women from attending funerals in Brazil, and forbids also the attendance of very near relations, such as father, mother, brother, sister, and son*".[13] Estando de acordo com essa observação, nas descrições que outros viajantes deixaram dessas cerimônias não há qualquer alusão à presença dos pais ou de mulheres. De fato, essa interdição de mulheres

---

11 Ebel, Ernst. *O Rio de Janeiro e seus arredores em 1824. Op. cit.*, p. 135.

12 Outro viajante, James Wetherell, para a Bahia da década de 1820 - antes, portanto, da criação dos cemitérios, como ele mesmo lembra - confirma essa prática. Segundo ele, "*Funerals, of course, take place very shortly after death. Since the churches have been closed, and only burials permitted in the cemeteries, and that during the day, one singular feature attending them has been lost. It was this: the conveyance to the church of the corpse about dusk, attended by a long string of acquaintances, headed by the priests, each bearing a candle shaded by a kind of paper* lantern" (Wetherell, James. *Brasil. Op. cit.*, p. 111).

13 Candler, John, and Burgess. *Narrative of a recent visit to Brasil. Op. cit.*, p. 45

e parentes próximos do falecido de participar nos cortejos fúnebres é observada ainda em 1887, por Christopher Andrews.[14]

A outra informação acerca da natureza dos participantes dos cortejos fúnebres infantis que passagem de Ebel nos informa é sobre a presença e atuação de estranhos – no caso, o próprio viajante. Temos relatos em que os viajantes não só se vêm eles próprios participando de procissões fúnebres de estranhos, como ainda o fazerem sem que houvesse outra escolha. Nesse sentido, lembramos a passagem citada no início desse item, na qual o francês Arago conta que, vagando pelas ruas do Rio de Janeiro por volta das primeiras décadas do século XIX, fora convidado a participar de um cortejo fúnebre que vinha a ser de uma criança.[15] No primeiro quartel do XIX, o comerciante Luccock, nos conta que, ao cruzar com o já citado estrado "contendo o que já tinha sido uma menina linda",

> No momento em que passou por mim o primeiro à esquerda dos que pegavam nas alças, tomou-me ele a mão e colocou-a onde tinha estado a dele; a coisa foi feita tão de súbito que me encontrei nessa posição, quase que sem tomar consciência disso. Como eu então desconhecia a suas cerimônias e tinha medo de ofendê-los não cumprindo exatamente com elas, tirei partido do fato de ter surgido um certo embaraço, provocado pela estreiteza da entrada, para render a alça a uma pessoa que já se achava no interior da capela. Verifiquei depois, que se eu tivesse prosseguido, isso se teria considerado uma homenagem à finada e uma atenção para com os amigos dela.[16]

Pela descrição de Luccock, a participação de estranhos era não só aceita como era prática bastante apreciada, ao menos pelos enlutados. É importante observar que em todos esses casos em que os viajantes se viam envolvidos em funerais de desconhecidos, se tratava de enterro de "anjinho". Parece nos que, se nisso os

---

14 "The attendance at funerals is principally of male friends. Ladies, even nearest relatives, do not accompany the remains to the place of burial" (Andrews, Christopher Columbus. *Brazil - Its condition and prospects*. New York: C. Appleton and Company, 1887, p. 56).

15 Arago, M. J. *Souvenirs d'un Aveugle Voyage Autour du Monde*. Op. cit., p. 102.

16 Luccock, John. *Notas sobre o Rio de Janeiro*, op. cit., p. 39-40.

enterros de crianças eram diferentes dos de adultos, tal se dava porque, como em tantos outros aspectos comuns aos dois, essa característica se apresentava de forma mais radical.

Sabemos, por outro tipo de documentação, algo mais acerca de como se organizavam os cortejos fúnebres infantis. Como se sabe, um dos elementos mais importantes nas procissões de enterro era a presença dos confrades das irmandades das quais o defunto fazia parte. Instituições fundamentais de sociabilidade no Brasil durante muito tempo, às Irmandades se devia, como salientou Adalgisa Campos, o *know-how* necessários à realização adequada desse cerimonial.[17] Na morte, uma das prerrogativas positivas da condição de criança era que o direito de acompanhamento por parte de toda a irmandade do confrade que viesse a falecer é estendido também a elas, seus filhos. Isso vem em reforço do fato já observado de que a criança morta estava longe de estar desamparada, a despeito do desinteresse que os documentos eclesiásticos dedicavam ao assunto. Os compromissos e estatutos das irmandades paulistanas dão importante testemunho do fato, indicando a condição em que o filho do irmão tem esse privilégio: "filho menor", menores de sete ou doze anos e, aqueles "debaixo do pátrio poder". É num ou noutro desses termos que se pronunciam os compromissos da Irmandade de N.S. do Rosário dos Homens Pretos (1778),[18] a de São Benedito, Santa Ifigênia e Santo Elesbão (1801),[19]

---

[17] Segundo Adagilsa Campos, *"A cerimônia do morto contava com certas convenções que deviam ser expressas solenemente. Eram as irmandades detentoras dos aparatos e do saber necessários a uma cerimônia devidamente pomposa"* (Campos, Adalgisa Arantes. Considerações sobre a pompa fúnebre na Capitania das Minas: o século XVIII In: *Revista do Departamento de História da UFMG*, n° 4, p. 3-24, 1987. A passagem citada refere-se à p. 5).

[18] *"Todas as vezes, que morrer a mulher de algum Irmão, ou filho os acompanharão a Irmandade com todo o sobredito aparato"* (*Compromisso da Irmandade de Nossa Senhora do Rosário dos Homens Pretos*. São Paulo, 1778 p. 6. Arquivo da Cúria Metropolitana de São Paulo, Códice 01-03-08).

[19] *"quando morrer algum filho menor de algum Irmão, podera a d.ª Irmand.ᵉ acompanhalo"* (*Compromisso da Irmandade de São Beneditto, Sta. Ifigênia e S. Elesbão*. São Paulo, 1801, p. 5. Arquivo da Cúria Metropolitana de São Paulo, Códice 74-01-02).

a do Santíssimo Sacramento de Santo Amaro(1802),[20] e a de Nossa Senhora da Boa Morte (1813).[21]

Não se deve esquecer, todavia, que este direito nem sempre está assegurado a todas crianças que são filhos dos confrades e irmãos. A irmandade de Santo Elesbão e Santa Ifigênia expressa, por exemplo, uma condição adicional àquela da idade: era necessário que os filhos fossem legítimos.[22] Levando em conta mais uma vez que esses compromissos necessitavam da aprovação do Bispo, e, portanto, eram alvo do controle da Igreja, essa cláusula, além de poupar a irmandade de um dispêndio maior (assegurando, assim, seu pronto obedecimento), serviu aos interesses de disciplinarização da família pela Igreja, conforme praticado durante tanto tempo. Com essa medida, o episcopado brasileiro criava um vínculo de dependência entre alguns rituais que se julgavam imprescindíveis àqueles que morriam e o matrimônio conforme regulamentado por ela. Deve-se ressaltar que, nesse caso em que diz respeito ao acompanhamento e auxílio de leigos congregados em irmandades no cerimonial fúnebre, a Igreja, para conseguir seu intento, penetrava também em algumas dimensões dos comportamentos os quais seus representantes não tinham participação principal.

Em todo caso, se nos funerais, tanto de adulto como de criança, o público que acompanha o cortejo é, nas suas relações com o cadáver, mais ou menos da mesma natureza (familiares, confrades, amigos, conhecidos e desconhecidos) conforme nos informam os testemunhos, isso nem sempre pode ser dito no que

---

20 "*quando falecer algua mulher, ou filho-menor de Irmão, querendo este fazer enterro solene deverá esta Confraria a companhar com sua cruz, e cera de sua fábrica*" (Compromisso *da Irmandade do S.S. Sacramento*. Freguesia de Santo Amaro, 1802, p. 6. Arquivo da Cúria Metropolitana de São Paulo, Códice 04-32-34).

21 "*se acompanhara a qualquer filho, ou filha que falecer de algum Irmão ou Irma the a idade de sette annos*" (Compromisso *da Irmandade de Nossa Senhora da Boa Morte*. São Paulo, 1813. p. 9. Arquivo da Cúria Metropolitana de São Paulo, Códice 04-02-75).

22 "*da mesma forma se acompanhará a qualquer filho ou filha que falecer de algum Irmão ou Irmã, athe a idade de sette anos sendo seos filhos legítimos*" (Compromisso *da Irmandade de Santo Elesbão e de Santa Iphigenia, Parochia de Santa Iphigenia*, 1813. p. 1. Arquivo da Cúria Metropolitana de São Paulo, Códice 19-02-42).

respeita ao comportamento por eles adotado. Chamou a atenção a Arago um outro costume, deveras destoante dos funerais de adulto que, como tantos outros também fizeram, interpretou como uma manifestação de felicidade pelo ocorrido. Segundo ele, no funeral de criança que participara na Corte na primeira metade do XIX, "*je venais d´accompagner un enfant au ciel, bonheur bien grand sans doute, car chez tous les invités à la fête les yeux sec, et les vêtements mondains. Je fus à coup sûr le plus pieux des assistants*".[23] Esse aspecto, em todo caso, nos faz voltar à hipótese de uma concepção de morte infantil que se expressava não pela gravidade dos gestos, mas por uma proximidade com que é cotidiano e familiar. Por tudo aquilo que até agora foi dito, é essa concepção, mais do que um certo desprezo ou desapego à criança, que parece ter sido determinante na forma como esse cerimonial se caracterizou. Voltamos aqui ao caráter de inversão com que os cerimoniais fúnebres de criança se afiguram quando tomamos por referência os comportamentos que são comuns à morte adulta. Apesar de dizer respeito à cidade de Serrito no Rio Grande do Sul, a experiência do oficial de reserva alemão Carl Siedler, que em 1835 seguiu o funeral de "uma criança de distinta família", nos oferece um exemplo mais saliente deste tipo de conduta.[24] Ele nos conta que, a comitiva que iria acompanhar o "anjo" constou da presença de uma banda militar a qual executava uma marcha fúnebre até que, a partir de um determinado momento, por ordem do vigário, passou a tocar o chamado "miudinho" – uma espécie de música dançante de caráter jocoso e, muitas vezes, de

---

23 Arago, M. J. *Souvenirs d'un Aveugle Voyage Autour du Monde*. Op. cit., p. 102 e 103.

24 "Enquanto atravessávamos a cidade, o cortejo ia no maior silêncio e solenidade, mas na saída deparávamos com um cavalo que preso a uma corda alegremente espinoteava no pasto. Assustado com nossa música, o bravo animal queria livrar-se da prisão, mas encontrando resistência na soga, de repente deu uma disparada furiosa e passando no meio do cortejo debandou a música e com o laço de rastro derrubou o padre vigário, o nosso capelão e diversos soldados. Se bem que nesse ato solene não houvesse ninguém de ânimo alegre, explodiu generalizada gargalhada e o padre, a que o laço passara pelo meio das pernas, com um valente salto para o ar nos revelou que só a batina lhe velava a nudez; refeito do susto, levantou-se depressa do chão a berrar aos músicos que tocassem o miudinho (sic) (dança muito comum no Brasil, mas muito indecente). Chegados com semelhante escândalo à porta do cemitério, achamo-la fechada, pelo que o senhor padre ordenou aos portadores do esquife que o depusessem mesmo ali fora, pois o coveiro haveria de achar depois o anjinho. Em seguida a música teve de tocar uma peça alegre e os dois frades foram os primeiros a entoar uma alegre canção, brejeira, alusiva aos secretos encantos da Madona" (Siedler, Carl. *Dez anos no Brasil*. Op. cit., p. 156).

forte conotação sexual. Nesse caso, a canção fazia alusão "aos secretos encantos da Madona". Desnecessário acrescentar que tal feito não deixou de ter causado violenta revolta ao luterano alemão, que, sofrendo forte indignação, decidiu de imediato se afastar do cortejo.

Sobre o aspecto material que compunha os enterros dos "anjos", vimos, no capítulo anterior, que o compromisso da irmandade paulistana de Nossa Senhora do Rosário dos Homens Pretos de 1778 nos informa sobre um elemento material que diferenciava o cortejo infantil do adulto, o guião, uma espécie de estandarte, cujo uso, segundo o estatuto, se restringia às "procissões festivas" e aos enterros de "minino ou criança de idade".[25] O padre Lemos em seu Ritual de 1863 nos informa sobre um elemento presente nos cortejos fúnebres infantis. Um dos parágrafos informa que "nos enterros dos parvulos se leva a cruz sem haste, porque breve foi o tempo de vida, que elles tiverão n'este mundo".[26] É importante observar que, apesar dos quase 90 anos que separam um testemunho de outro, é saliente uma postura específica em relação à morte infantil que leva a eleger rigidamente o uso de determinados objetos caso se tratasse de um funeral de adulto ou de criança, sinalizando sempre para um entendimento diferenciado da criança e sua morte.

Ainda no que respeita ao aparato material constante das procissões de enterro dos "innocentes", alguns compromissos de irmandades se limitam a informar que eles "serão acompanhados da Irmandade com apparato competente".[27] Ao que parece, o "apparato" consistia, grande parte das vezes, de elementos bastante característicos dos funerais adultos. O compromisso da Irmandade do Santíssimo Sacramento confirma essa prática, ao garantir que ao filho menor do irmão, "querendo este fazer enterro solene deverá esta Confraria a companhar com sua cruz, e cera de sua fábrica".[28] Como se vê, além da cruz, o compromisso faz menção a outro artefato presente nos cortejos fúnebres infantis a que já tivemos notícia pela narrativa de Ebel de 1824 citada acima, os círios

---

25 Compromisso *da Irmandade de Nossa Senhora do Rosário dos Homens Pretos*. São Paulo, 1778, p. 8.

26 Lemos, Pe. Lourenço Borges de. *Ritual do Arcebispado da Bahia. Op. cit.*, p. 144.

27 Compromisso *da Irmandade de Santo Elesbão e de Santa Iphigenia, Parochia de Santa Iphigenia*. São Paulo, 1813, p. 1;

28 Compromisso *da Irmandade do Santíssimo Sacramento*. Freguesia de Santo Amaro, 1802.

acesos. Providenciada pelas irmandades ou não, a presença de círios acesos nos cortejos fúnebres infantis foi igualmente lembrada por outro observador estrangeiro, Carl Siedler, no Rio Grande do Sul em 1835.[29] De acordo com o que ele informa, a distribuição de velas àqueles que acompanhavam o cortejo devia contribuir para aumentar em muito a participação de estranhos no funeral, visto que, segundo ele, aqueles que as ganhavam as levavam consigo após a procissão para em seguida usá-las como meio de troca.

Temos notícias de cortejos mais aparatados. O pastor metodista Daniel Kidder, no Brasil no final da década de 1830, nos informa sobre, "portadores das tochas, se não inteiramente de branco levam rendas prateadas nos paletós e tocheiros brancos".[30] Além da discriminação de elementos novos, as tochas, que talvez deviam fazer as vezes das velas, ampliando o impacto visual do rastro luminoso produzido pelo préstito (medida talvez necessária, visto serem os cortejos infantis diurnos), a passagem nos chama atenção para um aspecto importante do cerimonial fúnebre que já tivemos oportunidade de constatar na escolha dos adereços que cercam o cadáver: o uso de cores específicas. Nesse caso, a preferência pelo branco e pela prata, em franco contraste com o uso do preto nos funerais de adultos, como nos informa o mesmo estrangeiro.[31] Novamente, vemos as cores encarregadas de promover a distinção entre os dois rituais. Sobre a decoração desses funerais temos notícia da longevidade da preferência do uso do vermelho para crianças no lugar do preto para adultos e azul para jovens, "*not children*", como precisou o comer-

---

29 É o que nos informava o tenente alemão Carl Siedler ao narrar o funeral em Serrito: "*cada um de nós recebeu uma vela de cera acesa, de uns três pés de comprimento, com a qual devíamos acompanhar o saimento, em solene lentidão, divididos em duas fileiras. Alguns soldados que se haviam aproximado por curiosidade também receberam o cortejo, pois também eram bons católicos (sic), segundo os brasileiros diziam. Não se fizeram de rogados, pois podiam depois ficar com as velas na primeira venda barganharem-nas em troca de alguma coisa que lhes apetecesse*" (Siedler, Carl. *Dez anos no Brasil*. Op. cit., p. 155).

30 Kidder, Daniel Parish. *Reminiscências de viagens*, op. cit., p. 158.

31 Daniel Kidder chama a atenção ao fato de que, nos funerais de adultos, "*Os cavalos, o carro mortuário, os portadores das tochas, vão todos vestidos de negro*" ( Kidder, Daniel Parish. *Reminiscências de viagens*, op. cit., p. 159).

ciante americano Robert Minturn, que aqui esteve no final da década de 1850.[32] Em visita ao Rio de Janeiro no final do XIX, a norte-americana Marguerite Dickins constatou em suas cartas o mesmo comportamento.[33]

Graças a alguns viajantes, sabemos algo a respeito dos enterros de crianças negras, no que se refere à procissão fúnebre. O que fica evidente, é que, também entre os escravos, era bastante apreciado o costume de exibir a criança morta, ainda que isso fosse feito de forma ligeiramente diferente. Como tivemos oportunidade de saber, a propósito de tratar dos caixões utilizados nos funerais infantis, Debret faz alusão a dois tipos de cortejos de "anjinho" entre os escravos. Num deles, mais luxuoso, a criança era levada a sua última morada numa cadeirinha forrada de damasco (figura 2).[34] No outro, em que esta era levada numa bandeja equilibrada sob a cabeça de um escravo (figura 2),[35] é exatamente igual ao que havia assistido Daniel Kidder, fazendo parte de um daqueles cerimoniais africanos restritos à propriedade do Imperador no Engenho Velho. Segundo o artista,

> Logo depois de nossa mudança para o Engenho Velho, tivemos, um domingo, a atenção atraída para trás de nossa casa, por uma interminável gritaria, na rua. Olhando pela janela vimos um negro com uma bandeja de madeira sobre a cabeça, na qual levava o cadáver de uma criança coberta com pano branco e enfeitado de flores, com

---

[32] "*A very pretty custom prevails here in celebrating the funerals of children. The pall, the liveries of the coachmen and grooms, and all the decorations are scarlet*" (MINTURN Jr., Robert B. *From New York to Delhi by way of Rio de Janeiro, Austrália anda China*. New York: D. Appleton & Co. 1858, p. 15). Wetherell, para Salvador na mesma época, notara o uso nesses funerais de criança da combinação entre o branco e o vermelho, de cujos significados já tivemos oportunidade de falar. Segundo ele, "*For very young people whose death are considered as subjects for rejoicing, the hearse and horses are gaily decorated with white and red plumes*" Wetherell, James. *Brasil. Op. cit.*, p. 111).

[33] "*Next we saw a hearse going to a child's funeral. It was white, wheels and all; was very tall, and seemed shaky and unsteady as it rattled over the poor pavements. The coachman was dressed in scarlet, and the windows of the hearse were draped with thin curtains of the same hue.*" (Dickins, Marguerite. *Along shore with a man-of-war*. Boston: Arena Publishing Company, 1893, p. 21).

[34] Debret, Jean Baptiste. *Viagem pitoresca e histórica ao Brasil. Op. cit.*, p. 174.

[35] *Idem, ibidem*, p. 174.

um ramalhete atado a mãozinha. Atrás do negro, seguia uma multidão promíscua no meio da qual cerca de vinte negras e numerosas crianças, quase todas adornadas com tiras de pano vermelho, branco e amarelo, entoavam algum cântigo etíope cujo ritmo marcavam com um trote lento e cadenciado; o que levava o corpo, parava freqüentemente e girava obre os pés como se dançasse.

Entre os da frente, sobressaía, pela exagerada gesticulação, a mãe da criança, conquanto não pudesse, pela mímica, determinar com exatidão se eram de alegria ou de tristeza os sentimentos que a empolgavam. Assim foram eles, até o adro da igreja onde entregaram o corpo ao vigário e ao sacristão. O cortejo voltou então, cantando e dançando com mais veemência – se possível – que na ida. A cena repetiu-se várias vezes durante a nossa permanência naquele bairro do Rio de Janeiro. Jamais a presenciamos, porém, em qualquer outro lugar.[36]

Não se pode deixar de observar como o cerimonial africano se afirmava, na participação das mulheres, como distinto da tradição de origem portuguesa conforme era praticada aqui.

Já na primeira metade do século XIX, havia entre os mais abastados o costume de levar o caixão em carros puxados por cavalos, nos quais iam também os padres, seguindo pé o resto do cortejo, conforme nos informa o aventureiro francês J. B. Douville, que aqui esteve em 1828.[37] Interessa notar que seu uso não teria implicado num imediato abandono da tendência – tão cara aos enterros de crianças, como se viu – de expor os cadáveres. Nas padiolas desses carros sem cobertura, o corpo em toda a sua produção estava inteiramente à vista em seu caixão aberto, como nos lembra o comerciante francês Victor-Athanase Gendrin, que esteve no Brasil já em 1816.[38] Não obstante, essa novidade fornece elementos que permitem vislumbrar

---

36 Kidder, Daniel Parish, *Reminiscências de viagens*, op. cit., p. 160-161.

37 "*Dans ce pays, les enterremens des adultes se font toujours aux flambeaux. On y d'emploie beaucoup de faste. Les prêtres suivent le corps en voiture; les amis du défunt le précèdent `a pied, une torche `a la main*". (Douville, J. B. *30 mois de ma vie, ou Quinze mois avant et quinze mois après mon Voyage au Congo, accompagné de pièces justificatives, détails nouveaux et curieux sur les moeurs et les usages des habitans du Brésil et de Buenos-Ayres, et d'une description de la colonie patagonia*. Paris: Dentu et Delaunay Librairie, 1833, p. 235).

38 "*Les inhumations au Brésil se font de la manière suivante: pour les personnes qui ont de la fortune, on met sur*

o sentido em que se desdobraram algumas mudanças às quais estiveram sujeitos os comportamentos diante da morte como um todo. Em especial, nos dá indícios sobre a transformação dessa prática que, anteriormente caracterizada pela sua publicidade, se transformou numa manifestação cada vez mais restrita ao âmbito privado. Para o período estudado, essa tendência em limitar o acesso ao cadáver e às cerimônias fúnebres a um círculo mais fechado, vai se manifestar parcialmente, visto que a pompa utilizada nesses funerais não faz senão aumentar. Mas essa mudança operou de forma incisiva: o corpo será cada vez mais resguardado da exposição pública e do contato com estranhos.

As mudanças pelas quais passou o modo como eram realizados os cortejos fúnebres como um todo estão relacionadas, como falaremos mais detidamente no último capítulo da tese, à maior participação do Estado nas práticas cotidianas da população que tem início com a transferência da Família Real em 1808 e se consolida com a Independência. Esse processo consistiu, entre outras coisas, na aplicação de alguns preceitos dos quais a principal porta-voz seria a classe médica, organizada nas sociedades e faculdades de medicina criadas na primeira metade do século. Por ora, interessa adiantar que uma das ideias vigorosamente defendidas por esses doutores é a dos prejuízos, em termos sanitários, resultantes da proximidade entre mortos e vivos. Ao que se refere aos cortejos fúnebres, os testemunhos mostram que a penetração e aplicação dessas ideias fizeram-se sentir principalmente em dois fatos principais. Um deles é o paulatino afastamento do cadáver da vista e do contato dos participantes, pela disseminação do uso dos carros fechados. O outro é a criação dos cemitérios extra-muros nas duas cidades na década de 1850 e a consequente proibição dos enterros nas Igrejas, que alterou os percursos envolvidos entre a casa do falecido e sua última morada.

De fato, a leitura dos viajantes nos permite vislumbrar mudanças importantes nesse âmbito. Acompanhando o que vinha acontecendo com os funerais de adultos temos notícia de que já nas primeiras décadas do século algumas crianças também faziam sua última viagem em carros. Não é outra coisa que Daniel Kidder presenciou, ao final da década 1830. Segundo ele,

---

*les brancards d'une voiture une bière ouverte*" (Gendrin, Victor-Athanase. *Récit historique, op. cit.*, p. 63).

Cavalos brancos, festivamente ornamentados, com níveas plumas na cabeça, puxam um coche aberto no qual vai um padre paramentado, de cabeça descoberta, levando ao colo, num ataúde aberto, o corpo da criança.[39]

Num outro funeral de criança, vinte anos depois, o inglês John Candler testemunha um mesmo tipo de cortejo, em caixão levado em carro aberto, com o resto dos participantes a pé, mas encontrou um elemento novo: a escolta de cavaleiros, vestidos de vermelho, fato que, significativamente, pareceu a ele nada menos que uma "hunting party".[40]

Com a secularização dos cemitérios e o aumento do percurso até o local de enterro favoreceu a disseminação dos carros, e não só o morto como também todo o cortejo passou a ser feito sobre rodas.[41] Cristopher Andrews teve, já em 1887, ocasião de presenciar esses cortejos que, segundo ele, consistiam de quarenta carruagens abertas de dois cavalos, conduzidas em marcha acelerada.[42] Os pequeninos defuntos começaram também, a partir de então, fazer sua ultima viagem em carruagens cobertas, distanciando-se muito, desta forma, dos antigos funerais realizados a pé. A criança, antes superexposta aos olhares de todos, fazia agora a sua ultima viagem

---

39 Kidder, Daniel Parish, *Reminiscências de viagens*, op. cit., p. 158. Essa descrição é bastante semelhante à feita pelo engenheiro agrônomo membro da Comissão Imperial de Agrimensura, Oscar Canstat em 1868, assombrado com o luxo de um carro fúnebre *"fantasticamente pintado e dourado, enfeitado de penachos nos quatro cantos, ao qual estavam atrelados quatro cavalos adornados também com penachos e longas e vistosas gualdrapas. Na boléia ia um negro com um tricórnio lhe cobrindo a carapinha, gravata branca, e envergado uma libré fantástica"* (Canstat, Oscar. *Brasil. Terra e Gente*. (trad. Eduardo de lima e Castro) Rio de Janeiro: Conquista, 1975, p. 191)

40 *"The remains of the deceased child are decked out to represent an angel; the coffin is profusely adorned; the hearse is an open canopy, supported on pillars, painted and gilded; the driver of the hearse, with a footman behind and several outriders, are all dressed in scarlet; and [p. 44] the whole cort`ege, when viewed from a distance, look like a hunting party"* (Candler, John, and Burgess. *Narrative of a recent visit to Brasil*. p. 44.

41 Para Salvador, por exemplo, Wetherell em 1860 – quase trinta anos depois da criação dos cemitérios extra-muros nesta cidade, nos informa sobre cortejos feitos em carros. Segundo ele, *"At present the body is conveyed in a hearse and the mourners attend in carriages"* (Wetherell, James. *Brasil. Op. cit.*, p. 112)

42 *"Many funeral processions comprise forty or more two-mule open carriages, driven at a rapid pace, and containing, often, but one man, who not unlikely will be smoking"* (Andrews, Christopher Columbus. *Brazil- Its condition and prospects*. New York: C. Appleton and Company, 1887, p. 56).

escondida. O contraste não pode ser maior. Deve-se, além disso, notar que este novo costume acentuava muito o distanciamento físico do cortejo em relação o cadáver, uma vez que não se fazia mais necessário (ou possível) que um estranho participasse do carregamento do corpo, conforme se observou ser comum nos cerimoniais infantis. Em todo caso, o uso de carruagens no caso dos funerais de criança não implicou imediatamente no fim da participação coletiva nesses acontecimentos, conforme sabemos através das narrativas de viagem. Minturn, por exemplo, descreveu aquilo que ele chamou de *"a very pretty custom"*. Como já citamos em nota, ela lembra que *"The pall, the liveries of the coachmen and grooms, and all the decorations are scarlet"* e acrescenta que *"the hearse is covered with flowers placed there by friends, and thrown from house windows as the procession passes through the streets".*[43]

Vemos que, como de costume, os funerais de criança continuam a impressionar, pelo seu aspecto alegre e ostentatório, os estrangeiros que tiveram oportunidade de os presenciar.[44] A decoração desses carros deu continuidade à preferência do uso do vermelho para crianças no lugar do preto para adultos e azul para jovens, *"not children"*, como precisou o comerciante americano Robert Minturn, que aqui esteve no final da década de 1850.[45] Esse hábito, ao que parece, teve bastante fôlego. Já no final do século, a norte-americana Marguerite Dickins, descreveu uma carruagem indo a um enterro de criança, que lhe chamara a atenção, em passagem que julgamos necessário retomar. Segundo ela:

> Next we saw a hearse going to a child's funeral. It was white, wheels and all; was very tall, and seemed shaky and unsteady as it rattled over the poor pavements. The

---

43 Minturn Jr., Robert B. *From New York to Delhi by way of Rio de Janeiro*, op. cit., p. 15.

44 Wetherell, por exemplo, lembrava para a Bahia em 1860, que *"For very young people whose death are considered as subjects for rejoicing, the hearse and horses are gaily decorated with white and red plumes, & c., and a profusion of gilding. The corpse gaily dressed is exposed to view, surrounded with flowers and a gilt crown upon the head."* (Wetherell, James. *Brazil. Op. cit.*, p. 111).

45 *"In the case of young people, not children, blue decorations replace the red; black being reserved for those who are grown up or advanced in life"* (MINTURN JR., Robert B. *From New York to Delhi by way of Rio de Janeiro*, op. cit., p. 15).

coachman was dressed in scarlet, and the windows of the hearse were draped with thin curtains of the same hue.[46]

A impressão que lhe causara os carros nos funerais de criança foi tão forte – ela os qualifica como *"gorgeous"* –, que a viajante voltaria a lembrar deles, em especial nas cores escolhidas para as idades das crianças, o que, sem dúvida, reafirma a longevidade do costume. Segundo ela,

> The hearses are gorgeous, especially those for children, which are painted scarlet, while those for grown people are black and shiny, with tufts of black plumes on the roofs and on the horses heads.[47]

Em todo caso, a exposição característica dos funerais infantis diminui ainda mais quando se toma em consideração um outro fator: se o percurso envolvido em direção aos novos cemitérios exigia o uso de carros, nem sempre o cortejo pararia, como outrora, para algum ofício em igreja. Em conjunto com outros fatores que levaram a uma certa "secularização" das práticas fúnebres, principalmente entre os setores mais abastados da população urbana, o trajeto passou cada vez mais a prescindir da passagem pela igreja. É o que nos informa o perplexo relato do francês U. U. Mac-Érin, que esteve no Rio nas últimas décadas do Império. Segundo ele,

> Ce qui m'a paru bien étrange aussi, c'est la manière dont se font les enterrements. Le corps du défunt ne passe point par l'êglise. On le transporte directement au cimetière, au milieu d'un cortège laïque, tout ce qu'il y a de plus laïque: car la plupart parlent et fument comme dans une réunion mondaine. Le prêtre n'y assiste que sur la demande expresse de la famille de la personne décédée. Étrange habitude! Une telle sépulture, si elle n'était suivi de l mese du septième jour, resemblerait tout à fait un enfouisement civil.[48]

---

46 Dickins, Marguerite. *Along shore with a man-of-war. Op. cit.*, p. 21.

47 *Idem, ibidem.*, p. 58.

48 Mac-Érin, U. *Hoit mois sur les deux Océans. Voyage d' études et d'agrément.* Paris: Cattier, p. 121.

É possível que, pela descrição do comportamento dos participantes (a fumar e "como numa reunião mundana"), tenha se tratado de um funeral de criança aquele que presenciara. Em todo caso, é um importante indício da existência de um conjunto de gestos mais laicizados, a ponto mesmo de, curiosamente, constranger o europeu.

Vimos que, já final do século, Marguerite Dickins lembra do fato de não mais se fazerem funerais a pé. No entanto, ela assinala uma mudança nos costumes funerários que nos é bastante significativa. Segundo ela, a respeito de um outro funeral que presenciara, "*these mouners were all men, as it does not seem to be customary in this country for women to attend funerals, or to go anywhere else, for that matter*".[49] Quando, mais adiante, volta a falar sobre os funerais de criança, a autora faz a seguinte observação: "*Only men follow the body, in carriages, except in the case of young children, when their playmates seem to go too, and carry bunches of fresh flowers*". Como se vê, Dickins confirma o que já fora observado por outros viajantes várias décadas antes, ou seja, o fato de que as mulheres não costumam acompanhar o cortejos, mas acrescenta que, neste aspecto, os funerais de criança constituem uma exceção. Excelente testemunho de que a criança foi efetivamente o alvo privilegiado de uma valorização, até então desconhecida, dos sentimentos familiares, na qual a participação nos funerais e, certamente, a manifestação de um pesar que não precisa mais ser escondido, deixou de ser interditada para se tornar uma expressão legítima e antes de tudo digna de louvor.

---

49 Dickins, Marguerite. *Along shore with a man-of-war.* Op. cit., p. 21.

# O sepultamento

Posterior à procissão fúnebre, o enterro é o outro momento importante dos funerais de "anjinho" do qual a pesquisa nos permitiu ter notícia. Como mostraremos através dos documentos, no Brasil, tal como acontecia aos adultos, até princípios da segunda metade do século XIX as crianças eram, via de regra, enterradas *ad sancto*, isto é, ou no interior das igrejas ou nos adros, espaços contíguos ao templo. É o que, como tantos outros, no mostra o registro de óbito de *Anna*, no livro de assento de óbitos da Paróquia da Sé:

> Anna. Menor. Aos sete de janeiro de mil oitocentos falleceu de lombrigas Anna de dois annos de idade filha de José Caetano da Silva, e sua mulher Maria Ferreira da Assumpção. *Foi encomendada e sepultada em [Igreja de] Santo Antonio*[1] [grifo meu]

Costume bastante disseminado na cristandade ocidental desde a Idade Média,[2] essa prática cumpriu no Brasil durante o período enfocado duas funções distintas que, apesar de conviverem muito tempo juntas durante a vigência desse comportamento, têm origem em momentos diferentes da história dos dogmas cristãos e mais particularmente das concepções que estes veiculavam do além-túmulo. Pode-se dizer, em linhas gerais, que nos seus primeiros tempos de existência esse costume possuía um papel de natureza numinosa ao qual, com o tempo, foi somado um outro significado, este por sua vez relacionado principalmente às potencialidades

---

1 *Livro de Assento de Óbitos da Igreja de Nossa Senhora da Assunção, Paróquia da Sé (1798-1802)*, ACMSP, códice 02-02-02, s/p.

2 Segundo Philippe Arès "*au Moyen Age on enterrait* ad sanctos, *soit le plus près possible des tombeaux des saints ou leurs reliques, dans un espace sacré qui comprenait à la foi l'église, son cloître, ses dependences*" (Ariès, Philippe. *Essais sur l'histoire de la mort en Occident. Du Moyen Age à nos jours*. Paris: Éditions du Seuil, 1875, p. 143 e 144).

pedagógicas e mnemônicas dessa prática. A igreja, lugar de enterro de bem poucos privilegiados, reis, bispos e abades, a partir do século XIII começa paulatinamente a se estender esse antigo apanágio às demais categorias de cristãos.[3] Isso se deveu ao fato de que esses espaços, além serem sacramentados e servirem de morada final dos cristãos de grande distinção, adquirem, na crença popular ("em sagrado", como se dizia então) o poder de salvar aqueles que ali fossem enterrados, uma vez que eles estariam sob a proteção do santo que dava nome ao santuário.[4] Como se vê, essa concepção reflete um conjunto de representações constituído, entre outras coisas, por uma tendência ainda forte em associar o destino do corpo ao do espírito, presente na crença da ressurreição dos corpos no Juízo Final, ambos ainda não concebidos como elementos distintos e definitivamente separados.

É bem verdade que a Igreja, como bem observou João José Reis, se opôs à visão de uma função salvadora efetiva desse solo consagrado, constatando que as *Constituições Primeiras* não associam "o lugar de enterro com a ressurreição dos corpos".[5] Esse fato confirma para esse lado do Atlântico, por sinal, as análises de Philippe Ariès, que situam o declínio das visões coletivistas que tem início no século XII e já está plenamente definida no XVI.[6] Não obstante, não é sempre que a Igreja manifestava claramente essa posição. Reis já observara que um catecismo, mandado escrever pelo autor das *Constituições* D. Sebastião da Vide e incluído

---

[3] Segundo Michel Vovelle, "*Le privilège des róis, des éveques et des abbés, de partager lê repôs des saints, écrasant au XIIᵉ siécle, s'est sans doute amoindri par une evolution continue; et les laics en 1300 représentent les deux tiers de ceux qui ont droit à ces tombeaux*" (Vovelle, Michel. *Mort el L'Occident de 1300 à nos Jours*. Paris: Gallimard, 2000, p. 74).

[4] Como nos informa Arès, "*L'inhumation dans l'église ou pres de l'eglise répondait à l'origine au désir de bénéficier de la protection du sanctuaire de qui on confiait son corps mort*. (Ariès, Philippe. *Essais sur l'histoire de la mort en Occident*. Op. cit., p. 143).

[5] Segundo Reis, "*Para a Igreja, o lugar em si da sepultura não devia ser tomado pelos fiéis como recurso salvívico, em detrimento de suas boas obras em vida e dos sufrágios por suas almas na morte. [...] As Constituições não relacionavam o lugar de enterro com a ressurreição dos corpos*" (Reis, João José. *A morte é uma festa*. Op. cit., p. 172).

[6] Ariès, Philippe. *Essais sur l'histoire de la mort en Occident*. Op. cit. As passagens encontram-se, respectivamente, nas p. 34 e 35. As passagens da obra relativas ao assunto já foram transcritas nas notas 21 desta parte.

nelas, faz referência à ressurreição dos corpos.⁷ Com efeito, não está ausente nas *Constituições* uma certa relação entre o solo dos templos e quem ali estava enterrado. Isso é ponderável através das instruções que visavam cuidar para que o solo dos templos não fosse profanado, fato cuja gravidade é tal que, segundo o compêndio, "na Igreja violada se não podem dizer Missas, nem celebrar os Offícios Divinos, nem dar sepulltura aos mortos com Offício funeral sob pena de peccado grave".⁸ Ora, essas instruções consistem, entre outras coisas, em regras e interditos na prática dos enterros feitos *ad sanctum*. As *Constituições* assinalam, entre os cinco casos em que há "violação" desse espaço, "quando se enterra algum pagão infiel ou criança que não for baptizada".⁹ É nesse sentido que o título LVII das *Constituições*, intitulado "Das pessoas, a quem se deve negar sepultura eclesiástica", não esquecia de mencionar, entre aqueles a quem se deve negar sepultura eclesiástica (judeus, "hereges", suicidas, homicidas, usurários, excomungados), os "pagãos e infiéis", com o cuidado costumeiro em assinalar em parágrafo separado: "As crianças, que não forem baptizadas, posto que seus pais, sejam ou fossem Christãos".¹⁰ Como se vê, essas passagens nos mostram que a Igreja não era tão indiferente à relação entre o cadáver e o caráter sagrado do solo eclesiástico: não só admite que o corpo do infiel corrompe o solo sagrado, como proíbe a ocorrência de novos enterros antes que o solo, assim violado, seja restaurado. E em outro compêndio bem mais recente, encontrado na Cúria de São Paulo, *O Ritual do Arcebispado da Bahia*, de 1863 (portanto, já em pleno processo de secularização dos cemitérios no Brasil), vemos editados algumas prescrições para a preservação ritual desses solos.¹¹ Isso

---

7 "*As Constituições não relacionavam o lugar do enterro com a ressurreição dos corpos após o julgamento universal, por ocasião do fim do mundo, embora o tema da ressurreição constasse, por exemplo, de um catecismo para escravos mandado redigir por D. Sebastião Monteiro da Vide e incluído no texto sinodal*" (*Idem, Idem*, p. 172).

8 Vide, D. Sebastião Monteiro da. *Constituições Primeiras do Arcebispado da Bahia*. Op. cit., §1266, p. 419.

9 *Idem, Idem*, §1276, p. 422.

10 *Idem, Idem*, §857, p. 299-301.

11 O Ritual se preocupa, entre outras coisas em definir as situações em que crianças não batizadas podem ser enterradas em sagrado: "*Há casos, em que os pagãos podem ser enterrados em sagrado, por ex.,*

nos mostra que no Brasil ainda em data avançada do século XIX, mesmo entre a elite eclesiástica, persistiam resquícios daquela antiga concepção escatológica.

E, evidentemente, o conteúdo dessas leis nos interessa diretamente posto que ele informa condutas específicas para com a criança morta: as *Constituições* preocupam-se em deixar claro que à criança que morre sem batismo, tal como aos demais pagãos, estava proibido o enterro eclesiástico. O primeiro fato a assinalar diz respeito à já comentada importância do batismo nos rituais de morte e o seu significado nesse âmbito. Já no capítulo anterior vimos como os doutores da Igreja vão cuidar para que ele fosse administrado a todos, em especial àqueles em perigo de morte, fato que é evidenciado pelas minuciosas (e, mais tarde, polêmicas) recomendações que ela dá para os casos de partos complicados: para as autoridades episcopais a administração do batismo antes da morte deveria ter caráter prioritário, mesmo que esta acarretasse, como em muitos casos, a morte da mãe ou do recém-nascido. Na regulamentação sobre as condições em que certas pessoas estavam proibidas do enterro em sagrado fica ainda mais explicitado o caráter de sacramento mínimo pré-morte de que o batismo se reveste. Com efeito, a proibição da sepultura eclesiástica é estendida a todos os que morrem "pagãos", ou em outras palavras, aqueles que não foram batizados. Essa constatação ganha força quando se verifica que não há para o enterro em sagrado a exigência de qualquer outro sacramento (confissão, confirmação ou mesmo a extrema-unção) exceto apenas aos casos em que o moribundo optasse deliberadamente se abster deles.[12]

A insistência por parte da Igreja em deixar claro que a criança pagã também está impedida do enterro em sagrado, ainda "que seus pais, sejam ou fossem Christãos" é reveladora, por oposição, de um entendimento popular que reluta em aceitar essa condição, isto é, ratificar a necessidade do batismo para

---

*quando as crianças são extrahidas do ventre materno, ou morrem as Mães com seus filhos; por quanto nésses casos tendo-se de enterrar a Mães, os filhos são considerados como partes integraes de suas entranhas"* (Lemos, Pe. Lourenço Borges de. *Ritual do Arcebispado da Bahia*. Bahia: Typ. De Camillo de Lellis Marron & Cia, 1863, p. 117).

12 O item IX do parágrafo 857 define que se deve negar sepultura eclesiástica *"Aos que por sua culpa, e sem licença, e conselho de seus Parochos se deixarão de confessar, ou commungar naquelle anno pela obrigação da Igreja e fallecerem sem signaes de verdadeira contrição"* (Vide, D. Sebastião Monteiro da. *Constituições Primeiras do Arcebispado da Bahia. Op. cit.*, §857, item IX, p. 301).

que crianças fossem sepultadas em sagrado, certeza que seria mais forte ainda quando os pais do "anjo" fossem cristãos. Daí a necessidade de que a Igreja marcasse essa distinção entre as crianças batizadas e aquelas que morressem pagãs. Esse esforço não foi de todo em vão, uma vez que tudo indica que esta discriminação deitou raízes profundas no imaginário popular, fato verificável nos relatos colhidos sobre os cemitérios de crianças pagãs ("chamados de cemitérios dos pagãos") em época bem recente no interior do nordeste brasileiro, conforme registrou Alceu Maynard.[13] Por outro lado, ainda que seja colocada junto aos demais pagãos nesse âmbito, a Igreja parece também conceber distintamente a criança. A primeira coisa a observar é que apenas uma única cláusula das *Constituições* refere-se a ela. Ora, como para as crianças o fato de ser ou não batizada é a única condição que as *Constituições* consideraram importante na avaliação sobre se estas merecem ou não o solo eclesiástico, tudo parece apontar que, para a Igreja, as crianças não são capazes dos outros pecados e infrações às leis divinas que são imputadas aos adultos e que, por fim, acabam por bloquear a entrada desses últimos nessa santa pousada. Além disso, assim como no tocante à relação entre o defunto e o lugar onde ele era enterrado, alguns indícios mostram que as *Constituições* carecem de uma postura definitiva, o mesmo se passa em relação à sua forma de ver a criança morta no que diz respeito a essa questão do sepultamento. Ora, segundo o texto conciliar,

> se for enterrado na Igreja antes do Baptismo um menino de pouca idade filho de pais Christãos, não fica violada a Igreja; por que ainda que não seja fiel, por ainda não ter crença, não se pode absolutamente chamar infiel, conforme ao commum uso de falar, no que no direito se acha, e a fé, e crença dos pais lhe serve para alcançar esta graça, que não se concede áquelles, que sendo filhos de infiéis morrerem na mesma idade.[14]

---

13 Segundo Maynard, "*No Nordeste brasileiro o local onde são enterradas as crianças natimortas ou recém-nascidas que morreram sem ter recebido o batismo católico romano, chama-se 'cemitério dos pagãos'*"(Araújo, Alceu Maynard. *Folclore Nacional III – Ritos, sabenças, linguagem, artes e técnicas*. São Paulo: Melhoramentos, 1964, p. 60).

14 Vide, D. Sebastião Monteiro da. *Constituições Primeiras do Arcebispado da Bahia. Op. cit.*, §1276, p. 423.

Mais adiante comentaremos com mais vagar o discurso eclesiásticco sobre a criança morta. Basta assinalar agora o seguinte. Em primeiro lugar, que essa disposição além de deixar entrever que o enterro de crianças sem batismo (mas filhas de pais batizados) em solo consagrado era uma realidade, nega qualquer prejuízo em sua ocorrência, postura que concorda e favorece a crença bastante generalizada, entre a população estudada, acerca da pureza e salvação certa da alma infantil. Em segundo lugar, é possível talvez entrever nisso uma tentativa de conversão dos pais pagãos, ao preço do enterro em sagrado de seus filhos mortos. Por fim, essa cláusula vem em apoio de uma Igreja que reconhece suas limitações e que se põe a salvo no que concerne a uma prática que certamente devia ser frequente.

A segunda função dos enterramentos *ad sancto* é aquela de que comungava as *Constituições*: lembrar aos vivos da morte, e com essa visão procurar sempre um aprimoramento enquanto cristão; e lembrar de seus mortos, pelos quais se deveria orar.[15] Como observa Áries, essa foi a estratégia da Igreja para ressignificar uma prática com a qual não estava de acordo.[16] Essa concepção esteve ligada não só a um processo de invidualização das visões escatológicas como, principalmente, ao advento da crença no purgatório, que Jacques Le Goff situa em meados do século XII.[17] Deve-se lembrar que, segundo essa nova concepção, era possível que, após a

---

15 "*É costume pio, antigo, e louvável na Igreja Catholica, enterrarem-se os corpos dos fiéis Christãos defuntos nas Igrejas, e cemitérios dellas: porque como são lugares, a que todos os fieis concorrem para ouvir, e assistir ás Missas, e Officios Divinos, e Orações, tendo á vista as sepulturas, se lembrarão de encommendar a Deos nosso as almas dos ditos defuntos, especialmente dos seus, para que mais cedo sejam livres das penas do Purgatório, e se não se esquecerão da morte, antes lhes será aos vivos mui proveitoso ter memoria della nas sepulturas*" (Vide, D. Sebastião Monteiro da. *Constituições Primeiras do Arcebispado da Bahia.* Op. cit., §483, p. 295).

16 "*les clercs, genes par les allures superstitieuses de cette dévotion, entreprirent de la justifier autrement. On enterrait les morts dans um lieu à la fois de culte et de passage comme l'église, et se rappellassent que, comme eux, ils deviendraient cendres. L'enterrement ad sanctos était consideré comme um moyen pastoral de faire penser à la mort t d'intercéder pour les morts*" (Ariès, Philippe. *Essais sur l'histoire de la mort en Occident.* Op. cit., p. 145).

17 Segundo Le Goff, a criação do Purgatório situa-se no "*seio da grande remodelação geográfica do além no século XII*" (Le Goff, Jacques. *O Nascimento do Purgatório.* Lisboa: Editorial Estampa, 1993, p. 63).

morte, restasse ao pecador uma alternativa à ida definitiva em direção ou ao paraíso ou a *geena*.[18] Mais ainda, passou-se a acreditar que os vivos podiam, por meio de orações e obras pias em nome das almas dos mortos que se encontravam nessa região do além, decidir de forma favorável o destino desses últimos, e, nesse sentido, encontrar-se em sagrado era também uma forma de dispor para si destas preces.[19] Esse último significado dos enterramentos *ad sancto* será melhor explorado na parte relativa aos cuidados tomados após o enterro. Deve-se observar, desde já, que apesar da origem bastante remota e de este estar ligado a concepções de morte há muito abandonadas (pelo menos no seu principal), esse costume não só permaneceu, ganhando, para tanto, significados adicionais como, no caso do Brasil, arraigou-se profundamente. Tanto foi assim que, as autoridades civis, quando decididas a eliminar essa prática, encontraram descontentamento e resistência por parte da população traduzidos numa forte relutância em respeitar tal interdição que, em alguns casos, deu origem a violentas revoltas e motins.[20]

Nesse quadro de concepções, onde ainda estava presente uma valorização do aspecto comunitário dos sepultamentos, o papel das irmandades, que fazia com que se concentrasse em determinados lotes do espaço eclesiástico as covas de seus confrades, adquire importância. E isso vale também para a criança morta. Segundo o que nos informam os estatutos e compromissos das irmandades, sabemos, por exemplo, que essas associações asseguravam sepultamento eclesiástico para as esposas e os filhos de irmãos nas partes das igrejas reservadas a elas. Assim se pronuncia o compromisso da Irmandade de Nossa Senhora do Rosário dos Homens Pretos de São Paulo, em 1778.[21] É importante observar que, como

---

18 *Como bem resume Michel Vovelle, "à partir surtout du XII$^e$ et du XIII$^e$ siècles, que chemine l'idée d'um troième lieu de purgation des péchés, pour ceux [...] que ne sont pás dignes d'enter au paradis, sans pour cela mériter l'enfer"* (Vovelle, Michel. *L'heure du grand passage; chronicle de la mort*. Paris: Gallimard, 1993, p. 32).

19 Nesse sentido é que Vovelle afirma que *"Le geste des demandes de messes, reflect de la confiance em l'intervention des vivants pour alléger les souffrances de ceux 'qu'ils ont perdus, sanctionne l'importance qu'a prise, pour les hommes de ce temps, la croyance au troisème lieu"* (Idem, ibidem, p. 73).

20 Sobre isso, uma das manifestações mais interessantes é a revolta em Salvador, a chamada Cemiterada estudada por João José Reis (Reis, João José. *A morte é uma festa*, op. cit.).

21 *"Todas as vezes, que morrer a mulher de algum Irmão, ou filho os acompanharão a Irmandade com todo o sobredito aparato; o se darão sepultura na forma acima ditta; e se lhe mandarão dizer as sette mis-*

no caso do direito ao acompanhamento dos confrades no cortejo fúnebre, essa prerrogativa dos filhos dos irmãos era limitada às crianças. Nesse sentido, algumas irmandades informam que os filhos deviam ser menores de sete ou doze anos, ou apenas "menor". Este é o caso dos compromissos das irmandades paulistas de São Benedito, de Santa Ifigênia e São Elesbão (1801), a de N.S. do Rosário dos Homens Brancos(1773).[22] Novamente (como acontecia com o direito que os filhos dos irmãos tinham ao acompanhamento), essa era a ocasião em que se podia exigir a legitimidade da filiação: assim se expressa o compromisso da Irmandade de Santo Elesbão e de Santa Iphigenia.[23]

Voltemos aos livros de assentamento de óbito, uma vez que, além de confirmar que as crianças eram enterradas nas igrejas, alguns especificam se a criança fora enterrada no interior do templo ou do seu entorno. Essa diferença é importante, pois apesar de ambos serem considerados espaços sagrados, o fato de se estar enterrado em um ou outro desses terrenos, traduzia a importância social do morto, sendo o interior da igreja, em especial o mais próximo do altar-mor, o local de que abrigava aqueles que possuíam melhores condições sociais, restando aos demais o terreno circundante ao templo, chamado de adro.[24] Alguns livros de óbito das

---

*sas pela alma da ditta mulher, e não por se-os filhos;"* (Compromisso *da Irmandade de Nossa Senhora do Rosário dos Homens Pretos.* São Paulo, 1778. p. 6. Arquivo da Cúria Metropolitana de São Paulo, Códice 01-03-08).

22 *"e quando morrer algum filho menor de algum Irmão, podera a d.ª Irmand.ᵉ acompanhalo e enterralo na sepulturas da d.ª Irmand.ᵉ"* (Compromisso *da Irmandade de São Beneditto, Sta. Ifigênia e S. Elesbão.* Guarulhos, 1801, p. 5 Arquivo da Cúria Metropolitana de São Paulo, Códice 74-01-02); *"Serão enterrados, os Irmaons desse Irmandᵉ e Seos filhos, q. Não tiverem sette annos, nas sepulturas, q. Privativamente lhes forem concedidas"* (Compromisso *da Irmandade de Nossa senhora do Rosário do Homens Brancos.* Nazaré Paulista,1773, p. 4. Arquivo da Cúria Metropolitana de São Paulo, Códice 04-02-72).

23 *"Igualmente terao Sepultura para nesta serem sepultadas, [...] e serão acompanhados da Irmandade com apparato competente [...] da mesma [...] forma se acompanhará a qualquer filho ou filha que falecer de algum Irmão ou Irmã, athe a idade de sette anos sendo seos filhos legitimos."* (Compromisso *da Irmandade de Santo Elesbão e de Santa Iphigenia,* Parochia de Santa Iphigenia, São Paulo, 1813. p. 1. Arquivo da Cúria Metropolitana de São Paulo, Códice 19-02-42).

24 João José Reis observa que *"a ordem de importância variava das covas no adro, de menor prestígio, àquelas próximas do altar-mor, onde se acomodavam os mortos melhor situados na vida"* (Reis, João José. O cotidiano da morte no Brasil Oitocentista. p. 128).

Igrejas paulistanas, que oferecem condições de saber se o indivíduo foi enterrado em qual desses dois espaços,[25] confirmam essa tendência também para as crianças mortas. Do começo do século até aos anos anteriores aos cemitérios extra-muros (década de 1850), computamos uma amostragem de 237 registros (para os anos de 1808, 1828 e 1848). Dos 237 registros computados, 203 (85,2%) crianças foram enterradas no interior dos templos e 35 (14,8%) no adro. Quando consideramos a condição social da criança morta – se ela é livre ou escrava – fica evidente que sua identidade social era determinante no tocante ao local onde esta seria enterrada: das 177 crianças livres computadas, 12 apenas foram enterradas no adro, perfazendo apenas 6,8% desse grupo; quanto aos escravos, dos 60 escravos computados, 23 foram enterrados no adro, atingindo a fatia de 38%, incidência, portanto, seis vezes maior que no caso das crianças escravas.

Por volta das primeiras décadas do século XIX, começaram a aparecer nas igrejas uma nova forma de enterramento: os carneiros. Segundo um viajante que esteve na cidade do Rio de Janeiro no segundo quartel do XIX,[26] eles consistiam em salas quadrangulares, em geral dando para um pátio aberto, possuindo em suas parede compartimentos de largura tal a poder caber um esquife, Em relação ao antigo modo de enterrar, as catacumbas, como também eram chamados esses espaços, implicavam em duas novidades de grande importância na história das formas de enterramento: além de eliminar o contato do corpo com a terra – sendo a decomposição favorecida pelo uso da cal que era despejada no defunto, quando do fechamento do jazigo – torna regra a prática de sepultar-se o defunto junto

---

25 Foram consultados os seguintes livros de registro de óbito, constantes do acervo do Arquivo da Cúria Metropolitana de São Paulo: Livro *de assentamento de óbitos da Igreja de Nossa Senhora da Expectação*. São Paulo. Livro *de assentamento de óbitos da Igreja de Nossa Senhora da Penha*. São Paulo; Livro *de assentamento de óbitos da Igreja de Nossa Senhora dos Prazeres*. São Paulo; Livro *de assentamento de óbitos da Igreja de Santo Amaro*. Santo Amaro; Livro *de assentamento de óbitos da Igreja de Nossa Senhora das Dores*. São Paulo.

26 "The cemeteries, of which each church possesses at least one, are built with much taste and elegance in quadrangular form, having cloisters along the four sides, which are furnished with rows of arched recesses, one over the other; each recess is numbered, and is sufficiently spacious to receive a coffin of a large size. The central part of the cemetery is open to the air, and planted with cypress, yews, and other funeral shrubs and threes" (Holman, James. *A voyage round the world, including travels in Africa, Asia, Australia, America, etc. etc. from 1827 to 1832*. vol. 1, London: Simth, Elter, and Co., 1834, p. 61).

com o caixão. Já em 1817 Louis Freycinet atestou a existência de covas particulares com essas características, que, talvez por ainda serem raras, ele havia tomado conhecimento de sua existência apenas por intermédio de M. Eshewege.²⁷ Como nos informa Debret

> O tipo de construção de catacumbas [...] era tão recente no Rio de Janeiro, em 1816, que se citavam apenas duas igrejas [a Igreja do Carmo e a de São Francisco de Paula] [...] Entretanto, a inovação salutar conquistou tantos partidários, que em 1829 não havia na cidade nenhuma irmandade que não tivesse mandado construir suas catacumbas, ou no pátio ou em algum trecho do jardim contíguo à Igreja.²⁸

Com efeito, na Corte, Daniel Kidder, no fim da década de 1830, e Ida Pfeifer, na década de 1850, descreveram esse tipo de enterramento.²⁹

O que mais nos interessa nesse particular é o fato de existirem entre essas salas, algumas reservadas exclusivamente ao sepultamento de crianças. De fato, Debret fala de catacumbas da Corte com salas com compartimentos menores, reservadas para enterros de crianças, filhos dos irmãos.³⁰ No mesmo momento, por volta da

---

27 "Le couvent de Saint-Antonio est le lieu ordinaire de sépulture das princes et des princesses. On ne leur érige aucun mausolée; mais chaque corps est deposé dans un caveaux particulier. Au reste, quiconque peut e veut en faire les frais, a la faculté de jouir de la même prérogative. Quelquefois, ainsi que M. Eshewege dit l'avoir vu à Angra dos Reis le corps est inhumé dans de la cahaux vive; aprés quoi on mure en brique l'overture du caveux caveau qui le reenforme" (Freycinet, Louis de. *Voyage autour du Monde fait par ordre du Roi*. Paris: Pillêt Aîné, 1825. p. 209).

28 Debret, *Viagem pitoresca e histórica ao Brasil. Tomo terceiro*. Op. cit., p. 208.

29 "O corpo é depois enterrado sob uma das lajes de mármore de que o piso da igreja está repleto e colocado em alguma catacumba aberta nas paredes laterais do edifício".(Kidder, Daniel Parish. *Reminiscências de viagens*, op. cit., p. 160); "They have a singular custom here of not burying all these dead in the church-yard, manybodies being placed, ata an addictional expence, in the church itself. For this purpose, there are, in every church, particular chambers with catacombs formed in the walls." Pfeifer, Ida. *A Woman's Journey Round The World. From Vienna to Brasil, Chili, Tahiti, China, Hindostan, Persia, and Asia Minor*. London: Nathaniel Cookie, 1854. p. 12

30 "Existem também, nas catacumbas, salas preparadas com compartimentos menores para o sepultamento dos filhos dos irmãos".(Debret, Jean Baptiste *Viagem pitoresca e histórica ao Brasil. Tomo terceiro*. Op. cit., p. 209).

década de 1820, o alemão Ernest Ebel confirma a existência desse espaço junto à Capela Real.³¹ Ferdinand Denis, no Rio em 1838, ao evocar uma desses recintos, também assinala a boa impressão que estes lhe deram. Segundo ele, é

> de um asseio extremo e oferece elegante aspecto. As pinturas das arcadas são freqüentemente renovadas, e quase sempre este cemitério abrigado é contíguo a um pequeno jardim, onde crescem flores que se cultivam com cuidado, e que perfumam esta última morada da infância.³²

Ao meu ver, o sentido mais importante disso tudo, é que a sepultura, mais do que reforçar a unidade da família nuclear, assinalava a presença da comunidade dos irmãos na forma como eram espacialmente organizados os enterramentos. Teremos, todavia, oportunidade de constatar mais adiante o papel de aglutinador que a família nuclear terá nos cemitérios seculares. A prática em agrupar crianças num espaço comum será afetada, portanto, pela valorização da família. Ainda assim, adiantamos que, ao menos até final do século XIX, ainda é possível observar organização semelhante (ainda que não mais sob a comunhão da irmandade) nos cemitérios a céu aberto, como é o caso do cemitério São João Batista, no Rio de Janeiro, onde estão concentrados em um terreno específico – não sabemos se deliberadamente reservado – os túmulos de crianças enterradas entre as últimas décadas do século XIX e as primeiras do XX.

Essa forma típica de disposição do cadáver, que era acompanhado do uso da cal (que favorecia o desaparecimento da carne) deu lugar, precisamente num funeral de "anjo", a um conflito cultural de extremo interesse para nosso estudo. O francês Victor-Athanase Gendrin nos conta sobre uma briga que esse costume de enterrar fora da terra, isto é, em carneiros verticais, gerou entre brasileiros e franceses no

---

31 O alemão conta que junto à Capela Real, testemunhou em funeral de criança. Segundo ele, *"foi o caixão levado ao cemitério dessa igreja: um compartimento com uma série de jazigos nas paredes, próprios para crianças, quatro dos quais estavam vazios e os demais emparedados".*[Ebel, Ernst. *O Rio de Janeiro e seus arredores em 1824*. (Tradução e notas de Joaquim de Souza Leão Filho) São Paulo: Editora Nacional, 1972 p. 135].

32 Denis, Ferdinand, *Brasil. Op. cit.*, p. 148.

enterro da criança francesa da família Lefranc.[33] Num episódio ímpar, os franceses que participavam da cerimônia, indignados com o fato de que a criança não iria ser enterrada na terra e, talvez, com a ideia de jogar cal em todo seu corpo – hábito que em outro viajante provocara repugnância, mesmo reconhecendo sua eficácia[34] – esses senhores à força e ao fim de um imenso tumulto, conseguiram com sucesso retirar o cadáver das mãos dos responsáveis pelo serviço e, com instrumentos improvisados com o material que se encontrava no local, enterrar a criança no chão contíguo ao carneiro.

Mais do que qualquer outro, é esse um dos momentos dos funerais que vai conhecer uma mudança mais incisiva, cuja origem está associada ao estabelecimento do saber médico nos grupos de decisão do Estado, senão por meio da participação direta nos quadros diretivos de seus representantes diretos, ao menos através da propagação de suas ideias entre a classe dirigente. Sobre essa relação falaremos na parte seguinte, quando analisarmos o discurso médico. Como já mencionamos acima, essa transformação consistiu, mais diretamente, na defesa para que os enterros só se realizassem em cemitérios *extra-muros*, ou seja, em cemitérios não só fora da igreja, como também dos limites da cidade. Já desde o século XVIII no Brasil se propugna a construção

---

[33] "*Les époux Lambert éprouvèrent un vif chagrin de la perte d'un enfant qu'il chérissaient et qui périt bien malheureusement. Était sur un balcon, monté sur une chaise, il ne se laissa tomber dans la rue et se tua. Les parents, pendant quelque temps, parurent inconsolables de cet événement. Tous les Français, par égard pour M. Lefranc, qui était fait estimé dans la ville, assistèrent á l'inhumation de ce jeune garçon; la céréonie se fit très-convenablement à l'église; mais, arrivés au cimitière, les choses n'allèrent pas même. L'usage dans ce pays est jeter de la chaux une sur les morts pour activer leur décomposition. Les Français, à Qui cette usage est inconnu, voulerent s'y opposer; de là, des mots d'abord, des querelles qui dégénérèrent bientôt en un tumulte où on ne s'entendait plus. Chacun de nous pit l'outil qui Lui tomba sous la main pour creuser une novelle tombe au jeune défunt et l'inhumer comme en France, malgré la Résistance de Bresiliens présents. Après bien des contestations, l'honneur, si toutfois il y a de l'honneur à imposer ses volontés dans un pays étranger, l'honneur, dis-je, nous resta et l'enfant fut enterré selon notre coutume*" (Gendrin, Victor-Athanase. *Récit historique*. Op. cit., p. 65-66).

[34] O alemão, que esteve no Rio de Janeiro em 1824, cujo enterro do recém nascido que ele descreve já comentamos na nota 149, acrescenta que "*O sacristão, abrindo o caixão, retirou-lhe a coroa dourada, derramou cal virgem abundante sobre o pequeno corpo - o que foi uma cena repulsiva de se olhar, mas, na certa, necessária - depois do que fecharam-no e foi o mesmo introduzido no nicho no. 31, que será mais tarde tapado*" (Ebel, Ernst. *O Rio de Janeiro e seus arredores em 1824*. Op. cit., p. 135).

desse tipo de necrópole.³⁵ Em 1828, um decreto imperial ordena às câmaras municipais que regulamentassem sobre as práticas funerárias, em especial, que promovessem a construção de novos cemitérios, que atendessem aos preceitos higienistas.³⁶ O cumprimento dessa lei se arrastaria mais de vinte anos, alegando os responsáveis os mais diversos motivos, entre os quais o mais recorrente foi a carência de receita para ambas as cidades.³⁷ Serão principalmente as epidemias, na década de 1850, que colocarão um ponto final nessa espera, e os cemitérios gerais finalmente construídos.³⁸ No caso dos cemitérios estudados aqui, serão esses os criados por ocasião dos surtos epidêmicos: o Cemitério da Venerável Ordem Terceira dos Mínimos de São Francisco de Paula (Cemitério do Catumbi), inaugurado em 1850, o Cemitério São João Batista, de 1852,

---

35 Segundo Cláudia Rodrigues, *"Desde o século XVIII, preconizava-se a necessidade de transferência dos sepultamentos para fora das zonas urbanas (...) Já em 1798, uma sugestão do conde de Resende propôs que a Câmara municipal organizasse uma consulta aos médicos, considerados mais notáveis, sobre as causas da insalubridade no Rio de Janeiro (...) Examinara-se as características tanto naturais quanto as que eram resultado da ação do homem, o que incluía, obviamente, a presença dos cemitérios"* (Rodrigues, Cláudia. *Lugares dos mortos na cidade dos vivos. Op. cit.*, p. 89).

36 *"Em 1º de outubro de 1828, para formalizar as recomendações da Carta Régia de 1801, D. Pedro I promulgou a lei que estatuía em seu artigo 66, parágrafo 2º, a obrigação das Câmaras municipais de construírem cemitérios a céu aberto e regulamentava a matéria"* (Lourigo, Maria Amélia Salgado. *Origem Histórica dos Cemitérios.* São Paulo: Secretaria de Serviços e Obras, 1977, p. 52).

37 Cláudia Rodrigues, para a Corte, quando inquirida sobre o atraso na construção da nova necrópole, *"a Câmara alegava que o estabelecimento de um cemitério dependia de grandes capitais, que não possuía, por estarem seus cofre 'exaustos' e 'sobrecarregados com grande dívida' "* (Rodrigues, Cláudia. *Lugares dos mortos na cidade dos vivos. Op. cit.*, p. 102). Segundo Sandra Guedes para São Paulo, *"As 'desculpas' dadas pelo atraso nas construções giravam, normalmente, em torno da falta de verbas ou de locais apropriados"* (Guedes, Sandra Paschoal L. C. *Atitudes Perante a Morte em São Paulo. Op. cit*, p. 70).

38 *No caso da Corte, como nos lembra Cláudia Rodrigues, "Só com o aparecimento da epidemia de febre amarela, em 1850, com seus drásticos efeitos, é que tais cemitérios seriam realmente estabelecidos e os enterramentos deixariam de ser feitos nas igrejas"* (RODRIGUES, Cláudia. *Lugares dos mortos na cidade dos vivos. Op. cit.*, p. 103). *Para São Paulo, Sandra Guedes informa que "o medo da possível chegada da cólera fez com que aumentassem os pedidos para que medidas sanitárias fossem tomadas. Os homens públicos encontrariam nos surtos epidêmicos um poderoso respaldo para reclamarem da Câmara 'a urgência do cemitério' até então não concluído"* (Guedes, Sandra Paschoal L. C. *Atitudes Perante a Morte em São Paulo. Op. cit*, p. 78).

para o Rio de Janeiro, e o Cemitério da Consolação fundado em 1858, para a cidade de São Paulo. Como decorrência do profundo crescimento demográfico que esta cidade passa a conhecer, principalmente a partir das últimas décadas do XIX, é construído em 1887 o Cemitério do Araçá, outra necrópole pesquisada aqui.

Ao que respeita às práticas e representações da morte da sociedade como um todo (adultos e crianças), da construção dos cemitérios *extramuros* decorrerá um distanciamento em dois sentidos e que a criação dos carneiros já havia iniciado. Um deles é a separação entre os mortos.[39] Com efeito, o cemitério, na forma com que dispõe os cadáveres, implicou numa intensificação e generalização de uma separação entre os mortos tendente sempre a uma individualização. Em primeiro lugar, dada a dimensão bem mais ampla desses novos cemitérios (em comparação com os carneiros) eles permitem um distanciamento maior entre aqueles que ali estão enterrados e possibilitam que nesses locais haja um registro mais detalhado (nome completo e idade) sobre quem estava ali depositado, o que nas igrejas era feito de maneira mais rara e, por assim dizer, mais confusa. Em segundo, os jazigos desses novos cemitérios estendem para uma maior número de pessoas o costume, já existente nas catacumbas e carneiros das igrejas, de depositar os mortos em compartimentos cimentados e individualizados, eliminando o contato com a terra e, por conseguinte, com os outros cadáveres. Traço que se tornará marcante nessa nova forma de se enterrar, é que, apesar da individualização das covas e das informações sobre o morto, se observa no interior da necrópole uma forte tendência para uma aglomeração consanguínea dessas covas, isto é, a existência de túmulos agrupados por família, organização que concorre e supera aquela que era feita em nome das irmandades e confrarias, ainda que esse último tipo persista nos primeiros anos desses cemitérios a céu aberto.

O segundo tipo de distanciamento que o carneiro favorecia é aquele entre vivos e mortos.[40] Lembramos que nos primeiros tempos dos cemitérios extra-muros essa se-

---

39 Segundo Reis, a criação dos carneiros "*foi um passo decisivo em direção a uma morte mais individualista (...) porque isolava um morto do outro e todos eles do contato com a terra, esse parâmetro orgânico da morte comunitária*" (Reis, João José. O cotidiano da morte no Brasil oitocentista. In Alencastro, Luiz Felipe (org.) História da Vida Privada no Brasil 2. São Paulo: Cia das Letras, 1997, p. 129).

40 Segundo Reis, "*os carneiros separavam os mortos das imagens sagradas e afastavam os mortos dos vivos, pois estes não mais pisariam sobre as covas enquanto estivessem no templo ouvindo missa ou participando de outras cerimônias religiosas*" (Idem, ibidem, p. 129).

paração ainda é mais violenta que nos carneiros, considerando que essas necrópoles foram construídas fora do perímetro urbano. Essa separação demandou uma série de reformulações na forma como estes antes se relacionavam. O contato físico com os lugares onde os mortos eram enterrados, que estava associado às visitas às igrejas, perdeu o seu caráter de prática frequente e corriqueira. Considerando as várias ocasiões em que se ia às igrejas, ao considerar os mais diversos usos que se fazia delas, além da proximidade desses templos em relação às habitações urbanas, não é difícil vislumbrar o contato físico que havia entre vivos e mortos e ponderar a amplitude dessa mudança. Teremos oportunidade de constatar a seguir que por um bom tempo essas necrópoles seriam um dos espaços prediletos de manifestação do sentimento familiar, o que demandará mudanças profundas nas práticas e representações da morte infantil. O mesmo se pode dizer com respeito às demonstrações de patriotismo. Como bem lembrou João Reis, parecia que nos projetos que dariam origem a esses novos cemitérios "a virtude cívica substituiria a devoção religiosa".[41] Agora, a visita aos mortos se explica por razões que só dizem respeito a eles próprios e, além disso, vai perder muito de suas motivações salvíficas. Os planejadores dessas novas necrópoles tiveram em mente que o sentimento familiar e o respeito aos próceres da nação é o que o que seria a razão de ser dessas visitas, mais do que uma preocupação com os sucessos do morto no além.

Em decorrência de todas essas características, o advento dos cemitérios extramuros nos legou um importantíssimo testemunho das práticas e representações frente à morte, o artefato tumular. Estes objetos são também de grande valor para o estudo da morte infantil. Para um melhor proveito da análise destes artefatos para o assunto em questão, recorreremos a algumas observações feitas pela arqueóloga Tânia Lima, que através do estudo do material, da simbologia, e da forma da produção tumular nos cemitérios do Rio de Janeiro,[42] identificou três fases através das quais podemos dividir a história da produção tumular nos cemitérios que ela pesquisou. Acreditamos, não obstante, que essa periodização vale para os túmulos pertencentes

---

41 (*Idem, ibidem*, p. 134).

42 Lima, Tânia Andrade. De morcegos e caveiras a cruzes e livros: a representação da morte nos cemitérios cariocas do século XIX (estudo de identidade e mobilidade sociais). In: *Anais Do Museu Paulista*. São Paulo: N.Ser., vol.2, p. 87, janeiro-dezembro 1994.

aos outros dois cemitérios em questão, o da Consolação e o Araçá, em São Paulo – a semelhança entre a produção tumular nos cemitérios brasileiros nesses primeiros tempos já foi observada por outro estudioso da arte tumular, Clarival Valladares.[43]

Os dois primeiros padrões identificados por Lima é que dizem respeito ao período enfocado aqui. O primeiro padrão, denominado de "padrão inaugural", estaria localizado entre 1850 e 1888. A produção relativa a essa fase, que se inicia portanto com a criação dos cemitérios, é relacionável principalmente à aristocracia durante o Império (grandes agricultores e comerciantes, alta burocracia civil e militar etc.) e seu fim coincide com a dissolução do regime escravista.[44] Desse quadro, importa assinalar que a produção desses objetos se prestou, acima de tudo, para eternizar suas distinções e privilégios sociais. Ela se caracterizaria, no caso das elites, por uma inclinação para túmulos monumentais, alguns importados diretamente da Europa, por uma produção artisticamente esmerada.[45] Ao que respeita à iconografia, o que se observa é a grande frequência de signos escatológicos: caveiras com as tíbias cruzadas, ampulhetas e globos alados, foices, corujas, morcegos e serpentes, entre outros – símbolos que nos remetem, de modo geral, para um mesmo ponto: a inexorabilidade da morte.[46] Essa prática assinala, por conseguinte, a permanência

---

43 Sobre o Cemitério da Consolação, por exemplo, o autor nota que "*nas quadras mais antigas tem similitude aos do Rio de Janeiro e igual data, bem como aos de Salvador, Recife e outros*"(Valladares, Clarival do Prado. *Arte e Sociedade nos Cemitérios Brasileiros : Um estudo da arte cemiterial ocorrida no Brasil desde as sepulturas de igrejas e as catacumbas de ordens e confrarias até as necrópoles secularizadas, realizado no período de 1860 a 1970*. Rio de Janeiro: Ed. Conselho Federal de Cultura do Rio de Janeiro, 1972, p. 1075).

44 Segundo Lima, esse padrão "*Tem início com a efetiva ocupação dos cemitérios no Rio de Janeiro e se estende até a ruptura do modo de produção escravista, com a conseqüente transição para o capitalismo emergente. As classes dominantes da sociedade (aristocracia rural, alta burocracia civil e militar, grandes comerciantes, etc.) investem consideravelmente na morte nesse período*" (Lima, Tânia Andrade. De morcegos e caveiras a cruzes e livros. *Op. cit.*, p. 102).

45 Lima assinala que "*são erigidos ou diretamente importados da Europa (particularmente de Portugal) inúmeros mausoléus, de caráter monumental, ocupando eixos transversais e confirmando diferenciações de status social*" (Idem, ibidem, p. 102).

46 "*As representações da morte no império escravista são escatológicas, macabras, mórbidas. Signos que remetem à consumação dos tempos, como caveiras com tíbias cruzadas; ouroboros, a serpente alquímica que engole o próprio rabo; fachos e tochas acesas, porém voltadas para baixo; ampulhetas aladas, foices, machados, globos alados, além de morcegos, corujas e plantas narcóticas, entre outros, são os* leitmotiv *da*

até esse primeiro momento de uma pedagogia rescatológica bem própria a uma determinada concepção pedagógica da morte, ou, se preferir, a convicção de que viver com a lembrança da morte é condição de uma vida virtuosa.

Nossa investigação acrescentaria que, se a monumentalidade desse padrão tumular promovia uma abrupta distinção social, assiste-se nesse padrão a uma outra clivagem: aquela existente entre mortos adultos e crianças. A diferença não se dá entre túmulos exuberantes e outros absolutamente despojados (como as valas comuns), mas entre a existência e a ausência deles. Com efeito, até a última década que compõe essa fase, é notável a quase ausência de túmulos, ícones ou mesmo inscrições dedicados à criança morta. Em termos do registro e da memória tumular, temos a forte impressão de que a criança ainda não havia conquistado um espaço significativo nesse novo cemitério que, além de propagador dos tradicionais signos religiosos e sociais, função já herdada dos antigos cemitérios eclesiásticos, parecia agora divulgar também os novos valores políticos respeitantes ao Império. Nesses novos espaços, criança ainda não havia adquirido o papel de importância que em breve teria.

O segundo padrão, denominado por Tânia Lima de "padrão de transição", situa-se entre 1889 e 1902. Relacionado ao quadro social imediato à derrocada da escravidão e do regime monárquico, a despeito de testemunhar uma "progressiva ascensão da burguesia", ele se caracterizou por um "notável empobrecimento da arquitetura tumular" e foi, do ponto de vista estético, bem menos variado, original e apurado que seu antecessor. Note-se que a iconografia escatológica do padrão anterior é paulatinamente substituída pelo signo da cruz, nas mais diversas variações, constituindo-se em um novo *leitmotiv*.[47] Nesse sentido, esse período apresenta uma intensa massificação da produção escultórica tumular, cujos exemplos maiores dessa época são, além da cruz fincada em um montículo de pedras, a representação de um anjo ajoelhado em oração (figuras 4 e

---

arte tumular nesta fase" (Idem, ibidem, p. 103).

47 Segundo Tânia esse *"período que corresponde à emergência da ordem capitalista republicana [...] caracteriza-se por uma progressiva ascensão da burguesia e, paradoxalmente, por um notável empobrecimento da arquitetura tumular. As construções monumentais, os mausoléus, diminuem consideravelmente nesse período. As representações escatológicas da morte, paulatinamente substituídas pelo signo da cruz, em múltiplas variações praticamente desaparecem"* (Idem, ibidem p. 105).

5), designado nos álbuns dos marmoristas como "anjo espreme-limão".⁴⁸ Outro aspecto salientado pela autora foi decorrente do sucesso do positivismo no período: segundo ela, esse traço era claramente constatável pela quase indistinção dos túmulos e que sinalizaria para uma postura fraternalista e pela crença na "unidade fundamental da espécie humana".⁴⁹

Importa assinalar que esses túmulos, ao exaltar os sentimentos familiares, chamam atenção também para esse outro elemento de importância no quadro signos do imaginário positivista bastante frequentes nos primeiros anos da República e é nessa direção que encontramos finalmente os túmulos dedicados à criança. José Murilo de Carvalho, em seu trabalho *A formação das almas: o imaginário da república no Brasil*, assinala a importância da doutrina de Augusto Comte nas "batalhas simbólicas" promovidas pelos representantes da recém-criada república brasileira, e o papel que nesse quadro de valores teve a família, a mulher e a maternidade.⁵⁰ Se o sentimento de igualdade explica a equivalência visual proporcionada por cruzes quase idênticas entre si, a valorização

---

48 "*A produção funerária deste período é massificada, de modo geral sem qualidade artística [...] Um signo antopomorfo, por exemplo, apresenta uma notável persistência temporal: trata-se de um anjo/criança ajoelhado sobre uma almofada em atitude de oração, designado nos álbuns dos marmorista à época como 'anjo espreme-limão'*" (Idem, ibidem, p. 106).

49 "*O leitmotiv da arquitetura tumular desse momento de transição parece conter, em um mesmo e único signo, alguns princípios fundamentais pregados pelo movimento positivista, em plena efervescência nesse período. O fraternalismo, a crença na unidade fundamental da espécie humana, a solidariedade social e a irmanação das classes (a cruz que iguala indistintamente os mortos), a admiração e o fervor pela natureza expressos na concepção do 'bosque sagrado'imprescindível ao culto positivista (os galhos), educação (o livro aberto, o pergaminho/diploma) sugerem a impregnação também do espaço funerário, pelo estado de espírito positivista que tomou conta da sociedade no final do século*" (Idem, ibidem , p. 107).

50. Sobre essa doutrina, Carvalho assinala que Comte "*salientou as instituições de solidariedade, hierarquizando-as. Na base, ficava a família, seguida da pátria e, como culminação do processo, a humanidade*". Carvalho acrescenta que o filósofo "*terminou por afirmar a superioridade social e moral da mulher sobre o homem [...] A mulher, como demonstraria a biologia, seria a principal responsável pela reprodução da espécie [...] na preservação da espécie, o papel da mulher não se limitaria à reprodução, mas se daria especialmente na família, em que, como mãe, ela teria a responsabilidade na formação do futuro cidadão*" (Carvalho, José Murilo de. *A formação das almas: o imaginário da República no Brasil*. São Paulo, Companhia das Letras, 1990. Ambas as passagens encontram-se na p. 130).

da família como célula social e da maternidade como a função/sentimento mais sublime permitem entender melhor a popularidade de alguns modelos de anjos presentes nos cemitérios estudados. Essas representações foram catalogadas por Maria Elísia Borges[51] em seu estudo sobre a produção escultórica tumular em Ribeirão Preto. Além do anjo "espreme-limão", dois outros modelos tem nomes bastante sugestivo "anjo da desolação" (figura 7) e o "anjo da saudade" (ver figura 6). Isso nos dá elementos para reforçar a hipótese de que o que está aqui manifestado é o sentimento familiar e o pesar da família pela perda de um membro querido. Vê-se que, apesar da simplicidade que caracteriza esse momento dos cemitérios no Brasil, ele assiste a uma das rupturas mais fundamentais dentro das práticas fúnebres aqui, que as transforma em veículo privilegiado da valorização burguesa da família.

Essa nova valorização não deixaria de imenso impacto sobre as condutas em relação à criança morta nesse âmbito, daí a grande importância que essa fase da história dos cemitérios no Brasil tem para o nosso estudo. Com efeito, a representação do anjo ajoelhado em prece, em sua maioria, nos apresenta um tipo de túmulo até a década de 1880 inexistente, o túmulo dedicado à criança morta (figura 4 e 5). Com efeito, é nos túmulos de criança, em especial, que é encontrado esse tipo de representação. A simples emergência desses túmulos dedicados à criança, denuncia, sem sobra de dúvida, uma nova forma de encarar sua morte. Quando se soma o fato de que esses artefatos manifestam a todo o tempo a dor que esse evento dá lugar, conduta até então inédita no espaço das novas necrópoles extra-muros, temos uma boa medida dos novos valores que se instauram nesse momento e do papel de extrema importância que a criança assume nesse novo quadro.

Deve-se lembrar, no entanto, que o anjo "espreme-limão", apesar de sua popularidade, não será o único tema utilizado nos jazigos infantis. Como é possível verificar por meio das variações, muitos jazigos, apesar de apresentar lugares-comuns da iconografia tumular infantil, necessariamente fogem de uma produção mais massificada, indo dos famosos *putti*, em suas muitas variações (figuras 12 e 13), até esculturas que retratam com precisão o defunto (figuras 8 e 9). Deve-se dizer esse

---

51 Borges, Maria Elizia. *Arte tumular: a produção dos marmoristas de Ribeirão Preto no Período da Primeira República*. Tese (Doutoramento), São Paulo: Escola de Comunicação e Arte, Universidade de São Paulo, 1991, p. 206-209.

comportamento ultrapassa os limites temporais que caracterizam o "padrão de transição" identificado por Lima, sendo observado até meados da década de 1920 (figura 11), se observando grosseiras cópias dos antigos modelos. Há um outro ponto de descompasso entre a produção tumular como um todo e a infantil em particular. Ela diz respeito ao fato de que durante a vigência desse "padrão de transição", caracterizado por um empobrecimento das formas tumulares, se observam túmulos de criança de natureza, por assim dizer, monumental (ver fotos 10). Esse costume antecipa o luxo que caracterizaria o padrão geral seguinte apontado por Lima,[52] situado entre 1902 e 1930, e que, por conseguinte, foge mais ao nosso enfoque, cujo traço mais saliente é a monumentalidade ostentatória.

Em todo caso, deve-se lembrar que, durante boa parte do período estudado, além das mudanças que esse tema tumular traduz, ele será porta-voz de duas temporalidades, visto que agrega essas representações novas da criança morta com aquelas associadas à tradição. Isso é bastante evidente quando se consideram esses túmulos na forma como se apresentam. Nesses túmulos de crianças, é recorrente uma referência à imagem do anjinho, cuja relação com a criança morta já havia sido observada na escolha das mortalhas. Isso é observável na medida que as esculturas representando anjos não só estão presentes na franca maioria das esculturas tumulares dedicadas às crianças, quanto que, na maior parte dos casos em que esse tipo de representação aparece, temos uma criança enterrada. Outra permanência notável é o uso do branco que, já antecipamos, irá, na maioria dos casos, resistir às inúmeras tendências estéticas pelas quais passaram os cemitérios no Brasil (figura 8 e 9). O uso de apelidos ou diminutivos ou apenas do primeiro nome nas inscrições lapidares também nos remete à tradicional informalidade dos rituais funerários da criança no Brasil.[53] Outro ponto em que

---

52 O terceiro padrão identificado por Tânia Lima foi o que ela chamou de "padrão de consolidação" e disse respeito ao período compreendido entre 1903 até 1930. Segundo ela, "*a morte agora é um grande espetáculo e o cemitério passa a ser um lugar privilegiado para demonstrações de força e poder sem precedentes [...] Opulência, ostentação, luxo, grandiloqüência são as palavras de ordem nesse momento*" (Lima, Tânia Andrade. De morcegos e caveiras a cruzes e livros. Op. cit., p. 112).

53 Por exemplo, os túmulos de: Gustavo (*1880-†1883) e Manuel (*1882-†1887), filhos de Antônio Ferreira de Carvalho e Thereza Castro Carvalho; Lápide e escultura em mármore branco. Cemitério São João Batista, s/n, Rio de Janeiro (RJ); e de Bonifácio (*1887-†1890), filho do Comendador Manoel Bonifácio da Silva Batista. Monumento em mármore branco. Cemitério da Consolação, São Paulo (SP).

essas novas necrópoles parecem ter-se afastado da forma como se enterrava nas Igrejas, está na disposição dos cadáveres entre si. Já vimos como a criação das catacumbas deu ensejo à criação de recintos só para crianças. De fato, no cemitério São João Batista, no Rio de Janeiro, se observa uma certa permanência – até as primeiras décadas – do costume em se concentrar conjuntamente os túmulos dos "anjinhos". A partir daí, não só a criança passou a ser enterrada de preferência junto à família como em muitos casos ela ombreia com o pai-de-família como personagem símbolo dos jazigos familiares, informando a unicidade desse momento nas histórias dos comportamentos fúnebres.

# Após o enterro

Os cuidados rituais para com os defuntos não terminavam tendo-se enterrado o cadáver. Mais do que nunca para o início do período estudado, ao encerrar-se essa etapa, uma série outra das práticas entrava em cena. Como em muitas sociedades, essas atitudes formam um conjunto no qual a reorganização do vácuo social deixado pelo falecido se mescla de forma íntima (a ponto de não se poder desfazê-la) com uma série de concepções sobre o destino do indivíduo no outro mundo. Nas sociedades estudadas essa manifestação se apresentou sob a forma particular de uma crença, já mencionada, de que os mortos necessitavam de certas condutas por parte dos vivos em seu nome (orações, obras pias etc.), para que conseguisse atingir o mais rápido possível, o paraíso celeste.

O uso do luto está entre as práticas que têm lugar após os enterramentos, uma vez que ele se estende para os dias que se seguem ao evento. No período, a prática do luto entre os brasileiros foi também observada pelos estrangeiros. No Rio de Janeiro em 1852, John Candler informava o seguinte sobre esse sobre costume: "*If the deceased be above ten years of age, the imediate retalives remain at home for eigth days, during th first of which they maintain perfect silence, receiving their friends who call* [grifo meu]".[1] Se o luto era uma exigência aos parentes próximos do defunto, no caso deste se tratar de uma criança, aqueles estavam dispensados desta obrigação. Quando consideradas as funções do luto nas sociedades estudadas, este fato se torna bastante esclarecedor sobre um determinado entendimento da criança morta. Como bem lembra João José Reis para o Brasil dos oitocentos, ele possuía "múltiplas funções: expressar o prestígio social, mostrar a dor, defender a família enlutada de um retorno do defunto".[2] No que se refere ao primeiro uso do luto, fica evidente que estamos diante de uma sociedade na qual o papel social da

---

[1] Candler, John, and Burgess. *Narrative of a recent visit to Brazil. Op. cit.*, p. 45.

[2] Reis, João José. *Amorte é uma festa, op. cit.*, 132.

criança é de tal monta que não parece exigir, com sua morte, um esforço especial para o reordenamento da comunidade de que esta fazia parte.

Quanto aos outros cuidados, tudo aquilo que até agora pudemos observar nos leva a crer que estão mais efetivamente relacionados às concepções espirituais relativas à criança morta, em especial à crença na "boa morte infantil" que não permitia a manifestação de dor, bem como não requeria cuidados especiais para uma vida eterna entre os justos, cuidados estes que no caso dos adultos, caso não fossem cumpridos, os vivos se veriam ameaçados pela presença de seus mortos "mal encaminhados". A observação de outras práticas exercidas após o sepultamento reforça essa constatação. Entre elas estão as missas feitas em nome do defunto. Já se falou da importância delas no interior de uma concepção escatológica na qual a intervenção dos vivos conta no destino dos mortos no além. Novamente, a criança parece excluída/dispensada de um cuidado que tem em vista propiciar a salvação da alma. Na documentação disponível – nas quais quase não há qualquer menção sobre essas cerimônias póstumas para com a criança que morre – quando isso é feito é para expressá-lo negativamente. Esses é o caso do estatuto de 1778 da Irmandade de Nossa Senhora do Rosário dos Homens Pretos da cidade de São Paulo que, ao declarar o direito que as mulheres dos irmãos tem de sete missas, exclui os filhos dessa prerrogativa.[3]

O que não significava que, após a morte, a criança fosse completamente esquecida. Uma das ocasiões, após o enterro, em que a criança morta é lembrada pelos vivos, evento que ganhou maior popularidade com o advento dos carneiros, tem lugar no Dia de Todos os Santos (ou dia de Finados). Sobre o Rio de Janeiro, Debret nos fala da exposição anual dos sarcófagos nesse dia e das visitas feitas às igrejas como a de Santo Antônio, São Francisco de Paula e do Carmo, segundo ele, "as mais elegantemente construídas", que, entre o primeiro e o segundo quartel do XIX já contavam com uma multidão que corria a visitá-las.[4] Nessas ocasiões, as famílias

---

3 *"Todas as vezes, que morrer a mulher de algum Irmão, ou filho [...] se lhe mandarão dizer as sette missas pela alma da ditta mulher, e não por se-os filhos;"* Compromisso *da Irmandade de Nossa Senhora do Rosário dos Homens Pretos.* São Paulo, 1778, p. 6.

4 *Nesse dia solene de tristeza, tôda a população do Rio de Janeiro se dirige para as entradas das diversas catacumbas, abertas desde sete horas da manhã até o meio dia, à curiosidade dos visitantes, e particularmente para as de Santo Antonio, São Francisco de Paulo e do Carmo, mais elegantemente construídas.* (Debret, Jean Baptiste. *Viagem pitoresca e histórica ao Brasil. Op. cit.*, p. 209).

dos falecidos que foram sepultados nas catacumbas vinham visitar e muitas vezes receber os restos mortais de seus defuntos, como na mesma época testemunha o inglês John Holman[5] e, na década 1850, Ida Pfeifer, que assinala que às catacumbas da Corte concorriam tanto velhos quanto jovens (estes últimos estimulados pela rara oportunidade de ver as representantes do sexo oposto).[6] Segundo Debret, no Dia de Todos os Santos, as câmaras mais luxuosas são ornadas com laços dourados e panos pretos, e as urnas, decoradas com flores, são estendidas sobre estrados enfeitados de tules e galões de ouro aplicados em fileiras de três sobre veludo preto, carmesim, rosa ou azul-celeste, tudo rodeado por uma série de círios acesos, algumas sob a vigilância de um negro, de libré.[7] As urnas das crianças, ricamente adornadas, também eram expostas à visitação. Vimos, no capítulo anterior, que, segundo informação de Debret,[8] no caso dos filhos de confrades com direito à sepultura nas catacumbas (são crianças, portanto) os ossos daqueles que eram enterrados nas catacumbas deveriam ser retirados ao fim de um ano. Ele observava, não obstante, que isso não era necessariamente feito, sendo esses caixões guardados junto aos sarcófagos (caixas onde eram guardados os ossos) de outros confrades. Debret explicava isso do seguinte modo: de um lado, esses pequenos caixões – que, segundo ele, ao longo do XIX são feitos com um luxo cada vez mais exagerado – contribuíam para o prestígio da confraria na exposição anual do dia de Finados.

---

5 É o que registra seu diário: *"saturday, Nov. 1 - All-saint's day, which is here kept as a public festival. On this day the relatives of those who have died within the last twelve months send urns of various mterials, and shaped according to fancy, to receive the bones of the deceased, which are taken out of the different cemeteries for that purpose"* (Holman, James. *A voyage round the world, including travels in Africa, Asia, Australia, America, etc. etc. from 1827 to 1832*. Vol. 1, London: Simth, Elter, and Co., 1834, p. 61).

6 *"From an early hour in the mourning until moon, the women and young girls begin praying very fervently for the souls of their deceased relations, and the young gentlemen, who are quite as curious as those in Europe, go to see the young girls pray"* (Pfeifer. Ida. *A Woman's Journey Around The.World*, op. cit., p. 22).

7 "Em resumo, móveis agrupados sobre estrados de diferentes tamanhos e enfeitados de tules ou galões de ouro e prata aplicados em tríplice fileira sobre fundo de veludo preto, carmesim, rosa ou azul-celeste; e tudo cercado por uma infinidade de círios acesos.Junto ao mais rico monumento vê-se um lacaio negro, de libré, cuidar de um suntuosos lustre suportado por elegantes candelabros de gosto moderno. (Debret, Jean Baptiste. *Viagem pitoresca e histórica ao Brasil. Op. cit.*, p. 210).

8 *Idem, ibidem* p. 209.

De outro, era uma oportunidade da família do morto demonstrar publicamente a que ponto ia sua devoção ao defunto, não se furtando a gastos consideráveis. Aqui se evidencia, por conseguinte, uma característica comum à morte das crianças das elites como um todo, que é de servir de instrumento de ostentação, possível pela liberalidade que a cerca.

Não só no dia de Finados podia-se lembrar da criança morta. Os viajantes fazem referência a um instrumento que favorecia a lembrança dos mortos e do qual pode-se dizer que as crianças não estavam excluídas: são as caixas de almas.⁹ Thomas Ewbank (1945), descreve uma delas,

> Perto da porta de uma venda (na Rua Nova do Conde) estava uma cruz de madeira, de um metro e vinte de altura, presa no chão e à qual estava presa uma caixa de esmolas, que apresentava um dos melhores quadros que jamais encontrei. como a caixa era para receber esmolas para as almas, que palavras poderiam de maneira tão viva figurar o tormento dos sofredores, e mostrar que todas as raças e idades estão expostas a eles como uma representação oficial de duas crianças, sendo uma delas negra? Mãe alguma, das vizinhanças, que chore a morte de um filho pequeno, poderá ver, sem comoção, a imagem daquela criança chorando e clamando por alívio para seus tormentos.[10]

Como bem o havia entendido Ewbank, essa caixa, antes de mais nada, deveria servir de receptáculo para as esmolas que seriam convertidas em ofícios dedicados a almas que estavam a padecer tormentos no Além. Essa prática vem em reforço a uma determinada representação da morte já comum há cinco séculos no Ocidente católico, segundo a qual os vivos, por intermédio de missas e orações, podiam interceder positivamente em favor dos mortos que estavam a cumprir pena no purgatório.

---

9 Na Bahia, a existência delas foi notada por James Weetherell em 1856 na Bahia :"*At many of the church doors you see the boxes for the collection of alms from the faithful to release souls from purgatory. To induce such donations the box is generally surmounted by a picture at the purgatory regions, I presume, but as the figures are represented writhing in sulphurious flames, I should have imagined it was a much hotter place than that.*" (Wetherell, James. *Brazil. Stray Notes from Bahia Being Extracts from Letters, & C., During a Residence of Fifteen Years*. Liverpool: Webb and Hunt, 1860 p. 112).

10 Ewbank, Thomas. *A Vida no Brasil*. Op. cit., p. 215.

No entanto, a despeito de reeditar uma concepção já tradicionalmente enraizada no imaginário fúnebre, essa caixa, particularmente, parece trazer uma novidade bastante importante. Conforme a descrição de Ewbank, ela representa crianças aguardando absolvição no fogo redentor daquele que é provavelmente o purgatório, uma vez que a ajuda dos vivos é de tão grande valia. O costume de recolher dinheiro segundo este pretexto mostra, de um lado, que a Igreja, por intermédio deste instrumento, assumia uma postura conflitante com a concepção de infância revelada pelo comportamento popular em relação à morte da criança. Ela anuncia uma concepção de morte que, diferentemente do que vimos da conduta leiga através das descrições, não separa a morte adulta daquela da criança. Como notara Ewbank, a Igreja estava a alertar que as penas do Além chegam indistintamente segundo raça e idade. Em consequência dessa disposição, os representantes eclesiásticos entravam em franco desacordo com a crença popular na qual a criança tinha sua salvação garantida. Como já era exigido para os mortos adultos, essas autoridades, vislumbrando talvez o que isso poderia representar em termos de receita, criam temores, cautelas e cuidados onde (em termos ritualísticos, bem entendido), predominavam as certezas reconfortantes juntamente com as necessárias (quase obrigatórias) comemorações e homenagens.

Resta, ainda, o mais importante. Como já foi dito, uma ideia bastante recorrente que os viajantes tiveram dos funerais de "anjinho" é que essas práticas seriam sintomas de um certo menoscabo em relação à criança, desprezo este que se revelaria pela ausência de elementos que expressassem o sofrimento que esse evento deveria dar lugar, tal como assim o entendiam estes estrangeiros. Vimos, não obstante, que os próprios relatos desses rituais constantemente nos informam de uma conduta que, ao contrário do que estes avaliaram, torna patente um apreço bastante significativo pela criança: ficou evidente, nas descrições dos múltiplos momentos em que se desdobra esse conjunto de gestos, um zelo intenso (como as das mães, livres e escravas, que depositam seus filhos mortos nas rodas), muitas vezes assumido segundo um investimento exagerado em todos os detalhes de que nos restaram testemunhos, dos cuidados com a mortalha e os adereços que a acompanham, até o asseio com que eram cuidados os espaços onde eram sepultadas.

Ora, a expectativa do compadecimento das mães por parte da Igreja que agia por meio da caixa desfaz a crítica dos viajantes sobre o desdém dedicado às crianças entre os brasileiros. Ainda que a imagem constituinte da caixa vinculava da morte infantil contrariasse frontalmente a concepção comum entre os brasileiros, ela evidenciava a disposição destes para com este assunto, uma vez que a Igreja entreviu nesse tema um canal eficaz para angariar dividendos. A eficiência da caixa dependia (e por isso é uma confirmação) da importância que a criança, em particular frente aos problemas relacionados à sua morte, assumia junto à população da corte, uma vez que mostra que a simples alusão a esse assunto assegurava a compaixão e a justa contribuição daqueles que por ali passassem. À Igreja brasileira estava claro o que aos viajantes fora impossível atinar, a despeito, como vimos, das inúmeras oportunidades que lhes foram dadas: que as práticas e representações da morte infantil entre os brasileiros não eram resultado de um fraco apreço pela criança, mas ao contrário, tratava-se do fato de que essa determinada concepção de morte infantil tornava mais toleráveis os traumas e os pesares que a ocorrência de sua morte propiciava. Mais ainda, a conduta do episcopado brasileiro, fazendo uso da caixa, assinala que essa notável preocupação para com a criança a tal ponto estava presente nas atitudes que cercavam a sua morte que somente por meio da mobilização desse desvelo é que seria possível uma mudança no imaginário fúnebre infantil no Brasil.

Elementos novos dão testemunho de uma postura diferenciada para com a criança morta no sentido de uma participação maior na lembrança dos vivos: o cemitério e a fotografia dos parentes mortos. Ao lado de uma preocupação que se volta à vida pós-morte e às prerrogativas numinosas da criança morta, esses novos comportamentos representam a emergência de uma motivação às vezes mais forte: a crescente valorização da expressão dos sentimentos que unem a família nuclear e uma importância maior e sobretudo mais individualizada da criança nesse círculo. Como tivemos oportunidade de constatar, o cemitério será o instrumento principal e mais perene dessa nova sensibilidade, visto que este se assume como o espaço por excelência da manifestação do amor familiar (função esta que teremos oportunidade de retomar no capítulo referente aos discursos). A nova necrópole, consolidando e tornando mais frequente o costume das visitas periódicas, são reflexo e fomento da participação dos mortos nas memórias dos vivos. Essa mudança vale particularmente para a criança que, sob um novo estatuto, concorre (em um determinado momento com vantagem mesmo) com os adultos como alvo das homenagens póstumas.

O outro testemunho de novos materiais e condutas a pontuar as atitudes face à criança morta, nos é oferecido pelas fotografias de crianças mortas. Analisamos aquelas prodizidas pelo fotógrafo Militão Augusto de Azevedo nas décadas de 1860 e 1880 na cidade de São Paulo e que pertencem ao acervo inconográfico do Museu Paulista. A primeira observação a respeito desse material é que, com a fotografia, a criança morta vai se valer de um novo instrumento para perpetuar-se na memória dos seus. Essa invenção, que teve papel imponderável sobre a manutenção e divulgação da memória familiar, trouxe já nos primeiros anos de sua difusão um uso que até hoje se conserva em alguns lugares. Trata-se do costume de se fotografar os membros mortos da família, antes de serem enterrados, para que estes possam compor, também, o álbum de família.[11] Naquele momento, são principalmente as crianças o objeto principal dessa prática. A razão mais imediata dessa preferência está relacionada, como é possível apreender pela propaganda que naquela época fazem os profissionais da câmara escura,[12] ao fato de que essa era a única e última oportunidade de registrar a imagem desses que partiram. De outro modo, eles não poderiam garantir sua presença no álbum familiar e assim registrar sua (cada vez mais valorizada e individualizada) passagem pela linhagem. Considerar essa motivação nos permite avaliar melhor os significados possíveis desta prática. Vejamos.

Das imagens que tivemos acesso (figuras 14 a 23), podemos dizer que, ainda que se encontrem diferenças entre si, apenas pelo registro fotográfico não foi possível inferir mudanças. Não obstante, comparando esse *corpus* com os dados que levantamos

---

[11] Como lembra Ana Maria Mauad, "*Fotografias de pessoas mortas, inclusive de crianças, não eram raras nos álbuns familiares. Apresentavam-se, geralmente, em formato* carte-de-visite, *trazendo algumas inscrições aludindo, no verso da imagem, a morte do ente querido.*" (Mauad, Ana Maria. A vida das crianças de elite durante o império. In Del Priore, Mary (org). História das crianças no Brasil. São Paulo: Contexto, 1999, p. 137-191).

[12] "*Photography was introduced to Peru in 1842 and since few families had previously been able to afford handmade likenesses of their beloved ones, there was a backlog of portraits to be made. Those who died in this early period were frequently photographed for the first time during the preparations for the funeral service and this established a precedent which was followed throughout the remainder of the century*" [McElroy, Keith. Death and Photography in Nineteenth Century Peru. In Fuente, Beatriz de la (coord.). Arte funerario. Coloquio International de Historia del Arte. Mexico, D. F.: Universidad Nacional Autônoma de México, 1987, vol. II, p. 279].

no conjunto da documentação, ficam claros a permanências e as mudanças que a fotografia troxe para o conjuto das atitudes em relação à morte menina.

No que se refere aos elementos tradicionalmente ligados à morte infantil, deve-se assinalar em primeiro lugar que o fato de ser a morte a principal e, muitas vezes, a única oportunidade em que a criança é fotografada, torna evidente do fato de ser a morte ainda um dos momentos mais importantes em que se manifesta o apreço pela criança. Em segundo, o fato destas serem fotografas logo após saírem da toalete funerária, arrumadas e prontas para o funeral, deixa claro qual é a ocasião específica do registro e reforça a constatação de que a celebração da morte infantil é vista como um acontecimento de grande importância. Desta forma, os pais poderiam perenizar, por meio do recurso fotográfico, a oportunidade tão valorizada nos cortejos de expor orgulhosamente os seus pequenos defuntos esmeradamente preparados. Com efeito, grande parte das fotografias são feitas com as crianças amortalhadas em seus caixõezinhos e com todos os adereços tradicionais (figuras 15, 16, 17, 19, 20, 21 e 22). Em terceiro, podemos assinalar a presença recorrente de elementos tradicionalmente associados à forma como se concebia a criança morta: a mortalha virginal (a melhor discernível é a figura 19) o uso do branco na mortalha (figura 18) e nos caixões (20 e 22), a presença da coroa de flores (figuras 15, 16, 17, 19, 20, 21 e 22), o ramalhete de flores (melhor identificável nas figuras 16, 18 e 23) e rendas, entre outras coisas.[13]

No entanto, principalmente no que se refere a essa última constatação, fica claro que outros novos significados estão presentes nessa manifestação das práticas fúnebres infantis. Em primeiro lugar, devemos lembrar que a motivação desses registros feitos quando da morte da criança se ligando ao fato de ser esta a última oportunidade de conservar sua imagem, visto que em muitos casos isso ainda não tinha sido feito, bem como o fato de que a fotografia era um artefato

---

13 Patrícia Lavelle, em seu estudo sobre os usos da fotografia no Brasil do século XIX, enfatiza o aspecto tradicional da morte menina nas fotos das crianças mortas. Segundo ela "*A imagem, mórbida estranha, não era incommum na segunda metade do século passado. Era costume fazer retratar os 'anjinhos', isto é, as crianças que morriam pequenas, antes dos sete anos, ou então as jovens virgens, antes de casar. Por trás deste estranho hábito, delinea-se todo um culto da morte precoce, que tem o seu início ainda nos tempos coloniais com a idealização da criança morta, o 'anjinho'*". (Lavelle, Patrícia. *O Espelho Distorcido: imagens do indivíduo no Brasil oitocentista*. Belo Horizonte: Editora da UFMG, 2003, p. 83).

consideravelmente custoso à época. Sendo assim, a preparação do cadáver, a escolha da posição em que este era fotografado e demais cuidados, estão também relacionado ao objetivo de guardar a imagem do indivíduo de forma a mais próxima de quando este vivia, contornando desta feita a transformação que a morte já se encarregara de iniciar. Com efeito, muitas imagens, diferentemente das outras, procuram, senão esconder, ao menos suavizar os indícios de que o retratado era uma criança morta (fossem biológicos, fossem aqueles relacionados os elementos ritualísticos, caixão, coroa etc.).

Esso é o caso da menina fotografada em 1878 no Rio de Janeiro no estúdio de Pacheco, Menezes & Irmãos (figura 18) que se encontra no Museu da Casa Benjamim Constant.[14] A imagem obtida, cria a ilusão imediata de que a retratada encontra-se em sono profundo. Em trajes mundanos, deixa-se que apenas a cor do vestidinho, o ramalhete à mão e o rigor do corpo nos precisem a informação. Essa impressão é, de certa forma, acentuada na fotografia de Olga Marcondes de Matos (figura 23) produzida pelo estúdio de De Nicola em 1895. Tal como a anterior, só a cor do vestido e o ramalhete de flores, além uma fita para segurar as pernas da criança, permitem saber que se trata de um cadáver. No entanto, aqui a criança encontra-se sentada e com os olhos abertos, confundindo o máximo o observador. Essas imagens não dixam dúvida de que a intenção era recuperar o aspecto da criança de quando esta era viva.

Outra fotografia (mais antiga analisada aqui, de 1865 – figura 14), produzida por Militão de Azevedo e constante do Acervo do Museu Paulista, nos oferece a mesma impressão que as anteriores, embora também sinalize para novas atitudes em relação à morte infantil. Nesta, a estratégia implicou, não só retirar da criança qualquer elemento simbólico (fora a roupinha branca) que a associe com a morte, mas também em fotografá-la no colo de um adulto (sua mãe, presume-se). Não obstante, é a ele que cabe informar a condição da criança: isso faz através da roupa escura que nos remete ao luto, e, sobretudo pelo olhar grave que dirigido à criança. Percebe-se também que a mãe é a figura central da imagem (a propósito, o foco da lente está sobre seu rosto). Esses elementos apontam inquestionavelmente para tudo o que há de novo nessa prática.

---

14 Essa imagem encontra-se reproduzida em Lavelle, Patrícia. *O Espelho Distorcido, op. cit.* p. 92.

Apesar desse esforço em fazer parecer que a criança está viva nos faça recordar da procissão fúnebrebre relatada a Ewbank (em que a criança ia de pé), outros significados fazem-se presentes: agora não se trata mais de preparar o defunto de forma que, visível a todos, manifeste o novo estatuto da criança, e sim de celebrar os valiosos sentimentos familiares. No final das contas, são estes valores e não só o "anjinho", os reverenciados.

# Parte III
## Discursos sobre a morte menina

# 5. O discurso eclesiástico e leigo sobre a morte infantil

# O discurso eclesiástico

O discurso da Igreja acerca da morte infantil analisado neste item esteve presente quase exclusivamente nos manuais e compêndios eclesiásticos os quais, se não foram produzidos no século XIX, estiveram em vigor e foram republicados durante esse período, fato já observado ao longo da tese. Além disso, a análise do que o clero português e brasileiro escreveu sobre a criança morta nessa documentação se faz imprescindível, uma vez que foi isso que serviu de base para a regulamentação das práticas fúnebres estudadas na segunda parte da tese. De fato, as passagens que manifestam crenças sobre a morte da criança, via de regra, aparecem apenas como rápidas justificativas para as prescrições rituais emitidas nessa documentação. O resultado disso é a escassez e fragmentação da informação, as quais, se já são marcantes no discurso sobre a morte adulta, no caso da morte da criança se fazem sentir com mais força. Em todo caso, o conjunto das menções recolhidas sobre o objeto demonstra um entendimento determinado que conjuga duas ideias principais: a exigência do batismo para a salvação espiritual da criança que morre e o entendimento de que ela é incapaz de pecar e, por conseguinte, está em melhores condições de ingresso entre os eleitos. Essa visão, como veremos, se na maior parte das vezes se resolve na crença de um lugar específico para as crianças que morrem sem o batismo, o "limbo das criancinhas", ao não assumir uma resposta definitiva sobre o destino da criança que morre sem a unção, em alguns momentos relativiza a necessidade da mesma. Esse jogo entre visões nem sempre complementares traduziu, a seu modo, a realidade histórica em que a instituição do clero se encontrava quando da produção e circulação desses escritos, conforme discutimos no início do trabalho: as orientações conciliares, o regime do Padroado, as precárias condições materiais e de efetivos e as exigências do sistema escravista de monocultura agro-exportadora.

Na documentação eclesiástica que circulou e vigorou nas sociedades estudadas, a maioria das vezes em que é mencionada a morte da criança, é por ocasião das orientações sobre o sacramento do batismo. A estreita relação entre esse dois assuntos já se manifestava na segura recomendação constante no *Compendio da Doutrina Christã na Lingua Portuguesa e Brasilica* do jesuíta João Fellipe Bentendorf, escrito no século XVII e republicado em 1800, de que "não aconteça morrer alguma criança sem bautismo quando o poderá receber e ir ao Ceo".[1] De modo idêntico se manifestam as *Constituições Primeiras*,[2] escritas em 1707 e republicadas e ainda em vigor em 1853, nas quais se reafirma a necessidade do batismo para que a criança que morria fosse salva:

> devem os pais ter muito cuidado em não dilatarem o Baptismo a seus filhos, porque lhes não succeda sahírem desta vida sem elle, e perderem para sempre a salvação (...) Como seja muito perigoso dilatar o Baptismo das crianças, com o qual passão do estado de culpa ao da graça, e morrendo sem elle perdem a salvação, mandamos, conformando-nos com o costume universal do nosso Reino, que sejão baptizadas até os oito depois de nascidas.[3]

Tendo em vista, por conseguinte, a importância desse sacramento no entendimento que as *Constituições* tem da criança que morre, é por meio deste assunto que podemos entender melhor as representações da morte menina veiculadas por essa legislação. Um primeiro ponto a assinalar é a convicção de que a morte após o batismo, caso não haja pecado mortal, é garantia de salvação: "por este Sacramento de tal maneira se abre o Ceo aos baptizados, que se depois do Baptismo recebido morrerem, certamente se salvão, não tendo antes da morte algum peccado mortal".[4] Inversamente, a segunda certeza é a falta desse sacramento (ou de seus substitutos) implica irremediavelmente na perdição da alma:

---

1 Betendorf, João Felippe. *Compendio da Doutrina Christã na Lingua Portuguesa e Brasilica*. Lisboa: Offic. de Simão Thaddeo Ferreira, 1800, p. 116.

2 Vide, D. Sebastião Monteiro da. *Constituições Primeiras do Acerbispado da Bahia Feitas e Ordenadas pelo Reverendíssimo Senhor D. Sebastião Monteiro da Vide, 5º Arcebispo do dito Acerbispado, e do Conselho de Sua Magestade: Propostas e Aceitas em o Synodo Diocesano, Que o Dito Senhor Celebrou em 12 de Junho do Anno de 1707*. São Paulo: Typographia 2 de Dezembro, 1853.

3 *Idem, ibidem* p. 13 e 14, § 35 e § 36.

4 *Idem, ibidem* p. 13, § 34.

> Quanto a necessidade, e importância deste Sacramento devemos crer, e saber, que é totalmente necessário para a salvação, e em tal fórma que sem se receber na realidade, ou, quando não possa ser na realidade, ao menos no desejo, arrependendo-se com verdadeira contrição de seus peccados, com propósito firme de se baptizar tendo occasião para isso, ninguém se póde salvar, conforme o texto de Christo Senhor Nosso (...) [grifo meu][5]

Se já sabemos da necessidade do batismo para a salvação da criança, aqui fica evidente que este é necessário para todos, não se distinguindo, nesse aspecto, a morte da criança da morte dos demais. Por ora, interessa saber o que a universalidade do batismo nos informa sobre esse entendimento sobre o ser e morrer criança no discurso eclesiástico. Sobre o batismo, as *Constituições* afirmam ainda o seguinte: "Causa o Sacramento do Baptismo effeitos maravilhosos, por que por elle se perdoarão todos o peccados, assim original, como actuaes, ainda que sejão muitos, e mui graves".[6] Ainda que de forma vaga, essa passagem nos adianta o entendimento que se tem acerca da ação do batismo: cabe a ele expiar os pecados (excetos os mortais), promovendo dessa via a salvação. Disso tudo se deduz uma visão de que a criança também tem pecados e, sem o sacramento purificador, não pode se salvar. Nesse sentido, bastante esclarecedor é o *Compendio de Doctrina Christãa*, de Luis de Granada, de 1789, publicado pela Universidade de Coimbra e cujo exemplar se encontra na Biblioteca Nacional.[7]

Em primeiro lugar, o autor, tal como nos ensinam as *Constituições*, afirma que a salvação da criança é algo que depende do batismo: "Pois certo he, que nam podem vir a Christo os mininos, senam pelo baptismo, e nam podem deyxar de perecer, se nam sam baptizados".[8] Em seguida, por meio de Santo Agostinho, o autor explica, mais detidamente, a condição da criança quando vem ao mundo e que justifica a exigência do batismo:

---

5 Idem, ibidem p. 13, § 35.

6 Idem, ibidem p. 13, § 34.

7 Granada, Luis de. *Compendio de Doctrina Christãa*. Coimbra: Real Officina da Universidade, 1789 p. 292.

8 Granada, Luis de. *Compendio de Doctrina Christãa*. Op. cit., p. 292.

> E se algum perguntarsse como cream os mininos novamente nascidos? Respondemos com Sancto Agustinho, que os taes creem porém por outros, como também pecam por outros. E que a fee alhea aproveyte a outros, parece claro pelo Evangelho: onde pela fee que outros tiverão, perdoou o Senhor os peccados a hum paralitico. Desta maneyra recebe o Senhor em tua graça e em sua fee ao minino, que nam entende nem sabe falar, pela fee e confissam da ygreja e de seus padrinhos.[9]

Segundo sua explicação (é interessante atentar para a ordem desse raciocínio), assim como se sabe que a criança crê e é salva por meio da fé de seus pais, que a manifestam batizando os seus, é também verdade que ela chega mundo já maculada por meio dos pecados também de seus progenitores. Não obstante, é importante notar que a culpa pela condenação infantil, no caso dos bebês mortos sem batismo, é transferido de nossos primeiros pais para nossos pais imediatos, uma vez que, ter filhos, é estender a outrem nossas próprias culpas. Quando se furta em batizar a prole – unção que, de uma só vez, absolve a criança e livra os pais da responsabilidade pelo mal estado espiritual daquela – a essa primeira culpa, somam-se outras, talvez mais graves: além de impedir a salvação plena de seus filhos, privam Deus de uma companhia da qual ele faz especial questão. Por conseguinte, pecam gravemente. Para nós, essas observações são importantes, porque disso tudo decorre, ainda que de maneira indireta, uma associação entre a salvação da criança e a salvação dos pais, sendo que a segunda está implicada no cuidado com a primeira. Essa relação seria uma postura invertida (e negativa) de uma associação mais comum entre os leigos (da qual falaremos melhor no item seguinte), – que faz parte de uma concepção em que à criança é atribuído um papel de intercessora em favor de seus pais junto às autoridades celestiais.

Outra obra que também circulara por aqui parece seguir a mesma linha: é o manual de bem-morrer, *Praticas Exhortatórias para Socorro dos Moribundos*, de 1802, escrito pelo monge camiliano Bernardo José Pinto de Queirós.[10] Tal orientação se

---

9 *Idem, ibidem*, p. 292.

10 Queirós, Bernardo José Pinto de. *Praticas Exhortatórias para Socorro dos Moribundos ou Novo Ministro de Enfermos composto pelo padre José Bernardo Pinto de Queirós Religioso da Ordem de S. Camilo.* Lisboa, na Typografia Rollandiana, 1802.

revela em algumas argumentações que fazem parte da reflexão/oração que deve ser feita por quem está para morrer: "Eu, Senhor, fui concebido entre iniquidade, e minha mãe me concebeu em peccado".[11] Mais adiante, lembra ao morimbundo que este é: "homem infeliz nascido em peccado, concebido em peccado"[12] e que,

> ainda antes de saber peccar, já era peccador; fui vosso inimigo, antes de principiar a conhecer-vos, digno de vossa ira, antes que tivesse nem vontade, nem habilidade para fazer acções desagradaveis a vossa Divina magestade. Do ventre de minha Mai trouxe comigo a corrupção daquelle peccado, que me da uma grande repugnancia para o bem e uma propensão fortíssima para o mal.[13]

Como se vê, assim como Granada, o autor se preocupa em mostrar, com bastante eloquência, que já chegamos ao mundo em débito para com Deus (somos inimigos dele) e isso decorre, principalmente, da ação de nossos pais. De fato, a responsabilidade dessa condição é também atribuída a nossos pais diretos, mas Queirós, diferentemente de Granada, especifica o (ou um dos) pecado que herdamos de nossos pais: o sexo. A partir disso, é possível reaproximar um pouco mais diretamente essa explicação daquela que envolve o pecado original: seguindo autores como Edgard Morin[14] em sua sociologia da morte, é estreita e evidente a representação alegórica que o mito da expulsão do paraíso faz do advento do sexo, e de sua maior consequência, a morte. Santo Agostinho, por exemplo, acreditava que era por meio da concupiscência que o pecado original se transmitia infalivelmente a todo o gênero humano.[15] Disso que foi até agora exposto, fica evidenciado uma

---

11 *Idem, ibidem*, p. 98.

12 *Idem, ibidem*, p. 102.

13 *Idem, ibidem*, p. 101.

14 Segundo Morin, "*O judaísmo, através de Cristo, traz portanto um 'arquétipo' da relação homem-Deus em que se cristaliza a culpabilidade, ela própria momento fundamental do progresso da consciência individual. O cristianismo centrará toda esta culpabilidade no problema da morte e com ele restaurará sua salvação. A morte não é mais que o castigo do pecado, isto é do ato sexual*[grifo do autor]."(Morin, Edgar. *O Homem e a Morte*. Rio de Janeiro: Imago Editora, 1997, p. 212).

15 *Dictionnaire de Théologie Catholique Contenant L'Exposé des Doctrines de la Théologie Catholique Les*

postura em que a criança está longe de ser vista enquanto um ser cuja salvação está assegurada. Em outras palavras, essa concepção não parece atribuir ou mesmo restringir a uma condição natural da criança este estado de pureza espiritual com o qual alguns indivíduos (dentre aqueles que receberam o batismo, bem entendido) têm o privilégio de morrer: se ela morre em "estado de graça" e tem o céu garantido, isso se deve apenas às condições peculiares de sua morte, que, com bastante frequência, ocorre após seu nascimento e, como se espera, de seu batizado. Como já discutimos na abertura da tese, as decisões do Concílio de Trento tiveram forte influência na forma como se orientariam as *Constituições*, e é a interpretação tridentina da morte infantil a utilizada a respeito do assunto. Um livro escrito à época das *Constituições*, o já citado *A arte de criar bem os filhos na idade da puerícia*, do jesuíta Alexandre de Gusmão,[16] manifesta claramente a posição do Concílio de Trento sobre a morte infantil: segundo ele, "é certo e de fé, definido no concílio tridentino, que os meninos inocentes que morrem logo depois do batismo, sem terem uso de razão vão logo direto ao céu, sem passarem pelo purgatório".[17]

Esse fragmento nos mostra, ainda, um outro ponto importante na forma com que a Igreja pós-Trento, encara a criança morta e o papel da razão nesse entendimento. De fato, ao lado dessa tendência em salientar que a criança para ser salva necessitaria, assim como os adultos, expiar seus pecados, a todo momento o discurso eclesiástico ressalta aspectos que distinguem a criança e sua morte dos adultos. A já citada obra do padre Granada, de 1789, ao justificar o batismo para a salvação da criança deixa entender a existência de um interesse especial por parte de Deus em relação às crianças mortas: "Christo abertamente disse. Deixay aos pequeninos vir a mi: porque dos taes he o reyno dos Ceos. E noitra parte disse. Nan tem vontade meu pai que perca hum desses pequeninos".[18] As *Constituições Primeiras*, aqui e ali, oferecem elementos que permitem vislumbrar um entendimento da morte infantil na qual prevalece a ideia de que o indi-

---

*Preuves et Leur Histoire*. Tome douzième, première partie, Paris VI: Librarie Letouzey et Ané, 1933, p. 379.

16 Gusmão, Alexandre de. *Arte de criar bem os filhos na idade da puerícia*. Edição, apresentação e notas Renato Pinto Venâncio, Jânia Martins Ramos. São Paulo: Martins Fontes, 2004.

17 *Idem, ibidem*, p. 107.

18 Granada, Luis de. *Compendio de Doctrina Christãa*. Op. cit., p. 292.

víduo (limpo do pecado original pelo batismo), não tendo o uso da razão e, por conseguinte, incapaz de pecar, conserva a situação que adquire com o batismo – o chamado "estado de graça"[19] – e, como tal, tem sua salvação assegurada. Nas *Constituições*, um dos sintomas desse entendimento é a dispensa/proibição que é feita às crianças em relação aos sacramentos fúnebres,[20] conforme constatamos na segunda parte do livro. Nesse sentido, a leitura do que as *Constituições* dizem a respeito dessas cauções espirituais confirma aquilo que está expresso no livro do padre Gusmão.

Sobre o sacramento da penitência, elas nos dizem os seguinte:

> É o Sacramento da Penitência a segunda taboa depois do naufrágio: porque tanto que um homem baptizado naufragou pela culpa mortal, perdendo a graça de Deos, que no Baptismo tinha recebido, não lhes resta outro remédio para se salvar neste naufrágio, mais do que esta taboa do Sacramento da Penitência, confessando inteiramente, e com dor os seus pecados ao legítimo Ministro, e alcançando por este meio a absolvição delles.[21]

Quando nos recordamos do que as *Constituições* nos informam sobre o batismo, constatamos que as duas unções têm essencialmente a mesma função, a de limpar os pecados, com a ressalva de, como já se disse, caber ao batismo o perdão do pecado original, uma vez que ele é o primeiro desses sacramentos. Se isso explica a semelhança entre o batismo e essa importante unção fúnebre, nos

---

19 As *Constituições* lembram que é "*perigoso dilatar o Baptismo das crianças, com o qual passão do estado de culpa ao da graça, e morrendo sem elle perdem a salvação*" (Vide, D. Sebastião Monteiro da. *Constituições Primeiras do Acerbispado da Bahia, op. cit.*, p. 14, §36).

20 Vimos também que essa postura se manifestava muitas vezes na forma de uma certa permissividade ou, melhor dizendo, numa gravidade bastante atenuada com que se encarava a morte infantil em comparação à adulta. Basta lembrar que muitos elementos, em geral associados à praticas festivas e quiçá profanas e que eram terminantemente proibidas nos funerais de adulto, tem seu uso abertamente tolerado pelas autoridades eclesiásticas: esse é, por exemplo, o caso do largo uso do braço e da coroa (que a população insiste em estender às virgens e solteiros), como também do uso do chamado guião nas procissões, autorizado apenas em festas e funerais de "anjo".

21 Vide, D. Sebastião Monteiro da. *Constituições Primeiras do Acerbispado da Bahia, op. cit.*, p. 54, §123.

comentários das *Constituições* sobre os sacramentos aplicados no leito de morte fica explícita a relação entre ausência da razão e salvação da criança. Com efeito, é a existência ou não dessa característica o que é considerado sempre que são feitas exceções às proibições às crianças dos cuidados rituais importantes para o bom encaminhamento da alma. As *Constituições* se pronunciam do seguinte modo sobre a administração do sacramento da confissão:

> todo o fiel Christão assim homem, como mulher, tanto que chegar aos annos da discrição, que regularmente são os sete annos, e antes delles, tanto que tiver malícia, e capacidade para peccar, é obrigado, sob pena de pecado mortal, a se confessar inteiramente".[22]

O mesmo se passa com outro procedimento fúnebre fundamental, ao qual as crianças são proibidas, o sacramento da extrema-unção, que as *Constituições* recomendam a "todos os fieis Christãos, que tiverem discrição, e malícia para pecar".[23] Aqui fica clara a relação entre discrição, malícia e capacidade de pecar, atributos cuja ausência define a criança.

O manual de bem morrer do padre Bernardo José Pinto de Queirós, *Praticas Extortatorias*, de 1802, confirma essa interpretação de que a criança, por ser incapaz de pecar, está mais apta a salvar-se. De fato, aqui o "estado de inocência" das crianças é usado como referência para a boa morte cristã:

> Para vós, meu irmão, formardes huma idéa do grande benefício que acabais de receber, deveis lembrar-vos do estado de innocência, do estado de culpa, e do estado de graça".[24]

---

22 *Idem, ibidem*, p. 59, §139.

23 *Idem, ibidem*, p. 82, §196.

24 Queirós, Bernardo José Pinto de. *Praticas Exhortatórias para Socorro dos Moribundos ou Novo Ministro de Enfermos composto pelo padre José Bernardo Pinto de Queirós Religioso da Ordem de S. Camilo.* Lisboa, na Typografia Rollandiana, 1802, p. 30.

Mais adiante, completa:

> Elle tambem sem duvida vos receberá em sua Celestial casa, e movido da mais tenra compaixão vos adornara com a candida stola da graça, de sorte que vossa alma ficará tão resplandecente, como quanto esteve no antigo estado de innocencia.[25]

Adiante ainda, o autor volta a falar dos benefícios do sacramento da confissão àquele que está para morrer: "Elle não ó purifica a sua alma mas tambem a adorna de tal modo, que vence no candor a de muitos innocentes".[26]

No quadro das muitas imprecisões e algumas incertezas que permeiam os comentários sobre os estados da alma, um aspecto nos aparece mais claro para ponderarmos a respeito da concepção de infância e de morte infantil veiculada pela Igreja e o papel do batismo nesse painel: a equivalência entre o "estado de inocência" e o "estado de graça". Ora, conforme nos mostra passagem citada acima, a estratégia que o padre Queiroz utiliza para convencer quem quer que esteja reticente quanto a receber o sacramento da penitência (prêmio para quem se confessa) é exatamente convidá-lo a lembrar da alma "resplandecente" daqueles que se encontram no "estado de innocência": é essa a nova condição de quem, por intermédio dos sacramentos fúnebres, recebe de Deus a "cândida estola da graça". Fiando-se na eficácia desse paralelo, mais adiante o autor chega a afirmar, de forma bem afeita a uma postura incisiva de convencimento, que a candura da alma daquele que morre devidamente sacramentado chega a superar a de muitos inocentes. Disso tudo é possível concluir que a condição espiritual e (por conseguinte) o destino pós-morte da criança batizada são o mesmo do adulto que se prepara adequadamente para uma morte cristã: o "estado de graça" não é mais do que um retorno ao "estado da innocência". Em última instância, pode-se afirmar que, no discurso do clero, a morte da criança batizada, livre de pecado, é a grande referência à boa morte: morrer bem é morrer criança.

Conhecemos, pois, os dois pontos principais a partir dos quais era pensada a morte infantil: a necessidade do batismo para a salvação plena e a crença de que a

---

25 *Idem, ibidem*, p. 37.

26 *Idem, ibidem*, p. 112.

criança que morre está propensa a salvar-se, uma vez que seria incapaz de pecar. A questão agora é saber, no quadro escatológico esboçado pelo discurso eclesiástico aqui no Brasil, qual destino esperava essas crianças. Segundo o que até agora foi analisado já sabemos que a salvação, isto é, a possibilidade de usufruir as delícias do paraíso terrestre estava vetado àqueles que morriam sem este sacramento. Mas, como mostraremos, o único escrito eclesiástico que faz alusão sobre os lugares do Além é o *Compendio da Doutrina Christã* do padre João Felippe Bettendorf, original do século XVII e reeditado no início do XIX. Na forma de diálogo, o autor nos ensina o seguinte:

> *M. Quantos lugares ha no centro da terra que servem de morada as almas?
>
> D. São quatro. O Inferno, o Purgatorio, o Limbo dos mininos e o Limbo dos Santos Padres.
>
> *M. Que cousa he o Inferno?
>
> D. He hum incendio de fogo inextinguivel; e lugar horribilissimo das pernas, e tormentos eternos dos diabos, e dos que morrêrrão em peccado mortal.
>
> *M. Que cousa he o Purgatorio?
>
> D. He hum fogo grande algu tanto por cima do inferno, em que estão as Almas Santas dos que morrêrrão em gràça, satisfazendo por seus peccados pelos quaes não satisfizerão inteiramente neste mundo.
>
> *M. Que he o Limbo dos mininos?
>
> D. He uma caverna obscura por cima do Purgatório em que estão os mininos que falêcerão sem bautismo.
>
> *M. Que cousa he o Limbo dos Santos padres, ou Seio de Abrahão?
>
> D. He uma caverna por riba do Limbo dos mininos em que estavam antiguamente as almas dos Santos Padres antes que Christo Senhor nosso as livrasse delle.[27]

Com efeito, como podemos observar pela leitura da passagem, as crianças sem batismo vão para um lugar em separado dos demais pecadores: o "Limbo do mininos". O autor não se detém a descrever como seria esse local e que temos é apenas uma breve menção sobre a localização topográfica do mesmo. Situando-o dentro do

---

27 Betendorf, João Felippe. *Compendio de Doutrina Christã*. p. 48-50.

conjunto de lugares que servem de abrigo às almas dos mortos localizados no centro da terra, temos, de baixo para cima, a seguinte disposição: Inferno, Purgatório, Limbo dos Meninos, Limbo dos Santos Padres. Como se vê, o limbo dos meninos se situa, nessa hierarquia, no segundo lugar, perdendo apenas para o Limbo dos "Santos Padres". O que concluir disso? Em primeiro lugar, considerando universo da sensibilidade e condutas frente à morte infantil, estamos diante do correspondente topográfico/escatológico daquela relação existente entre a ideia de batismo (e da mácula do pecado original) e de uma certa concepção de infância. Vimos que esta, no nível das práticas, se reflete na exclusividade do batismo frente aos outros sacramentos. Lembramos também que ao que se refere à ponderação das condições espirituais das crianças, essa relação resulta numa postura que, apesar, de igualá-las aos demais mortais que ainda estão manchados pelo pecado original, reconhece nelas uma natureza peculiar que as impede de pecar. O ponto final dessa sensibilidade é, de fato, o "limbo das criancinhas", uma vez que, ao vetar a entrada do Paraíso celeste à criança sem batismo em igualdade a todos os que carregam o primeiro pecado, não as destina, porém, ao mesmo lugar desses últimos. Nesse ponto, já é possível se ponderar que não apenas às crianças é reservado um lugar em separado como este se encontra em situação privilegiada, demonstrando uma concepção em que a criança é vista de um modo singularmente positivo.

    Essas constatações e as demais passagens do texto citado exigem algumas mos explicações, que ele sozinho não nos oferece. Um complicador é o fato de que estamos diante do único texto que teve circulação aqui que sabemos que menciona o tema. Por conseguinte, se faz indispensável obtermos maiores explicações sobre do que se tratam os outros "lugares do Além" a que o autor faz referência, com a finalidade de entender melhor os significados do que é apresentado, bem como de tentar retraçar os sentidos historicamente presentes nessa visão, em especial desse lugar específico na topografia escatológica que é o limbo. Como não tivemos notícia de nenhum trabalho consagrado especificamente ao tema, o estudo que, tangencialmente, oferece mais informações sobre o assunto é o célebre trabalho de Jacques LeGoff, *O Nascimento do Purgatório*.[28] Além disso, esse texto é importante para nós também pelo fato que aborda os outros lugares aos quais o texto de

---

28 Le Goff, Jacques. *O Nascimento do Purgatório*. Lisboa: Editorial Estampa, 1993.

Bettendorf faz referência. O historiador francês, ao analisar os escritos medievais sobre a geografia pós-morte, nos informa que a origem do que haveriam de ser os limbos está relacionada à divulgação, durante a Idade Média, de um certo episódio por meio de um evangelho apócrifo, o Evangelho de Nicodemo. Segundo esse texto, Jesus, quando descer aos infernos e os fechar para sempre com os sete selos, irá tirar de lá os justos (patriarcas e profetas) que, por serem anteriores à sua vinda na terra, morreram sem o batismo.[29] Esse lugar, segundo Le Goff, aparece em outros textos sob a denominação de "seio de Abraão".[30] Não obstante, Le Goff observa que a existência de um lugar específico para aqueles que morrem sem batismo dividiu opiniões: Santo Agostinho, por exemplo, prega não só a impossibilidade da salvação sem o batismo, como nega a existência de um lugar intermediário de repouso e felicidade para as crianças que morriam sem ele, conforme acreditavam os pelagianos.[31] Em todo caso, o autor mostra que as primeiras referências aos limbos é con-

---

29 "Mas é através dos esclarecimentos dados por um evangelho apócrifo, o Evangelho de Nicodemo, que o episódio se vulgariza na Idade Média. O Cristo, quando da sua descida aos infernos, tira de lá uma parte daqueles que lá estavam enclausurados, os justos não batizados por serem anteriores à sua vinda à terra, quer dizer, essencialmente os patriarcas e os profetas. Mas aqueles que ele lá deixou continuarão enclausurados até o fim dos tempos. Por que selou o Inferno para sempre com sete selos. Na perspectiva do Purgatório, este episódio tem uma importância tripla: mostra que existe, mesmo que só excepcionalmente, uma possibilidade de suavizar a situação de certos homens depois da morte, mas afasta o Inferno dessa possibilidade, visto que foi fechado até o fim dos tempos; enfim cria um novo lugar do além, os limbos, cujo aparecimento será mais ou menos contemporâneo do Purgatório, no seio da grande remodelação geográfica do além do século XII" (*Idem, ibidem*, p. 63).

30 Segundo um sermão do cisterniense São Bernado, no século XIII, Le Goff afirma que "Parece-me que São Bernardo distingue um inferno (inferior) a geena propriamente dita, um inferno (intermédio) onde tem lugar a purgação e um (inferno) superior sobre a terra, equivalente, equivalente aos futuros limbos e ao tradicional seio de Abraão onde as almas inocentes já estão em paz, enquanto os demônios que esperam uma trégua até o Julgamento Final já são atormentados.". Em Pedro, o Devorador (mestre secular parisiense do século XII), LeGoff identifica uma "Definição «histórica» do seio de Abraão, situado entre o tempo dos patriarcas e a descida do Cristo aos infernos" (*Idem, ibidem*, p. 176 e 191, respectivamente).

31 "Em 419, um certo Vincentius Victor de Cesareia, da mauritânia, interroga Agostinho acerca da necessidade de se batizar para ser salvo. No tratado Sobre a natureza e a origem da alma com o qual Agostinho lhe responde e onde toma o exemplo de Dinócrates na Paixão Perpétua e Felicidade, o bispo de Hipona nega que as crianças não batizadas possam entrar no Paraíso e nem sequer ir, como pensavam

temporâneo ao aparecimento dos relatos referentes ao Purgatório uma vez que ambos estão associados ao que ele chamou de "grande remodelação geográfica do além do século XII".[32] São Bernardo, clérigo cisterciense de meados do XIII, já fala da existência de um inferno superior, equivalente aos futuros limbos, lugar onde as almas se encontrariam em paz.[33] Finalmente, um discípulo de Pedro Lombardo, o clérigo conhecido como Pedro, o Devorador, divide esse lugar em dois e os dá os nomes com os quais serão conhecidos: "o limbo dos padres" e o "limbo das criancinhas".[34]

Dos autores que Le Goff pesquisou é no teólogo dominicano Alberto, o Grande – representante, segundo o historiador, do que havia de melhor na "construção 'racional' no ensino e no pensamento universitários do século XIII[35] – que fica mais clara a imagem relativa aos novos lugares do Além que são criadas nessa época. É com esse autor, portanto, que sabemos melhor sobre os limbos, e o que neles se passava. De fato, sua topografia escatológica parece ser aquela que serviu (direta ou indiretamente) de matriz para a descrição do nosso Bettendorf.

---

os pelagianos, para um lugar intermédio de repouso e de felicidade (Agostinho nega portanto aqui o que será no século XIII o limbo das crianças). Para ir para o Paraíso é preciso ser batizado: Dinócrates fora-o, mas deve ter pecado depois, talvez apostatado por influência do pai, mas fora salvo finalmente por intercessão da irmã" (*Idem, ibidem*, p. 93).

32 Lembramos que LeGoff, destaca no Evangelho de Nicodemo que este "cria um novo lugar do além, os limbos, cujo aparecimento será mais ou menos contemporâneo do Purgatório, no seio da grande remodelação geográfica do além do século XII" (*Idem, ibidem*, p. 63).

33 Lembramos que Le Goff destaca em São Bernado a crença num "[inferno] superior sobre a terra, equivalente, equivalente aos futuros limbos e ao tradicional seio de Abraão onde as almas inocentes já estão em paz" (*Idem, ibidem*, p. 176).

34 Segundo Le Goff, sobre o purgatório de Pedro, o Devorador (século XIII) "o espaço e o tempo intermédios vão ser ocupados só pelo Purgatório e, como se sente a necessidade de algo semelhante ao seio de Abraão para os justos anteriores ao Cristo e para as crianças mortas sem batismo, recorrer-se-á daí em diante a dois lugares anexos ao além: o limbo dos padres e o limbo das criancinhas" (*Idem, ibidem*, p. 191).

35 Segundo Le Goff, sobre o grupo ao qual pertenceu Alberto o Grande, "Este «bloco» dominicano representa o supra sumo do equilíbrio escolástico entre os métodos aristotélicos e a tradição cristã, o «optimum» da construção «racional» no ensino e no pensamento universitários do século XIII." (*Idem, ibidem*, p. 302).

De igual maneira em que esse último ordena as "moradas das almas" no centro da terra, Alberto, o Grande, aponta que os "lugares das penas" são quatro: "o Inferno, o Purgatório, o limbo das crianças e o limbo dos patriarcas".[36] O limbo das crianças é, de fato, um lugar superior ao Purgatório e ao Inferno. Segundo Alberto,[37] este lugar – assim como o limbo dos Patriarcas –, diferentemente do Inferno e do Purgatório, os quais correspondem aos pecados pessoais, diz respeito ao "*pecado* estranho" (pecado original)[38] e, por conseguinte, é um lugar onde existe apenas a "*pena da perda*", isto é, as pessoas estão privadas da visão beatífica, ao passo que no Purgatório (temporariamente) e no Inferno (eternamente) sofrem-se a pena da perda e a "pena dos sentidos". Dos lugares intermediários, o Limbo das crianças só perde em bondade para o limbo dos Patriarcas porque neste a pena da perda é temporária. O que se observa, por conseguinte, é que as penas são menores do que as sofridas no Inferno e no Purgatório, o que vem em reforço à constatação de que, no discurso eclesiástico, a criança e sua morte eram de algum modo concebidas distinta e privilegiadamente. Em todo caso, não podemos deixar de constatar que a privação do batismo nas crianças é um fato de muita gravidade, uma vez que as penas delas são eternas. A veiculação dessa imagem se passa justamente num momento em que a sensibilidade medieval começa encarar com bastante insatisfação a ideia de uma condenação sem fim, sendo o Purgatório a saída encontrada.[39] Um motivo para essa qualidade tão negativa do Limbo das crianças, não corresponderia ao fato de que a privação eterna destas "alminhas" seria vista pelos doutores da Igreja como uma imagem

---

36 *Idem, ibidem* p. 303.

37 "Se se trata da glória, só existe um lugar, o reino dos céus, o Paraíso. Se se trata da pena, devemos distinguir um lugar onde só existe a pena da perda, que é o limbo das crianças, e um lugar com a pena da perda e a pena dos sentidos e que é a genna, o Inferno. Se o receptáculo é apenas um lugar de passagem, então é preciso distinguir entre a pena da perda sozinha – (é o limbo dos patriarcas) e a pena da perda e pena dos sentidos simultaneamente, que é o Purgatório" (*Idem, ibidem* p. 304).

38 "Ao pecado pessoal responde a geena, ao pecado estranho (o pecado original) o limbo das crianças" (*Idem, ibidem*, p. 304).

39 Segundo Le Goff, "A necessidade do Purgatório, de uma última peripécia entre a morte e a ressurreição, de um prolongamento do processo de penitência e de salvação para lá desta falsa fronteira da morte tornou-se uma exigência das massas. Vox populi... Pelo menos no Ocidente" (*Idem, ibidem*, p. 334).

ameaçadora de grande préstimo em sua luta contra a relutância ou pouco caso dos pais em batizar os seus? Em poucas palavras, nessa concepção, os pais deveriam estar conscientes de que são os responsáveis imediatos pela salvação ou privação irreversível e, portanto, eterna, de seus filhos mortos.

À luz do que nos informa Le Goff, o breve texto de Bettendord nos dá raros elementos sobre como era veiculada, por parte da Igreja brasileira, uma determinada concepção de morte infantil. O outro texto que encontramos no Brasil que fala sobre esse assunto é igualmente precioso e forma, junto com a passagem de Bettendorf, um quadro riquíssimo sobre o qual, a despeito da inexistência de mais fontes que discorram sobre o assunto, permite não só completar e aprofundar as informações oferecidas pelo texto de Bettendorf, como também vislumbrar diferenças extremamente importantes nessa concepção. A passagem em questão faz parte do *Compendio de Doutrina Christã* escrito pelo Padre José Dias da Cruz Lima em 1875 e que o fez especialmente para a leitura e ensino das crianças, uma vez que é a elas que o autor se dirige diretamente.[40] Como se observará, as passagens dessa obra que apresentaremos a seguir, além da questão dos lugares do Além para as crianças mortas, tratam de assuntos (batismo e condição espiritual das crianças) que foram discutidos na primeira parte desse item. A razão porque apresentamos esta obra somente agora se deveu por dois motivos. Em primeiro lugar, porque julgamos ser essa uma forma oportuna de fechar esse tópico, aproveitando a ocasião que a passagem citada valiosamente oferece de amarrar o conjunto observações arroladas sobre o discurso da Igreja sobre a morte infantil e, por conseguinte, melhor entendê-las. Em segundo, nos pareceu que somente fazendo isso é que podemos avaliar melhor o teor das diferenças que o discurso do padre Lima apresenta não só em relação ao texto de Bettendorf como aos demais até agora citados nesse capítulo. Feitas essas considerações, eis as passagens selecionadas do texto:

> (Sobre o batismo e a salvação): O Santo Baptismo é a porta pela qual se entra a fazer parte do corpo da Igreja e a esta deu Jesus Christo o grande poder de remittir e ter peccados. No fim do mundo todos os homens mortos ressuscitarão para receber em

---

40 Lima, José Dias da Cruz. Compendio de Doutrina Christã. Rio de Janeiro: Typ. do Diario do Rio de Janeiro, 1875.

corpo e alma a recompensa, ou o castigo eterno, que tiverem merecido. Os membros da Igreja que morrerem em Graça ressucitarão citarão com seus corpos gloriosos, e terão parte na vida eterna: Os que por sua culpa estiverem fóra da Igreja, ou estando nélla morrerem em peccado, não ressuscitarão senão para irem depois do universal Juizo, em corpo e alma, padecer no Inferno, os supplicios eternos com os demônios.[41] (...) O baptismo apaga todos os peccados, e nos constitue filhos de Deos. O peccado original só é apagado pelo baptismo.[42]

(...)

P. He absolutamente necessario o Baptismo, Para a salvação?

R. Sim, não só sabemos esta verdade pela tradição, como das próprias palavras de Jesus Christo, que disse, se algum não for regenerado pela agua, e pelo Espirito Santo, não entrará no Reino dos Céos.

P. Esta necessidade comprehende os meninos e os homens?

R. Sem duvida; a Igreja sempre assim o entendeu, e explicou, tanto para os meninos, como para os homens a quellas palavras do Divino Mestre, se algum não for regenerado.

P. Em que se funda a grande necessidade do Baptismo?

R. Em ser o baptismo o unico remedio do peccado original. Porque enquanto o homem he réo deste peccado, está debaixo do poder do demonio, e não póde entrar no Céo.

P. São condemnados os meninos, que morrem sem baptismo?

R. Ficão separados de Deos eternamente, que he a maior pena dos condemnados, mas a Igreja não tem decidido se padessem tãobem a pena do fogo do Inferno.

P. He tão grande a necessidade do Baptismo, que não possa supprir-se de outro modo?

R. Póde supprir-se ou pelo desejo de o receber, accompanhado de uma acto de contricção perfeita, ou acto de amor de Deos, sobre todas as coisas, ou então pelo martyrio, e he por esta razão que diz-se, que ha tres sortes de Baptismos, o Baptismo d'agua, que he o Sacramento, o Baptismo da vontade, ou desejo de fogo, como dizem, e o Baptismo do sangue. Melhor he dizer, que o Baptismo he um só, que he o da

---

41 *Idem. ibidem*, p. 11.

42 *Idem. ibidem*, p. 12.

agua, os outros são apenas supplentes.

A Igreja assim o creo, e o ensinou.

(...)

P. Salvarão-se os meninos que morrerão pela causa de Jesus Christo, e que não receberão o Baptismo d'agua?

R. a Igreja os honra como Martyres, de que ha muitos exemplos. Por esta razão celebra a mesma Igreja a festa dos Santos Innocentes mortos por ordem de Herodes, como consta de santo Agostinho.

(...)

P. Porque são detidos pelo Sacerdote à porta da Igreja, os que se apresentão para o Baptismo?

R. Porque são indignos de entrar n'ellla, por causa do peccado original, que os constitue filhos do demonio, e sujeitos ao seu domínio".[43]

Já é possível observar, numa primeira leitura, que o texto aborda uma concepção de batismo e morte infantil que ora se aproxima daquilo que nos dizem os manuais eclesiásticos estudados, ora é bastante diferente. É esse aspecto do texto, que poderíamos chamar de vacilante, é que o torna riquíssimo para os nossos fins, uma vez que permite vislumbrar no quadro mental da época a coexistência de concepções correspondentes a temporalidades distintas dentro da história do imaginário cristão frente à morte infantil. Na primeira parte da passagem – assim como em alguns pontos ao longo do texto –, em que o autor define os benefícios do batismo, estamos diante de uma antiga concepção cristã de morte, da qual já tivemos oportunidade de comentar no capítulo anterior e cujas características mais notáveis presentes no texto são: (1) o caráter coletivo do destino escatológico; (2) o fato deste ser definido ao Final dos Tempos; (3) a identificação do destino da alma com o do corpo; e por fim, (4) a inexistência dos lugares intermediários da geografia do Além. De fato, o batismo é apresentado como o instrumento de ingresso na comunidade cristã e é o pertencimento a esta que define o destino daqueles justos que morreram e que estão à espera de seu julgamento quando do Juízo Final, qual seja, o Céu ou o Inferno, sem qualquer outra alternativa. A associação entre o destino do corpo e da alma é

---

43 *Idem. ibidem*, p. 29 e 30.

evidenciada, nessa parte, quando o autor esclarece que os justos batizados "ressuscitarão com seus corpos gloriosos" e ao final de toda passagem, em que assinala e explica por que os não-batizados são impedidos de entrarem nos templos. A propósito, a resposta para isso é a mesma que é utilizada no início da passagem para justificar o batismo, e nisso ele se distancia também dos outros manuais eclesiásticos, ainda que sutilmente e mesmo que apenas em grau: ele afirma mais explicitamente a relação entre esse sacramento e o pecado original. Devemos lembrar que nas outras obras o acento era posto no ato sexual e, ao nosso ver, na responsabilidade paterna pela mácula e sua absolvição.

A segunda parte da passagem, aquela referente ao diálogo propriamente, por um lado reafirma necessidade do batismo para o ingresso no Céu e não faz, como já se disse, qualquer menção aos lugares intermediários do Além – como o Purgatório, ou, para o que nos interessa mais particularmente, os Limbos. A ausência destes reforça a verificação de Le Goff da simultaneidade do aparecimento do Purgatório e do Limbo das crianças no imaginário cristão. De fato, o padre Lima, ao persistir na interpretação tradicional de um julgamento coletivo após a morte fica impossibilitado de conceber um lugar de caráter tão individualizado como é o Purgatório, em que cada um paga os pecados que deve a Deus de forma temporalmente diferenciada. Em todo caso, a interpretação que o autor tem sobre a criança, assim como sua visão de pós-morte, em que os Limbos estão ausentes, nos proporcionam um quadro bastante interessante. Do mesmo modo que os outros manuais eclesiásticos analisados aqui, o autor parece já de início crente na natureza distinta da criança, fato que o impede de afirmar com certeza o que acontece com essas quando morrem sem o batismo. Mas, distintamente dos outros autores, a incerteza na existência de lugares como o Limbo torna o dilema sobre o que acontece com a alma das crianças que morrem sem o batismo mais problemática. Fica igualmente a questão – só mencionada no decorrer da solução desse problema – relativa aos justos (adultos) sem batismo.

A resposta que o padre tenta encontrar para esse impasse nos é oferecida na terceira parte da passagem, em que o autor, argumentando de modo a não contradizer suas afirmações anteriores sobre o batismo, afirma que este pode acontecer de três formas: "Baptismo d'agua, que he o Sacramento, o Baptismo da vontade, ou desejo de fogo, como dizem, e o Baptismo do sangue". Por um lado, ele resolve a questão dos justos, que, com o "Batismo de fogo", suprem o sacramento na forma como é comumente administrado e com isso podem ingressar na comunidade celeste. No caso das crianças, a questão de algum modo permanece em suspenso, uma vez que a solução, o "Batismo de Sangue" parece só bastar para apenas um grupo delas, que é o caso dos pequenos mártires. De qualquer forma, a possibilidade de salvação de crianças não batizadas e a identificação destas com os mártires é um fato que merece atenção, visto que, como veremos no item seguinte, é forte entre os leigos não só a idéia de uma salvação garantida entre as crianças como a associação destas com a personagem do mártir. Com efeito, deve-se antecipar que uma característica importante desse texto é que, além do fato de favorecer a crença popular na situação privilegiada da infância, tal como fazem de uma forma ou de outra os outros textos eclesiásticos que circularam aqui, ele, através da idéia do "batismo de sangue", se identifica com um outro elemento – o mártir – bastante explorado pela sensibilidade laica em relação à criança e sua morte.

Para nós, não obstante, ficam mais algumas questões relativas a esse texto e à forma como este dialoga com os demais: qual a razão da opção, por parte do autor, por uma concepção que ao que tudo indica era anterior ao do padre Bettendorf, ou, em todo caso, mais vacilante em relação ao destino das crianças mortas? Para uma possível resposta nos baseamos na discussão feita no início do livro acerca do conflito que viveu a Igreja brasileira no sentido de ambicionar disseminar uma religiosidade mais de acordo com os ditames da ortodoxia tridentina, e as limitadas opções que a esse intento se impuseram: fossem esses os interesses do Estado português por meio do Padroado ou as condições de exercício da Igreja brasileira na colônia e no Império limitada, seja por um escasso número de missionários ao qual se opunha um território extenso e esparsamente povoado, seja pelas exigências do sistema escravista agroexportador. Já falamos sobre aa influência das concepções pós-Trento na defesa do batismo para a salvação da criança que morre, bem como para a crença de que esta, sendo batizada e não tendo uso da razão, pronta está a se salvar. Ora, nesse contexto de pobreza de quadros e carência material em que se encontra a instituição clerical, tal complacência para com a falta do batismo se ajusta perfeitamente com a impossibilidade prática de aplicação do mesmo para o grande contingente de crianças prestes a falecer. Aliado a isso, há também o desinteresse para com a criança, colocada em segundo plano e à sombra do pai no modelo patriarcal defendido pelo Estado português e brasileiro que do qual o Padroado fazia das autoridades eclesiásticas lídimas defensoras, o que desmerecia o esforço que a exigência do batismo demandava. Nesse contexto, não é mais apropriado um discurso menos definitivo sobre a questão das crianças que morriam sem batismo, uma vez que isso devia ser bastante frequente? E, nesse caso, não estaria o texto do padre Lima, que é de 1875, mais aclimatado à realidade do país do que o texto do jesuíta Bettendorf (menos vinculado, portanto, às determinações do Padroado e mais próximo dos valores conciliares) produzido este no século XVII?

# O discurso leigo

Jonh Luccock, que aqui esteve entre 1800 a 1818 nos narra – e avalia – o seguinte episódio:

> Em uma dessas ocasiões [funerais de criança] foi ouvida uma mãe que assim se exprimia: 'Ó como estou feliz! Ó como estou feliz, pois que morreu o último dos meus filhos! Que feliz que estou! Quando eu morrer e chegar diante dos portões do céu, nada me impedirá de entrar, pois que alí estarão cinco criancinhas e a me rodear e a puxar-me pela saia e exclamando: Entra Mamãe, entra! ó que feliz que sou!' repetiu ainda, rindo a grande. Se isso fôsse um exemplo isolado de sentimentos maternais estranhos, poderia ainda ser considerado efeito de um desvio mental passageiro; o caso porém, é que a satisfação em tais momentos é geral demais, e por demais ostensiva, para que deixe lugar a desculpa dessa espécie.[1]

Já à primeira vista, fica evidente que a escolha do tema e as cores com que este é pintado cumprem bem o objetivo de expor o pitoresco – em sua face mais estranhamente negativa – da realidade brasileira, em particular, em relação aos sentimentos familiares, que, como já foi comentado no capítulo anterior, chocara especialmente Luccock. A despeito do fato de estarmos longe de podermos, como se nota, assumir uma posição definitiva sobre a veracidade do que é narrado, esse trecho nos é de extrema importância para aquilo que gostaríamos de discutir agora, isto é, através do discurso, tentar aprofundar algumas questões relativas às representações que a população laica nas sociedades estudadas possuíam da morte da criança. Nessa passagem de Luccock

---

[1] Luccock, John. *Notas sobre o Rio de Janeiro e partes meridionais do Brasil tomadas durante uma estada de dez anos nesse país de 1800 a 1818.* (trad. Milton da Silva Rodrigues) São Paulo: Editora da Universidade de São Paulo, 1975, p. 80.

estão reunidos alguns pontos principais relativos a essa questão e que serão discutidos aqui. Primeiramente, serão analisados os elementos da representação leiga sobre a morte infantil que estão mais próximos do discurso eclesiástico; em linhas gerais, a ideia de que a criança que morre se salva facilmente. Ao mesmo tempo, procuraremos avaliar o papel que isso tem na manifestação dos sentimentos – que, como veremos, traduziu-se numa relação tensa - e as mudanças nesse âmbito fomentadas pela paulatina valorização dos sentimentos familiares (contexto que discutimos no início da tese). Mas a narrativa do comerciante inglês também nos permite entrever algumas imagens que a população leiga atribui à criança morta que se distanciam ou acentuam aquelas que encontramos no discurso da Igreja: a associação feita à criança morta com as imagens do anjo, do mártir e do menino Jesus. Isso será analisado na segunda parte deste item.

Como se disse, o primeiro aspecto que fica evidenciado na fala da mãe citada por Luccock ("Oh, como estou feliz!") diz respeito a uma visão positiva da morte infantil da qual decorre uma reação de contentamento em relação ao evento. Vimos na segunda parte do livro que, fora do nível das regulamentações e, portanto, do âmbito das autoridades eclesiásticas, uma característica importante do conjunto das práticas fúnebres infantis era ausência de gravidade e luto entre os participantes, como também a presença de elementos comuns a ocasiões de festa que se manifestava, entre outras coisas, na escolha das cores (uso do branco, vermelho e azul, em contraposição ao negro e o roxo dos adultos), dos sons (músicas profanas) e dos objetos (o uso do guião). A hipótese de que esse traço se devia tão somente a uma descaso de que a criança era objeto já pôde ser descartada naquela ocasião, uma vez que outras das características observadas nesses rituais revelaram não só um verdadeiro esmero para com os restos mortais do "innocente" (por parte até dos mais despossuídos), como em muitos casos, traduziu-se um dispêndio material que não raras vezes desconcertava os viajantes. Com efeito, Ferdinand Denis faz referência a essa determinada concepção de morte infantil no Brasil e a relação entre esta e a forma como a população se manifestava publicamente diante do fenômeno:

> os enterros de crianças fazem-se, no Brasil, com uma pompa entre nós ignorada, e que nada tem de fúnebre. A idéia, geralmente admitida, que uma criança não

abandona a terra senão para voar a uma morada mais ditosa, faz esquecer todas as demonstrações de dor.²

Trata-se de, por conseguinte, tentar ponderar por meio do discurso leigo a validade e extensão dessa constatação, bem como os possíveis significados que esta atitude encerrava. De todo modo, o discurso, principalmente aquele relativo à esfera privada, não nos autoriza a falar que, mesmo no início do período estudado, a morte infantil desencadeava manifestações de satisfação pelo ocorrido. No ano de 1822, em uma carta dirigida a um amigo, a Imperatriz Leopoldina assim se expressava acerca da recente perda de seu filho:³

> Mon cher Marquis! Seulement une amitri aussi constante que celle que je vous vous me rendre capable de vous cominiquer le plus grand et plus vif chagrin que mon coeur souffre. J'ai perdre un fils bien aimié, qui par ces graces infantines me prometai de faire un futur mes [ilegível] de ses Compatriotes, les Secrèts divins ont destiné autrement et je n' ai d' autre remède que m' y conformer, disant avec notre sainte Reine Isabelle, Dieu nous les donnént, Dieu nous les levént je me conform a sa divine volonté.

Com efeito, o documento testemunha que a perda prematura de um filho contava-se entre um dos eventos mais dolorosos: *"le plus grand et plus vif chagrin que mon coeur souffre"*. Mas o fato deste sentimento ter sido expresso em foro particular e em tom confessional (*"Seulement une amitri aussi constante que celle que je vous vous me rendre capable de vous cominiquer"*) já nos dá indícios bastante auspiciosos sobre as convenções sociais e as reações diante da morte menina: a exteriorização da dor por esse evento é algo que deve restringir-se ao âmbito privado, quando muito. Isso fica mais evidente, adiante, quando a Imperatriz, citando inclusive uma figura ilustre (e "santa"), reconhece que a esse fato devia se conformar, tendo em vista que Deus assim o quis. Isso tudo não só mostra que o comportamento esperado era de resignação e mesmo de compreensão diante da morte

---

2 Denis, Ferdinand. *Brasil*. (trad. João etienne Filho e Malta Lima) Belo Horizonte: Ed. Itatiaia; São Paulo: Ed. da Universidade de São Paulo, 1980. p. 148.

3 Carta da Imperatriz Leopoldina a um amigo. Acervo do Instituto de Estudos Brasileiros, Códice: 118.19, A8.

da criança e que a manifestação de dor, nesse caso, era tomada como uma pública e imperdoável indisposição à "vontade divina", como também é transparente uma concepção confiante na salvação da criança que morre, uma vez que é desse modo que Deus as tem de volta. Considerando ser a Imperatriz uma estrangeira, isso nos dá indícios de que o que observamos na sociedades estudadas em termos das manifestações íntimas acerca da criança morta não deveria ser muito diferente do que passava então no Velho Continente, como talvez nos leva a imaginar a opinião dos viajantes.

Para ficarmos, por conseguinte, com os brasileiros, as memórias do médico Augusto José Pereira das Neves,[4] dão um bom testemunho do que se passava quando da morte prematura dos filhos. O Dr. Pereira das Neves, dos dez filhos que teve, uma menina nasceu morta e outros dois filhos, uma menina e um menino, morreram, respectivamente com três e cinco anos de idade. Como bem observou Ana Maria Mauad, as memórias do médico, apesar de registrarem os três acontecimentos, os dois últimos apresentam uma diferença importante em relação ao registro feito da filha natimorta, fato que é testemunho, conforme assinala a autora, do papel que tinha o convívio doméstico na forma como se experimentava a morte dos filhos.[5] Isso é bastante esclarecedor sobre o fato de que a crença na salvação da criança, se possivelmente tranquilizava pais e sociedade acerca do que esperava a falecida, dificilmente apagava a dor causada pelo rompimento de uma relação na qual, como nos mostram nossos próprios testemunhos, o afeto e o apreço pelos pequenos não estiveram ausentes, se fortalecendo na mesma medida em que se estendia a convivência. Ao lembrar o ocorrido, o pai limita-se apenas a datar e esclarecer a circunstância do evento e precisar os gastos com o enterro da menina: "A 17 de janeiro de 1872, deu Joana a luz a uma menina de tempo, porém

---

4 Algumas passagens de seu diário, em especial os registros feitos por ocasião da morte de seus filhos, foram transcritas por Ana Maria Mauad. (Mauad, Ana Maria. A vida das crianças de elite durante o Império. In Priore, Mary Del (org.) *História das crianças no Brasil*. São Paulo: Contexto, 1999, p. 137-176).

5 Segundo a autora, "*Os sentimentos relacionados à criança natimorta e os demais, que chegaram a gozar o convívio familiar são distintos, caracterizando que o afeto pela criança não se dava* a priori, *mas era um sentimento pautado numa relação de convívio e troca*" (Mauad, Ana Maria. A vida das crianças de elite durante o Império, *op. cit.*, p. 158).

já morta [...] O enterro da menina foi no mesmo dia com despesa de 62 $".[6] Desse registro, cumpre observar que a criança não chegou a ganhar um nome e, dadas as circunstâncias da morte, provavelmente não foi batizada. Em todo caso, o breve registro não parece indicar que o fato tenha ocasionado alguma preocupação no que respeita à necessidade do batismo para a salvação da criança.

A lembrança das outras duas mortes, não obstante, daria lugar à expressão de sentimentos em relação aos filhos e sua partida. De fato, sobre a filha Annita (a de três anos), assim se expressa o médico:

> falleceu Annita inteligente e bonita criança com a febre tifóide na casa do Livramento, onde nasceu, às seis horas da manhã de 11 de setembro de 1876 (...) O padrinho lhe fez o enterro com toda a crença. Deus lhe dê o ceo pobre filhinha – tão esperta e engraçadinha.[7]

Fica evidente como o convívio, pelo afeto que propicia, torna a morte menos suportável, assim como a deixa menos aceitável – "pobre filhinha" – e inteligível, o que fica bastante patente nas recorrentes menções às qualidades da criança ("inteligente e bonita"; "tão esperta e engraçadinha"). Esse fato é bastante importante para o que estamos estudando. Se, por um lado, vemos que a manifestação de tristeza pela morte dos filhos perpassa todo o período estudado, por outro, as memórias do médico já dão elementos para pensar que a exposição de sentimentos deste teor foi se tornando mais intensas à medida que finda o século. Ora, a já observada insistência com que, no breve registro, o pai faz referência às qualidades da menina onde é notável o tom de lamentação e, principalmente, perplexidade, não está acompanhada daquela resignação observada ao final da missiva da imperatriz Leopoldina a seu amigo marquês. Considerando o intervalo de setenta anos que separa os dois documentos, a hipótese de uma transformação, ao menos no modo de se expressar diante do acontecimento – talvez, à época em que o médico escreve, externar indignação pela morte de um filho em tenra idade não seria mais algo tão sujeito à condenação; já é, de algum modo, plausível. Nas anotações acerca

---

6 *Apud* Mauad, Ana Maria. A vida das crianças de elite durante o Império, *op. cit.*, p. 158

7 *Idem, ibidem*, p. 158-159.

da morte do último filho do mesmo médico, em 1885, ficam bem mais evidentes as transformações sugeridas no registro anterior:

> Faleceu as oito e meia da manhã de 1º de outubro de 1882, o meu filho Manoel, depois de 17 dias de longa e penosa meningite – muito me custou tão duro golpe – com cinco annos, tão gordo vivo e esperto! Foi sepultado no cemitério S. João Bastista no mesmo dia. Em 20 de novembro de 1885, fez-se a exumação de seus restos mortais, a que assisti, os quais collocados em uma caixa de zinco, foram depositadas no carneiro[?] perpétuo nº 50 (hoje 65) da minha sogra, onde já se achavão os ossos de Annita. [...] Despesa 10$ pela exumação, 5$ pela caixa de zinco e 3$ aos coveiros do cemitério. Deus o tenha em sua Santa Glória – meigo Manoel.[8]

O que estava escondido na memória de 1876 é expressamente manifesto nesta de 1882. Diferentemente daquela, o leitor não só é chamado a ter compaixão da filha que morre (lembremos da "pobre filhinha" da anotação de 1876), mas, antes de mais nada, a se identificar com o sofrimento do autor que, em 1885, faz questão de registrar o que experimentara com a doença e morte do filho Manoel ("muito me custou tão duro golpe").

Além das memórias do médico, outros testemunhos expressam essa constatação de que a morte da criança esteve longe de ser recebida alegremente, a despeito do que imaginavam os viajantes, situação na qual a visão de que as crianças morrem senão para ganhar o Reino do Céu assume é o papel de alento à uma experiência traumática. Um testemunho excepcional nos é dado por Álvares de Azevedo, em seu poema "Anjinho".[9] Ele faz parte do conjunto de poesias da obra *Lira dos Vinte Anos*, publicada em 1853. Alguns biógrafos afirmam que essas linhas fazem referência à morte do irmão menor do autor, fato ocorrido quando este tinha cinco anos, e que, segundo consta, teria marcado profundamente o poeta-prodígio.[10] Sobre o poema, ele é portador de alguns traços marcantes na obra desse autor apontados pelos seus

---

8 Idem, ibidem, p. 159.

9 Azevedo, Álvares. *Lira dos Vinte Anos*. São Paulo: Martin Claret, 1999, p .37-40.

10 Azevedo, Vicente de Paulo Vicente de. *Álvares de Azevedo Desvendado*. São Paulo: Livraria Martins Editora / Instituto Nacional do Livro, 1977, p. 55-56.

estudiosos os quais fazem do poema um documento bastante valioso para o que estamos tratando aqui: em primeiro lugar, o caráter intimista da segunda geração do romantismo brasileiro a que o autor pertence, o chamado "romantismo egótico". Essa tendência, ao mesmo tempo que favorecia a expressão de sentimentos íntimos, procurava por meio deles uma identificação com o leitor, do que resultava, não raro, chavões sentimentalistas.[11] Isso, além de nos remeter ao senso comum, permite ter uma visão das atitudes tocantes à morte menina que não se restringem ao código ritual e à esfera pública.[12] Deve-se assinalar, também, uma outra característica de sua escola, que nos interessa, a "volúpia dos opostos".[13] No caso particular de Azevedo, Antonio Candido identifica uma "dualidade antitética", isto é, uma constante tensão entre valores e sentimentos contraditórios, preferencialmente opostos, e que expressam um "sincretismo tenuamente coberto pelo véu da norma social".[14] Para o que

---

11 Antonio Candido, nota que *"na sua poesia há um lado sentimental que não se eleva muito acima dos chavões correntes na época"*(Candido, Antonio. *Iniciação à Literatura Brasileira*. São Paulo: Humanitas, 1998, p. 42)

12 Segundo Alfredo Bosi, *"Se na década de 40 amadureceu a tradição literária nacionalista, nos anos que se lhe seguiram, ditos da 'segunda geração romântica', a poesia brasileira percorrerá os meandros do extremo subjetismo, à Byron e Musset"*. Álvares de Azevedo foi *"autor mais bem dotado"* dessa geração batizada por Bosi de *"romantismo egótico"* (Bosi, Afredo. *História Concisa da Literatura Brasileira*. São Paulo: Editora Cultrix, 1975, p. 120 e 121).

13 Sobre a segunda geração romântica, Antonio Candido assinala que *"vivem no espírito e na carne um dos postulados fundamentais do movimento _ a volúpia dos opostos, a filosofia do belo-horrível"* Candido, Antonio. *Formação da Literatura Brasileira: momentos decisivos*. Volume 2, Belo Horizonte: Editora Itatiaia, 2000, p. 133).

14 Comparando Azevedo, com Castro Alves e Gonçalves Dias, Antonio Candido lembra que este *"Penetrou, todavia, mais fundo do que ambos, no âmago do espírito romântico, no que se poderia chamar o individualismo dramático e consiste em sentir, permanentemente, a diversidade do espírito, o sincretismo tenuamente coberto pelo véu da norma social, que os clássicos procuraram eternizar na arte e se rompeu bruscamente no limiar do mundo contemporâneo. Daí podermos acompanhar em sua obra, nos menores detalhes, o emprego da literatura. (Idem, ibidem, p. 161)*. Em texto mais recente, Antonio Candido, lembra que *"há momentos de tensão dramática que a diferenciam e, sobretudo, um lado de ironia e sarcasmo que está em grande parte vivo pela contenção da idéia e a secura freqüentemente humorística do verso. É o lado melhor e duradouro da dualidade antitética que ele denominava 'binomia'e considerava norma de sua produção poética [grifo meu]"* (Candido, Antonio. *Iniciação à Literatura Brasileira*. op. cit., p. 42).

diz respeito ao nosso objeto, isso reforça no poema sua qualidade em testemunhar aquilo que se passava na retaguarda das afetações protocolares presentes nas reações tocantes à morte infantil. Em poucas palavras, o poema, valendo-se como ocasião de manifestar reações de cunho particular e, por conseguinte, privado, e expressando, a todo momento, a "binomia" com a qual o próprio autor definia e orientava sua arte, descortina o amplo quadro de sentimentos – muitas vezes contraditórios – envolvidos na morte menina. Ei-o:

> Não chorem! Que não morreu!
> Era um anjinho do céu
> Que um outro anjinho chamou!
> Era uma luz peregrina,
> Era uma estrela divina
> Que ao firmamento voou!
> Pobre criança! Dormia:
> A beleza reluzia
> No carmim da face dela!
> Tinha uns olhos que choravam,
> Tinha uns risos que encantavam!
> Ai meu Deus! Era tão bela!
> Um anjo d'asas azuis,
> Todo vestido de luz,
> Sussurrou-lhe num segredo
> Os mistérios de outra vida!
> E a criança adormecida
> Sorria de se ir tão cedo!
> Tão cedo! Que ainda o mundo
> O lábio visguento, imundo,
> Lhe não passara na roupa!
> Que só o vento do céu
> Batia do barco seu
> As velas d'ouro da poupa!
> Tão cedo! Que o vestuário
> Levou do anjo solitário
> Que velava seu dormir!
> Que lhe beijava risonho
> E essa florzinha no sonho
> Toda orvalhava no abrir!

Não chorem! Lembro-me ainda
Como a criança era linda
No frio da facezinha!
Com seus lábios azulados
Com os seus olhos vidrados
Como de morta andorinha!
Pobrezinho! O que sofreu!
Como convulso tremeu
Na febre dessa agonia!
Nem gemia o anjo lindo,
Só os olhos expandindo
Olhar alguém parecia!
Era um canto de esperança
Que embalava essa criança?
Alguma estrela perdida,
Do céu c'roada donzela;
Toda a chorar-se por ela
Que a chamava doutra vida?
Não chorem, que não morreu!
Que era um anjinho do céu
Que outro anjinho chamou!
Era uma luz peregrina,
Era uma estrela divina
Que ao firmamento voou!
Era uma alma que dormia
Da noite na ventania,
E que uma fada acordou!
Era uma flor de palmeira
Que um céu d'inverno murchou!
Não chores, abandonada
Pela rosa perfumada!
Tendo no lábio um sorriso
Ela foi-se mergulhar
- Como pérola no mar –
Nos sonhos do paraíso!
Não chores! Chora o jardim
Quando murchado o jasmim
Sobre o seio lhe pendeu?

> E pranteia a noite bela
> Pelo astro, pela donzela
> Mortas na terra ou no céu?
> Choram as flores no afã,
> Quando a ave da manhã
> Estremece, cai, esfria?
> Chora a onda quando vê
> A boiar uma irerê
> Morta ao sol do meio-dia?
> Não chorem, que não morreu!
> Que era um anjinho do céu
> Que outro anjinho chamou!
> Era uma luz peregrina,
> Era uma estrela divina
> Que ao firmamento voou!

É quase desnecessário comentar o quanto esse poema é rico sobre os sentimentos envolvidos na morte da criança. Cumprindo a principal característica do autor, a dinâmica mesmo do poema se apoia nas imagens paradoxais que o evento suscita, ainda que, nesse caso, o poema em sua maior parte se constrói no sentido no sentido de defender uma visão e (por consequência) uma atitude em relação à morte da criança. De um lado, temos a exasperação em ver um ente tão jovem, belo, gracioso, enfim, cheio de vida, morrer. O pesar se deve, em parte, pela identificação àqueles que ficam, por se verem privados de tão precioso convívio, testemunhando o quanto de sofrimento está envolvido nesse evento. Além disso, sofre-se em também pela criança ela mesma, que, ao morrer prematuramente torna ainda mais insuportável a visão de sua agonia ("Pobrezinha!"). Por outro lado, a todo momento a este estado de coisas é mostrado o seu reverso. Se morre criança, tanto melhor, morre imaculada da degradação que o mundo produz; se quando viva, era admirável "em seus rizos que encantavam", morta é "linda no frio da facezinha". E afinal, se parecia sofrer em seus últimos momentos, isso é apenas transitório ou mesmo aparente, uma vez que, para todos poderem ver, ela jaz "tendo no lábio um sorriso".

Sendo assim, o refrão encarrega-se de repontar o apelo para não chorar, uma vez que não faltam argumentos nesse sentido. Em todo caso, é interessante notar que, nas últimas estrofes, o argumento, agora mais voltado àqueles que ficam, parece perder a força: tal como a natureza, que constantemente é palco da extinção de coisas belas e caras, a única alternativa é se resignar. Sobre esse último aspecto, será necessário voltar a falar quando compararmos essa a outras reações em relação à morte da criança. Resta assinalar que a aceitação do poema e do que ele expressa, por parte da população, é comprovada pelas referências que a ele se encontram nas inscrições de túmulos infantis.[15] Isso vem em reforço à hipótese de que os já assinalados lugares-comuns e sentimentalismo muitas vezes fácil que caracterizaram esse período das belas letras no país permitem tomar o conteúdo expresso no poema não apenas enquanto uma idissiocracia do jovem poeta, mas como testemunho legítimo das reações paradoxais que a experiência da morte da criança propiciava. Nesse sentido, permite entrever a existência de um conjunto de atitudes tensionadas entre a externalização do desolamento ocasionado pela dura experiência do rompimento dos laços afetivos e um comportamento mais condizente com a reconfortante visão da morte infantil como uma "boa morte". Em poucas palavras, ele mostra que o preço pago pelo alento que essa imagem da morte menina/morte boa deveria propiciar era o policiamento das emoções do qual dependia sua eficácia: o livre exercício destas significavam um questionamento à imagem positiva atribuída à morte da criança.

Isso fica bastante evidente em outros documentos da mesma época que mostram que essa relação esteve longe de se resolver tranquilamente. Em seu trabalho sobre a elite carioca durante a *belle époque*, Jeffrey D. Needel afirma, com efeito, que suas fontes indicaram que "essas perdas repetidas não eram aceitas nem suportadas com tranqüilidade pelos pais, independentemente do número de crianças que sobreviviam".[16] Nesse sentido, o autor cita uma passagem do diário de um certo magistrado do Rio de Janeiro, extremamente rica para nós, na medida que, em poucas linhas, resume de modo claro e consciente os paradoxos que durante muito tempo envolveram o quadro da sensibilidade sobre a morte da criança e nos

---

15 Esse é o caso, por exemplo, dos túmulos de Francisco, morto em 1898, com 1 ano de idade, encontrado no cemitério São João Batista [Francisco (*1897-†1898). Lage em mármore branco. Localização: Cemitério São João Batista, 20, s/n. Rio de Janeiro (RJ)] e de Bubi, morta em 1940, na mesma idade e cemitério. Bubi [Lage em mármore branco. Localização: Cemitério São João Batista, s/n. Rio de Janeiro (RJ)].

16 Needel, Jeffrey D. *Belle Époque Tropical: Sociedade e cultura de elite no Rio de Janeiro na virada do século*. (tradução Celso Nogueira). São Paulo: Companhia das Letras, 1993, p. 166.

fornece elementos para perceber de que ordem seriam as mudanças que ali ocorreriam. Em seu diário, esse magistrado confidenciava que, por ocasião do surto de febre amarela de 1850, havia pedido a Deus:[17]

> no caso de exigir um sacrifício, antes me levasse os filhos porque eram inocentes e eu podia ter outros. Ah! Eu não sabia o que dizia. O meu filho morreu a 6 de abril [...] Minha Mariquinhas morreu a 9 [...] e eu durante muitos anos não me lembrava sem lágrimas dessa desgraça.

Como se nota, em sua primeira parte, a memória do magistrado expõe claramente o jogo entre a concepção positiva de que a criança que morre necessariamente é salva e sua função de aliviar o sofrimento propiciado pelo evento. Mas o mais importante é que esse registro, além de provar que, efetivamente, a morte infantil, não só não passava desapercebida, como também ficava marcada durante muito tempo na memória dos mais diretamente envolvidos, permite perceber que o efeito lenitivo da crença na morte da criança como uma "boa morte" é colocado em causa. Tudo isso mostra que essa relação tensa esteve longe de ser resolvida bem como que a inquetação resultante dessa situação encontrava meio de se externar apenas secretamente, nesse caso, por meio do diário.

Situação à qual o século XIX dá sinais de importantes mudanças. De fato, ao longo do período estudado, demonstrações públicas de sofrimento pela morte de crianças/filhos foram se tornando cada vez mais frequentes e a epígrafe tumular foi, por sinal, um dos principais veículos por meio do qual isso chegou a nós. Como já se comentou a propósito da estatuária tumular na segunda parte da tese, o cemitério foi o lugar por excelência do culto ao sentimento familiar e cívico – foi pautado segundo esses valores, entre outros, que esse espaço foi concebido. O fato é que uma das mais fortes traduções desses novos ideais foi o ato de perenizar e externar publicamente por meio de palavras e imagens a tristeza profunda que a perda de um ente querido (familiar ou prócere nacional) suscita. É numa dessas novas necrópoles que, além do poema "Anjinho" de Azevedo, tivemos oportunidade de encontrar, já no alvorecer do século XX, outro poema registrado em um jazigo de criança. É o poema "Sob um

---

17 *Idem*, p. 166.

Salgueiro" do parnasianista Alberto de Oliveira, que faz parte de um conjunto chamado *Alma Livre* escrito entre 1898 e 1901.[18] A despeito do que preconizava a escola à qual pertenceu, já se assinalou a permanência, no fundador da ALB, de muitos traços comuns aos românticos,[19] em particular o viés intimista, o que certamente deve ter pesado na escolha dessa temática:

> Dorme uma flor que se abria
> Que mal se abria tímida e medrosa
> Rosa a desabrochar botão de rosa
> Que a exitência contou de um breve dia
> Deixae-a em paz a vida fugidia
> Como uma vaga, a vida procellosa
> A vida escura e triste e tormentosa
> A vida humana não a merecia
> Deixae-a e paz a essência delicada
> Do anjo gentil que este sepulcro enterra
> E hoje orvalho, Alvorada
> Talvez a briza do ceo que o amargo pranto
> Venha enxugar com as azas, ca na terra
> Dos olhos maternos que o amavam tanto

De fato, como se observa, além do tema, alguns outros aspectos aproximam o poema de seu precedente. Aqui ainda é notável a convicção de que, apesar da dor propiciada pela perda prematura, morrer cedo é visto de forma positiva, trata-se de uma libertação dos sofrimentos – "a vida humana não a merecia" – e a resposta mais correta a esse acontecimento é a resignação. Além disso, a imagem do anjo também é utilizada como argumento lenitivo para a tristeza

---

18 Oliveira, Alberto de. *Poesias Completas de Alberto de Oliveira* (Edição Crítica de Marco Aurélio Reis). Rio de Janeiro: Núcleo Editorial da UERJ, 1978, vol. II, p.139.

19 Segundo Alfredo Bosi "Alberto de Oliveira encetou seu longo roteiro poético parecendo um romântico retardatário. E embora, a partir do segundo livro, Meridionais (1884), já se afirmasse o "culto à forma" com que ele próprio definiria a natureza do Parnaso, a nota intimista da estréia reportaria esparsamente até os últimos poemas, provando que não fora possível, nem ao primeiros mestres parnasianos, a impassibilidade que a escola preconizava" (Bosi, Alfredo. *História Concisa da Literatura Brasileira.*, op. cit., p.246).

ocasionada pelo evento, o que reafirma o papel que a ideia de salvação certa da criança tem como mecanismo de compensação. Não obstante, as diferenças já saltam aos olhos. Em linhas gerais, nesse poema fica claro um aspecto da morte da criança que vai ser cada vez mais notório ao final do século XIX: o papel que esse evento tem no conjunto de manifestações apologéticas aos sentimentos familiares. Deve-se notar que, nesse segundo poema, o autor preocupa-se em se eximir de apresentar seus próprios sentimentos. Isso se deve, em parte, à proposta de imparcialidade tão apreciada entre os parnasianos: procura-se deixar claro de quem é o sofrimento e, nesse caso, é o da mãe enlutada. Não obstante, disso resulta uma segunda diferença, ainda mais fundamental, entre os dois poemas: ao lado da criança morta, aparece agora discriminada uma outra protagonista a concorrer com a memória do "anjo", a mãe, ou, melhor dizendo, a mãe que sofre. Essa mudança só é possível uma vez que a dor dos pais, ao longo do período estudado, vai cada vez mais merecer realce e registro ao invés de uma censura. Isso faz parte, evidentemente, da já comentada valorização que então entra em voga dos valores familiares e que se exerceu, entre outras coisas, por intermédio da exaltação do amor maternal. Alberto de Oliveira utilizou-se mais de uma vez do motivo da criança morta em prol dessa ideia. Em outro poema, intitulado "Contraste" (em que, diga-se de passagem, o pretensioso jogo de imagens chega a aborrecer) a figura da mãe que sofre a perda do filho, não só aparece como é colocada num plano mais importante que a própria criança:[20]

> Junto à pedra da estreita sepultura,
> Onde o sono final agora goza
> Seu anjo, a mãe, curvada, aflita e ansiosa,
> As mãos torcendo, uma oração murmura.
> E, estranha a cena! Maio em flor da escura
> Mansão dos mortos faz mansão formosa,
> E erra, alado e sutil, de rosa,
> O negro cemitério é todo encanto,
> E aos derradeiros sonhos, aos amores
> Derradeiros envolve em flóreo manto;

---

20 Oliveira, Alberto de. *Op. cit.*, vol. II, p. 86.

> E a terra, a grande mãe, as fundas dores
> De outra mãe desconhece e, vendo-a em pranto,
> Em vez de em pranto abrir-se, abre-se em flores.

Mas voltemos à passagem de Luccock, cuja análise organiza nosso item e passemos à segunda parte dessa discussão.

Segundo o mercador inglês, a mãe que encontrara assim justificava sua felicidade incontida pela morte de todos seus filhos ainda criança: "Quando eu morrer e chegar diante dos portões do céu, nada me impedirá de entrar, pois que alí estarão cinco criancinhas e a me rodear e a puxar-me pela saia e exclamando: Entra Mamãe, entra!". Como vemos, a narração de Luccock bem como sua interpretação sobre os comportamentos em relação à morte infantil entre os habitantes da Corte nos orientam no sentido da existência de numa ideia, generalizada entre os leigos, de salvação assegurada da criança morta, mas também deixam entrever novas imagens que, apesar de confirmarem essa representação da criança e sua morte, apresentam algumas novidades em relação ao que nos ofereceu o discurso eclesiástico. Nesse caso, a ideia de que a perda prematura dos filhos favorecerá, por meio da ação destes, a entrada dos pais no reino celeste. Em reforço a essa interpretação, Debret, em 1816, nos diz o seguinte, sobre a grande mortalidade infantil entre os escravos: "a perda desta criança escrava dá à dona da casa a consolante esperança de um anjinho que por ela interceda no céu".[21] Além de seu ingresso certo no céu, a criança morta, dessa forma transformada em anjo, é extremamente útil àqueles de aqui pertenceram ao seu círculo social – até mesmo seus algozes. De fato, ao longo da recuperação das práticas fúnebres infantis constatamos a existência de práticas cotidianas em que a criança ocupa o papel de intermediadora junto às autoridades celestes.

Por meio de outro testemunho, temos, felizmente, oportunidade de constatar a existência efetiva dessa crença, assim como a sua amplitude social e temporal para o período estudado, o que é surpreendente. Isso foi possível através do precioso relato de um levante de escravos na Fazenda do Castelo, no município de Campinas, São Paulo, que nos oferece o trabalho de Maria

---

21 Debret, Jean Baptiste. *Viagem Pitoresca e Histórica ao Brasil*. 2ª edição, Tomos I e II (vol. I, II e III), São Paulo: Livraria Martins Editora p. 182.

Helena Machado sobre os movimento sociais na década de 1880. Da leitura de um auto crime de 1882, a autora nos informa que estes invadiram a casa de João Dias, um dos agregados da fazenda, sendo este, sua esposa e filhos, alvos de golpes de foice e enxada, do qual resultaram a morte do casal e de uma das crianças. Os escravos, quando inquiridos sobre o motivo do ataque às "crianças indefesas", responderam fizeram isto para que estas fossem, "para seus pais, 'anjos companheiros na entrada do céu'".[22] Sobre o que esse relato nos diz sobre a crença no papel de intermediadora que criança morta tem, que, como se vê, é de extrema importância quando são os parentes que morrem, resta apenas assinalar a menção à figura do anjo – que aqui é utilizada de uma forma menos metafórica, talvez, que no caso do poema do acadêmico – que personifica os novos atributos do "inocente".

Com efeito, já nos capítulos anteriores, tivemos oportunidade de observar a presença de elementos que associam à criança morta ora à figura do "anjo" ora a do "mártir", através da escolha das mortalhas e das cores predominantes nesses funerais. Isso parece assinalar para uma sensibilidade que atribui à criança uma natureza não maculada pelos vícios naturais dos adultos. Essa característica seria pontencializada quando da sua morte, em que a criança é então investida de atributos de santidade. Tanto é assim que, conforme se observou no primeiro capítulo, além do anjo, a criança morta era identificada com o menino Jesus: lembramos que o francês Jacques Arago, em 1839, foi interpelado por um homem que lhe pedira "se ele podia fazer o favor de acompanhar um pequeno Jesus ao céu".[23]

Sobre a associação que se estabelecia entre ela e o mártir, Dominique Julia, num artigo recente sobre a criança no alvorecer Idade Moderna, nos oferece elementos importantes para se pensar essa relação e o papel ativo que tradicionalmente se atri-

---

22 Machado, Maria Helena. *O Plano e o pânico: os movimentos sociais na década da abolição*. Rio de Janeiro: Editora UFRJ, Edusp, 1994, p. 92-93.

23 Arago, M. J. *Souvenirs d'un Aveugle Voyage Autour du Monde*. Tome Premier. Paris: Hortet et Ozanne, 1839. p. 102. Verri, Gilda Maria Whitaker. *Viajantes Franceses no Brasil: bibliografia*. Apresentação de Denis Bernardes. Recife: Universidade Federal de Pernambuco, 1994, p. 181.

buía à criança na manutenção da fé cristã[24] – ideia que, como discutiremos adiante, os jesuítas se apegarão firmemente. O autor lembra que a idéia de inocência infantil conforme representada dos séculos XV ao XVIII, é de natureza distinta do que virá a ser posteriormente e está, de um modo que nos é estranho e mesmo repulsivo, intimamente ligada à imagem do sangue vertido, em especial do massacre.[25] Isso se faz, em grande parte, por meio da oposição entre a criança e o povo judeu e um dos modos em que se apresentava essa representação se fazia através do papel especial que a criança tinha no massacre simbólico dos judeus e, no calendário litúrgico, um das ocasiões em que isto tinha lugar é durante a Semana Santa.[26] Outra época do ano importante para as manifestações desse comportamento é o período que ia do Natal ao dia de Reis, em particular o dia dos Santos Inocentes.[27] Nesse período, em vários lugares da Europa, eram prerrogativas dos chamados "meninos do coro" (cuja veste vermelha serve de mortalha infantil) manifestações tais como a malhação do Judas ou a provocação (no geral) verbal às comunidades judaicas locais, chegando às invasões de casas, lojas e sinagogas. Essas últimas práticas a muito custo conseguiram ser extintas pelas autoridades e, na França, tem-se notícia delas até 1850.[28] Interessa assinalar que uma das imagens que alimentaram essa oposição entre a criança católica e o povo judeu é a da criança mártir. Da segunda metade do século XV até o

---

24 Julia, Dominique. L' Enfance aux débuts de l' Époque Moderne. In: Becchi, Egle &, Julia, Dominique (dir). *Histoire de l'enfance em Occident*. Tome 1. *De l'Antiquité au XVIIᵉ siècle*. Paris: Éditions du Seuil, 1998, p. 373-286. Sobre o assunto tratado ver p. 292-301.

25 Segundo D. Julia, *"L'«innocence» enfantine yelle qu'on se la represente entre XVᵉ et XVIIIᵉ siècle na que peu de chose a voir avec nos conceptions contemporanies: elle est en effect stricturellement liée au massacre"*. (Idem. ibidem, p. 292)

26 Julia lembra que *"Lors de la semaine sainte, le lien entre enfants et massacre symbolique dês juifs est em effect clairement établi"* (Idem. ibidem, p. 293)

27 De acordo com Julia, *"la fête dês saints Innocents confère aux enfants de chœur dês droits particuliers. (...) Dans le Comtata Veneissin, où les communautés juives sont importantes, lês clergeons dês cathédrales (...) bénéficient d'une sorte de droit d'humiliation: à Carpentras, ils peuvent, lê jour dês saints Innocents, envahir la synagogue et y provoquer um vacarme"* (Idem. ibidem, p. 294).

28 Julia assinala que em Avignon, apesar da proibição de tais atividades pelo arcebispo, *"lê droit coutumier des clergeons, qui s'est prolongé jusqu'en 1850 (...) la marque durablement la mémoire juive de ces régions"* (Idem. ibidem, p. 295).

fim do XVI a condução de processos contra judeus pela morte ritual de crianças vive seu apogeu.[29] Nesse período, as lendas de crianças mortas em sacrifício pelas mãos de judeus – Guilherme de Norwich, Ricardo de Pontoise, Simão de Trento, são os mais célebres – vão ser amplamente divulgadas por intermédio de obras impressas.[30] O interesse do que nos informa D. Julia não para por aí. Tal como a lenda de Dominique de Val, segundo a qual este teria sido crucificado pelos judeus,[31] vemos que essa identificação da criança ao mártir leva também a associar seu sacrifício ao do Cristo. Segundo D. Julia, a partir do século XV as representações dos sacrifícios infantis estarão ligadas a uma segunda suspeita contra os judeus, a de profanar a hóstia consagrada: uma das mais importantes peregrinações na Alemanha se fazia em nome de um milagre que teria consistido na transformação do sangue que escorre de hóstia profanada em uma jovem criança.[32] Nessas manifestações anti-semitas, a representação da criança morta encontra-se, assim, associada a do menino Jesus, tal como, de um outro modo, tivemos oportunidade de constatar nas fontes estudadas por nós. Veremos que essa imagem não será negligenciada pelos jesuítas.

Quanto à figura do anjo, o recente trabalho de Jean Delumeu, *O que sobrou do paraíso?*, faz testemunho de um documento extremamente importante para nós aqui. Traçando a história do imaginário acerca do paraíso celeste, um documento que o autor teve em mãos é um manuscrito ilustrado de autoria da abadessa Herrad, do então mosteiro de Hohenbourg (hoje Sainte-Odile), Alsácia. Intitulado *Hortus delicarum* (Jardim das delícias) ele foi escrito no final do século

---

29 "C'est em effet dans la seconde moitié du XV$^e$ siècle et au XVI$^e$ siècle que les process conduits contre les juifs pour meurtre ritual d'enfants connaissent leur apogée, particulièrement dans lês pays de langue allemande" (Idem. ibidem, p. 295).

30 "Em tous les cas, ces légendes sont réactivées dans la seconde moitié du XV$^e$ siècle quand éclatent à Tolède em 1497 l'affaire du nino de la Guardia, et surtout celle du petit Simon de Trente (1475), qui devait connaître um retentissement européen et à travers l'imprimé" (Idem. ibidem, p. 295).

31 Como a lenda de Simon de Trento, havia "le légende de l'enfant martyr Dominique de Val, age de sept ans, fils d'um notaire de Saragosse, qui aurait été prétendument crucifié en 1250 par lês juifs, et dont lê culte connaîtra um développement considérable à partir de la fin du XVI$^e$ siècle" (Idem. ibidem, p. 295).

32 Segundo a lenda, que se passa em 1477 (Passau-Alemanha), "Des juifs se sont frauduleusement procuré des hosties em lês achetant à un chrétien; ils lês transportent à la synagogue et lês transpercent au moyen d'um couteau: le sang coule aussitôt et l'eucharistie se transforme em um jeune enfant, manifestant ainsi la présence réelle du Christ dans lês saintes espèces. (Idem. ibidem, p. 297)

XII. Contando a história da Salvação, desde a criação dos anjos até o Juízo Final, uma de suas pranchas "evoca a corte celeste". Segundo Delumeau, essa representação é evidentemente influenciada pela geografia do paraíso conforme fora difundida por Pseudo-Dionísio, um sírio que escreveu *A hierarquia celeste* entre o fim do século V ou o início do século VI.[33] Como no segundo,

> Avista-se a cada vez um santo ou uma santa com um anjo a seu lado, e enumeram-se nove categorias de eleitos, de cima para baixo, as virgens, os apóstolos, os mártires, os confessores, os confessores, os profetas, os patriarcas, os não-casados, os casados e, enfim, os pagãos salvos. Essa classificação repete muito provavelmente a hierarquia dos espíritos celestes: as virgens estão unidas aos serafins, os apóstolos aos querubins, os mártires aos tronos, os confessores às virtudes, os profetas às dominações, os patriarcas às potestades, os não-casados aos principados, os casados aos arcanjos e os pagãos salvos aos anjos.[34]

Em primeiro lugar, essa passagem permite vislumbrar a antiguidade dessa concepção que associa a criança e o anjo: assim, temos reunidas as duas figuras sempre relacionadas à criança morta. Em segundo, a propósito desse documento, temos condição de vislumbrar como essa concepção esteve ligada a uma ideia do Além que, supomos, não se encaixava muito com aquela que veiculava a existência dos Limbos (cujas imagens, quando da escrita da abadessa, no século XII, ainda estavam em gestação, de acordo com o que nos informa Le Goff) e, para o que, nos interessa mais particularmente, tornava possível conceber que as crianças não-batizadas estavam junto aos outros eleitos. A nossa hipótese de que a geografia celeste de que fala o livro de Herrad não é compatível com a ideia que vimos de "Limbo das criancinhas" é confirmada pela leitura da *Divina Comédia*. No poema do florentino, responsável

---

33 Segundo Delumeau, "*uma das pranchas evoca a corte celeste e refere-se de maneira evidente ao esquema do Pseud-Dionísio, postulando, como ele, uma correspondência entre a hierarquia dos espíritos celeste e a dos eleitos*". A autor esclarece que "*Na realidade, o Pseudo-Dionísio parece ter sido um sírio que escreveu no fim do século V ou no começo do século VI. Aparentemente, era um neoplatônico convertido ao cristianismo*".(Delumeau, Jean. *O que sobrou do paraíso?* São Paulo: Companhia das Letras: 2003, p. 41 e 39, respectivamente).

34 *Idem. ibidem*, p. 41.

também pela veiculação da existência dos Limbos, não só o Limbo é o lugar destinado àqueles que não são batizados, como há o fato, também, de que o céu Lunar, em que estão situados os anjos, não é destinado aos pagãos e sim aos cristãos que não puderam cumprir seus votos.[35] Por fim, outro ponto extremamente importante no *Hortus* é que, por meio do lugar a que é reservado aos pagãos na corte celeste, se pode constatar também uma origem possível da concepção do papel de intercessora que se atribui à criança. Segundo o texto de Pseudo-Dionísio, os anjos, que no texto da abadessa se encontram na mesma ordem que os pagão salvos, "estão em contato direto com os homens".[36] Se esta hipótese estiver correta, retomamos a observação de que, no que se refere à morte infantil, a realidade da Colônia, assim como em grande parte do Império, caracterizada pela impossibilidade de fazer valer a ortodoxia tridentina, deu margem para o enraizamento de concepções escatológicas de um catolicismo bastante antigo.

No esboço histórico que fazemos dessas crenças, tentamos demonstrar a antiguidade dessas concepções que associam a criança ao mártir, ao anjo e ao menino Jesus e ao procurar avaliar os significados colados a elas, é indispensável que se mencione, a fim de voltarmos ao nosso sítio específico, a atividade que o jesuítas tiveram no Brasil. Como falamos de passagem, estes foram portadores dessa sensibilidade e certamente devem ter sido um dos principais veiculadores desse corpo de imagens sobre a criança neste lado do oceano. É sabido que um traço característico de sua obra missionária foi o fato desta estar focalizada nas crianças indígenas, como uma primeira etapa de seu plano de conversão de todo o gentio.[37] Ora, nisso é evidente a convicção do caráter imaculado da criança – "cera virgem" – que em tudo difere dos vícios arraigados dos adultos. É nesse sentido, por exemplo, que o padre Manuel da Nóbrega afirmava, em 1550, que "nos meninos se poderia

---

35 Alighieri, Dante. *A Divina Comédia.* (tradução do Barão da Vila da Barra). São Paulo: Edições Cultura, 1942. Para o Limbo ver o Canto IV do "Inferno", para o céu dos anjos ver o canto III do "Paraíso".

36 Delumeau, Jean. *O que sobrou do paraíso? Op. cit.*, p. 40.

37 "*Além da conversão do 'gentio' de um modo geral, o ensino das crianças, como se vê, fora uma das primeiras e principais preocupações dos padres da Companhia de Jesus desde o início de sua missão na América portuguesa*" [Chambouleyron, Rafael. Jesuítas e as Crianças no Brasil Quinhentista. In: Priore, Mary Del (org) *História das crianças no Brasil.* São Paulo: Contexto, 1999, p. 55-83. A passagem citada encontra-se na p. 55].

esperar muito fruto uma vez que pouco contradiziam a lei cristã".[38] Além disso, nessa estratégia de catequese em que a criança tinha, acima de tudo, uma função instrumental, fica explícita a visão de um papel ativo da criança na manutenção da fé cristã, visão esta que esteve bastante presente nos rituais nos quais era clara a associação entre a criança e o mártir. Outro exemplo desse entendimento que os jesuítas tinham da criança é o fato da Companhia mandar trazer meninos órfãos de Lisboa para auxiliá-los em sua obra.[39]

É interessante notar que a crescente frustração que os jesuítas experimentarão em face aos resultados de sua obra, não corresponderá a uma descrença nessas qualidades com as quais concebiam a infância. Pelo contrário. A verificação de que, quando crescidos, os curumins se voltam aos vícios dos pais, só os tornam mais firmes na ideia de que as demonstrações de fé e piedade dos pequenos – que inúmeras vezes maravilhavam os agentes da Companhia – eram próprias dessa fase da vida e, como tal, eram necessariamente corrompidas quando da passagem à idade adulta. Não surpreende que, desse ponto de vista, afortunados são os que morrem crianças. É por isso que a constatação de Gilberto Freyre, ainda que esteja a espera de uma confirmação melhor, não deixa de estar de acordo com o que até agora observamos. Segundo ele,

> nos tempos de catequese, os jesuítas, talvez para atenuar entre os índios o mau efeito que se seguiu ao contato ou intercurso em condições disgênicas, entre as duas raças, tudo fizeram para enfeitar ou embelezar a morte da criança. Não era nenhum pecador que morria, mas um anjo inocente que Nosso Senhor chamou para junto de si.[40]

A seu favor ele faz uso de um manuscrito de Montoya, que, no mínimo, atesta a antiguidade, no Brasil, do fausto e do colorido dos enterros de criança. Ele conta

---

38 *Idem. ibidem*, p. 58.

39 "Conta o padre Nóbrega, em uma carta de janeiro de 1550, que o padre Navarro ensinava os meninos a cantar orações, em lugar das 'canções lascivas' a que estavam acostumados. Essa prática se intensificou com a chegada, entre 1550 e 1551, dos meninos do Colégio de Jesus dos Meninos Órfãos de Lisboa (a cargo do padre Pere Domenech), que vinham auxiliar a catequese, revelando a adptação constante das formas de apostolado dos padres na busca de 'outros meios de significação' que permitissem uma evangelização mais eficaz" (*Idem, ibidem*, p. 64).

40 Freyre, Gilberto. *Casa Grande & Senzala*. Rio de Janeiro: Record, 2000, p. 201-202

sobre uma criança que, de tal forma invejou a beleza em que se encontrava um coleguinha seu no caixão que desejou morrer também.[41] A título de curiosidade, encontramos outra história semelhante: segundo contam, isso teria acontecido a Álvarez de Azevedo, aos cinco anos, ao ver seu irmãozinho em seu esquife.[42]

Para fecharmos essa parte é indispensável retornarmos as mudanças que observamos no discurso leigo sobre a morte infantil para o período de tempo estudado. Vemos que, ao longo de todo o período escolhido temos testemunho de que a morte infantil é sempre traumática, principalmente em crianças cujas idades favoreceram o estreitamento de laços afetivos com o meio social circundante – nesse caso, a família. A mudança se dará no fato de que a expressão verbal dessa dor encontrará um meio, digamos, mais oficial e valorizado de veiculação. Como se observou, a manifestação de tristeza, para grande parte do período estudado, parece restrita ao foro íntimo. É por isso que testemunhos nesse sentido consistiram de documentos dessa natureza, tais como cartas, diários e a poesia "egótica" dos românticos. Esse estado de coisas conformava um contraste contundente e, à primeira vista ambíguo, com os funerais infantis cuja dimensão pública era pautada por elementos tradicionalmente associados às festividades. Conforme observamos no segundo capítulo uma das mudanças mais expressivas nos rituais de morte no século XIX foi a passagem gradual de algumas etapas do cerimonial fúnebre da esfera pública para a privada. Nesse processo, as manifestações relativas aos laços domésticos passam a ganhar um estatuto de importância aceita e reconhecida, do qual os cemitérios são prova inconteste. Como bem nos mostra o testemunho tumular, vive-se um momento de valorização da família nuclear e, sobretudo do chamado sentimento de maternidade. As expressões de dor

---

41 "A história a que se refere Montoya é típica desse ambiente mórbido que se criou pela excessiva idealização da criança: um menino, filho de um irmão do Rosário, teve inveja quando viu o enterro de um seu companheiro: o corpo dele conforme o costume estava todo enfeitado de flores, e na cabeça tinha-se lhe posto uma coroa de flores as mais bonitas. Por isso então ele às vezes pedia a seu pai para morrer, dizendo-lhe: «Deixa-me morrer, ó meu pai» - e se punha com o corpo de seu companheiro falecido, que ele tinha visto, e ficava todo estendido no chão. O pai, tendo ouvido muitas vezes as falas de seu filho, assim lhe disse um dia: «Meu filho, se Deus quiser que tu morras, seja feita a sua vontade». Em ouvindo as palavras de seu pai assim disse «Está bom, meu pai, vou morrer agora». Foi deitar-se na cama e sem doença alguma morreu" (Idem, ibidem, p. 202).

42 Azevedo, Vicente de Paulo Vicente de. op. cit., p. 56.

fomentadas pela morte dos filhos serão cada vez mais admiradas e aguardadas. Na morte infantil, a mãe que sofre, e não mais a criança morta, é que passa a ser o alvo dos olhares e objeto de admiração.

É provável que por essa mesma razão, uma outra transformação é bastante notável no discurso leigo. Ela diz respeito a crescente ausência de argumentos de ordem espiritual que davam outro caráter à morte da criança. Vimos como o aspecto festivo da morte infantil tinha sua contrapartida num discurso que a todo momento assinala os atributos de santidade da criança morta. Não temos condição de entender esse silêncio em torno dessa concepção como um sintoma estrito de sua descrença, mas ao longo do século XIX são mais constantes as evidências de que ela não pareça servir como um argumento que inverta o sentido trágico desse evento. O diário do magistrado carioca, permitindo ver que as concepções da morte infantil, apesar de circulantes, não serviram em nada para amenizar seu sofrimento, é indicativo disso. A poesia prestou-se igualmente como um valoroso testemunho dessa mudança. Em Álvares de Azevedo o sofrimento que a morte menina traz é consequência de ignorarmos o privilégio dessa ocorrência. Em Alberto de Oliveira esse argumento é sutilmente utilizado ("Sob o salgeiro"), mas a inspiração vem da observação do sofrimento da mãe que merece a atenção do autor por não ter consolo.

Em resumo, estamos diante, nas últimas décadas do século XIX, de uma nova representação da morte menina – evento agora eminentemente grave e negativo como jamais fora – à qual cabe a ela a celebração dos recém-valorizados sentimento familiares. É isso o que nos exemplarmente num poema (ao que tudo indica) anônimo, encontrado no túmulo do menino Jorge Pompeu de Souza Queiroz (1882-1900), localizado no Cemitério da Consolação (São Paulo). Nos versos nos contam que este morrera longe dos pais, não deixa dúvida que a morte infantil não é mais coisa para afortunados, nem a vida aqui na terra é uma experiência degradante.[43] O poema é testemunho que, no estertor do XIX, já há aqueles que na morte da criança só encontram motivos para lamentar, para os quais seu único significado é o do rompimento dos caros laços – familiares, bem entendido – que se criara em vida. Nesse sentido, a epígrafe é particularmente valiosa, por nos contar

---

43 Jorge Pompeu de Souza Queiroz (*1882- †1900), Lage em mármore branco. Localização: Cemitério da Consolação, s/n. São Paulo (SP).

que o que tornou a morte pequeno Jorge fatalidade ainda mais intolerável de deveu precisamente por ter ocorrido longe da pátria e, sobretudo, de seus familiares imediatos. Com ele fechamos esse item:

> AMOR PATERNAL
> A Jorge
> No claro alvorecer da saudade
> De nobres crenças estação florida
> Prisma através do qual a realidade
> Sorrir parece de illusões vestida
> Entre as neves do inverno sem piedade
> Sem um raio de sol por despedida
> Longe da pátria longe da amizade
> Longe de tudo que se amou na vida
> Morrer assim fora bem triste sorte
> Para que não pudesse ter na morte
> O carinho das irmãs e o amor paterno
> E como outrora na risonha infância
> Confiado na amorosa vigilância
> Dormir tranquillo sob o olhar materno.

# 6. O discurso médico

Nos capítulos anteriores, tivemos oportunidade de verificar, entre outras coisas, que a parcela da população, cuja mudança de comportamento em relação à morte infantil acompanhou mais de perto o remodelamento da vivência urbana tal como se processou no século XIX nestas cidades, apresentou, entre outras coisas, um quadro de valorização manifesta dos sentimentos familiares nucleares. Esses motivos se evidenciaram de forma bastante clara em uma parte desse segmento, a classe médica, uma vez que, como poderemos constatar a seguir, esse grupo foi o porta-voz por excelência desses novos valores. Isso se deveu ao fato de que a emergência desses novos modelos e relações familiares e, por conseguinte, de representação da criança e sua morte, decorreram não só consolidação econômica das cidades estudadas (em tempos e dimensões distintas), mas foram produto das várias tentativas de controle, intervenção e transformação das práticas cotidianas da população, nos (mal delimitados) âmbitos da vida pública e privada por parte do Estado brasileiro ao longo do período em questão. Esse processo tem como marco decisivo a vinda da Família Real e a necessidade de, como lembra Paulo César Garcez Marins, "exterioriza-se como metrópole",[1] exigência que seria reafirmada com a Independência[2] e que, desde o primeiro momento, se baseou num discur-

---

1 Segundo Marins, "Cabia, afinal, acomodar a Corte na cidade, assim como transformar radicalmente o aspecto das ruas no tocante à arquitetura arcaica, ao policiamento dos padrões de convívio social e ao uso do espaço urbano da cidade". O autor explica que "A legitimidade da monarquia portuguesa, sua honra, reputação e enobrecimento residiam no poder e na tradição dinástica, sem dúvida (...) Mas era imperiosa a manifestação exterior destas qualidades, representando-as de forma a consolidá-las frente à Corte, aos estrangeiros e ainda aos súditos, avessos à autoridade eficaz" e assinala que com a Independência, "Configurava-se novamente a urgência da mesma exterioridade de metrópole que D. João VI e a Intendência ambicionaram sem grandes sucessos" (Marins, Paulo César Garcez. *Através da rótula: sociedade e arquitetura no Brasil, séculos XVII a XX*. São Paulo: Humanitas/FFLCH/USP, 2001, p. 159, 166 e 235, respectivamente).

2 Paulo Marins assinala que, com a Independência, "*Configurava-se novamente a urgência da mesma*

so higienista.[3] Ilmar Rohloff de Mattos, ao analisar processo de consolidação do Estado Imperial e de ascensão ao poder de uma elite – que buscava legitimidade nos modelos "civilizados" do Velho Mundo, ao mesmo tempo que trabalhava pela manutenção do regime escravista –, assinala o papel que nesse intento tiveram as tentativas de "ordenar as grandes famílias": por meio disto, estaria o país a salvo das tão temidas rebeliões escravas e da má opinião internacional.[4] Para o que nos interessa, a aliança com a classe médica, um dos tantos fornecedores dos argumentos necessários à ampliação do poder do Estado, seria um dos meios pelo qual a classe dirigente garantiu a consecução de seus interesses.[5]

Como consequência disto, o discurso médico irá se tornar, ao lado do artefato tumular, uns dos testemunhos por excelência sobre a morte infantil entre os leigos. O mais importante, não obstante, é o uso bastante específico que esses médicos darão à morte menina por meio das discussões acerca das intervenções cirúrgicas corretas no caso de gestações e partos complicados, bem como das soluções que estes apresentam para o problema do infanticídio e da mortalidade infantil. Como se mostrará, estes

---

*exterioridade de metrópole que D. João VI e a Intendência ambicionaram sem grandes sucessos"* (Marins, Paulo César Garcez. *Através da rótula: sociedade e arquitetura no Brasil, séculos XVII a XX*. São Paulo: Humanitas/FFLCH/USP, 2001, p. 159, 166 e 235, respectivamente).

3 Analisando o volume publicado em 1808, logo com a chegada da real comitiva à cidade, intitulada *Reflexões sobre alguns dos meios propostos por mais conducentes para melhorar o clima da cidade do Rio de Janeiro*, de autoria de Manoel Vieira Silva, Marins observa que *"Já não faltava ao Rio de Janeiro nem mesmo um discurso para calçar tais atitudes normativas* [acerca cerceamento das rótulas em prol da uniformidade das ruas]" (*Idem, ibidem*, p. 170).

4 Segundo Mattos, *"a política imperial está fundamentalmente referida à crise do escravismo colonial, nos seus aspectos que há pouco referimos: a política inglesa e as insurreições crescentes. Nesse quadro, administrar os interesses dominantes converte-se, em larga medida, em ordenar as grandes famílias, mesmo que em certos momentos isto signifique colocar-se contra alguns privilégios e monopólios que as distinguiam"* (Mattos, Ilmar Rohloff de. O tempo Saquarema. São Paulo: Hucitec, 1987, p. 90).

5 *"Presidentes de províncias e chefes de legião da Guarda Nacional; bispos e juízes municipais, de paz e de órfãos; membros das Relações e redatores de jornais locais; empregados das faculdades de Medicina, dos cursos jurídicos e academias e juízes de Direito; comandantes superiores da Guarda Nacional, párocos e médicos; chefes de Polícia e professores – todos esses e alguns mais, em graus variados e em situações diversas, nos níveis local, municipal, provincial ou geral, tornaram-se peças estratégicas no jogo de constituição do Estado Imperial e da classe senhorial"* (*Idem., ibidem*, p. 212-213)

se serviram do tema da morte infantil para a defesa de seus interesses - em linhas gerais, o reconhecimento do direito de exclusividade no exercício da medicina no país e sua afirmação enquanto agentes sócio-políticos. Nesse sentido, duas orientações presentes no discurso médico nos interessam em particular, uma vez que será por meio destas que a morte infantil ganhará significados novos. Em primeiro lugar, a defesa da profissionalização da prática médica no Brasil através da luta contra o "charlatanismo".

No Brasil, a profissionalização da medicina caminhou de mão dadas com a consolidação do Estado imperial: ainda no ano de 1808 são fundadas as Escolas de Cirurgia da Bahia e a do Rio de Janeiro, ambas transformadas posteriormente nas Academias Médico-Cirúrgicas.[6] Em 1829, ganha ímpeto a "ofensiva" da medicina brasileira no sentido de ganhar espaço nos grupos dirigentes e transformar-se em medicina social, com a criação da Sociedade de Medicina e Cirurgia do Rio de Janeiro (depois batizada Academia Imperial de Medicina),[7] cujos objetivos serão a defesa da saúde pública, justificando o estabelecimento um novo instrumento de controle social – a higiene pública[8] – e da ciência médica, que deve ser uniformizada e oficializada em contraposição a outras práticas de cura, uma vez que caberia a ela fornecer os fundamentos, a legitimação e, principalmente, os agentes dessa nova modalidade de poder.[9] É da militância dessa Sociedade que resultará o projeto de criação das faculdades de Medicina, criadas em 1832.[10] São elas, por sinal, as principais instituições produtora dos saberes e

---

6 Santos Filho, Lycurgo de Castro. *História geral da medicina brasileira*. São Paulo: Hucitec: Editora da Universidade de São Paulo, 1991, p 9.

7 *Idem, ibidem*, p. 16.

8 Como lembram os pioneiros sobre o assunto, "a Sociedade de Medicina estabelece como objetivos fundamentais a saúde pública e a defesa da ciência médica, objetivos que fazem parte do projeto de realização de uma medicina social. Sobre o relatório que a Sociedade produz em 1830, os autores lembram que este "fixa os objetos a serem atingidos pela medicina em sua tarefa de vigilância e controle do espaço urbano" (Machado, Roberto (et al.) *Danação da Norma: a medicina social e constituição da psiquiatria no Brasil*. Rio de Janeiro: Edições Graal, 1978, p. 186 e 188 respectivamente).

9 Quanto ao segundo objetivo, "trata-se, basicamente, de uma luta pela uniformização do saber médico, por uma medicina baseada na observação, pela radical oposição a outras formas de cura, ou propostas de cura, agrupadas sob o rótulo de charlatanismo"*(Idem, ibidem*, p. 191).

10 "A principal realização das Sociedade no que diz respeito à defesa da ciência médica é a elaboração do projeto das Faculdades de Medicina" (*Idem. ibidem*,p. 192).

discursos médicos aqui analisados. Um exemplo bastante interessante dos efeitos dessa militância nos oferece o trabalho de Maria Lúcia Mott sobre as parteiras no século XIX no Brasil, em que a autora mostra como a defesa do monopólio do exercício da medicina no Brasil pelos diplomados informou uma série de escritos médicos sobre o exercício da obstetrícia onde se denegria as profissionais não acadêmicas – pois se tratavam quase exclusivamente de mulheres – que por durante séculos se ocuparam com sucesso dos partos no país.[11] É também nesse sentido, ou seja, de difamação dos praticantes não diplomados, especialmente aqueles ocupados com os cuidados obstétricos, que os escritos médicos farão uso da morte infantil, conforme procuraremos demonstrar nesse capítulo.

Em segundo lugar, uma vez que é a higiene pública que fornecerá os argumentos para a intervenção do Estado na vida familiar, uma das estratégias que orientou esse novo discurso foi a defesa de dois dos personagens do universo doméstico. Um deles é a mulher/esposa/mãe que será vista pelos médicos como uma aliada nesse processo de higienização da esfera familiar.[12] Como teremos oportunidade de demonstrar, isso terá grande impacto numa das formas em que, nesses discursos, será representada a morte infantil. Já mencionamos de passagem na segunda parte da tese que o conhecimento e técnicas médicas disponíveis então tornavam frequentes situações de partos e gestações complicadas em que na impossibilidade de salvar a mãe e o filho juntos, só restava ao médico escolher quem iria sobreviver. Nesse sentido, grande parte dessas discussões será em torno do que é mais prejudicial à sociedade, a morte da mãe ou a do bebê, e esse debate veiculará uma série de representações

---

11 Conforme constata Maria Lúcia Mott "a tão propalada ignorância das parteiras não deveria ser entendida seja como uma crítica à maneira que elas concebiam todo o processo de parturição, seja como uma estratégia que os médicos encontraram para serem reconhecidos como os detentores do discurso competente sobre o corpo das mulheres e os únicos legitimamente autorizados para intervir nesses corpos" [Souza, Maria Lúcia de Barros Mott de Melo. *Parto Parteiras e Parturientes. Paro, parteiras e parturientes: MMe. Durocher e sua época*. São Paulo: 1998. Tese (Doutorado em História Social) - Faculdade de Filosofia, Letras e Ciências Humanas, Universidade de São Paulo, p. 70].

12 Segundo Magali Engel, "O médico penetrava o espaço familiar e, através do estabelecimento da confiança de um contato mais íntimo com a mulher iria tentando modificar, aos poucos, o perfil das relações familiares (...) Transformada em mãe higiênica, a mãe tornava-se aliada do médico na viabilização do projeto de higienização das relações familiares" (Engel Magali. *Meretrizes e doutores*: saber médico e prostituição no Rio de Janeiro(1840-1890). São Paulo: Editora Brasiliense, 1988, p. 44).

da morte infantil que serviram para valorizar a intervenção em prol da mãe. Mas nem sempre os médicos se colocaram ao lado da mãe, visto que, segundo os dogmas higienistas, cabia corrigí-la em muito de suas condutas: para tal, um outro personagem foi bastante útil à intervenção destes na vida doméstica: a criança/filho.[13] Quase desnecessário observar a importância que isso teve nas concepções que esses médicos possuíram da morte infantil e adiantamos apenas que ela ganhou importância a ponto de justificar pedidos de reformas na postura do Estado como, também, nas concepções tradicionais da população.

Sendo assim, nesse capítulo trataremos da morte infantil conforme ela aparece, principalmente, nas teses produzidas pela Faculdade de Medicina do Rio de Janeiro ao longo do século XIX. Devido a uma feliz disponibilidade da documentação, teve-se acesso a algumas teses da Faculdade de Medicina da Bahia desse mesmo período, cujas cópias nos foram generosamente cedidas por Maria Lúcia Mott. Visto que fogem de nossos sítios de estudo, elas serão utilizadas aqui a título de comparação, o que nos permitirá ter uma visão mais abrangente sobre esse discurso em âmbito nacional. No primeiro item desse capítulo, procuraremos mostrar, através da análise das teses que tratam do debate relativo à intervenção do médico que sacrifica o feto em favor da vida da mãe, como as concepções veiculadas por elas, tanto (no caso daquelas argumentações de natureza mais secularizada) se apresentaram indiferentes às representações religiosas da morte infantil, como também apareceram como tributárias diretas destas, a despeito da roupagem cientificista com a qual esse discurso se reveste. No segundo item, veremos, por intermédio dos escritos médicos sobre temas tais como o da mortalidade infantil, do infanticídio e dos cuidados para com a primeira infância, como esse discurso mostrou-se e assumiu a si mesmo enquanto antagonista à forma com que a morte infantil é representada não só pela Igreja, como também pelo o resto da população carioca e paulistana.

---

13 Jurandir Freire Costa observará que "a *criança morta deixou de ser um vetor de esperança religiosa para os pais para tornar-se um libelo contra o sistema familiar por eles mantido*" (Costa, Jurandir Freire. *Ordem Médica e Norma Familiar*. Rio de Janeiro, Graal, 1999, p. 162).

# Identificação, adaptação e distanciamento frente às concepções tradicionais de morte infantil

No tocante à documentação referida, em que ocasiões é possível localizar manifestações de determinadas concepções acerca da morte da criança? Primeiramente e, deve-se dizer, majoritariamente, elas aparecem através das teses que discorrem sobre a temática dos partos complicados e das alternativas disponíveis para a sua resolução. Em poucas palavras, tratou-se de um debate o qual, em última instância, se alicerçou em diferentes concepções de morte infantil, fossem elas religiosas – cujos pontos principais já tivemos oportunidade de apresentar nas páginas anteriores – ou de natureza mais secularizada. Dessa discussão decorreu o uso específico que, como já sublinhamos, o discurso médico deu à morte infantil: o papel de motivo por meio do qual manfestaram determinadas posições ideológicas e políticas. No caso específico da morte infantil, conforme aparece no debate sobre o aborto, teremos oportunidade de vislumbrar preocupações subjacentes como o combate às práticas médicas não-acadêmicas e uma tentativa de intervenção nas relações domésticas, questões que, como já se comentou, foram os grandes objetivos a orientar a "militância médica" no período em estudo.

Como já foi dito na segunda parte da tese, na época havia duas saídas para que, em partos complicados, não morressem mãe e filho. Uma delas é a chamada operação cesariana que, dada as condições médicas no período, acarretava inevitavelmente a morte da parturiente. A outra opção era a embriotomia ou o aborto, intervenções que, ao tirar a vida do filho, preservava a da mãe. Como constataremos nas linhas que se seguem, são discussões em torno da vida e da morte do feto/criança e as implicações (espirituais ou não) disso, os pontos considerados nesse debate: a polêmica do aborto é, sem dúvida, um debate em que estão em jogo diferentes concepções de morte infantil. É necessário esclarecer, não obstante, que o debate, em sua origem, é mais antigo que a criação das faculdades de medicina no Brasil e que não era uma peculiaridade brasileira. Como já notaram alguns autores,[1] a influência francesa foi a maior entre os acadêmicos brasileiros. Com efeito, os protagonistas e argumentos constantes dos debates em torno das alternativas disponíveis aos partos complicados na França são constantemente (e quase exclusivamente) citados por seus colegas brasileiros.

A polêmica sobre a prática do chamado "aborto terapêutico" como último recurso em caso de complicações no parto nasceu no início do século XVII, com o célebre trabalho de Louise Bourgeois (primeiro trabalho de obstetrícia escrito por uma mulher), parteira da rainha Maria de Médicis, publicado em 1609 e posteriormente traduzido para o alemão.[2] Como resultado da condenação dessa prática por parte da Igreja, a polêmica registrada por Bourgeois não será retomada senão depois de muito tempo na França.[3] Em meados do século XVIII e início no XIX, o debate sobre o aborto terapêutico em casos de partos complicados ganha terreno na Inglaterra, passando pela Alemanha e chegando à Itália e Países Baixos, conquistando nesses países hegemonia entre a classe obstétrica.[4] Na França (como certamente é o caso do Brasil), os interditos religiosos, que têm grande peso entre o meio médico, impediram que o mesmo ocorresse nesse momento: no entendimento dos teólogos franceses do

---

[1] "Após a Independência, uma acentuada lusofobia afastou os estudantes brasileiros da Universidade de Coimbra, e foi para a França que eles se dirigiram em busca de formação cultural e científica. Data de então a introdução da influência francesa na Medicina nacional, que viria a perdurar até os dias atuais." (Santos Filho, Lycurgo de Castro. *História geral da medicina brasileira*. São Paulo: Hucitec: Editora da Universidade de São Paulo, 1991. p. 10).

[2] Sobre o aborto terapêutico na França, Le Naur e Valenti lembram que "le débat surce dernier recours em cãs de complications est em fait né au début du XVII siècle. Louise Bourgeois (1563-1636), la propre sage-femme de la reine marie de Médicis, consacre quelques pages à ce sujet délicat dans une ouvrage célèbre, premier livre d'obstétrique écrit par une femme, qui fut publique em 1609, rapidement reedite puis traduiten allemand dês 1644" (Le Naour, Jean-Yves & Valenti, Catherine. *Historie de l'avortement: XIX$^e$-XX siècle*. Paris: Éditions du Seuil, 2003, p. 18).

[3] "Mais, em 1609, l'heure du débat n'est pas venue. La puissance de l'Église fait de la seule formulation de l'avortement thérapeutique um scandale et l'héritage de Louise Bourgeois, [...] ne sera pas repris avant longtemps" (*Idem, ibidem*, p. 19).

[4] "Em Angleterre, em revanche, la pratique de l'avortement provoque em cãs de grave hémorragie va devenir la règle [...] D'Angleterre, l'enseignement de l'avortement thérapeutique passe em Allemagne à la fin du siècle, puis gagne l'Italie et lês Pays-Bas dans lês années 1820" (*Idem, ibidem*, p. 19 e 20).

XVII, o destino da alma tem prioridade ao do corpo e, se esta cirurgia garante a salvação de um dos envolvidos, acarreta também a condenação da criança que deixa, assim, de receber a unção.⁵ O debate, todavia, voltaria com força em meados do XIX por meio das revistas especializadas. Em um artigo, Paul Dubois, professor da faculdade de Paris, refuta as objeções religiosas, legais e morais sobre o aborto terapêutico, dando prioridade à vida da mãe, mais útil e necessária à sociedade que a frágil e incerta do feto.⁶ Opinião semelhante – uma memória escrita pelo obstetra dr. Lenoir – é submetida à aprovação da Academia em 1852 pelo prof. Cazeaux⁷ e as discussões que se seguiram constituíram-se dos argumentos (e personagens) que veremos utilizados com frequência por seus pares no Brasil. Interessa assinalar que, ao final desse embate, o doutor Lenoir recebe aprovação por ter conduzido um aborto no célebre caso de Julie Gros, fato que representou uma nova postura em relação ao tema: o reconhecimento da prioridade da preservação da vida temporal da mãe sobre a salvação espiritual do feto.⁸ O problema, assim colocado, daria o tom aos debates acerca do tema que se seguiram até a virada do século e que se afastariam, desde

---

5 Le Nour & Valenti lembram que, segundo os teólogos franceses do XVIII, "La justice est peut-être du cote de la mère, mais la survie de l'âme de l'enfant est une considération bien supérieure, et peu importe que mère et enfant périssent tous les deux si ce dernier reçoit le sacrement destiné à lui assurer la vie éternelle" (*Idem, ibidem*, p. 20).

6 "Tandis que l'Académie nie lê débat, celui-ci commence à poindre dans les revues spécialisées, et les ralliements se font plus nombreux. Lê 4 mars 1843, Paul Dubois, professeur à la faculte de Paris, fait paraître um article dans la Gazette médicale de Paris où il défend l'avortement provoqué dans les cas de rétrécissement pélvien". Citado por Naour e Valenti, o médico argumenta que, não recorrer ao aborto nesses casos, "serait proteger une existence très incertaine au détriment de l avie d'une femme utile et nécessaire à céus qui l'environnent" (*Idem, ibidem*. As passagens citadas encontram-se nas p. 21 e 22).

7 "Lorsque sóuvre la séance du 10 février 1852 à l'Academie de médecine, Cazeaux, rapporteur du mémoire de Lenoir, sait qu'il a fort à faire pour convaincre sés collègues et emporter leur approbation" (*Idem, ibidem*, p. 23).

8 "Le 30 mars, [...] l 'Academie vote les remerciements au docteur Lenoir et appreuve son action. Après une longe bataille de six séances, l'avortement yhérapeutique était reconnu, en meme temps que la supériorité de la vie temporelle de la mère sur l avie spirituelle du fœtus" (*Idem, ibidem*, p. 28).

então, dos argumentos de ordem teológica.⁹ Cremos que com essas linhas é possível agora ter um quadro geral do debate que servirá de paradigma entre os médicos deste lado do Atlântico.

Antes de mais nada, importa ressaltar que a pertinência desta para o tema que estamos trabalhando vem do fato de que, no discurso mais tradicional, não se diferencia estritamente a criança do feto. Vimos como as prescrições da Igreja para com o batismo de fetos (que testemunham a convicção de sua humanidade) desfazem qualquer dúvida a respeito. Mas essa visão não aparece apenas na documentação eclesiástica, e nem tampouco se restringiu, como se mostrará, àqueles que condenam aborto. Por exemplo, adiantamos que uma argumentação sobre a grande mortalidade infantil nos primeiros anos de vida é usada nas defesas ao aborto (nas quais, se procura, por vezes, atribuir um estatuto ao feto que é diferente do da criança) e testemunha, de forma inequívoca, que a diferença entre o feto e o bebê é concebida como sem importância.

Como já é possível observar, outro ponto importante diz respeito à posição dos médicos face ao tema e à natureza das argumentações de que as teses fazem uso. Apesar do debate aborto/cesariana parecer, à primeira vista, corresponder à oposição entre uma concepção religiosa e outra secular sobre a morte infantil, a documentação, como acontece no caso das definições do feto, permite entrever um quadro mais complexo e, para nossos fins, mais rico. Em outras palavras, isso se deve ao fato de que motivações espirituais e seculares estão presentes em ambos os lados em que se constrói o debate em torno da questão de qual vida (da mãe ou do feto) o médico deve dispor, o que torna esse testemunho sempre surpreendente.

Sobre a leitura conjunta dessa documentação, deve-se dizer que as teses das faculdades de medicina do Rio de Janeiro e Bahia analisadas aqui e que tratam desse problema e das alternativas a ele colocadas (operação cesariana, embriotomia e aborto terapêutico) foram produzidas entre 1841 e 1892. Depois desse último ano até o fim do século XIX não encontramos mais teses sobre o tema. A propósito, apesar de produzidas ao longo de cinquenta anos, poucas mudanças dignas de menção são observáveis nesse tempo. A mais importante diz respeito ao fato que até 1852 não encontramos discursos favoráveis ao aborto ou à embriotomia e, depois dessa data, é o contrário o

---

9 "Quoi qu'il soit, après 1852, le débat sur l'avoretment provoque n'est plus centre sur le domaine religieux. Il est devennu un probléme de droi qui oppose ceux qui souhaitent une codification claire et définitive, sanctionée par la loi, aux partisans de la libre appreciation du médecin" (*Idem, ibidem*, p. 32).

que se nota, consistindo a franca maioria das teses de partidários da cirurgia. Quando consideramos que esse ano é aquele que reinaugura os debates acadêmicos na França sobre o assunto, como já comentamos, fica bem exemplificada não só a forte influência que o contexto médico francês tem sobre o nosso, como mostra também que o que por lá acontecia era acompanhado de perto. Fora essa mudança (e aquela marcada pelo fim do debate), o que se observa, ao longo do século XIX, é que estamos em presença de diferentes argumentações que são, de algum modo, sempre contemporâneas entre si. Talvez possamos discernir algumas tendências regionais nos argumentos utilizados: em primeiro lugar, das teses pesquisadas, antes de 1852 só os Acadêmicos da Corte se interessam sobre o tema; em segundo, como teremos oportunidade de constatar, é mais comum entre os doutores baianos, que se lançam em defesa do aborto, se utilizar de argumentos religiosos que seus pares fluminenses. Ainda assim, é importante observar que todos os argumentos encontrados em uma faculdade o são também na outra. Deve-se dizer, por conseguinte, que fora as rupturas cronológicas mais ponderáveis, a estrutura do texto se orientará principalmente pela análise das diferentes argumentações envolvidas nesse debate.

Como foi dito, se desde 1841 encontramos teses que falam (muito poucas, diga-se de passagem) acerca do tema, até 1852 elas não se pronunciam em favor de preferir a vida da mãe à do feto, configurando um quadro oposto ao que viria a ser depois desse ano. Apesar do número quase insignificante desses trabalhos, as características que eles apresentam ajudam a entender o estado de coisa antes de 1852, ao mesmo tempo que, por contraste, permitem discriminar melhor os aspectos mais importantes do debate que viria em seguida.

A primeira menção que encontramos sobre a questão entre se preferir a vida da mãe ou a do feto se faz através das *Proposições sobre a gastro-hyterotomia*, do acadêmico carioca José Xavier Baliero Jr., de 1841.[10] Defendendo esta que é popularmente conhecida como operação cesariana – a "gastro-hysteronomia não é essencialmente mortal, e preenche com segurança o fim a que se propõe"[11] – o doutorando faz o seguinte comentário sobre a cirurgias que destroem o feto para

---

10 Baliero Junior, José Xavier. *Proposições sobre a gastro-hysteriotomia*. Rio de Janeiro: Tupographia Americana de I. P. da Costa, 1841.

11 *Idem, ibidem*, p. 6.

salvar a mãe: "a doutrina dos Inglezes, que consiste na conservação da arvore com preferencia à do fructo é inadmissivel".[12] Apesar da brevidade do comentário, é certo que estamos em presença de uma concepção de morte infantil que a coloca em igual importância à da mãe, entendimento segundo o qual não cabe ao médico decidir que vida deverá prevalecer. É interessante notar também que o autor não se manifesta expressamente por meio de argumentos de ordem religiosa para defender seu ponto de vista, se limitando a assinalar a segurança da gastro-histerotomia, fato que diferencia esta tese das demais que viriam: aqui, o autor limita-se a mostrar que é possível a preservação da vida do bebê e da mãe conjuntamente. Por fim, fica igualmente evidente que, mesmo colocando o aborto como alternativa fora de questão, ao mencioná-lo, nos permite supor ser esta uma prática concorrente.

Em todo caso, antes de 1852 os trabalhos que se focalizam sobre a prática do aborto induzido parecem mostrar que de algum modo a posição dos recém-formados é oficialmente contrária a esta cirurgia, ainda que, ao mesmo tempo, dêem indícios de que ela era efetivamente praticada. Esse é o caso, exemplo, da tese de José Sergio Ferreira de 1845,[13] do Rio de Janeiro, que não se pronuncia a favor ou contra a prática. Outro trabalho, como o de João Gomes dos Reis,[14] colega que também escreve em 1845, vai mais além. Desse trabalho, selecionamos as seguintes passagens, em que o autor enumera as causas da prática do aborto:

> A nosso ver uma das causas que muito concorre para que taes delictos talvez se pratiquem, é a grande falta que existe de casa de expostos [...]
> Uma outra causa que muito deve contribuir para a perpetuação desse attentado, é a imensa escravatura que enche nosso sólo. Quantas escravas não provocam o aborto para que seos filhos não venham a gemer debaixo de um duro captiveiro [...]
> a estupidez e grosseria de alguns maridos [...]
> a infâmia que se vota ás mulheres [...]

---

12 *Idem, ibidem*, p. 6.

13 Ferreira, José Sergio. *Sobre o Aborto. Theses apresentada á Faculdade de Medicina do Rio de Janeiro.* Nictheroy: Typographia Commercial de E.C. dos Santos, 1845.

14 Reis, João Gomes dos. *Sobre o Aborto. Theses apresentada á faculdade de Medicina do Rio de Janeiro.* Nicthroy: Typographia Commercial de E.C. dos Santos, 1845.

> Não vos lembraes de que a natureza poderá zombar de seus criminosos recursos; de que vossos filhos, sem o quererdes, virão ao mundo, e que, quando chegados ao uso da razão vos amaldiçoarão, sabendo que não contentes de lhes dardes a vergonha procuraste impedir que elles gozassem da aura da vida?[15]

Em primeiro lugar, interessa assinalar que aqui, como na tese de Baliero Jr., a morte do feto é vista como um fato tão grave quanto a de um adulto, a despeito do que aqueles que a praticam possam pensar. Há uma diferença importante, todavia. Neste trabalho, o acadêmico faz-se valer de uma determinada concepção de vida e morte infantil em prol do processo de normatização médica e intervenção social da profissão que vive o país no momento. Até então, nunca esteve tão claro um uso político da morte menina. Isso se faz patente de dois modos. Um deles está de acordo com o objetivo de tirar de circulação os praticantes não acadêmicos da atividade médica, identificados aqui enquanto charlatães e criminosos: isto é feito associando-os a ações definitivamente condenáveis, como é então o caso do aborto. Com efeito, segundo essa tese, o pensamento oposto é observável sobretudo entre aqueles que, culposamente ou não (como as escravas), não são modelo de virtude e esclarecimento. O outro uso instrumental da morte infantil, que fica claro na crítica às mães que fazem uso do aborto induzido, diz respeito a um processo de valorização da maternidade, do qual as autoridades médicas estão entre os principais porta-vozes, como já comentamos. Entre as gestantes que recorrem a ela, essas teses as relacionam, em parte, às escravas. Aqui, a prática é vista como um dos tristes derivados do cativeiro, e o tom de lamento não exclui uma certa compreensão das motivações da mãe, que não quer privar os seus da liberdade. Esta complacência, por assim dizer, é bem menos generosa quando o autor enumera o outro caso em que esta prática é frequente: o recurso que a ela fazem as gestantes solteiras que, por meio dela, procuram esconder o objeto de seu "pecado" e desonra.

Após 1852, essa situação muda muito de figura. Como na França, algo diferente na consciência dos médicos das Faculdades – pelo menos em sua dimensão publicamente manifesta – os faz considerar a alternativa do aborto sobre uma ótica positiva. Com efeito, a partir desse ano, aparece nas teses a constatação de que, de

---

15 *Idem, ibidem*. As passagens citadas encontram-se da p. 2 à p. 4.

fato, a vida da mãe tem prioridade sobre a do feto nos casos em que se é obrigado a escolher entre as duas. A partir de agora, deixar perecer o fruto, se isso for necessário salvar a árvore, é oficialmente a palavra de ordem para muitos. Esse ponto de vista aparece nas teses em defesa da já comentada embriotomia, cirurgia que consiste na mutilação do bebê para permitir sua passagem em bacias estreitas e que é tratada nos trabalhos de Francisco de Paula Monteiro de Barros de 1852, e Reginaldo Celestino de Torres Quintanilha de 1853, ambos do Rio de Janeiro.[16] Em termos práticos, tanto a embriotomia quanto o aborto implicam numa intervenção médica que elimina o feto. O que diferenciava a primeira do aborto é seu caráter de último recurso, uma vez que era utilizada na ocasião mesma do parto, quando se constatava que este não poderia seguir de modo habitual sem comprometer a vida da parturiente. O processo em si, em termos cirúrgicos, era muito mais radical e agressivo à mãe que as cirurgias abortivas, principalmente quando estas ocorriam nos primeiros meses de gestação. Em todo caso, talvez esse seu caráter de última opção e, portanto, com menor risco de ser visto como um "crime premeditado" ou ao menos como uma atitude precipitada, deve ter sido uma das razões que fez com que essa prática tivesse sido defendida antes que o fosse a cirurgia abortiva. Ainda assim, as implicações relacionadas a ambas as práticas eram tão grandes que não só essa discussão sobre a embriotomia abriu caminho para aquelas acerca do aborto como as justificativas formuladas em defesa daquela forneceram os principais argumentos que os partidários do aborto utilizaram até os últimos momentos do debate. Por ora, basta salientar que as discussões sobre a embriotomia tornaram oficiais as defesas dos médicos em relação ao direito de vida da mãe.

Com efeito, selecionamos a seguinte passagem do trabalho do acadêmico carioca Francisco de Paula Monteiro de Barros de 1852. Segundo ele,

> de cem meninos recem-nascidos, quarenta pelo menos, não alcançarão a idade de 20 annos.
>
> É esta uma verdade corroborada por milhares de accidentes, a que estão sujeitos, desde o momento que veem a luz até o tempo em que a sociedade exige d'elles os

---

16 Barros, Francisco de Paula Monteiro de. *Embryotomia. Theses apresentada à Faculdade de Medicina do Rio de Janeiro*. Nictheroy: Typographia Fluminense, 1852; Quintanilha, Reginaldo Celestino de Torres. *Da Embryotomia*. Rio de Janeiro: Typographia Guanabarense, 1853.

serviços, que por ella são impostos. Meditae bem de outro lado sobre o sacrificio, que ides fazer de uma mãe, cujos direitos gritam bem alto, cujos serviços, que podem ser prestados a sociedade, não são postos em duvida; uma mãe, de que a familia tudo espera; em troca de um ente debil, sem consequencia, sem intelligencia, não se distinguindo do animal irracional, senão pela forma; um ser exposto a tantas vicissitudes, a milhares de caprichos do organismo, cuja vida não podeis afiançar, e vereis, que nenhum escrupullo annuviará minha consciencia, quando coagido pela necessidade de sacrificar um, ou outro, preferir a mutilação do mais fraco.[17]

A importância desse documento está no fato que traz consigo os principais elementos da concepção secular de morte infantil utilizada pelos médicos com mais força nas décadas finais do XIX. Secular na medida em que o autor (tal como as teses anteriores relativas as medidas de solução para partos complicados) não parece interessado nas motivações e implicações religiosas do procedimento que defende. Mas a forma como é encarada aqui a morte infantil caminha em direção oposta aos argumentos seculares usado na defesa da operação cezariana. Em resumo, a morte infantil é vista, aqui, de forma muito menos grave do que a morte adulta. Os argumentos principais são o da propensão natural da criança para morrer, bem como a pouca utilidade social da criança comparada à da sua mãe, chegando, por fim, a uma visão em que o feto é quase que, por assim dizer, desumanizado ("não se distiguindo do animal irracional"). O outro escrito citado – o do também acadêmico carioca Reginaldo Celestino de Torres Quintanilha[18] de 1853 – partilha da mesma visão, uma vez que aconselha a prática da cirurgia em casos de complicações no parto de modo a preservar a vida da mãe. Do que vimos até aqui, importa ressaltar que, já na década de 1850, os argumentos utilizados no debate sobre quem deve morrer nos casos de parto e gestação complicados procuram ignorar as implicações de ordem religiosa/espiritual das medidas defendidas, situação que, como veremos, muda de figura na década seguinte. Voltaremos, com mais vagar, a esses argumentos de natureza mais

---

17 Barros, Francisco de Paula Monteiro de. *Embryotomia. Op. cit.*, p. 4 e 5.

18 Segundo o doutorando, "O parteiro deve sempre preferir a operação da embryotomia, sempre mortal para o féto, (contra a opinião dos médicos franceses), à cesariana, todas as vezes que o féto não puder naturalmente atravessar os estreitos da bacia ou resistir ao emprego do fórceps" (Quintanilha, Reginaldo Celestino de Torres. *Da Embryotomia. Op. cit.*, p. 18).

secular quando que teremos oportunidade de melhor os contrapor com as justificativas de ordem religiosa, veiculados pela própria classe médica no debate acerca do aborto terapêutico.

Não obstante, uma das características conhecidas da embriotomia era o risco que ela implicava também para a mãe, como bem reconheciam algumas teses da época.[19] Para nós, interessa observar que o grupo daqueles que acreditam que a morte do bebê é um fato de menor gravidade que a perda da mãe não tardará a engrossar, sendo o aborto terapêutico visto como uma alternativa mais conveniente nos casos em que era necessário escolher. Nesse sentido, em 1856 o médico do Rio de Janeiro, Nicolau Joaquim Moreira, publica um artigo em defesa do aborto nos casos em que a gravidez põe em risco a vida da gestante.[20] A essa altura, a militância em favor da preservação da vida mãe por meio do aborto parece mais estabelecida entre o meio médico e, nesse mesmo ano, constatamos o aparecimento de teses que se pronunciam nesse sentido, como a de Francisco Nicolao dos Santos[21] e Hemernegildo Rodrigues de Alvarenga.[22] De todo modo, desse debate sobre o aborto nos interessa

---

19 Já em 1857, Belchior da Gama Lobo, dizia da cesariana e embriotomia que *"comprometiam a vida da mulher"* (Lobo, Belquior da Gama. *Dos casos em que o aborto provocado é indicado. These apresentada á Faculdade de Medicina do Rio de Janeiro*. Rio de Janeiro: Typographia Universal de Laemmert, 1857, p. 25); Vinte anos depois, o acadêmico baiano Pedro Goveia afirma o seguinte: "No aborto não nos consta que a vida da mulher tenha sido compromettida, que tenha havido casos de morte por consequência da operação. Mas em relação a embryotomia não podemos dizer o mesmo; o resultado nem sempre é feliz"(Gouvéa Pedro d'Alcantara de Souza. *Indicações do Aborto. These para o Doutoramento em Medicina apresentada á Faculdade da Bahia*. Bahia: Typgrafia do "Monitor", p. 1877, p. 10).

20 Resumindo sua idéia, Moreira concluía que, "Pelo lado da humanidade o aborto provocado medicamente nas circusntâncias já referidas leva de vencida em vantagens o parto prematuro e as outras operações" (Moreira, Nicolaum Joaquim. Breves considerações sobre o aborto provocado do ponto de vista médico e humanitário. Memória apresentada a Academia Imperial de Medicina do Rio de Janeiro. In: *Annes Brasilienses de Medicina*. Rio de Janeiro, 1956, p.222).

21 Esse doutorando defende o aborto para prevenir *"um perigo futuro, presumivelmente grave"* (Santos Francisco Nicolao dos. *Dos casos em que o aborto provocado é indicado. Proposições. These apresentada à Faculdade de Medicina do Rio de Janeiro*. Rio de Janeiro: Typographia Universal de Laemmert, 1856, p. 6).

22 Sobre a decisão de que vida se deve priorizar, a da mãe ou a do feto, o estudante afirma o seguinte: "grandes são ainda os perigos e riscos por que tem de passar [a criança] nos tempestuosos mares da

como diferentes concepções de morte infantil foram utilizadas com as mais diversas finalidades. Como se disse, nestes escritos médicos as visões da morte infantil de natureza religiosa conviveram com um entendimento de ordem secular, algumas vezes ambos aparecendo juntos num mesmo trabalho. Por conseguinte, trataremos primeiro das argumentações de caráter religioso para passarmos àquelas que eram indiferentes às preocupações espirituais.

Antes disso, todavia, gostaria de mencionar que a defesa em prol da vida da mãe por meio do aborto terapêutico face à já comentada preocupação desses médicos em restringir o exercício da medicina aos quadros acadêmicos colocou um problema suplementar que teve reflexo na forma como seria veiculada a morte infantil nesses escritos. Com efeito, vimos que as teses do aborto representaram a morte infantil – conforme praticada pelos não-formados nas faculdades de medicina e sem os estritos fins terapêuticos de salvar a vida da mãe – com como triste resultado do exercício da medicina clandestina. Ora, em todo o período de que trata a pesquisa, se fazia necessária a condenação à medicina "subterrânea" e, como vimos, um dos meios pelos quais se fazia isso era associando esses médicos não-acadêmicos à prática do aborto e à repulsa que a essa cirurgia causava às autoridades. Uma vez que ia crescendo igualmente o apoio ao aborto entre os médicos diplomados, se fez premente o uso e a disseminação de um novo termo e de uma nova definição para a cirurgia abortiva desta forma praticada, visto que agora urge diferenciá-la das demais: a morte infantil, pelas "mãos inescrupulosas" de alguns, deve ser diferenciada daquela realizada forçosamente pelo médico que quer preservar um bem social maior. Um dos primeiros escritos que encontramos que insiste nessa diferença é a tese do acadêmico carioca Sebastião Gonçalves da Silva Mascarenhas, de 1873.[23] Segundo o autor, que distingue entre "aborto provocado" e o "terapêutico", "Provocar o abôrto para esconder oppróbio da mulher – é lavar uma nódoa com um crime". Em 1877, na Bahia, Augusto Motta, nesses termos estabelece a distinção:

---

existência, para se duvidar, um momento sequer, em escolher entre uma vida que se deslisa brandamente, e uma tão agitada e precária" (Alvarenga, Hemenegildo Rodrigues de. *Dos casos em que o aborto provocado é indicado*. Theses apresentada à Faculdade de Medicina do Rio de Janeiro. Rio de Janeiro: Typographia Universal de Laemmert, 1856, p. 15).

23 Mascarenhas, Sebastião Gonçalves da Silva. *Do aborto provocado*. Theses apresentada à Faculdade de Medicina do Rio de Janeiro. Rio de Janeiro: Typographia Universal de Laemmert, 1873, p. 3.

> É de tanto maior interesse precisar strictamente as indicações, que autorisam esta operação, quando entre o aborto provocado com intenções louváveis, e o provocado para um fim criminoso, só há um passo; mas este passo é o abismo profundo que separa o bem do mal.[24]

Com efeito, os médicos baianos são especialmente sensíveis a essa situação e essa preocupação é encontrada em algumas teses até o fim do século, onde o aborto como pratica médica aparece diferenciada sob nomenclaturas específicas tais como "symphiseotomia", "aborto terapêutico", "aborto obstétrico", ou simples(mas sugestiva) mente, "aborto médico".[25]

É evidente que essa cautela não encerrava a luta desse doutores, visto que essa nova disposição significava uma inversão naquela antes defendida face à vida e à morte da mãe e do feto/criança. A oposição à cirurgia abortiva e a tudo que ela

---

24 Motta Augusto Fulgêncio Peres. *Indicações do Aborto*. Bahia: Imprensa Econômica, 1877, p. 11. Nesses termos se refere outro doutorando da Bahia, Boaventura Bahia, segundo o qual "há entre esses duas espécies de aborto um abysmo insondável" (Bahia, Boaventura da Silva. *Considerações acerca do abortamento*. Bahia: Imprensa Econômica, 1885, p. 6).

25 Respectivamente: Amaral, José Alexandre de Souza Gurgel. *Da symphiseotomia e operação cezariana*. *These apresentada á Faculdade de Medicina do Rio de Janeiro*. Rio de Janeiro: Typographia do Correio Mercantil, 1860, p. 1; Mascarenhas, Sebastião. *Do aborto provocado.op. cit.*, p. 3; Costa, Bellarmino Passos da. *Indicações do Aborto. These de Doutoramento*. Bahia: Typographia do "Correio da Bahia", 1877 e; Magalhães, João Moreira de. *Das indicações do aborto. These para o Doutoramento apresentada á Faculdade da Bahia*. Bahia: Typoghrafia do "Monitor", 1977, p. 1. A distinção também aparece entre os médicos baianos Banto Garcez, em 1881, Antônio Ribeiro, em 1882, Claudiano Ribeiro, em 1883, Dionysio Silva e Felipo Carvalho (este citando Velpeau) em 1885 e Manoel Laranjeira dez anos depois, no Rio de Janeiro. Garcêz, Bento da França Pinto de Oliveira. *Considerações acerca do abortamento. These apresentada á Faculdade da Bahia*. Bahia: Imprensa Econômica, 1881, p. 10; Ribeiro Antonio Emigdo. *Considerações Acerca do Abortamento. These apresentada para o doutoramento em medicina*. Bahia: Imprensa Econômica, 1882, p. 5; Ribeiro, Claudiano. *Considerações acerca do abortamento. These apresentada á Faculdade da Bahia*. Bahia: Imprensa Econômica, 1883, p. 11; Silva, Dionysio Ferreira da. *Considerações acerca do abortamento. These apresentada à Faculdade de Medicina da Bahia*. Bahia: Typographia Dous Mundos, 1885, p. 27. Carvalho, Felipo M. Fontes de. *Theses apresentadas á Faculdade de Medicina fa Bahia*. Bahia: Typographia de Hermenegildo Olavo de França Guerra, 1885, p. 27. Laranjeira, Manoel Luiz. *These apresentada à Faculdade de Medicina do Rio de Janeiro*. Rio de Janeiro: Typographia Carvalhaes, 1895, p. 28.

encerra entre as autoridades (sejam elas acadêmicas, políticas e, principalmente da Igreja) fez com que efetivamente o debate se instaure entre os acadêmicos brasileiros. Não se trata mais de se opor a uma prática cujos defensores estão, desde o início, fora da discussão. Trata-se, agora, de voltar o debate contra um pensamento milenar e venerando, como os dos evangelistas, passando por Santo Agostinho e as bulas papais (entre outros), escritos dos quais as próprias concepções desses médicos são tributárias. Não é por menos que estes, para defender sua posição face ao assunto (qual seja ela), vão recorrentemente fazer uso daqueles. É, por conseguinte, em virtude de fazerem frente a seus interlocutores, que as teses médicas nos oferecem um bom quadro da postura daqueles que se opõem a dispor da vida do feto para salvar a mãe, ao menos em relação aos pontos que seus antagonistas julgam mais importantes. É isso que será analisado agora.

Deve-se também chamar a atenção ao fato de que é nesse ponto, em relação ao quadro geral das discussões em torno do aborto, que estamos em presença de uma maior participação das concepções tradicionais de morte infantil que analisamos ao longo desse trabalho. Pode-se entender o conjunto dos escritos médicos sobre a infância, como que tensionados entre dois planos argumentativos, um deles relativo à criança enquanto viva, e o outro pensando em seu destino após a morte, e que é por intermédio dessa tensão que podemos vislumbrar formas diferentes de sensibilidade face à criança e sua morte. Assim sendo, é possível dizer que, nos momentos em que o debate sobre o aborto se volta para a opinião eclesiástica, a argumentação predominante diz respeito principalmente às condições de salvação espiritual da criança que morre na realização do aborto médico. A discussão nessse nível é também, diga-se de passagem, o ponto alto da indistinção ente o feto e a criança.

O primeiro argumento religioso levantado para condenar ao aborto nos diz mais, visto que indiferencia o feto do homem no geral. Esta concepção fica manifesta quando se consideram que o primeiro argumento no qual se apóiam os detratores do aborto terapêutico é o preceito do Decálogo *Non occides*".[26] As te-

---

26 Segundo a tese de 1877 do acadêmico baiano João Moreira de Magalhães: "*São trez os motivos mais poderosos em que se firmão os ministros da religião catholica, que proscrevem a pratica do aborto obstetrico em todos os casos, negando sua legitimidade – O non occides do Decalogo; a maxima do apostolo – Non faciendu mala ut eveniant bona, e a morte do feto sem ser regenerado pelo batismo*". Magalhães, João Moreira de. *Das indicações do aborto. Theses para o Doutoramento apresentada á Faculdade de Medicina*

ses, reportando-se aos argumentos de seus antagonistas, informa que para estes o quinto mandamento vale também para o feto, o que implica na suposição de que este era tomado enquanto igual aos demais homens. Como consequência, o ato de matá-lo é um pecado da mesma gravidade. Os acadêmicos citam essa objeção acompanhada de uma outra máxima defendida pelos cesarianistas (partidários da cirurgia cesariana): "nom faciamus mala ut eveniant bona".[27] Isso significa que, para a os opositores do aborto, matar o próximo é vetado por qualquer que seja o motivo, mesmo quando se trata de agir de forma a salvar pelo menos uma das vidas. O que interessa para nós é atentar como a questão da preservação da vida é uma questão que não é colocada em pauta por aqueles que segundo as teses médicas eram contrários ao aborto provocado. Assim sendo, fica claro como essa visão é conflitante com aquela que estará preocupada com o de gerenciamento e a manutenção da vida como objetivo último.

A participação de uma determinada concepção de morte infantil é bem mais determinante no outro o motivo de crítica, "além do "não matarás", que os teólogos e, por meio destes, os médicos cesareanistas, lançam contra a cirurgia do aborto. Como lembra o doutorando carioca Luiz da Cunha Feijó Jr. "Outra objeção apresentada pelos cesareanistas é baseada na impossibilidade de salvar-se a alma do féto, que não póde ser regenerada pela água do baptismo".[28] Tivemos

---

*da Bahia.* Bahia: Typoghraphia do "Monitor", 1877, p. 6. O mesmo lembra Augusto Motta, em 1877, *"A doctrina do aborto provocado conta adversarios tão decididos na classe ecclesiastica, que professores ha que nem ousam suscitar semelhante questão; e muitas vezes, quando convidados a expenderem suas opiniões sobre este assumpto, sem comphreenderem talvez o alcance d'esta operação, aliás tão racional e legitima, limitam-se á citação d'estes trechos: nom occides; nom faciamus mala ut eveniant bona"* (Motta, Augusto F. P. Indicações do Aborto. *Op. cit.*, p. 14).

27 Motta, Augusto F. P. *Indicações do Aborto. Op. cit.*, p. 14. Para passagem integral ver nota 110 desse capítulo; Magalhães, João Moreira de. *Das indicações do aborto. Yhese para o Doutoramento apresentada á Faculdade de Medicina da Bahia.* Bahia: Typoghraphia do "Monitor", 1877, p .6. Para passagem integral ver nota 110 desse capítulo.

28 Feijó Júnior, Luiz da Cunha. *Da embryotomia, op. cit.,* p. 16. Observação idêntica nos é dado pelos formandos baianos como Sebastião Mascarenhas *"no aborto provocado, dizem elles, o feto é privado da salvação espiritual porque morre sem batismo"* (Mascarenhas, Sebastião. *Do aborto provocado. Op. cit.,* p. 12) e Pedro Gouvêa em 1877, sobre as objeções que seus pares colocam ao aborto *"Os casuistas puramente religiosos ajuntaram a esses motivos uma razão muito mais importante, segundo sua maneira*

oportunidade de constatar, ao longo desta investigação, sobre o papel que ocupa o batismo numa determinada concepção de morte como instrumento salvífico, em especial a morte da criança, uma vez que esta, para sua salvação, só carece dele. Até aqui, já é possível concluir dois pontos acerca da relação entre uma determinada concepção fúnebre e a postura da Igreja em relação ao aborto: através da condenação do aborto, seus divulgadores reforçam a indiferenciação feita entre o feto e o homem, tendência evidenciada já no argumento que tem por base o Decálogo; mas, tal como acontece com as crianças, estes reservam ao feto uma concepção fúnebre que o diferencia dos adultos. Em outras palavras, se a argumentação do decálogo indistingue o feto do homem adulto, aquela relativa ao batismo a separa deste, aproximando, por sua vez, o feto da criança, visto que ambos requerem a mesma caução espiritual, ou seja, apenas o batismo.

Constatamos, no capítulo anterior, que por parte do discurso eclesiástico os pais eram duplamente culpados pela danação dos seus. Em resumo, ao permitir que a criança morra sem a unção, estes não só carregavam a culpa por ter se furtado de salvá-la e atender à vontade divina que vê nos pequenos companhia especial, mas também conservavam uma culpa anterior, que só era expiada pelo batismo de seus filhos e que provinha do fato de que era por meio deles próprios que seus descendentes carregavam a mácula original. Considerando que a operação cesariana, defendida pelos chamados "cesareanistas" como alternativa para evitar esses males, implicava na morte quase certa da mãe[29] ("verdadeiro recurso de selvagem", diziam alguns)[30] este estado de coisas ganhou uma maior inteligibilidade. Ora, as

---

de ver, o perigo de privar o menino do batismo" (Gouvéa, Pedro A. S. *Indicações do aborto*, op. cit., p. 3). Lembramos que nesse mesmo ano João Moreira de Magalhães faz a mesma observação – ver nota 110 deste capítulo (Magalhães, João Moreira de. *Das indicações do aborto*, op. cit., p. 6).

29 Esse fato é apontado como crucial por todos que defendem o aborto uma vez que o fazem unicamente por conceberem os partos complicados diante das técnicas disponíveis então como uma situação que só restava a opção de escolher entre a vida da mãe ou a do filho, visto ser a operação cesariana mortal para a mãe. Essa característica dessa intervenção cirúrgica é claramente expressa, por exemplo, pelo acadêmico baiano João Moreira de Magalhães que em 1877 lembrava que *"a operação cesariana tem sido quase sempre funesta á mulher"* (Magalhães, João Moreira de. *Das indicações do aborto*, op. cit., p. 7).

30 O doutorando baiano Augusto Fugêncio Peres Motta, em 1877, afirma sobre sobre os "cesareanistas" que: "preferindo assim deixar a prenhez attingir seu termo fatal nove mezes, epocha em que aconselham

teses médicas deixam entrever que, para aqueles que condenavam o aborto, o que importava era salvação espiritual, não a vida temporal. Radicalizando, creio ser possível interpretar essa concepção nos seguintes termos: se acontecesse da mãe morrer, tanto melhor: estamos em presença de um legítimo sacrifício, onde a pecadora oferece a vida para apagar um erro que só cabe a ela.

O interessante é que, para fazer frente a essas objeções, os primeiros defensores do aborto iriam procurar argumentar dentro desse mesmo registro religioso, fazendo uso das autoridades do catolicismo. Para o que nos interessa, isso mostra o quanto esses médicos, nesse debate, demonstravam compartilhar uma concepção tradicional de morte e de morte infantil. Ao que se refere ao anátema baseado no Decálogo, isso não é tão evidente, mas se observarmos como os autores os médicos se socorrem em suas argumentações, fica claro a grande dependência em que esses ainda se encontravam em relação ao pensamento eclesiástico. Em 1866, o já citado doutorando carioca Luiz Feijó Junior, defendendo a embriotomia, respondia, por meio dos teólogos da Conferência d'Angers, que aquilo que o quinto mandamento condenava era o "homicídio injusto".[31] Mais diante, ele combate o Decálogo concentrando-se na opinião de duas autoridades acerca do aborto. Segundo ele, São Tomás de Aquino nos ensina: "Non debet hommo occidere matrem ut baptiset puerum"[32] e Santo Afonso de Liguori: "Nec debet dicere quod vita spiritualis infantes debet proeferri vitae temporalis matris".[33] Usando argumentação idêntica, o acadêmico baiano Augusto Motta, onze anos depois, acrescenta a essas autori-

---

a operação cezariana, verdadeiro recurso de selvagem, na phrase eloqüente de um notável escriptor, epocha em que a morte é quase infallivel, apresentando somente probabilidades de vida para o feto" (Motta, Augusto F. P. *Indicações do aborto. op. cit.*, p. 14).

31 "Segundo o aluno, "intenção é que é necessária para que haja crime, e que o pratico não tem; pelo contrario o seu fim é muito lovável; o de salvar a mãi; e tanto é verdadeiro este modo de pensar, que a Conferencia d'Angers, commentado os mandamentos da lei á pergunta feita sobre o quinto mandamento: 'O que é que Deos prohibe no 5º mandamento'? Os theólogos responderão 'O homicídio injusto'. (Feijó Júnior, Luiz da Cunha. *Da embryotomia, op. cit.*, p. 16).

32 *Idem, ibidem*, p. 17.

33 *Idem, ibidem*, p. 17.

dades o cardeal Gousset,[34] a "embryologia sagrada de Goritia"[35] e as Escrituras.[36] O argumento de que se lança mão em todos esses autores é, por conseguinte, exatamente o oposto ao que tínhamos verificado como opinião corrente daqueles contrários ao aborto: não deve a mãe ser sacrificada sob o pretexto de batizar (e salvar espiritualmente) o feto.

Quanto à questão do batismo, o envolvimento do pensamento médico com as representações da morte infantil, compartilhadas pela Igreja, são também bastante grandes. Como resposta às inquietações desta última, os acadêmicos tentam mostrar como é possível, em cirurgias de aborto, administrar o batismo no feto ("*in extremis*"), apoiando essa argumentação também nos próprios doutores da Igreja. Esse é o caso da já citada tese de Feijó Junior, que, para defender o batismo intra-uterino cita a aprovação deste pelo abade Dinouard Gabriel Gualdi e pelos teólogos da Sorbonne.[37] Alguns partidários pró-aborto mostram-se mesmo ciosos a esse respeito. Em 1877, o baiano Augusto Motta, depois de citar Bento XIV em seu socorro explica que pode-se batizar o feto "por meio de uma injeccção dirigida

---

34 "O Cardeal Gousset, sobre a prática da operação cezariana, diz: 'um confessor prudente exhortará sempre a mulher a submetter-se a esta operação, mas não obrigal-a-há sob pena de recusar-lhe a absolvição'" (Motta, Augusto F. P. *Indicações do Aborto. Op. cit.*, p. 19).

35 "Não paremos aqui nossas investigações, procuremos a embryologia sagrada de Goritia e n'ella encontraremos o seguinte texto: "Quando, segundo a opinião de médicos prudentes, é mui provavel que a mãe e o menino morram, si não se administra á mulher um medicamento capaz de produzir directamente o restabelecimento d'esta, e indirectamente a expulsão do feto, é permittido provocar a expulsão do producto da concepção, ainda que esteja animado" (Motta, Augusto F. P. *Indicações do Aborto. Op. cit.*, p. 18).

36 "Inspiremo-nos no livro dos livros, o Genesis, e no exodo encontraremos no Cap. 21, versos 22 e 23, preceitos pelos quaes o autor, de uma maneira clara, pronuncia-se a favor da mulher, assim diz:
'v. -22 – Si em uma contenda, hum homem ferir uma mulher pejada, e o aborto sobrevier, será elle condemnado a pagar o que o marido exigir, e o que fôr determinado pelos arbitros.
'v. – 23 – Si, porém, a mulher morrer, será elle condemnado á morte.' (Motta, Augusto F. P. Indicações do Aborto. *Op. cit.*, p. 17).

37 O autor afirma que "o baptismo póde ser administrado ao feto ainda dentro da cavidade uterina; batismo que foi julgado válido não só pelos doutores da Sorborna, na conferencia de 1648, como por diversos theologos, entre os quaes citaremos o abbade Dinouard gabriel Gualdi, e Aguilera" (Feijó Júnior, Luiz da Cunha. *Da embryotomia, op. cit.*, p. 16).

pello collo uterino",[38] mas aconselha que se espere até o quinto mês de gestação de modo a que o batismo seja aplicado satisfatoriamente.[39] Numa argumentação habilidosa, em 1877 o baiano João Moreira de Magalhães utiliza Santo Agostinho – que, como vimos no capítulo anterior, foi a grande autoridade contrária à ideia de que não se pode salvar-se se o batismo – para defender o aborto:[40] segundo o doutorando, uma vez que o Santo certifica que a vida intra-uterina é como outra qualquer, o batismo que se faz nessas circunstâncias é, por conseguinte, plenamente legítimo e, assim, abre caminho para o aborto. Resta dizer, por fim, que depois da década 1870, as teses médicas não procuram mais mencionar às objeções relativas ao batismo do feto. Nossa hipótese é de que é esse um indicativo da menor importância que a partir de então terão as concepções tradicionais de morte infantil nas considerações médicas sobre o assunto.

De fato, os argumentos de ordem secular em defesa do aborto terapêutico, que existem desde o início da polêmica, passam bem ao largo das concepções tradicionais de morte infantil. Em poucas palavras, se observa o seguinte: (1) a vida feto é desvalorizada em relação à da mãe e, por conseguinte, sua morte perde importância; (2) o feto perde sua identidade não só com relação ao homem como também com a criança – que na concepção religiosa era completa, como vimos; (3) os célebres médicos, em especial os franceses como Velpeau e Caseaux, é que serão utilizados no lugar dos teólogos. Para entendermos essas diferenças, relembramos que nossa hipótese é a de um contraste entre uma visão preocupada com a questão da (pós)morte e uma outra voltada exclusivamente para o problema da

---

38 "Segundo Bento XV, nada impede-nos de baptisar o menino na operação do aborto provocado, por meio de uma injecção dirigida pello collo uterino, e, 'se assim baptisado'diz o ritual romano, 'se o menino sahe do útero sem movimento, deve ser sepultado em logar sagrado.'" ( Motta, Augusto F. P. *Indicações do Aborto. Op. cit.*, p. 19).

39 "não hesitaremos um só instante em provocar o aborto; mas sempre que fôr possivel, esperaremos por uma epocha mais adiantada, no 5º mez por exemplo, afim de podermos baptizar o menino" *(Idem, ibidem*, p. 19).

40 "Com effeito Santo Agostinho diz " – *Nec renasci (sive baptisari) quisquam potest, antequam natussu.* Mas o facto de ser gerado não implica uma vida in-utero? [...] Além disso, Santo Agostinho ennunciando tal proposição, não pretendeo invalidar o baptismo feito directamente sobre o féto, mas refiria-se aos Pelagios, que julgavam que rebaptisando a mulher gravida baptisavão-se ipso facto o fructo da concepção. (Magalhães, João M. *Das Indicações do aborto. Op. cit.* p. 10).

vida biológica. É nesse último tipo de entendimento que se balizará uma nova sensibilidade para com a vida e a morte infantil e que tem como porta-voz o discurso médico. Com efeito, a chave para o entendimento dos argumentos utilizados em defesa do aborto, deixa de estar no âmbito das preocupações escatológicas e se liga a uma concepção bem própria à nascente medicina social que busca, através da ideia de que é preciso gerenciar a vida da população, justificar o ingresso dos representandes do saber médico nos canais de poder do Estado.

Essa concepção, aliás, se reflete no já falado processo de valorização da mãe, o qual se apresenta, à primeira vista, de forma ambígua. Por um lado, é certo que os trabalhos em favor do aborto veiculados já nesse momento se pronunciam sobretudo em defesa do direito à vida da mãe. Deve-se lembrar que alguns médicos justificam sua posição favorável ao aborto dizendo ser esta, aos seus olhos, a postura humanitária frente ao problema de decidir entre a mãe e o feto.[41] Procurando poupar as mulheres da condenação que a cirurgia cesariana (bem como o discurso em sua defesa) as colocava, o debate certamente deve ter tido um papel importante nas conquistas sociais que mais para frente estas obteram. Essa postura em prol dos direitos da mulher é, por exemplo, bastante evidente nessa passagem da tese do doutorando carioca Sebastião Mascarenhas, de 1873 – ele não só reconhece o direito à vida da mãe, como parece, também, aceitar que cabe a ela a decisão sobre o aborto, visto que, segundo o autor, seu "direito de viver" é uma questão que ela traz conscientemente.[42]

Em todo caso, tal como acontece com a valorização da mulher/mãe em outras questões discutidas naquela época (comentadas no início desse capítulo) essa defesa serviu à estratégia de intervenção médica na sociedade brasileira. Isso fica

---

41 Já em 1856, Nicolau J. Moreira assim decidia sobre o aborto: "Pelo lado da humanidade o aborto provocado medicamente nas circunstâncias já referidas leva de vencida em vantagens o parto prematuro e as outras operações" (Moreira, Joaquim. *Breves considerações sobre o aborto provocado, op. cit.*, p. 222). No mesmo ano e faculdade, Hemenegildo Alvarenga que ao médico ao decidir-se entre a mãe e a criança, "A mesma voz da humanidade lhe gritará [...] que não há que trepidar na escolha entre o certo e o duvidoso" (Alvarenga, Hemenegildo. *Dos casos em o aborto provocado é indicado. Op. cit.*, p. 15).

42 "A mulher tem o direito de fazer morrer o feto que attenta contra sua vida. [...] A mulher lê em sua consciência uma lei fundamental que lhe manda conservar sua vida e a vellar por ella [...] seu direito de viver" (Mascarenhas, Sebastião G. S. *Do aborto provocado. Op. cit.* p. 11 e 12).

evidenciado quando se observa a argumentação que esses médicos lançam mão para priorizar a vida da mãe. Esta se valeu, via de regra, de ressaltar na mãe a saúde estável, o desenvolvimento físico e mental já adquiridos e, sobretudo, a utilidade social, características estas que faltam ao feto/criança.[43] Resumindo bem o que de fato constituía essa diferença, em 1872 o acadêmico baiano Adolfo Oliveira assinala em prol da mãe que, além de seus "relevantes serviços" à sociedade, esta "pode fornecer ainda numerosa posteridade".[44] A valorização da mulher, enquanto indivíduo no exercício de seus direitos, fica mais ainda relativizada quando esses doutorandos questionam a autoridade da mãe para decidir sobre a cirurgia: a administração da vida acima de tudo é bastante evidente no doutorando carioca Belchior Lobo (1857), pois, como deixa a entender o autor, muitas das vezes em que a mãe pronuncia-se negativamente ao aborto, é em nome de um aprimoramento da espécie que a terapia é indicada, casos estes em que a mãe "está longe certamente de nos poder assegurar o oferecimento de um ser perfeito, interessante e útil".[45] Nesse sentido, alguns outros lembram das exigências sociais que uma criança doente requer.[46] Nessa teses, é o poder de gerenciar a vida em prol da nação que está em questão. Tanto é assim que, para o doutorando carioca Francisco Nicolao dos

---

[43] Já em 1857, o acadêmico carioca Belchior Lobo assim se pronuncia em sua tese "Não hesitaremos em affirmar de nossa parte que a sociedade muito mais perderá com a immolação de uma mulher a quem já está ligada por muitos e últimos laços, de quem já se póde utilizar" (Lobo, Belquior. *Dos casos em que o aborto provocado é indicado. Op. cit.*, p. 23); No mesmo ano, o seu colega Hemenegildo Alvarenga lembra que diferente do feto, a mãe é "*um ente cheio de vida e de esperanças, util a si e á sociedade*" (Alvarenga, Hemenegildo. *Dos casos em que o aborto provocado é indicado. Op. cit.*, p. 15).

[44] Oliveira, Adolfo Martins de. *Parallelo entre a Embryotomia e a Operação Cesariana. Theses apresentada á Faculdade de Medicinada Bahia.* Rio de Janeiro: Typographia Universal de Laemmert, 1872, p. 24.

[45] "ella mesma [ a mãe] deveria ser attendida se pretendesse condemnar a interrupção apenas de uma gravidez, longe certamente de nos poder assegurar o oferecimento de um ser perfeito, interessante e útil a si e allá, porem perto de nos mostrar a palpitante necessidade de seu sacrifício?!" Lobo, Belquior. *Dos casos em que o aborto provocado é indicado. Op. cit.*, p. 23).

[46] Em 1872, o doutorando baiano Adolfo Oliveira lembra que "não assistira á sociedade e á família o direito de pedir-nos conta por havermos sacrificado um ente de quem podia-se esperar relevantes serviços, para conservar uma criança que por muito tempo, se existir, lhes imporá grandes serviços?" (Oliveira, Adolfo M. de. *Parallelo entre a Embryotomia e a Operação Cesariana. Op. cit.*, p. 24).

Santos, a possível utilidade do indivíduo à sociedade deve ser um dos principais quesitos a ser pesado na avaliação do médico sobre a necessidade da cirurgia.[47] A utilidade ao Estado é o critério a decidir entre a vida e a morte.

Apesar de nunca ter sido afirmado explicitamente, é provável que a idéia de que o feto, batizado, fosse prontamente salvo (diferentemente da mãe), deve ter tido também algum peso na argumentação em favor de salvar a última. Isso explica talvez o peso que tinha a argumentação religiosa em favor do aborto. Comentou-se, não obstante, sobre o fato de que a partir de uma data, a questão do batismo não é mais mencionada nas teses. A nossa hipótese é que isso se deveu ao fortalecimento de um outro argumento, que é diametralmente oposto em relação à forma como é pensado o feto: é a sua desvalorização, processo que Le Naour e Valente já observaram em relação aos médicos franceses.[48] Esta acontece já nos primeiros escritos em favor do aborto: segundo o doutorando carioca Hermenegildo Alvarenga em 1856 o feto é

> um ser amorpho, ou quase informe, cuja vida semelhante então á da planta, é ainda incerto que se humanize! E que mesmo dado o caso de conseguir esse indivíduo embarcar-se no baixel da vida, grandes são os perigos e riscos por que tem de passar nos tempestuosos mares da existência.[49]

Essa passagem mostra bem como para o autor o feto pertence a uma categoria que ainda não é a humana. Mas, ao mesmo tempo – e paradoxalmente – também revela uma ideia sobre a criança que, como acontece com a visão dos detratores

---

47 "Como a provocação do aborto é a realização de um assassinato scientifico e justificado, sem todavia deixar de ser um assassinato, deve o médico pesar com toda a circunspecção a razões a que isto determinão, antes de o praticar; lembrando-se que se elle não for absoluta e indispensavelmente requerido, o médico ficará sem cometter um crime e sentir um remorso, a mulher com um filho, e a sociedade com um homem, talvez bem útil" (Santos, Francisco Nicolao dos. *Dos casos em que o aborto provocado é indicado*. Op. cit., p. 9).

48 "«Masse Inerte», «ébauche à peine commencée», «qui peut à peine passer pour um être humain et qui est sans valeur», le foetus a été condamné et s'est vu dévalorisé par des arguments qui ne vont pás à être repris, dês 1890, par les partisans de la maternité consciente et de la liberte de la femme à disposr de son corps". (Le Naour, Jean-Yves & Valenti, Catherine. *Histoire de l'Avortment*. Op. cit., p. 36).

49 Alvarenga, Hemenegildo. *Dos casos em que o aborto provocado é indicado*. Op. cit., p. 15

do aborto, a reaproxima do feto. Ela nos interessa particularmente, visto que dá ênfase à fragilidade da criança, sendo sua morte vista como algo bastante natural. Em 1877, o acadêmico baiano Pedro Gouvêa, não deixa margens de dúvida sobre essa visão: "as estatísticas ainda demonstram que de cem creanças cincoenta não chegam a trinta annos; e portanto estes resultados não podem deixar de influir também para preferirmos o aborto obstétrico á operação cesariana".[50] Mais adiante mostraremos como essa ideia será combatida por outros autores, nas discussões sobre a mortalidade infantil.

Em todo caso, a tendência das teses é de salientar a ausência dos traços humanos no feto e sua pouca garantia de vida futura. As seguintes expressões são recorrentemente utilizadas para expor essa idéia: o feto é "parasita inerte",[51] sua "vida vegetativa, precária e equívoca",[52] sua "existência precária"[53] e "duvidosa",[54] entre outras. Esta é a saída que os doutorandos encontram para superar as objeções morais opostas à cirurgia. Feito isso, os médicos se apressam em mostrar a legitimidade legal do ato. É nesse sentido que, já em 1856, o doutorando carioca Nicolau Moreira argumenta: "o código penal com effeito previne o crime, mas não lhe pertence sanccionar actos de pura moral".[55] Outros, já procurando um anteparo mais amplo por parte da legislação, lutam para que o aborto seja qualificado, fundamentalmente, como um ato de legítima defesa.[56] Esta passagem do

---

[50] Gouvéa, Pedro A. S. *Indicações do Aborto. Op. cit.*, p. 13.

[51] Já em 1856, o acadêmico carioca Nicolau Joaquim Moreira, nos diz "ver-se-há que não se vota a mulher a perigos immensos, a uma morte quase certa, por se querer salvar a todo transe a vida de um parasita inerte [grifo meu]" (Moreira, Joaquim. *Breve considerações sobre o aborto provocado, op. cit.*, p. 222).

[52] Segundo o carioca Belchior Lobo, em 1856, a morte do feto *"cuja vida vegetativa e precária e equívoca, póde ser tolerada bem"* (Lobo, Belquior. *Dos casos em que o aborto provocado é indicado. Op. cit.*, p. 23).

[53] O acadêmico baiano Hemenegildo Alvarenga em 1877 alerta que o médico não deve hesitar *"um momento sequer, em escolher entre uma vida que se deslisa brandamente, e uma tão agitada e precária"* (Alvarenga, Hemenegildo Rodrigues de. *Dos casos em que o aborto provocado é indicado. Op. cit.*, p. 15).

[54] João Magalhães lembra que "o parteiro não deve hesitar um instante em sacrificar a vida de um féto ainda fraco e de existência duvidosa" Magalhães, João M. *Das indicações do aborto. Op. cit.*, p. 5).

[55] Moreira, Joaquim. *Breve considerações sobre o aborto provocado, op. cit.*, p. 218.

[56] Leôncio Moraes define os abortos terapêuticos como "homicídios justos". (Moraes, Leôncio Gomes

doutorando carioca Sebastião Mascarenhas esclarece esta posição e já se antecipa à critica de seus antagonistas:

> a mulher tem o direito de fazer morrer o feto que attenta contra sua vida. Pouco importa que elle não tenha noção de Justiça, que seja irresponsável perante os homens: em legítima defesa própria tira-se a vida a um louco, um idiota.[57]

A radicalidade desse argumento divide até os partidários do aborto; este é o caso do doutorando baiano Adolfo de Oliveira, que em 1872 se posiciona abertamente contra esta visão.[58] Em todo caso, o que importa desta interpretação para nós é o advento, no debate em torno do que fazer em situações de gestação e partos arriscados, de mais um significado colado à morte infantil. Aqui esse evento é visto como um ato de legítima defesa e o bebê, aquele que, ainda que sem consciência de tal, é o responsável pela morte da mãe.

A mesma preocupação com o gerenciamento da vida acima de tudo está também presente entre os detratores do aborto. Em primeiro lugar, recorre-se à argumentação de que não é o aborto a intervenção que menor risco traz à mulher como é o caso do acadêmico fluminense Luiz Augusto de Souza e Silva, em 1858 e do baiano José Ribeiro do Val em 1860.[59] Essa opinião segundo alguns acadêmicos,

---

Pereira de. *Do aborto provocado. Theses apresentada á Faculdade de Medicina do Rio de Janeiro*. Rio de Janeiro: Typographia Acadêmica, 1873, p. 10); O acadêmico baiano Augusto Mota, em 1877, os diz que "se segundo o texto da lei tem-se o direito de matar outrem em defeza propria, v. g; si uma mulher pode matar seu filho, que ameaça dar cabo de sua existencia, e fica isenta das penalidades, por força maior de razão poderá ella comprometter a existencia de um menino ainda não formado, de um feto que traz em seu seio, e que muito mais seriamente compromete seus dias" (Motta, Augusto F. P. *Indicações do Aborto. Op. cit.*, p. 12).

57 Mascarenhas, Sebastião G. S. *Do aborto provocado. Op. cit.*, p. 11).

58 Adolfo Martins de Oliveira, assim se manifesta em sua tese "A pobre criança a ninguém pedio que a procreasse, e longe de ser inimiga de sua mãi, é antes destinada a tornar-se uma victima, cujo sacrificio será desgraçadamente indispensável" (Oliveira, Adolfo M. de. *Parallello entre a Embryotomia e a Operação Cesariana. Op. cit.*, p. 25).

59 Sobre o aborto, o acadêmico baiano José do Val, como outros, lembra em 1860 que este "Em relação ao féto é sempre fatal, visto sua expulsão ter lugar em um tempo, em que infelizmente elle não é por

teria origem com os antigos, em especial Hippocrates.[60] O valor à vida da mãe é um argumento utilizado por ambos os lados. De tal forma parece consenso o direito à vida da mãe que o já citado crítico do aborto, o médico carioca Felício dos Santos, observa em 1905 o seguinte: "em casos especiaes é licito empregar meios therapeudicos, dos quais póde resultar a morte do feto – *per accidens,* attendendo ao direito de uma vida mais certa, arriscando uma mais duvidosa".[61] Ao que tudo indica, esse escrito, o único que pesquisamos que condena o aborto médico após o fim da década de 1870, já diz respeito a um novo cenário do debate em torno da questão aborto: deve-se assinalar que ele inicia criticando a declaração de um colega que defende o aborto como "euthanásia". Além disso, essa passagem é prova inconteste que, a essa altura, é bastante difícil questionar o direito à vida da mãe. Como crítico do aborto, ele sabe que o apelo deve se concentrar em torno da "humanidade" do feto. Para tanto, lança a máxima: "*Homo est qui est homo futurus est*" e acrescenta: "o feto não é um agressor que se possa matar, nem apenas um tumor que deva extirpar sem exclupulos".[62] Como se vê, agora já não funciona mais recorrer a questões relativas à salvação espiritual da criança que, tantas vezes, implicaram no sacrifício da mãe.

---

certo dotado da viabilidade legal; relativamente á mulher o prognostico é quasi sempre, senão sempre, mais grave, que o do proprio parto" (Val, José Ribeiro do. *Theses Apresentada á Faculdade de Medicina da Bahia*. Bahia: Typographia do Diário, 1860, p. 8).

60 "Segundo os auctores antigos o prognóstico do abortamento é mais grave do que o do parto de termo" (Mendonça, Segismundo Garcez de. *Considerações sobre o abortamento. Theses para o doutorado em medicina*. Bahia: Typ. Constitucional); "Desde Hippocrates acreditava-se que o prognóstico do aborto era mais grave do que o parto de termo" (Silva, Dionysio Ferreira da. *Considerações acerca do abortamento. Theses apresentada à Faculdade de Medicina da Bahia*. Bahia: Typographia Dous Mundos, 1885, p. 17).

61 Santos, Felício dos. Comunicação. *Op. cit.*, p. 215.

62 *Idem, ibidem*, p. 214.

# Conflito e combate às concepções tradicionais de morte infantil

Menos nuançados e documentados (no que se refere ao período estudado) do que os textos em torno da morte infantil como condição para salvar a mãe, mas igualmente ricos para o estudo do discurso médico em torno da morte infantil são os estudos que abarcam, de um modo ou de outro, a questão da *mortalidade infantil* no Brasil. Não obstante, uma vez que a classe médica veria na defesa da infância um argumento forte em sua luta pela ingerência nos costumes domésticos da população, resultado disso seria uma postura diretamente conflitante às concepções tradicionais de morte infantil, o que não ocorria no debate sobre a legitimidade de se matar o bebê para salvar a mãe. Vimos que neste as concepções tradicionais de morte infantil puderam ser adaptadas para as causas que a classe médica defendia, sendo, em algumas teses, apenas deixadas de lado. Essa última alternativa se deveu basicamente ao fato de que, nesses trabalhos, os médicos e sua defesa em prol da saúde da nação ocuparam o lugar que os teólogos e suas questões escatológicas tinham em outros textos.

Agora, no caso das análises e diagnóstico que esses médicos proferem para a questão da mortalidade, o quadro é bem diferente no que se refere à disposição destes para com as concepções que a população tem sobre a morte menina. Esse debate, retomando o que foi dito, é bem mais simples, mas, deve-se observar também, é muito mais radical. Como demonstraremos a seguir, desde o momento em que os médicos começam a se interessar especificamente pela criança, os valores por eles veiculados não apenas abrem mão das concepções da morte menina vigente, como evidencia-se que ali não há mesmo lugar para ela, uma vez que as duas visões parecem se contradizer frontalmente. Tanto é assim que, a exemplo da avaliação pessimista do inglês Luccock sobre os comportamentos para com a morte infantil que ele observou entre os brasileiros,[1] essa sensibilidade chega a ser

---

[1] Ver, nesta tese, o capítulo sobre o discurso leigo.

apontada, nesse discurso sobre a mortalidade, como o principal empecilho às mudanças que esses médicos procuram aplicar à nação tendo em vista seu progresso.

Ao fazer essa mesma avaliação, um documento, único e ao mesmo tempo exemplar por aquilo que abertamente exprime, desvanece qualquer dúvida sobre a importância do conflito de concepções de morte infantil que se opera nesse âmbito. Trata-se da longa memória acerca da mortalidade infantil no Rio de Janeiro, apresentada por José Maria Teixeira à Academia de Medicina do Rio de Janeiro em 1886. Em uma de suas páginas, o autor cita as palavras do Dr. José Pereira Rego, Barão de Lavradio, publicadas originalmente em 1847 no Rio de Janeiro, segundo o qual, dentre as causas mais frequentes da mortalidade infantil está "o despreso no princípio das moléstias da primeira infancia, apresentando-se ao médico crianças já moribundas de gastro-enterites, hepatites e tubérculos mesentericos, julgando seus ignorantes projenitores ser uma *felicidade a morte das crianças* [grifo do autor]".[2]

Como se vê, o Barão é convicto de que, acima das condições materiais e do desconhecimento dos pais sobre as questões relacionadas à saúde de seus filhos, a principal responsável pela mortalidade infantil é a crença tradicional sobre a criança morta e, como tal, deve ser combatida em seu próprio terreno, a religião. Entre os dois artigos se passam quarenta anos, mas a convicção de Teixeira é a mesma de seu mestre. Ao final de sua memória, em que aponta as medidas "afim de diminuir a mortalidade das crianças", a última delas é a seguinte: "Combater pela religião a crença de que é uma felicidade a morte quando ela nos chega em tenra idade".[3] Além de demonstrar a força dessa interpretação, visto que o diagnóstico é reeditado quarenta anos depois, o artigo de Teixeira é um valioso testemunho de que essas representações populares resistiam a despeito do desejo dos médicos. Em todo caso, essa documentação é única porque expõe o fato de que os médicos estavam conscientes da incompatibilidade fundamental que incidia entre as duas concepções de morte infantil. Na verdade, o que temos é o conflito entre um entendimento de vida na qual a morte tem um papel complementar e um outro onde a morte, alteridade plena, é a sua mais absoluta

---

2 Teixeira, José Maria. Causas da Mortalidade das Crianças no Rio de Janeiro. Memória apresentada á Imperial Academia de Medicina em resposta a esta questão posta a premio na sessão de 6 de Julho de 1886 e laureada com o 1º premio em sessão magna de 30 de Julho de 1887. *Annaes da Academia de Medicina*. Série 6, Tomo III, Rio de Janeiro, 1887-1888, p. 249-525, p. 267.

3 *Idem, ibidem*. p. 525.

negação e assim será considerada por conta dos fins práticos de que estava imbuída a classe médica. Tentaremos, a seguir, verificar mais precisamente no que consistia essa incongruência e, principalmente, as novidades em termos de sensibilidade que representa o discurso médico sobre a morte infantil.

Antes de analisarmos em detalhe como o discurso médico propõe uma nova concepção de morte infantil bastante conflitante com a que estava vigente entre a população, é necessário lembrar que décadas antes esses mesmos médicos e higienistas haviam empreendido uma luta encarniçada contra muitos aspectos concernentes às práticas e representações de morte (de adultos e crianças) tradicionais. Sempre em prol do melhoramento da saúde da população como um todo (física, psíquica e moralmente – tal como esses concebiam o termo "saúde"), desde a primeira metade do XIX, esses médicos passam a apontar os efeitos nocivos que derivavam desses costumes. Um dos alvos foi a publicidade visual e sonora que tinham os funerais de então. Por exemplo, segundo alguns, os dobres fúnebres, ao lembrarem a morte aos enfermos, prejudicavam severamente sua reabilitação, sem contar os efeitos psicologicamente nefastos que essa experiência propiciava nos demais.[4] Por influência da teoria dos "miasmas", o cadáver e a proximidade que com ele tinham os vivos serão o grande objeto da preocupação desses doutores: acreditando que àquele se devia inúmeros males à saúde, os médicos vão aos poucos impondo uma intolerância à sua presença, da qual resultaram uma prática fúnebre que isola cada vez mais o morto dos vivos e, sobretudo, a criação dos cemitérios intramuros.[5] Ao fim e ao cabo, o que esses doutores defendiam era adequação das práticas e representações fúnebres aos fins de um Estado que deve cuidar da saúde seus súditos. Despidos de seus significados religiosos, na medida em que se entendia que esses comprometiam a saúde

---

[4] Conforme observa João José Reis, ao tratar da opinião dos médicos sobre os costumes funerários então vigentes na Corte, o "repicar dos dobres fúnebres, por exemplo, era visto como grandemente prejudicial à saúde, porque lembrava aos vivos, sobretudo aos enfermos, a possibilidade da morte. Exercitando uma espécie de medicina psicossomática *avant la lettre*, os médicos atribuíam muitas doenças à impressão causada por esses dobres" (*Idem ibidem*, p. 133).

[5] "O cúmulo da ilustração nas teses higienistas da época era a teoria dos miasmas, segundo a qual a decomposição dos cadáveres produziria gazes ou eflúvios pestilenciais, que atacavam a saúde dos vivos. Estes deviam se cuidar transferindo os mortos para cemitérios localizados fora do perímetro urbano" (*Idem, ibidem*, p. 134).

da população, o culto à morte e os mortos se tornaria basicamente o exercício dos valores que esses médicos defendiam: o amor família e, por meio dela, à Nação.[6] No que se refere à morte infantil, tivemos oportunidade de constatar, – ao mostrar, por exemplo, o paulatino afastamento do cadáver do resto do cortejo – o que significaram, na prática, a ação higienista.

Mas à morte infantil se acrescentam outros elementos. José Maria Teixeira justifica nos seguintes termos sua luta contra a mortalidade infantil:

> A não ser pois a immigração, vêmos todos os elementos conspirarem para o pouco desenvolvimento numerico do Rio de Janeiro, e como a mortalidade geral o que mais a faz avultar é a infantil, cumpre lançar mão de todos os meios para fazer diminuil-a.[7]

De fato, como demonstram alguns estudos,[8] antes da Independência já havia quem se preocupasse com a questão relativa ao povoamento do país, em especial

---

6 "Além de ser o ambiente mais higienicamente indicado ao repouso dos mortos, esses cemitérios extramuros deveriam ter uma função educativa, tornando-se verdadeiras aulas de comportamento cívico: ali as pessoas encontrariam túmulos monumentais a celebrar cidadãos exemplares que haviam bem servido ao país e a humanidade. No cemitério-modelo dos reformadores funerários, a virtude cívica substituiria a devoção religiosa" (*Idem, ibidem*, p. 135).

7 Teixeira, José Maria. Causas da Mortalidade das Crianças no Rio de Janeiro. *Op. cit.*, p. 524.

8 Gilberto Freyre em *Sobrados e Mucambos* lembrava que essa preocupação esteve presente já durante o processo de independência da então colônia. Segundo ele "de pavor a atitude de grande parte dos brancos – principalmente europeus – no Brasil da época em que se processou a independência política da até então colônia portuguesa. Consideravam alguns impossível essa independência se não se cuidasse de conseguir, contra o elemento africano, a proteção de alguma potência européia, ou de assseguar-se, no novo Estado, a preponderância do elemento europeu". (Freyre, Gilberto. *Sobrados e Mucambos. Decadência do patriarcado rural e desenvolvimento urbano*. São Paulo: Global Editora, 2003, p. 752). Mais particularmente ao saber científico, proveniente das faculdades do Rio de janeiro e Salvador, Lilia Schwarckz lembra que as "raças [...] serão entendidas como passíveis de mutação, sujeitas a um processo contínuo de saneamento. É o discurso da eugenia que ganha novos adeptos, até mesmo nas radicais fileiras da Faculdade de Medicina da Bahia". A autora assinala que "por caminhos diversos chegaram as escolas médicas a conclusões semelhantes. Era preciso cuidar da raça, ou seja, das nação; e segundo os médicos caberia a eles o previlágio de execução de tal tarefa". Para esses intelectuais a eugenia "permitia prever a 'perfectibilidade', supor uma melhoria na raça" (Schwarcz, Lilia Moritz. *O espetáculo das raças: cientistas, instituição e questão racial no Brasil – 1870-1930*. São Paulo: Companhia das Letras, 1993. As

com o fato da grande participação que tinham os afrodescendentes na composição desta população. De acordo com esses senhores, para que fosse possível a criação de uma nação que fizesse frente às potências mundiais, eram urgentes medidas que não só favorecessem o crescimento populacional como também garantissem que este fosse feito de modo a propiciar o "branqueamento e evolução da raça". Nesse sentido, foi ao preço de dispor de seu conhecimento para a realização dessa tarefa é que os médicos/higienistas procuram ingressar nos grupos diretivos do país.

Ora, a resposta que os médicos oferecem para esta questão estará fundamentalmente na criança, e será nela que seria depositada grande parte (ao lado da imigração europeia) das esperanças na criação do novo homem a quem caberia formar a nação. Isso será feito através de uma pedagogia especialmente voltada para as elites europeizadas do país, uma vez que são estas que oferecem melhores condições de fornecer o "cidadão" que o novo Estado tanto aguardava.[9] No discurso médico vê-se que a criança ganha novo estatuto e a família, agora submetida às vontades do Estado, deve voltar toda sua atenção a ela. As definições que, *ad nauseam*, o principal defensor da causa infantil, Arthur Moncorvo Filho, usa no início do século XX em seus trabalhos para qualificar a criança, dão uma idéia da importância de seu novo *status*: "elementos primordiaes do poderio de qualquer nação"; "tesouro o mais precioso"; "energias futuras de nossa casa Pátria", para ficarmos com algumas.[10] Ora, na mesma medida em que a criança (viva) ganha valor, sua morte torna-se cada vez mais grave. De fato, teremos oportunidade de constatar que essa nova forma de ver a criança implicará numa inversão completa dos significados que cercavam sua morte. Em última instância, a morte infantil será a negação de toda a promessa de progresso que esses médicos/higienistas depositam na criança. Não é por outro motivo que, como fica bem demonstrado nos textos do Barão de Lavradio e o Dr. Teixeira, se instaura uma incompatibilidade visceral entre essa

---

passagens citadas encontram-se nas p. 215, 235 e 236, respectivamente).

9 Como observa Jurandir Costa, inicialmente "a higiene das famílias preocupou-se exclusivamente com as elites" (Costa, Jurandir Freire. *Ordem Médica e Norma familiar. Op. cit.*, p. 211).

10 "elementos primordiaes do poderio de qualquer nação" Moncorvo Filho, Arthur. *Higiene Infantil*. Rio de Janeiro, 1918, p. 72; "tesouro o mais precioso" *Idem*, p. 104; "energias futuras de nossa casa Pátria". Moncorvo Filho, Arthur. *Defeza social contra a turbeculose infantil*. Rio de Janeiro: Typographia Besnard Frères, 1921, p. 19.

nova visão da morte infantil propugnada pelos médicos e aquela de que comungava o resto da população, a qual, como tivemos oportunidade de constatar no decorrer desse trabalho, não deixava de oferecer uma perspectiva positiva a um acontecimento muita vezes pleno de sofrimento.

Podemos enquadrar as diferenças entre essas duas concepções em dois pontos principais. O primeiro deles diz respeito à idéia de que a criança é um ser naturalmente propenso à morte. Observamos, para uma grande parte do período estudado, que no discurso leigo, ao lado de todo o sofrimento por vezes expresso, não era raro encontrarmos uma nota de resignação. Se voltarmos ao poema de Álvaro de Azevedo, encontramos o argumento segundo o qual são comuns na natureza acontecimentos (como é o caso da morte prematura) que por vezes se apresentam como injustificados e, por isso, trágicos, mas que na verdade não o são. Por conseguinte, a razão nos força a nos conformar com isso: "Não chores! Chora o jardim Quando murchado o jasmim Sobre o seio lhe pendeu [...] ?". Se nos voltarmos ao discurso religioso, sabemos também que essa resignação, mais do que um consolo, é sinal de obediência aos desígnios de Deus. Para ilustrarmos a penetração dessa ideia, basta repetirmos o comentário que sobre isso nos faz a Imperatriz Leopoldina sobre a perda dos filhos: "Dieu nous les donnént, Dieu nous les levént, je me conform a sa divine volonté".[11] No mesmo sentido, tivemos oportunidade de observar uma idéia bastante semelhante no discurso médico sobre o aborto, e que demonstra como este muitas vezes compartilhou das concepções tradicionais de morte infantil. Vimos que a tese do doutorando do Rio de Janeiro Hermenegildo Alvarenga, de 1856,[12] e a de seu colega baiano Pedro Gouvêa,[13] vinte anos depois, insistem na precariedade da vida do feto em

---

[11] Carta da Imperatriz Leopoldina a um amigo. Acervo do Instituto de Estudos Brasileiros, Códice: 118.19, A8.

[12] "grandes são ainda os perigos e riscos por que tem de passar [a criança] nos tempestuosos mares da existência, para se duvidar, um momento sequer, em escolher entre uma vida que se deslisa brandamente, e uma tão agitada e precária" (Alvarenga, Hemenegildo Rodrigues de. *Dos casos em que o aborto provocado é indicado. Op. cit.*, p. 15).

[13] Em 1877, o acadêmico baiano, Pedro Gouvêa, assim justifica a preferência pela vida da mãe em casos de parto complicado: "as estatísticas ainda demonstram que de cem crianças cincoenta não chega a trinta anos" (Gouvêa, Pedro A. S. *Indicações ao aborto. Op. cit.*, p. 13).

relação à mãe, não só ressaltando os riscos da vida uterina, mas também os perigos que cercam os primeiros anos da existência, a ponto de Gouvêa lembrar que "de cem creanças cincoenta não chegam a trinta annos".

Em todo caso, no mesmo ano da tese de Pedro Gouvêa, alguns já não se mostram nada satisfeitos com essa interpretação. Em um artigo para admissão na Academia Imperial de Medicina sobre as causas da mortalidade infantil na Corte, o médico Luiz Alves de Souza manifesta-se contra "o falso princípio de que o homem é mais mortal de que os outros animaes".[14] Dez anos depois, também na Corte, José Maria Teixeira expõe que, uns dos principais objetivos da ciência à qual ele se dedica, é alcançar um quadro bem diferente daquele de então, em que se observa acentuada mortalidade entre as crianças: "a hygiene hodierna responde-nos com segurança que da mesma sorte que seu ideal [...] seria a morte só por velhice, assim também a igualdade numérica da mortalidade nos diversos grupos de idade seria seu desideratum".[15] Afirmando, pois, que essa tarefa não é impossível, como antes parecia ser vista, ele nota que ela também não é contrária às leis da natureza: "na comparação da educação physica dos animais e do homem póde o hygienista procurar beber noções a esse respeito, porquanto em muitos animaes elle encontra o facto da pequena mortalidade de animaes em tenra idade".[16] Mais ainda, ele procura argumentar (numa leitura bastante equivocada de uma documentação da Câmara do Rio de Janeiro de 1798) como uma elevada mortalidade infantil não esteve sempre presente em nossa história: "resultou-nos [da leitura] a convicção de que naquella época a mortandade das crianças não era tão notável que despertasse a attenção dos médicos".[17]

De fato, agora não há mais lugar para qualquer resignação face à morte infantil. A explicação disso está no segundo ponto de conflito com a concepção tradicional desse evento. Esta incompatibilidade se fundamenta no fato de que a sensibilidade

---

14 Lobo, Luiz Alves de Souza. Causas da mortalidade das crianças recém-nascidas na capital do Império. Memória apresentada á Academia Imperial de Medicina, pelo Dr Luis Alves de Sousa Lobo afim de obter o título de Membro adjunto da Secção Medica. *Annaes Brasilienses de Medicina*. Tomo 28, nov-dez. 1876, p. 264-288.

15 Teixeira, José Maria. Causas da Mortalidade das Crianças no Rio de Janeiro. *Op. cit.*, p. 251.

16 *Idem, ibidem*, p. 254.

17 *Idem, ibidem*, p. 260.

dos médicos para com a criança morta está situada numa visão em que a vida e a sobrevivência adequada da criança são os únicos elementos a serem considerados em seus planos. O médico Luiz Lobo assim justifica o novo e profundamente negativo estatuto da mortalidade infantil e sua disposição para rejeitá-la como fato natural:

> a saúde pública é uma força, é uma riqueza que o povo não pode desprezar; e como esta força é a resultante do vigor collectivo do vigor collectivo dos membros de uma mesma sociedade, resulta que a criação dos recem-nascidos torna-se uma questão de economia social da mais alta importância.[18]

Colocada nesses temos a questão da sobrevivência da criança, a morte infantil é vista como um evento cuja gravidade é de teor catastrófico. E é por isso que esse discurso se mostra tão intolerante para com a uma visão da morte infantil que via nela aspectos positivos – o fato, por exemplo, de libertar o indivíduo da corrupção moral que lhe advém com a idade adulta –, da qual o poema de Álvares de Azevedo é, novamente, um bom exemplo ("Tão cedo! Que ainda o mundo; O lábio visguento, imundo; Lhe não passara na roupa!").

Nos escritos médicos, a morte infantil não é nada mais do que o sinal de uma falta e é com esse sentido que será politicamente usada. Assim, a morte infantil se torna símbolo da incapacidade dos governantes de fazer com que o Estado cumpra com seus desígnios. José Maria Teixeira aponta, em primeiro lugar, o caso das rodas de expostos. Criadas para atender às crianças abandonadas, estas casas se tornaram, para os médicos, um dos signos maiores da forma como era (mal)tratada a questão da mortalidade infantil no país.[19] Segundo ele, a permanência dessas instituições

---

18 Lobo, Luiz Alves de Souza. Causas da mortalidade das crianças recém-nascidas na capital do Império. *Op. cit.*, p. 264.

19 José Maria Teixeira assim exprime sua opinião em relação às rodas de expostos, e avalia a responsbilidade do governo em relação às conseqüências da manutenção dessas instituições: "depois do estudo o nosso espírito vacilla e quase que affirma a inutilidades dellas [das rodas], se não for possível diminuir a sua mortalidade excessiva, e se a justiça publica não intervier para punir os crimes de infanticídio, principalmente por omissão, que muitas vezes encontram na roda um meio mais fácil de occulta-os, entregando-lhes crianças semi-mortas senão mesmo mortas" (Teixeira, José Maria. Causas da Mortalidade das Crianças no Rio de Janeiro. *Op. cit.*, p. 385).

torna o Estado conivente dos crimes de infanticídio muitas vezes passíveis de serem ocultados por meio delas. Para piorar, segundo o autor, a justiça favorece o crime uma vez que o deixa impune. Outro ponto que o autor atribui aos governantes a responsabilidade em relação a esse quadro é o fato de não tornar obrigatória a vacinação contra a varíola.[20] Em uma tese de 1911, Luis Gonzaga Barboza é categórico nessa opinião: "Quantas vezes a mortalidade infantil não é senão o resultado real, positivo, de um desleixo dos poderes públicos, ou a consequência de defeitos de uma sociedade que despreza os mais comezinhos princípios de philantropia".[21]

Em todo caso, não são só os governantes que precisam cumprir com suas obrigações para com a Nação. No que se refere à estratégia higienista, uso que os médicos fazem da morte infantil não se restringirá apenas a instaurar uma nova visão sobre o fenômeno e reverter a mortalidade infantil, mas, acima de tudo, legitimar uma intervenção cada vez maior nos valores e costumes relativos ao âmbito privado da população como um todo. Jurandir Freire observa, com muita argúcia, que "a criança morta deixou de ser um vetor de esperança religiosa para os pais para tornar-se um libelo contra o sistema familiar por eles mantido".[22] De fato, a morte infantil e a disseminação de uma série de instruções que objetivavam evitá-la a todo custo, servirão de veículo de uma nova concepção de família e, principalmente, de conduta familiar que, por sua vez, procurarão adequar o âmbito privado às exigências do Estado. Nessas circunstâncias, a ação dos pais para garantir a formação e conservação do cidadão é o critério segundo o qual estes serão avaliados.

Já em 1847, um documento deixa claro o papel da mulher na construção da sociedade e o que, segundo esse juízo, se espera dela no combate à mortalidade infantil e na formação desse novo homem. Nele, o acadêmico Zeferino Meirelles define a mulher que se recusa a cumprir o papel que lhe é exigido:

---

20 "Perguntamos quaes os responsáveis de tantas mortes de criança pela varíola e quase todas não vaccinadas? Os pais pela ignorância e desleixo, e os poderes públicos que não comprehenderam, senão pelas palavras, que é tempo de tornar obrigatória a vaccinação" (*Idem, ibidem*, p. 510).

21 Barbosa, Luiz Gonzaga Vianna. *Malthus no Brasil (prophilaxia da Depopulação)*. *These apresentada á Faculdade de Medicina do Rio de Janeiro*. Rio de Janeiro: Papelaria Sol, 1911, p. 27.

22 Costa, Jurandir Freire. *Ordem Médica e Norma Familiar. Op. cit.*, p. 162.

> a mulher, que sem motivo legitimo deslembra ou desconhece os sublimes sentimentos da maternidade, cahe no ultimo degráu dos entes mais degradados, colloca-se abaixo dos animaes os mais abjetos; torna-se um membro inútil á sociedade, da qual deve ser apartada; é uma irrisão do alto grau de civilização a que temos felizmente chegado.[23]

Por que é tão grave essa falta? Porque, segundo o doutor, caso se obedeça ao seus aos preceitos,

> em logar de gerações fracas, doentias e disformes como aquellas que hoje se vêm, os homens retomarão a força e o vigor, suas formas mais proporcionadas, sua saúde mais estável resistirá mais energeticamente ao embate de mil causas, que tendem continuamente a alteral-a.[24]

Fazendo uso de uma argumentação religiosa, em 1873 o médico Francisco Moreira Sampaio procura desviar as mães solteiras da prática do infanticídio: "Não adevinhas que o frueto do crime será o redemptor do mesmo crime, e quanto mais o amares mais depressa alcançarás o perdão do Omnipotente?".[25] Mesmo no âmbito da argumentação religiosa, quem importa agora é a criança viva, não a morta, e é para àquela que se devem voltar as preocupações. Além do combate ao infanticídio, a morte infantil será móvel para as campanhas que estes médicos fazem em prol do aleitamento materno, exigência última do cumprimento do papel de mãe. Em 1918, Arthur Moncorvo Filho se pronuncia da seguinte forma:

> A natureza, sábia como é, estabeleceu o meio mais fácil de livrar-se a creança desse mal social que constitue em todas a nações a causa de uma veraddaeira hecatombe: é

---

23 Meirelles, Zeferino Justino da Silva. *Breves Considerações sobre as vantagens do aleitamento natural.* Rio de Janeiro: T. do Diário, 1847, p. 1.

24 *Idem, ibidem,* p. 21.

25 Sampaio, Francisco Moreira. *Do aleitamento natural, artificial e mixto em geral e particularmente do mercenário em relação ás condições em que elle se acha no Rio de Janeiro. These apresentada á Faculdade e Medicina da Bahia.* Rio de Janeiro: Typographia Americana, 1873, p. 2.

o aleitamento ao seio materno que representa o traço de união de um communismo inegualavel entre a genitora e o filho, a mais edificante funcção da maternidade.[26]

O estigma da morte infantil não serve apenas para normatizar as mães "desviantes". Preocupado com a substituição do quadro populacional existente à sua época, o médico Luiz Corrêa de Azevedo dirige suas críticas aos patriarcas, evidenciando de forma inquestionável a aquilo que observamos no início da tese acerca do fato de que o alvo particular contra o qual os médicos/higienistas se voltam é o modelo familiar tradicional (patrocinado pelo Estado, como já comentamos), cuja figura central é o pai de família. Em sua memória de 1869 sobre as causas da mortalidade infantil, ele afirma o seguinte: "entregando a mulher a homens sem cultura; nem consciência, é matar pela raiz gerações vindouras; é aniquilar uma humanidade que tem de vir substituir esta, que tão mal guiada vai em sua constituição physica, moral e política".[27] Como vimos, a ignorância dos pais tem um peso fundamental em José Maria Teixeira, que tendem a se apegar a uma visão "supersticiosa" acerca da criança morta. O doutor atribui, a esse desconhecimento generalizado, a morte de crianças de varíola, quando estas poderiam ter sido vacinadas.[28] É por tudo o que foi demonstrado acima que, para esses higienistas, a morte infantil deveria ser ocasião de "vergonha para os pais".[29]

---

26 Moncorvo Filho, Arthur. *Higiene Infantil. Op. cit.*, p. 74.

27 Azevedo, Luiz Corrêa de. "Memória lida na Academia Imperial de Medicina, pelo Sr. Dr. Luiz Corrêa de Azevedo, ao discutir-se as causas da mortalidade das crianças, na sessão de 26 de julho de 1869." *Anaes Brasilienses de Medicina.* Tomo XXI. Rio de Janeiro: Typographia Industria Nacional, 1869, p. 112-122, p. 119

28 Lembramos que o médico prescreve para a diminuição da mortalidade infantil "Combater pela religião a crença de que é uma felicidade a morte quando ela nos chega em tenra idade" e que ao se questionar sobre os responsáveis pelo fenômeno, elenca primeiramente "*Os pais pela ignorância e desleixo*". (Teixeira, José Maria. Causas da Mortalidade das Crianças no Rio de Janeiro. *Op. cit.*, As passagens citadas encontram-se nas p. 267 e 510, respectivamente).

29 Segundo James E. Wadsworth, "Ferreira de Magalhães declarou que a perda material ou moral de uma criança não somente representava uma tristeza para sua família e vergonha para os pais, mas também 'uma força que se perde para a sociedade'" (Wadsworth, James E. Moncorvo Filho e o problema da infância: modelos institucionais e ideológicos da assistência à infância no Brasil. *Revista Brasileira de*

Por fim, o combate à mortalidade infantil se prestava, também, à luta contra aquelas instituições que, de algum modo, fomentavam "vícios de conduta". Segundo José M. Teixeira, lugares como as Casas de Expostos, as quais, como já se disse, eram para os médicos o símbolo maior do descaso com que era encarada a mortalidade infantil, consistiam num "incentivo, ao menos um meio de tornar mais frequentes as faltas femininas, sendo mais fácil ocultar a desonra".[30] Em todo caso, segundo Teixeira, para combater a mortalidade infantil, era mister "fazer diminuir a illegitimidade por todos os meios".[31] Nesse aspecto, é interessante observar que é por ocasião da crítica à má conduta de alguns que recorrem ao infanticídio para esconder a vexação – e outros problemas – que uma gravidez indesejada os submete, que os médicos fazem uso de uma determinada representação da morte infantil em prol de seu combate à medicina "subterrânea", associando o infanticídio aos praticantes de medicina não-acadêmicos. Numa tese de 1882 sobre a mortalidade no Rio de Janeiro, o acadêmico Ildefonso Castilho aponta que os crimes de infanticídio são muitas vezes agenciados por parteiras proprietárias de "casas de maternidade", estas segundo ele, "antros de infanticídio".[32] Eis, então, a solução que ele oferece: "desappareção pois, as casas de maternidade, ou obriguem-nas representar a verdade, e a cada um a responsabilidade de seus máos instinctos".[33]

Para fecharmos o tópico, é oportuno uma rápida retomada sobre um aspecto das práticas e representações sobre a morte infantil da população que evidenciam o impacto da visão médica. Estamos falando especificamente das manifestações observadas na análise tumular infantil, uma vez que, sendo o cemitério a céu aberto uma conquista médica, lá se materializaram bem os valores disseminados por

---

*História*. São Paulo, v. 19, nº 37, p. 103-124, 1999. A passagem citada encontra-se na p. 111).

30 Teixeira, José Maria. Causas da Mortalidade das Crianças no Rio de Janeiro. *Op. cit.*, p. 384.

31 *Idem, ibidem*, p. 524.

32 Segundo o médicos, essas instituições "conseguem furtar-se á vigilância de nossas autoridades, porque a sua hypocrisia é por demais constante para poder trahir o antro de infanticídio" (Castilho, Ildelfonso Archer de. *Hygiene da primeira infância. Theses apresentadas á Faculdade de Medicina da Bahia*. Rio de Janeiro: Typographia Universal de Laemmert, 1882, p. 40-42. A passagem citada encontra-se na p. 40).

33 *Idem, ibidem*, p. 42.

esse grupo, permitindo vislumbrar sua penetração social. Lembramos que essas necrópoles foram concebidas especialmente para o exercício do amor à pátria em construção. De um lado, isso se faria através da veneração dos túmulos/monumentos dedicados aos heróis próceres da nação. De outro, através de uma inédita demonstração do sentimento familiar, em especial o de maternidade, paternidade e respeito filial, uma vez que estes também são indispensáveis para o progresso do país. A dor da perda, cuja manifestação era vetada à família nuclear (lembramos por exemplo, a antiga proibição dos parentes mais próximos de presenciarem o cortejo e o enterro), torna-se quase uma exclusividade e obrigação de seus membros. Nesse sentido, a expressão de dor pela morte da criança, e através dela, do amor maternal e paternal, se prestou adequadamente ao projeto higienista. Talvez esse tenha sido o único sentido positivo que a morte infantil tenha tido nesse novo quadro mental: o de servir à propagação desses valores em prol da família e, antes de tudo, do Estado. Ainda que o exercício público do sofrimento propiciado pela perda do ente querido seja valorizado, toda a negatividade com a qual esses higienistas circunscreveram a morte infantil não deixou, talvez, acrescentar um tom de frustação e vergonha nessas manifestações de amor familiar. Talvez seja por isso que, nesses novos espaços da morte, os lamentos – entre os quais aqueles presentes na epígrafe / poema do túmulo de Jorge Pompeu de Souza Queiroz são um bom exemplo[34] – não encontrem qualquer consolo possível.

---

34 Ver capítulo 5 desta tese.

# Conclusão

Já observaram, aqueles que já se dedicaram a escrever a história dos grupos etários, que tal critério de distinção social, ao contrário daqueles que tem por base diferenças de gênero ou de classe, é "por definição" uma condição provisória.[1] No nosso caso em particular, isso implica entender que aqueles que estudamos não "são" crianças, mas "estão" crianças. É possível que esse caráter transitório – aliado ao fato da menor importância sócio-político-econômica com que este grupo eram então visto na sociedade estudada – tenha criado condições para a notória escassez de testemunhos sobre o assunto. Além disso, o recorte de nossa investigação determinou uma delimitação maior do objeto: tratava-se especificamente da criança morta. Não obstante, acreditamos desde o início que isso, mais do que restringir, modificava essa natureza "temporária" desse objeto e os problemas dela decorrentes, e que a investigação poderia fazer-se valer desse fato: como ficou felizmente reiterado ao longo do trabalho, o fato de estar morta "congelava", por assim dizer, a condição provisória da criança, e isso fazia do recorte utilizado um ponto de vista privilegiado para a observação das condutas e sensibilidades frente a esse grupo etário.

Assim, procurando verificar as representações da infância por meio das práticas e discursos em torno da criança morta chegamos à constatação que estas podem, a grosso modo, ser divididas entre três grupos: o clero (que regulamenta as práticas e produz os compêndios), os leigos e as autoridades médicas / higienistas / políticas que aparecem no período.

No que se refere ao primeiro grupo, observamos o seguinte. Em primeiro lugar, através de suas prescrições sobre os cuidados fúnebres, ele estabelece uma única e fundamental distinção entre os fiéis, e esta tem por base a divisão entre adultos e crianças. Nos rituais dessa natureza o limite etário é, preferencialmente

---

[1] Levi, Giovanni e Schmitt, Jean-Claude (orgs.). Introdução In *História dos Jovens I: Da Antigüidade à Era Moderna*. São Paulo: Companhia das Letras, 1996, p. 8.

fixado em torno dos 6/7 anos, mas o elemento definidor de qual tipo de cuidado é aplicado é a presença ou não, naquele que morre, da "malícia", em outras palavras, da capacidade de discernimento (ou ainda, "do uso da razão"). Uma característica geral dessas cauções específicas que a Igreja prescreve à criança ao morrer, é aquilo que podemos chamar de *gravidade atenuada*, que se manifestou, em primeiro lugar, por uma quantidade mínima de cuidados rituais permitidos e exigidos, bem como por uma parca preocupação em regulá-los mais detalhadamente. Em segundo, se observou por parte da Igreja uma postura mais liberal no que se refere ao cerimonial fúnebre infantil, permitindo nestes aquilo que proibia aos funerais de adultos. Quanto a esse último aspecto, a Igreja parece incomodada particularmente com a tendência que a população tem de usar os mesmos sinais (cor e adereços) para crianças, moças virgens e solteiros. Outro dado marcante na forma como a Igreja concebia as práticas para com a criança morta é o papel fundamental e exclusivo que nelas tem o sacramento do batismo, exigido ferozmente. Essa atitude, comparada com aquelas referentes aos cuidados fúnebres, nos fez verificar, pela primeira vez, a postura ambígua que a comunidade eclesiástica do período estudado vota à criança.

No âmbito discursivo, a Igreja no Brasil lança mão de uma representação da criança que, via de regra, justifica sua postura no âmbito regulamentar. Esta, em primeiro lugar, procura salientar recorrentemente o papel inalienável do batismo na purificação do pecado original e na salvação dos homens, entendimento este saliente, por exemplo, na explicação dos chamados "estados da alma". Para o que nos interessa, essa interpretação vincula o estado espiritual e (por conseguinte) a salvação dos homens a uma iniciação ritual e não a um estado natural do indivíduo ou faixa etária. Esse mesmo discurso, não obstante, reforça a ideia de que com as crianças mortas as coisas se passam de outro modo, devido a um traço que lhes é peculiar. Em inúmeras passagens fica claro que a criança, em que é ausente a razão, está impossibilitada de pecar, explicando, assim, a tendência da Igreja em ver as outras cautelas rituais como prescindíveis para a criança que morre. A força dessa interpretação é bastante evidente no impasse de interpretação que toma o batismo como instrumento determinante na conformação da alma e aquela outra que encara a criança como ser naturalmente puro, cuja solução é a criação de um lugar específico no além, o "Limbo das criancinhas". Se do ponto de vista da escatologia cristã essa "descoberta" parece resolver o paradoxo, o uso inconstante que a Igreja brasileira faz da representação do Limbo não exclui a ambiguidade observada já no nível das regulamentações. Em poucas palavras, o conjunto das práticas e discursos dos representantes da Igreja no Brasil não definia univocamente quanto ao futuro salvífico da criança morta, seja ela batizada ou não.

No caso da veemência com que a legislação eclesiástica envolveu o batismo é certo que esta está relacionada a uma postura mais ortodoxa aos princípios do Concílio de Trento e ao seu projeto de conversão no Novo Mundo. Quanto à atitude de indiferença em relação à criança morta, esta certamente está relacionada com a impossibilidade, deste lado do oceano, de cumprir seus objetivos de acordo com a ortodoxia tridentina. Dentre os motivos, podemos enumerar, em primeiro lugar, os efeitos do Padroado na colônia portuguesa, depois país independente, ao Estado, que tornavam os quadros eclesiásticos subservientes aos interesses do Estado e, nesse sentido, um divulgador do modelo patriarcal de família. Em segundo, devem ser consideradas as precárias condições humanas e materiais que impediam que as prescrições religiosas fossem cumpridas à risca, uma vez que a administração do batismo e dos sacramentos fúnebres era feito pelos padres ou, ao menos em alguns casos, por gente minimamente capacitada para tal. Por fim, estão as exigências estruturais da colonização. A sobrevivência do clero não poderia ter-se realizado senão por meio da aliança entre este e os detentores do poder e agentes da economia local: o patriarcado. O preço disso se refletiu na postura da Igreja, que contribuía, a seu modo, para a manutenção da importância do pai de família.

Os últimos motivos que podemos enumerar mostram que a crença numa "pureza infantil" não deve ser vista apenas como uma hipótese concorrente dessa que considera as limitações impostas pela colonização. Essa concepção de criança foi mesmo favorecida pelas exigências desse contexto. Não é absurdo considerar o fato de que ideia de salvação garantida da criança deve ter ajudado na conversão do gentio, sobretudo quando levamos em conta a carnificina (assassinatos e doença novas) que envolveu o projeto colonial, particularmente para os curumins. A propagação dessa ideia que prometia um lugar de maravilha a essas vítimas deve ter contribuído de algum modo para amenizar a repulsa que os nativos, diante desse quadro, votavam à religião dos padres, associada que estava à violência dos colonos e de suas moléstias. Além disso, tivemos oportunidade de verificar o papel estratégico de conversão atribuído pelos primeiros missionários à criança, cujo traço mais perene não é senão a ideia de que a criança é pura, mas mais ainda, que ela é propensa ao sagrado.

Concepção essa amplamente enraizada no segundo grupo social que foi possível de discernir através das práticas e representações face à morte infantil, a população leiga. Ela encontrou, no amplo espaço aberto pela postura despreocupada da Igreja em relação a alguns aspectos do cerimonial fúnebre infantil, liberdade para se manifestar de uma forma que lhe foi bastante específica. Em suas práticas, no que se refere em particular à questão da diferenciação entre o cerimonial fúnebre adulto e o infantil, pode-se dizer que esta refletiu numa concepção de infância distinta daquela da Igreja. Em resumo, através da frequente identificação entre a criança, a virgem e o solteiro (tornando mais flexível a divisão em termos de idade), ficou evidente uma concepção de infância que se caracterizaria principalmente pela ausência da prática sexual. Esse fato demonstrou igualmente, quando considerada a realidade brasileira, como essa sensibilidade correspondia à estrutura familiar tradicional, em que os filhos solteiros, à sombra do pai, tendem a ser, em sua posição subalterna, infantilizados. O modo pelo qual essa parcela da população participou daquele traço com o qual caracterizamos a morte infantil (a *gravidade atenuada*) foi variado: seja pela ausência de luto e pela descontração dos participantes, seja pela presença de elementos comuns às manifestações festivas. A constatação do enorme investimento material e social a que se votava à morte infantil desfez de antemão a interpretação de que essa informalidade apontava para um menosprezo em relação à criança.

De fato, outro traço marcante dessas práticas permitiu entender melhor as representações envolvidas nesse modo de agir diante da morte infantil: é a presença recorrente, nesses cerimoniais, de símbolos tradicionalmente associados às figuras dos anjos, dos mártires e, mais raramente, do menino Jesus, além de outros elementos que ressaltavam a ideia de um poder intercessor próprio à criança e, em especial, à criança morta. O discurso respeitante a esse grupo reforça essa ideia por meio da nomenclatura com que era costume chamar a criança que morre - "anjo", "inocente", "pequeno Jesus" – bem como evidencia a crença de que, além de ter sua salvação garantida, a criança morta intermediava junto às autoridades celestes em favor dos seus. Em todo caso, o discurso íntimo permite vislumbrar aspectos da morte infantil que pareciam de certo modo estar escondidos no nível das práticas. Apesar do tom de resignação e do fato de por vezes apresentar uma argumentação que leva a crer que a morte infantil é encarada com naturalidade, esse discurso, com a intensidade daquilo que é confidenciado, é diversas vezes pontuado por uma profunda manifestação de dor que a morte prematura propiciava.

Mudanças importantes foram observadas, no decorrer do XIX, entre esse grupo. Em primeiro lugar, algumas dimensões do cerimonial de morte infantil, em especial o cortejo fúnebre e a notória exposição do cadáver, vão paulatinamente se afastando de seu caráter público e coletivo para cada vez mais se restringir ao âmbito privado. Nesse sentido, aspectos antes vetados, como a participação dos parentes imediatos, passam a ser valorizados. A partir principalmente de meados do século, os rituais de morte infantil passam a ser, quase que exclusivamente, a celebração do amor que une a família nuclear. Os discursos presentes nas inscrições tumulares, testemunhos privilegiados dessa nova fase, confirmam essa hipótese. A manifestação de dor, antes prescrita publicamente, ganha no cemitério um espaço para ser celebrada publicamente. A tristeza e os rituais fúnebres infantis se aproximam, o primeiro tornando-se cada vez mais privado e o outro se publicizando, para então se tornarem inseparáveis. Outra mudança importante foi observada em algumas epígrafes ao final do século: o tom de resignação desaparece por completo, evidenciando que aqui morte infantil não é vista nem como natural, menos ainda como uma bênção. O resultado é uma lamentação que, se nem sempre deixa transparecer uma revolta, faz da frustração um lugar-comum. Este estado de coisas torna-se inteligível quando levamos em conta que nesse momento vive-se o advento de um novo contexto político – do qual a criação das Faculdades de Medicina na década de 1830 é um dos resultados – e que começa a se veicular um discurso por meio do qual a criança ganha papel fundamental num projeto de construção da nação recém-independente, cabendo à família nuclear gerar e formar esse novo indivíduo. Em poucas palavras, os rituais que cercam a morte infantil devem agora se restringir unicamente a esse âmbito, mas as marcas perenes de dor – que de um lado se prestam a valorizar essa instituição e de outro tem a função de reconhecimento público de sua incapacidade em cumprir o que é uma obrigação para com o Estado – devem agora estar pedagogicamente à vista de todos.

Com efeito, a classe médica terá um papel central na veiculação desses novos valores e esse é o terceiro grupo que os discursos acerca da morte infantil nos permitiram identificar. O grande diferencial deste para os demais grupos é que nele o uso político da morte infantil ganha aqui primeiro plano. De fato, nesses escritos, uma determinada visão acerca da morte infantil se prestou à defesa tanto das questões relativas gerenciamento da vida do país (assumida como nova prerrogativa do Estado) e das propostas de intervenção social para atingir esse fim, como também à legitimação da crescente influência que esse grupo passa a ter no círculo dirigente do Estado. Tivemos ocasião de analisar esse discurso sobre a morte infantil a partir da análise de dois assuntos caros no momento: o debate sobre o aborto e a questão da mortalidade infantil. No primeiro caso, a morte infantil serviu ao projeto de desmantelamento da prática médica não-acadêmica, associando a ela a prática do aborto (denominado posteriormente de "aborto criminoso") e se prestou igualmente à defesa da proposta de normatização das mulheres de "má conduta". Quando o aborto aparece como intervenção legítima em caso de partos complicados, a morte infantil aparece, por meio desse discurso, como mal necessário à preservação de uma vida mais útil ao Estado – a da mãe – bem como, em alguns escritos, como medida necessária à seleção de cidadãos saudáveis.

No caso dos trabalhos que abordavam de forma direta ou indireta a questão da mortalidade infantil, a criança aparece em primeiro plano nas questões relativas ao "biopoder" como solução ao povoamento quantitativo (preenchendo as grandes extensões de terra à espera de ocupação) e qualitativo (substituindo o povo "doente" e "etnicamente inferior") do país. Na proporção oposta em termos de valores, a morte infantil aparece nesse discurso como a mais poderosa inimiga do progresso nacional. É nesse sentido que sua imagem serviu como importante aliada à ingerência dos médicos nas decisões do Estado, apontado por eles como um dos responsáveis pela mortalidade, cabendo a ele revertê-la. Esse uso da morte infantil não se ocupou somente em mostrar ao Estado suas faltas: ele a voltou contra a família, no sentido de adequá-la ao novo formato no qual esses doutores concebiam a instituição. A função primordial dela agora é a geração e formação primeira desses novos cidadãos e a morte infantil serve primeiramente para condenar a mãe, na qual a ausência do imprescindível amor ao filho se refletia nas que providenciavam a morte deste ao nascer, passando pelas que se furtavam a amamentá-los, abrangendo também aquelas que, por ignorância, arriscavam a vida e a boa saúde destes. Nesse discurso a morte da criança servirá também para adequar o poder pai-de-família, cuja hegemonia no lar e interesses deverão se submeter às exigências do Estado em sua fome de vidas. Por fim, a morte infantil ajudou os médicos na sua luta contra a concorrência dos não-acadêmicos, tidos como os responsáveis imediatos pela prática do infanticídio.

Tendo em vista essas finalidades, no que respeita à forma como esse discurso médico reagiu às concepções tradicionais de morte infantil, podemos identificar duas posturas distintas. No que concerne ao debate acerca do aborto, não se percebeu um confronto radical entre elas. Num primeiro momento, seja para condená-lo ou defendê-lo, a argumentação dos médicos muitas vezes fez uso da concepção tradicional da morte infantil, adaptando-a quando necessário mas sempre operando dentro do mesmo registro. Num segundo, se observa, de fato, um desaparecimento das considerações das questões espirituais envolvidas nessa intervenção, mas não se observa, por parte dos médicos, uma preocupação especial em se opor a essas concepções tradicionais.

É exatamente o contrário que se verifica nos discursos sobre a mortalidade infantil. Nos seus pontos principais ele se coloca em oposição definitiva em relação à forma como era encarada então a morte da criança. Em primeiro lugar, esses médicos procuram esclarecer que a intensa mortalidade infantil não é um dado natural, muito menos um fato providencial. Em segundo e mais importante, esse discurso coloca a morte infantil como evento fundamentalmente negativo, retirando desse acontecimento qualquer inteligibilidade, consolo e esperança. É por isso que alguns desses escritos chegam a declarar abertamente que a causa principal da mortalidade reside na vigência daquelas concepções de morte infantil características da população. O testemunho cemiterial, cujos traços principais foram aqui comentadas, mostrou que o esforço desses médicos não deixou de deitar raízes, exprimindo-se na forma como a população passou a reagir face à morte.

Diante dessas diferentes conclusões a que é que fechamos essa tese com a convicção de que, com efeito, a morte nos ofereceu um viés privilegiado no que se refere à recuperação das diferentes sensibilidades em relação à infância. Se não é possível afirmar que, para o período estudado, houve um padrão único, coerente e mesmo hegemônico de representação que cercou a morte infantil, e através delas a infância, o conjunto desses dados permite esboçar uma hipótese geral: a despeito de uma idéia que geralmente temos acerca da forma como se percebia a infância na sociedade do XIX, as mudanças observadas em torno da infância não devem definitivamente ser entendidas enquanto uma tendência crescente em se perceber a especificidade infantil. Tratou-se, mais precisamente, do aparecimento de novas formas de conceber diferenciadamente a criança e sua morte, uma vez que, quando isso acontece, já havia outras representações mais antigas que serviam para dar um colorido específico à infância, e que, no tocante ao período em questão, continuarão a existir.

Para encerrar e melhor problematizar essa observação geral, gostaria de voltar a observação com a qual iniciamos essa conclusão acerca da natureza transitória do grupo estudado – as crianças – uma vez que esta parece problematizar ainda mais a constatação feita no parágrafo acima. Por tudo aquilo que foi exposto a longo desta tese, me parece que, para o Brasil dos oitocentos, as mais antigas modalidades de percepção da criança morta tenderam a se interessar por determinadas características da infância em si mesmas, ao contrário das representações das crianças conforme aparece em alguns escritos médicos, que parece privilegiar na criança o "futuro adulto/cidadão".

Expliquemos. Nas práticas e representações da Igreja e leigos analisadas, a criança morta é também vetor de valores e expectativas, mas estas se fazem por meio das qualidades diferenciadas através das quais a criança é concebida – não só morta, mas também quando viva. O fundamental é que esses traços específicos são apreendidos através de uma sensibilidade na qual a criança é mais do que um adulto em formação. Ora, as qualidades com que essas eram concebidas em vida e que eram potencializadas quando mortas (como, por exemplo, a pureza e as prerrogativas especiais que as crianças teriam entre as autoridades celestes) não têm qualquer relação com as eventuais projeções que a sociedade fazia sobre que tipo de adulto essas crianças viriam a ser. Nas representações da infância divulgadas pelos escritos médicos, a situação nos parece bastante distinta. Vemos que estes estavam interessados sobretudo no futuro adulto, saudável física, política e moralmente. É bem verdade que o discurso médico sobre a criança está situado num processo que, no Ocidente, implicou numa atenção maior às crianças e se exprimiu, por exemplo, no interesse dado às questões biológicas e psíquicas que envolvem seu desenvolvimento. Mas não podemos deixar de constatar que esse novo olhar atento às especificidades da infância disse respeito principalmente a uma determinada preocupação que em última instância esteve voltada para a constituição de um saber instrumental que favorecesse a constituição do "adulto/cidadão ideal", saudável física, política e moralmente. É por isso que, no discurso científico, as esperanças, passam ser depositadas exclusivamente na criança viva, diferentemente da sensibilidade tradicional. É nesse sentido que estamos convictos que qualquer estudo preocupado com a percepção da criança no

Brasil dos oitocentos deveria levar em conta o contrataste que estabelecido ao longo deste período entre a sensibilidade dos cientistas e a tradicional, na qual, lembramos, se fazia presente um modo de encarar a criança segundo qualidades muito próprias e independentes do adulto que ela, porventura (não se pode esquecer que a morte da criança era vista como mais "natural" do que sua sobrevivência) viesse a se tornar.

Outra certeza é a de que a investigação continua à espera de mais dados e melhores reflexões. Por conseguinte, fechamos esse trabalho com algumas propostas que, apesar de pertinentes ao trabalho, seu cumprimento fugiria às dimensões e tempos disponíveis. Uma pesquisa e reflexão bastante importante para melhor avaliar as condutas em torno da morte infantil diz respeito tanto aos cuidados que, na prática, se tomavam para evitar que a criança morresse bem como as condutas que, pelo contrário, tinham por objetivo esse evento, o infanticídio e o aborto. Pensamos que nesse âmbito devem estar incluídas as pesquisas de natureza demográfica sobre a morte infantil. Outras propostas pertinentes implicam numa retomada dos períodos anteriores e posteriores desse que foi investigado. Seria interessante, por exemplo, um estudo que comparasse as práticas em torno da morte no Brasil recém-descoberto daquelas que nos séculos anteriores seriam comuns também a Portugal. Dando continuidade ao período que se segue ao deste trabalho, seria extremamente valioso observar como, no nível do discurso, o movimento operário e a luta pela regulamentação do trabalho infantil fizeram um outro uso da morte infantil, conforme esta fora veiculada pelos saberes médicos.

# Imagens

**Figura 1**

***Gravura de Jean Baptiste Debret. Diversos tipos de esquife.***
Fonte: DEBRET, Jean Baptiste. *Viagem Pitoresca e Histórica ao Brasil.* (Tradução e notas de Sérgio Milliet). São Paulo: Editora da Universidade de São Paulo, 1989.

**Figura 2 (Ao lado)**

**Gravura de Thomas Ewbank.** *Caixa de Almas.* Fonte: EWBANK, Thomas. *A vida no Brasil: ou, Diário de uma visita à terra do cacaueiro e das palmeiras, com um apêndice contendo ilustrações das artes sul-americanas antigas.* (Tradução: Jamil Almasur Haddad). São Paulo: Ed. da Universidade de São Paulo, 1976, p. 216.

**Figura 3**

***Gravura de Jean Baptiste Debret, Enterro de um negrinho.*** Fonte: DEBRET, Jean Baptiste. *Viagem Pitoresca e Histórica ao Brasil.* (Tradução e notas de Sérgio Milliet). São Paulo: Editora da Universidade de São Paulo, 1989, prancha 15.

**Figura 5**

José Augusto Ribeiro Sobral (*1870-†1881). Lápide e escultura em mármore branco. Cemitério da Consolação, s/n São Paulo (SP).

**Figura 6**

Francisco (*20/06/1897 †03/04/1898); Lápide e escultura em mármore branco; Cemitério São João Batista, Rio de Janeiro (RJ)

**Figura 7**

Gilberto e Ruth filhos de Joaquim Franco de Camargo [s/d. Pela idade de nascimento do pai (1859), é presumível que o túmulo refira-se ao final do século XIX]; Lápide e escultura em mármore branco; Cemitério da Consolação, São Paulo (SP).

**Figura 8**

Carlinhos (1910-1915). Lápide e escultura em mármore branco. Cemitério São João Batista, Rio de Janeiro (RJ).

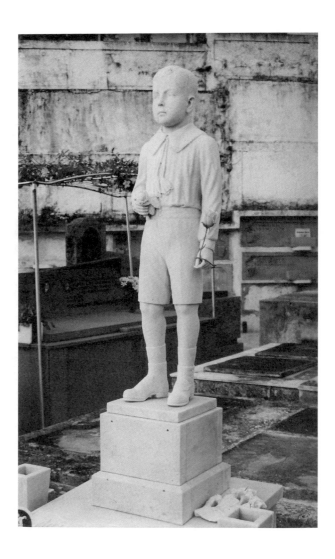

**Figura 9**

Alberto (1915-1920), neto de João Vieira de Araújo, Lápide e escultura em mármore branco. Cemitério São João Batista, Rio de Janeiro (RJ).

**Figura 10**

Bonifácio (*1887-†1890), filho do Comendador Manoel Bonifácio da Silva Batista. Monumento em mármore branco. Cemitério da Consolação, São Paulo (SP).

A morte menina 321

**Figura 11**

Massilia Martins (*1933-†1941); Escultura tumular em mármore branco. Cemitério da Consolação, São Paulo, (SP).

**Figura 12**

Gustavo (*1893-†1894) e Octavio (*1893-†1894); Lápide e escultura em mármore branco; Cemitério do Catumbi, Quadro 12, jazigo 8, Rio de Janeiro (RJ).

**Figura 13**

Ida Franchi (*1892-†1893); Monumento tumular em mármore branco. Cemitério da Consolação, São Paulo (SP).

**Figura 14**

AZEVEDO, Militão Augusto de. Sem título. 1865. Acervo do Museu Paulista da Universidade de São Paulo.

**Figura 15**

AZEVEDO, Militão Augusto de. Sem título. 1870. Acervo do Museu Paulista da Universidade de São Paulo.

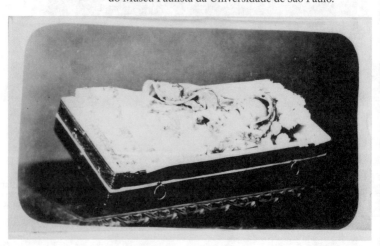

A morte menina 325

**Figura 16**

AZEVEDO, Militão Augusto de. Sem título. 1871. Acervo do Museu Paulista da Universidade de São Paulo.

**Figura 17**

AZEVEDO, Militão Augusto de. Sem título. 1877. Acervo do Museu Paulista da Universidade de São Paulo.

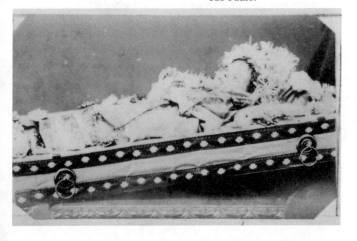

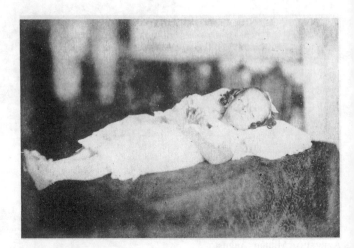

**Figura 18**

Pacheco, Menezes & Irmãos. Sem título. 1878. Arquivo do Museu da Casa Benjamin Constant (Rio de Janeiro). Fonte: Lavelle, Patrícia. O Espelho Distorcido: imagens do indivíduo no Brasil oitocentista. Belo Horizonte: Editora da ufmg, 2003.

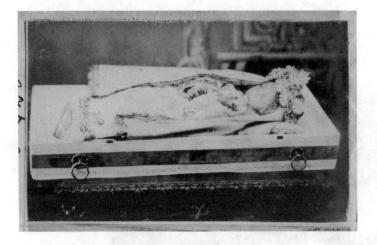

**Figura 19**

Azevedo, Militão Augusto de. Sem título. 1879. Acervo do Museu Paulista da Universidade de São Paulo.

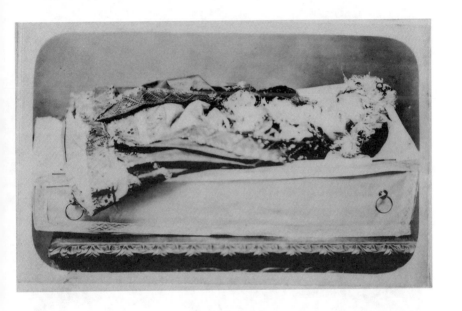

**Figura 20**

AZEVEDO, Militão Augusto de. Sem título. 1880. Acervo do Museu Paulista da Universidade de São Paulo.

**Figura 21**

BESSA, Jerônimo. Cadáver de criança, filho de Custódio José Maria Braga. Sem título. 1880. Acervo do Museu Paulista da Universidade de São Paulo.

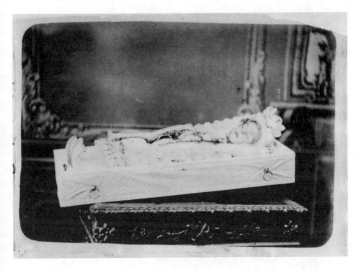

**Figura 22**

AZEVEDO, Militão Augusto de. Sem título. 1865. Acervo do Museu Paulista da Universidade de São Paulo.

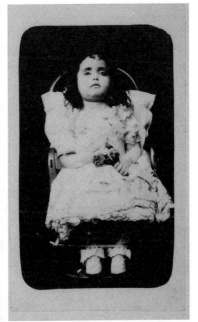

**Figura 23**

DE NICOLA. Olga Marcondes de Matos. 1895. Acervo do Museu Paulista da Universidade de São Paulo.

# Referências Bibliográficas

# Fontes Manuscritas

## Arquivo da Cúria Metropolitana de São Paulo

COMPROMISSO *da Irmandade das Almas*. Matriz da Cidade de São Paulo, 1730.

COMPROMISSO *da Irmandade do Santíssimo Sacramento*. São Paulo (Igreja Matriz), 1736.

COMPROMISSO *da Irmandade de Nossa Senhora do Rosário do Homens Brancos*. Nazaré Paulista,1773.

COMPROMISSO *da Irmandade de Nossa Senhora do Rosário dos Homens Pretos*. São Paulo, 1778.

COMPROMISSO *da Irmandade de São Beneditto, Santa. Ifigênia e Santo Elesbão*. 1801.

COMPROMISSO da Irmandade do Santíssimo Sacramento. Freguesia de Santo Amaro, 1802.

COMPROMISSO *da Irmandade de Santo Elesbão e de Santa Iphigenia*, Parochia de Santa Iphigenia, 1813.

COMPROMISSO *da Venerável Ordem Terceira de São Francisco da Penitência da Cidade de Santos*. Santos, 1890.

COMPROMISSO *da Irmandade de Nossa Senhora da Boa Morte*. São Paulo, 1813.

LIVRO *de assentamento de Óbitos da Igreja de Nossa Senhora da Assunção*.

LIVRO de assentamento de *óbitos da Igreja de Bom Jesus de Matozinhos*.

LIVRO *de assentamento de óbitos da Igreja de Nossa Senhora da Conceição*.

LIVRO *de assentamento de óbitos da Igreja de Nossa Senhora da Expectação*.

LIVRO *de assentamento de óbitos da Igreja de Nossa Senhora da Penha*.

LIVRO *de assentamento de óbitos da Igreja de Nossa Senhora da Penha – Penha*.

LIVRO *de assentamento de óbitos da Igreja de Monserrate*.

LIVRO *de assentamento de óbitos da Igreja de Monte Serrate de Cotia*.

LIVRO *de assentamento de óbitos da Igreja de Nossa Senhora dos Prazeres*.

LIVRO *de assentamento de óbitos da Igreja de Nossa Senhora do Rosário.*
LIVRO *de assentamento de óbitos da Igreja de Santo Amaro.*
LIVRO *de assentamento de óbitos da Igreja de São Roque.*

## Arquivo do Instituto de Estudos Brasileiros

Carta da Imperatriz Leopoldina a um amigo (1822).

# Bibliografia

## Fontes Primárias, Documentos Impressos e Relatos da Época

ALENCAR, Meton da França. *Do crime de abandono e exposição do feto*. Tese apresentada à Faculdade de Medicina do Rio de Janeiro. Rio de Janeiro: Typographia do Apostolo, 1970.

ALMEIDA, Cândido Mendes de. *Código Philippnio ou Ordenações e Leis do Reino de Poryugal Recopiladas por Mandado D'El-Rei D. Philippe I*. Lisboa: Fundação Calouste Dulbenkian, 1985. (Fac-símile da edição organizada por C. Mendes de Almeida em 1870).

ALVARENGA, Hermenegildo Rodrigues de. *Dos casos em que o aborto provocado é indicado*. Tese apresentada à Faculdade de Medicina do Rio de Janeiro. Rio de Janeiro: Typographia Universal de Laemmert, 1856.

ANDREWS, Christopher Columbus. *Brazil: Its condition and prospects*. New York: C. Appleton and Company, 1887.

ARAGO, M. J. *Souvenirs d'un Aveugle: Voyage Autour du Monde*. Tome Premier. Paris: Hortet et Ozanne, 1839.

AZEVEDO, Álvares de. *Lira dos Vinte Anos*. São Paulo: Martin Claret, 1999.

AZEVEDO, Luiz Corrêa de. "Memória lida na Academia Imperial de Medicina, pelo Sr. Dr. Luiz Corrêa de Azevedo, ao discutir-se as causas da mortalidade das crianças, na sessão de 26 de julho de 1869". *Annaes Brasilienses de Medicina*. Tomo XXI. Rio de Janeiro: Typographia Industria Nacional, 1869.

BAHIA, Boaventura da Silva. *Considerações acerca do abortamento*. Bahia: Imprensa Economica, 1885.

BALIERO JUNIOR, José Xavier. *Proposições sobre a gastro-hysterotomia*. Rio de Janeiro: Typographia Americana de I. P. da Costa, 1841.

BARBOSA, Luis Gonzaga Vianna. *Malthus no Brasil (prophilaxia da Depopulação)*. Tese apresentada à Faculdade de Medicina do Rio de Janeiro. Rio de Janeiro: Papelaria Sol, 1911.

BARROS, Francisco de Paula Monteiro de. Embryotomia. Tese apresentada à Faculdade de Medicina do Rio de Janeiro. Nictheroy: Typographia Fluminense, 1852.

BENCI, Giorgio. *Economia Cristão dos Senhores no Governo dos Escravos (livro brasileiro de 1700)*. Preparada, prefaciada e anotada por Serafim Leite S.I. Porto: Livraria Apostolado da Imprensa, 1954.

BETENDORF, João Felippe. *Compendio da Doutrina Christã na Lingua Portuguesa e Brasilica*. Lisboa: Offíc. de Simão Thaddeo Ferreira, 1800.

BRITO, D. Luis Raymundo da Silva. *Constituições Sinodaes da Diocese de Olinda*. Recife: Typ. Da Livraria Contemporânea, 1908.

BONAVIDES, Paulo; AMARAL, Roberto. *Textos Políticos da História do Brasil.* Volume II Império Segundo Reinado (1840-1889). Brasília: Senado Federal, 2002. Disponível em <http://www.cebela.org.br/tex_indice.asp>. Acesso em 10 set. 2004.

CANDLER, John; BURGESS. *Narrative of a recent visit to Brasil*. London: Edward Marsh, 1853.

CANSTAT, Oscar. *Brasil. Terra e Gente*. (tradução Eduardo de Lima e Castro) Rio de Janeiro: Conquista, 1975.

CARRÃO, Marianno Antonio de Amorim. *Algumas considerações sobre o homem nas suas diferentes idades*. Tese apresentada à Faculdade de Medicina do Rio de Janeiro. Rio de Janeiro: Typographia do Archivo Medico Brasileiro, 1848.

CARVALHO, Felipo M. Fontes de. *Theses apresentadas á Faculdade de Medicitna da Bahia*. Bahia: Typographia de Hermenegildo Olavo da França Guerra, 1885.

CASTILHO, Ildelfonso Archer de. *Hygiene da primeira infancia*. Tese apresentada à Faculdade de Medicina do Rio de Janeiro. Rio de Janeiro: Typographia Universal de Laemmert, 1882.

COARACY, Vivaldo. *Memórias da cidade do Rio de Janeiro*. Belo Horizonte: Ed. Itatiaia; São Paulo: Ed. da Universidade de São Paulo, 1988.

COSTA, Bellarmino Passos da. *Indicações do Aborto*. Tese de Doutoramento. Bahia: Typographia do "Correio da Bahia", 1877.

COSTA, Manoel Americo da. *Do infanticídio*. Tese apresentada à Faculdade de Medicina do Rio de Janeiro. Rio de Janeiro: Typographia Universal de Laemmert, 1853.

COSTITUIÇÕES Eclesiásticas do Brasil – *Nova Edição da Pastoral Coletiva de 1915*. Canoas R.S.: Tipografia La Salle, 1950.

COUTO, Miguel. "Comunicação pronunciada e registrada na Acta da Sessão de 15 de maio de 1906". *Annaes da Academia de Medicina*. Rio de Janeiro: Imprensa Nacional, tomo 71, julho de 1905-julho de 1906.

CRUZ, José Dionysio Borges da. Tese apresentada à Faculdade de Medicina da Bahia. Bahia: Imprensa Economica, 1883.

DABADIE, F. *A Travers L'Amérique du Sud*. Paris: Ferdinand Sartorius, 1858.

DEBRET, Jean Baptiste. *Viagem Pitoresca e Histórica ao Brasil*. Tradução e notas de Sérgio Milliet. Belo Horizonte: Ed. Itatiaia; São Paulo: Ed. da Universidade de São Paulo, 1989.

DENIS, Ferdinand. *Brasil*. Tradução de João Etienne Filho e Malta Lima. Belo Horizonte: Ed. Itatiaia; São Paulo: Ed. da Universisase de São Paulo, 1980.

DICKINS, Marguerite. *Along shore with a man-of-war*. Boston: Arena Publishing Company, 1893.

DIOCESE DE SÃO CARLOS. *Constituições Sinodais da Diocese de São Carlos* Araraquara: Irmãos Lia, 1941.

DOUVILLE, J. B. *30 mois de ma vie, ou Quinze mois avant et quinze mois après mon voyage au Congo, accompagné de pièces justificatives, détails nouveaux et curieux sur les moeurs et les usages des habitants du Brésil et de Buenos-Ayres, et d'une description de la colonie patagonia*. Paris: Dentu et Delaunay Librarie, 1833.

DUQUE, Francisco Basilio. *O que mais convem - Criar os expostos em um só estabelecimento ou distribui-los por casas diversas? (Proposições)* Tese apresentada à Faculdade de Medicina do Rio de Janeiro. Rio de Janeiro: Typographia Universal de Laemmert,1864.

EBEL, Ernst. *O Rio de Janeiro e seus arredores em 1824*. Tradução e notas de Joaquim de Souza Leão Filho. São Paulo: Ed. Nacional, 1972.

EWBANK, Thomas. *A vida no Brasil: ou Diário de uma visita à terra do cacaueiro e das palmeiras, com um apêndice contendo ilustrações das artes sul-americanas antigas.*Tradução de Jamil Almasur Haddad. Belo Horizonte: Ed. Itatiaia; São Paulo: Ed. da Universidade de São Paulo, 1976.

FEIJÓ JÚNIOR, Luiz da Cunha. *Da embriotomia e seu paralello com a symphiotomia e a operação cesareana*. Rio de Janeiro: Typographia Universal Laemmert, 1866.

FERRAZ, Domingos Alves da Motta. *Infanticidio por Omissão (Proposições)*. Tese apresentada à Faculdade de Medicina do Rio de Janeiro. Rio de Janeiro: Typographia do Imperial Instituto Artístico, 1869

FERREIRA, José Sergio. *Sobre o Aborto*. Tese apresentada à Faculdade de Medicina do Rio de Janeiro. Nictheroy: Typographia Commercial de E.C. dos Santos, 1845.

FREYCINET, Louis de. *Voyage autour du monde fait par ordre du Roi*. Paris: Pillêt Aîné, 1825.

FREYREISS, Georg Wilhelm. *Viagem ao interior do Brasil*. Belo Horizonte: Ed. Itatiaia; São Paulo: Ed. da Universidade de São Paulo, 1982.

G., A. P. D.. *Sketches of Portuguese life, maners, costume, and character*. London: Printed for. Geo. B. Whittaker, 1826.

GARCÊZ, Bento da França Pinto de Oliveira. *Considerações acerca do abortamento*. Tese apresentada à Faculdade da Bahia. Bahia: Imprensa Economica, 1881.

GENDRIN, Victor-Athanase. *Récit historique, exact et sincère, par mer et par terre, de quatre voyages faits au Brésil, au Chili, dans les Cordillères des Andes, à Mendoza, dans le Désert, et à Buenos-Aires*. Versalhes: Gendrin, 1856.

GOUVÉA, Pedro d'Alcantara de Souza. *Indicações do Aborto*. Tese para o Doutoramento em Medicina apresentada à Faculdade da Bahia. Bahia: Typographia do "Monitor", 1877.

GRAHAM, Maria. *Viagem ao Brasil*. São Paulo: Companhia Editora Nacional, 1956.

GRANADA, Luis de. *Compendio de Doctrina Christãa*. Coimbra: Real Officina da Universidade, 1789.

GUSMÃO, Alexandre de. *Arte de criar bem os filhos na idade da puerícia*. Edição, apresentação e notas Renato Pinto Venâncio, Jânia Martins Ramos. São Paulo: Martins Fontes, 2004.

HOLMAN, James. *A voyage round the world, including travels in Africa, Asia, Australia, America, etc. etc. from 1827 to 1832*. vol. 1, London: Simth, Elter, and Co., 1834.

KIDDER, D. P. & FLETCHER, J. C. *O Brasil e os Brasileiros*. Tradução Elias Dolianti. São Paulo: Companhia Editora Nacional, 1941.

KIDDER, Daniel Parish. *Reminiscências de viagens e permanência nas províncias do Sul do Brasil: Rio de Janeiro e São Paulo, compreendendo notícias históricas e geográficas do Império e das diversas províncias*. Tradução de Moacir N. Vasconcelos; notícia biográfica de Rubens Borba de Morais. Belo Horizonte: Ed. Itatiaia; São Paulo: Ed. da Universidade de São Paulo, 1980.

KOSTER, Henry. *Viagens ao Nordeste do Brasil*. Tradução e notas de Luiz da Câmara Cascudo. São Paulo: Companhia Editora Nacional: 1942.

LACERDA, D. José Maria de Almeida e Araújo Corrêa. *Diccionario Encyclopedico ou Novo Diccionario da Lingua Portugeza Para Uso dos Portuguezes e Brazileiros*. Quinta Edição. Lisboa: Francisco Arthur da Silva, 1878.

LARANGEIRA, Manoel Luiz. *Do Aborto*. Tese apresentada à Faculdade de Medicina do Rio de Janeiro. Rio de Janeiro: Typographia Carvalhaes, 1895.

LAVRADIO, Barão de. *Apontamentos sobre a mortandade na cidade do Rio de Janeiro particularmente das crianças*. Tese apresentada à Faculdade de Medicina do Rio de Janeiro. Rio de Janeiro: Typographia Nacional, 1878.

LEMOS, Pe. Lourenço Borges de. *Ritual do Arcebispado da Bahia*. Bahia: Typ. De Camillo de Lellis Marron & Cia, 1863.

LIMA, José Dias da Cruz. *Compendio de Doutrina Christã*. Rio de Janeiro: Typ. do Diario do Rio de Janeiro, 1875.

LINDEY, Thomas. *Narrative of a Voyage to Brazil*. London: Printed for J. Johnson. St. Paul's Church-Yard: 1805.

LOBO, Belchior da Gama. *Dos casos em que o aborto provocado é indicado*. Tese apresentada à Faculdade de Medicina do Rio de Janeiro. Rio de Janeiro: Typographia Univerdsal de Laemmert, 1857.

LOBO, Luiz Alves de Souza. "Causas da mortalidade das crianças recem-nascidas na capital do Imperio. Memoria apresentada á Academia Imperial de Medicina, pelo Dr. Luiz alves de Souza Lobo, afim de obter o titulo de Membro adjunto da Secção Medica." *Annaes Brasilienses de Medicina*. Tomo 28, nov.-dez. 1876.

LUCCOCK, Jonh. *Notas sobre o Rio de Janeiro e partes meridionais do Brasil tomadas durante uma estada de dez anos nesse país de 1800 a 1818*. Tradução. Milton da Silva Rodrigues. São Paulo: Livraria Martins, 1942.

MAC-ÉRIN, U. *Huit mois sur les deux Océans. Voyage d'études et d'agrément*. Paris: Cattier.

MACHADO, Pedro Carneiro da Cruz. *Definição do infanticídio*. Tese apresentada à Faculdade de Medicina do Rio de Janeiro. Rio de Janeiro: Typographia J. D. de Oliveira, 1885.

MAGALHÃES, João Moreira de. *Das indicações do aborto*. Tese para o Doutoramento apresentada à Faculdade da Bahia. Bahia: Typoghraphia do "Monitor", 1877.

MASCARENHAS, Sebastião Gonçalves da Silva. *Do aborto provocado*. Tese apresentada à Faculdade de Medicina do Rio de Janeiro. Rio de Janeiro: Typographia Universal de Laemmert, 1873.

MEIRELLES, Zeferino Justino da Silva. *Breves considerações sobre as vantagens do aleitamento natural*. Tese apresentada à Faculdade de Medicina do Rio de Janeiro. Rio de Janeiro: Typographia do Diario, 1847.

MENDONÇA, Segismundo Garcez de. *Considerações sobre o abortamento*. Tese para o doutorado em medicina. Bahia: Typ. Constitucional de França Guerra, 1882.

MINTURN JR., Robert B. *From New York to Delhi by way of Rio de Janeiro, Australia and China*. New York: D. Appleton & Co. 1858.

Moncorvo Filho, Arthur. *Defeza social contra a turbeculose infantil*. Rio de Janeiro: Typographia Besnard Frères, 1921.

_____. *Higiene Infantil*. Rio de Janeiro, 1918.

_____. *Histórico da proteção à infância no Brasil (1500-1992)*. Rio de Janeiro: Empreza Graphica Editora, 1926.

_____. *Hygiene Infantil ás Mães Pobres*. Conferências Realizadas no Dispensário Moncorvo. Rio de Janeiro: Imprensa Nacional, 1907.

Moraes, Leoncio Gomes Pereira de. *Do aborto provocado*. Tese apresentada à Faculdade de Medicina do Rio de Janeiro. Rio de Janeiro: Typographia Academica, 1873.

Moreira, Nicolau Joaquim. "Breves considerações sobre o aborto provocado debaixo do ponto de vista médico e humanitário". Memória apresentada a Academia Imperial de Medicina do Rio de Janeiro. *Annaes Brasilienses de Medicina*. Rio de Janeiro, 1856.

Motta, Augusto Fulgêncio Peres. *Indicações do Aborto*. Bahia: Imprensa Econômica, 1877.

Neves, Antonio José Pereira das Neves. *Dissertação Médico-Legal acerca do Infanticídio*. Tese apresentada à Faculdade de Medicina do Rio de Janeiro. Rio de Janeiro: Typographia do Diario, 1839.

Nunes, Manoel Francisco. *Parallello entre a embriotomia e a operação cesariana*. Tese apresentada à Faculdade de Medicina do Rio de Janeiro. Rio de Janeiro: Typographia Academica, 1873.

Oliveira, Adolfo Martins de. *Parallelo entre a Embryotomia e a Operaçào Cesariana*. Tese apresentada à Faculdade de Medicina do Rio de Janeiro. Rio de Janeiro: Typographia Universal de Laemmert , 1872.

Patury, Messias José dos Santos. *Considerações sobre o abortamento*. Tese inaugural apresentada à Faculdade de Medicina da Bahia. Bahia: Typographia dos Dous Mundos, 1883.

Pereira Junior, José Lino. *Do infanticio por omissão*. Tese apresentada à Faculdade de Medicina do Rio de Janeiro. Typographia Industria Nacional, 1865.

Pessôa Filho, Francisco de Paula. *Infanticidio por omissão*. Tese apresentada à Faculdade de Medicina do Rio de Janeiro. Rio de Janeiro: Typographia José Inácio da Silva, 1869.

Pfeifer, Ida. *A Woman's Journey Round The World. From Vienna to Brasil, Chili, Tahiti, China, Hindostan, Persia, and Asia Minor*. London: Nathaniel Cookie, 1854.

Pinheiro, J.C. Fernandes. *Manual do Parocho*. Rio de Janeiro: Livraria de B. L. Garnier, 1865.

Pires, Pedro Fructozo da Silva. *Do aborto*. Tese apresentada à Faculdade de Medicina do Rio de Janeiro. Rio de Janeiro: Typographia Carioca, 1892.

Queirós, Bernardo José Pinto de. *Praticas Exhortatórias para Socorro dos Moribundos ou Novo Ministro de Enfermos composto pelo padre José Bernardo Pinto de Queirós Religioso da Ordem de S. Camilo*. Lisboa: Typografia Rollandiana, 1802.

Quintanilha, Reginaldo Celestino de Torres. *Da Embryotomia*. Rio de Janeiro: Typographia Guanabarense, 1853.

Resende, Ferreira de. *Minhas Recordações*. Belo Horizonte: Imprensa Oficial, 1987.

Ribeiro, Antonio Emigdio. *Considerações Acerca do Abortamento*. Tese apresentada para o doutoramento em medicina. Bahia: Imprensa Economica, 1882.

Ribeiro, Manoel Claudiano. *Considerações acerca do abortamento*. Tese apresentada à Faculdade da Bahia. Bahia: Imprensa Economica, 1883.

Sampaio, Francisco Moreira. *Do aleitamento natural, artificial e mixto em geral e particularmente do mercenário em relação ás condições em que elle se acha no Rio de Janeiro*. Tese apresentada à Faculdade e Medicina da Bahia. Rio de Janeiro: Typographia Americana, 1873.

Santos Júnior, José Barbosa dos. *Do Infanticídio (Proposições)*. Tese apresentada à Faculdade de Medicina do Rio de Janeiro. Rio de Janeiro: Typographia da Reforma: 1877.

Santos, Baptista de Jesus. *Da Casa dos Expostos*. Tese apresentada à Faculdade de Medicina do Rio de Janeiro. Rio de Janeiro: Typographia J. X. de Souza Menezes, 1858.

SANTOS, Francisco Nicolao dos. *Dos casos em que o aborto provocado é indicado. Proposições.* Tese apresentada à Faculdade de Medicina do Rio de Janeiro. Rio de Janeiro: Typographia Universal de Laemmert, 1856.

SEQUEIRA, Luiz Pinheiro. *Do Infanticidio por Omissão.* Tese apresentada à Faculdade de Medicina do Rio de Janeiro. Rio de Janeiro: Typographia Universal de Laemmert, 1852.

SIEDLER, Carl. *Dez anos no Brasil.* Tradução de Bertholdo Klinger). Belo Horizonte: Ed. Itatiaia; São Paulo: Ed. da Universidade de São Paulo, 1980.

SILVA, Antonio de Moraes. *Diccionario da Lingua Portugueza. 2ª edição.* Lisboa: Na Typographia Lacérdina, 1813 Tomos I e II.

_____. *Diccionario da Lingua Portugueza. 7 ediçao. Melhorada, e muito acrescentada com grande número de termos novos usados no Brasil e no Portuguez da India.* Lisboa: Typographia de Joaquim Germano de Souza Neves, 1877.

SILVA, Dionysio Ferreira da. *Considerações acerca do abortamento.* Teses apresentadas à Faculdade de Medicina da Bahia. Bahia: Tyographia dos Dous Mundos, 1885.

SILVA, José Pereira da. *Do Infanticidio. Proposições.* Tese apresentada à Faculdade de medicina do Rio de Janeiro. Rio de Janeiro: Typographia Carioca, 1877.

SILVA, Luiz Augusto de Souza e. *Das causas mais frequentes do aborto. Proposições.* Tese apresentada à Faculdade de Medicina do Rio de Janeiro. Rio de janeiro: Typographia Universal de Laemmert, 1858.

SIQUEIRA, Joaquim Rodrigues de. *Do infanticidio por omissão (Proposições).* Tese apresentada à Faculdade de Medicina do Rio de Janeiro. Rio de Janeiro: Typographia Montenegro, 1882.

STEWART, Charles Samuel. *A visit to the South Seas in the U.S. Ship Vicennes, during the years 1829 and 1830; with notices of Brasil, Peru, Manulla, the Cape of Good Hope, and St. Helena.* London: Fisher, Son, & Jackson, 1832.

TEIXEIRA, José Maria. "Causas da Mortalidade das Crianças no Rio de Janeiro". Memoria apresentada á Imperial Academia de Medicina em resposta a esta questão posta a premio na sessão de 6 de Julho de 1886 e laureada com 1º premio em sessão magna de 30 de Julho de 1887. *Annaes da Academia de Medicina.* Série 6, Tomo III, Rio de Janeiro, 1887-1888.

UTINGUASSÚ, Philogonio Lopes. *Do Infanticídio. Proposições.* Tese apresentada à Faculdade de Medicina do Rio de Janeiro. Rio de Janeiro: Typographia Carioca, 1877

VAL, José Ribeiro do. Tese Apresentada à Faculdade de Medicina da Bahia. Bahia: Typographia do Diario, 1860.

VALENTE, Antonio Lopes dos Santos. *Diccionario Contemporaneo da Lingua Portugueza. Feito sobre um plano completamente novo.* Lisboa: Parceria A. M. Pereira, Livraria Edidora, 1881.

Vasconcelos, Jose Marcelino Pereira de. *Codigo Criminal* do Imperio *do Brazil.* Rio de Janeiro : Laemmert, 1878.

VENERAVEL ORDEM TERCEIRA DA PENITENCIA. *Compendio dos Exercícios.* Rio de Janeiro: Typ. Episcopal de Antonio Gonçalves Guimarães & C., 1868.

VIDE, D. Sebastião Monteiro da. *Constituições Primeiras do Acerbispado da Bahia Feitas e Ordenadas pelo Reverendíssimo Senhor D. Sebastião Monteiro da Vide, 5º Arcebispo do dito Acerbispado, e do Conselho de Sua Magestade: Propostas e Aceitas em o Synodo Diocesano, Que o Dito Senhor Celebrou em 12 de Junho do Anno de 1707.* São Paulo: Typographia 2 de Dezembro, 1853.

VIEIRA, Dr. Fr. Domingos Vieira. *Grande Diccionario Portuguez ou Thesouro da Liingua Portugeza.* Porto: Chandron e Moraes, 1873.

WALLE, Paul. *Au Brésil de l'Uruguay au Rio São Francisco.* Paris: E. Guilmoto, éditeur.

WETHERELL, James. *Brazil. Stray Notes from Bahia Being Extracts from Letters, & C., During a Residence of Fifteen Years.* Liverpool: Webb and Hunt, 1860.

WRIGHT, Marie Robinson. *The New Brasil.* Its resouces and attractions. Philadelphia: George Barrie & Son

## Bibliografia Secundária

ABREU, Maurício de Almeida. *Evolução Urbana do Rio de Janeiro*. Rio de Janeiro: IPLANRIO, 1997.

ARAÚJO, Alceu Maynard. *Folclore Nacional III: Ritos, sabenças, linguagem, artes e técnicas*. São Paulo: Melhoramentos: 1964.

ARAÚJO, Ana Cristina. *A Morte em Lisboa - Atitudes e representações - 1700-1830*. Lisboa: Editorial Notícias, 1997.

ARIÈS, Philippe; DUBY, Georges. *História da Vida Privada 3: do Renascimento ao Século das Luzes*. São Paulo: Companhia das Letras, 1981.

_____. *História da Vida Privada 4: da Revolução Francesa à Primeira Guerra*. São Paulo: Companhia das Letras, 1981.

_____. *História da Vida Privada 5: Da Primeira Guerra a nossos dias*. São Paulo: Companhia das Letras, 1981.

ARIÈS, Philippe. *L'enfant et la vie familiale sous l'Ancien Regime*. Paris: Éditions du Seuil, 1973.

_____. *O Homem Diante da Morte*. Rio de Janeiro: Francisco Alves, 1982.

_____. *Sobre a História da Morte no Ocidente desde a Idade Média*. Lisboa: Teorema, 1975.

ARTES DE MEXICO. *El arte ritual de la muerte niña*. Artes de México y del Mundo. Número 15, primavera de 1992.

AZEVEDO, Vicente de Paulo Vicente de. *Álvares de Azevedo Desvendado*. São Paulo: Livraria Martins Editora / Instituto Nacional do Livro, 1977.

AZZI, Riolando. "Segundo período: a instituição eclesiástica durante a primeira época colonial". In HOORNAERT, Eduardo (org.). *História da Igreja no Brasil*. Tomo II/1. Petrópolis: Editora Vozes, 1992.

BARROS, Roque Spencer M. de. "Vida Religiosa". In HOLANDA, Sérgio Buarque de; CAMPOS, Pedro Moacyr (dir). *História Geral da Civilização Brasileira. Tomo II: O Brasil monárquico. 4º Volume: Declínio e queda do Império*. São Paulo: Difusão Européia do Livro, 1971.

BASTIDE, Roger; FERNANDES, Florestan. *Brancos e negros em São Paulo*. São Paulo: Companhia Editora Nacional, 1971.

BAUDRILLARD, Jean. *A Troca Simbólica e a Morte*. São Paulo: Edições Loyola, 1996.

BEOZZO, José Oscar. "A família escrava e imigrante na transição do trabalho escravo para o livre". In MARCÍLIO, Maria Luiza (org.). *Família, mulher, sexualidade e Igreja na história do Brasil*. São Paulo: Loyola, 1993.

BLOCH, Maurice and Parry, Jonathan. *Death and Regeneration of Life*. New York: Cambrige University Press, 1987.

BOLOGNE, Jean Claude. *La naisssance interdite: sterilite, avortement, contraception au moyen-age*. Paris : Olivier Orban, 1988.

BORDIEU, Pierre. *A economia das trocas simbólicas*. São Paulo: Ed. Perspectiva, 1998.

BORGES, Maria Elizia. *Arte tumular: a produção dos marmoristas de Ribeirão Preto no Período da Primeira República*. Tese de Doutoramento, São Paulo: Escola de Comunicações e Artes, Universidade de São Paulo, 1991.

BOSI, Afredo. *Dialética da colonização*. São Paulo: Companhia das Letras, 1992.

_____. *História Concisa da Literatura Brasileira*. São Paulo: Editora Cultrix, 1975.

BRAET, Herman & VERBEKE, Werner (org.). *A morte na idade média*. Tradução de Heitor Megale, Yara Frateshi Vieira, Maria Clara Cescato. São Paulo: Editora da Universidade de São Paulo, 1996.

BURKE, Peter (org.). *A Escrita da História*. São Paulo: Ed. Unesp, 1991.

_____. *A Escrita da história: novas perspectivas*. São Paulo: Editora da Universidade Estadual Paulista, 1992.

CAMPOS, Adalgisa Arantes. "Notas sobre os rituais de morte na sociedade escravista." In *Revista do Departamento de História da UFMG*, n° 6, p. 109-22, 1988.

_____. Considerações sobre a pompa fúnebre na Capitania das Minas: o século XVII. In: *Revista do Departamento de História da UFMG*, n° 4, p. 3-24, 1987.

_____."A presença do macabro na cultura barroca". In *Revista do departamento de Historia da UFMG*, 5 (1987), p. 3-24.

CAMPOS, Alzira Lobo de Arruda. *Casamento e família em São Paulo colonial: caminhos e descaminhos*. São Paulo: Paz e Terra, 2003.

CANDIDO, Antonio. *Formação da Lireratura Brasileira: momentos decisivos*. Belo Horizonte: Editora Itatiaia, 2000.

_____. *Iniciação à Literatura Brasileira*. São Paulo: Humanitas, 1998.

_____. "The Brazilian Family". In SMITH, T. Lynn; MARCHANT, Alexander (ed.). *Brazil: Portait of Half a Continent*. Nova York: The Dryden Press, 1951, p. 291-314.

CARVALHO, José Murilo de. *A formação das almas: o imaginário da República no Brasil*. São Paulo, Companhia das Letras, 1990.

CASCUDO, Luis da Câmara. *Superstição no Brasil*. São Paulo: Global, 2000

CASEY, James. *História da Família*. Lisboa: Teorema, 1989.

CERTAU, Michel de. *A escrita da história*. Rio de Janeiro: Forense Universitária, 2000.

CHALHOUB, Sidney. *Cidade febril: cortiços e epidemias na corte imperial*. São Paulo: Companhia das Letras, 1996.

CHAMBOULEYRON, Rafael. Jesuítas e as Crianças no Brasil Quinhentista. In PRIORE, Mary Del (org.). *História das crianças no Brasil*. São Paulo: Contexto, 1999.

CHARTIER, Roger. *A História Cultural: entre Práticas e Representações*. Rio de Janeiro: Ed. Bretrand Brasil, 1990.

CHAUNU, Pierre. *La Mort à Paris: $16^e$, $17^e$, $18^e$ siècles*. Paris: Fayard, 1978.

COSTA, Jurandir Freire. *Ordem Médica e Norma Familiar*. Rio de Janeiro: Graal, 1980.

D'INCAO, Maria Angela (org.). *Amor e Família no Brasil*. São Paulo: Contexto, 1996.

DAMATTA, Roberto. *Casa e Rua: espaço, cidadania, mulher e morte no Brasil*. Rio de Janeiro: Guanabara Koogan, 1991.

DEL PRIORE, Mary. *Ao Sul do Corpo: condição feminina, maternidades e mentalidades no Brasil Colônia*. Rio de Janeiro: José Olympio; Brasília DF: EdUnb, 1993.

_____. *História das mulheres no Brasil*. São Paulo : Contexto, 1997.

_____. "O cotidiano da criança livre no Brasil entre a Colônia e o Império". In DEL PRIORE, Mary (org.). *História das crianças no Brasil*. São Paulo: Contexto, 1999.

DELUMEAU, Jean. *Mil anos de felicidade: uma história do paraíso*. São Paulo: Companhia das Letras, 1997.

_____. *O Medo no Ocidente : 1300-1800 uma cidade sitiada*. São Paulo: Companhia das Letras, 1989.

_____. *O que sobrou do paraíso?* São Paulo: Companhia das Letras, 2003.

DIAS, Maria Odila Leite da Silva. *Quotidiano e Poder em São Paulo no Século XIX*. São Paulo: Editora Brasiliense, 1995.

DICTIONNAIRE *de Théologie Catholique Contenant L'Exposé des Doctrines de la Théologie Catholique Les Preuves et Leur Histoire*. Tome douzième, première partie, Paris VI: Librarie Letouzey et Ané, 1933.

DONZELOT, Jacques. *A Polícia das Famílias*. Rio de Janeiro, Graal, 1986.

DOSSE, François. *A História em Migalhas*. Campinas: E. Ensaio, 1994.

DUBY, Georges; PERROT Michelle (dir.). *História das Mulheres no Ocidente: do Renascimento à Idade Moderna*. Porto: Afrontamento, 1991.

ELIAS, Norbert. *La Solidad de los Morimbundos*. México: Fondo de Cultura, 1989.

_____. *O Processo Civilizador. Volume I: Uma História dos Costumes*. Rio de Janeiro: Jorge Zahar Editor, 1994.

ENDERS, Armelle. *História do Rio de Janeiro*. Rio de Janeiro: Gryphus, 2002.

ENGEL Magali. *Meretrizes e doutores: saber médico e prostituição no Rio de Janeiro (1840-1890)*. São Paulo: Ed. Brasiliense, 1988.

FARIA, Sheila de Castro. "A morte de livres e escravos em registros católicos – séculos XVIII e XIX" In *População e Família*. São Paulo, n.3, 2000.

FERGUSON, George Wells. *Signs & symbols in Christian art*. New York : Oxford University Press, 1961.

FERRO, Maria José Pimenta. *Pobreza e Morte em Portugal na Idade Média*. Lisboa: Editorial Presença, 1989.

FOUCAULT, Michel. *A ordem do discurso*. São Paulo: Edições Loyola, 1996.

_____. *Em Defesa da Sociedade*. São Paulo: Martins Fontes, 1999.

_____. *História da Sexualidade: A vontade de saber*. Rio de Janeiro: Edições Graal, 1988.

_____. *Microfísica do Poder*. (organização e tradução de Roberto Machado). Rio de Janeiro: Edições Graal, 1979.

FREYRE, Gilberto. *Casa Grande & Senzala*. Rio de Janeiro: Record, 2000.

_____. *Sobrados e mucambos: decadência do patriarcado rural e desenvolvimento do urbano; introdução à história da sociedade patriarcal no Brasil*. Rio de Janeiro: Record, 2000.

FURLOTTI, Tamy Valéria de Morais. *Segredos de Família: violência doméstica contra crianças e adolescentes na São Paulo das primeiras décadas do século XX*. Dissertação de Mestrado, Universidade de São Paulo: São Paulo, 1999.

GALENO, Cândida Maria. *Ritos Fúnebres no Interior Cearense*. Fortaleza: Henriqueta Galeno, 1977.

GEERTZ, Clifford. *A Interpretação das culturas*. Rio de Janeiro, Zahar, 1978.

GOES, José Roberto de; FLORENTINO, Manolo. "Crianças escravas, crianças dos escravos". In DEL PRIORE, Mary (org). *História das crianças no Brasil*. São Paulo: Contexto, 1999, p. 175-191.

GONSALVES, Yacy Ara Fromer. *Símbolos da morte e a morte simbólica: um estudo do imaginário na arte colonial mineira*. Dissertação de Mestrado. São Paulo: Universidade de São Paulo, 1994.

GUEDES, Sandra Pascoal Leite Camargo. *Atitudes Perante a Morte em São Paulo (séculos XVII a XIX)*. Tese de Mestrado. São Paulo: Universidade de São Paulo, 1986.

HOBSBAWM, Eric. *A Era das Revoluções 1789-1848*. São Paulo: Paz e Terra, 1992.

_____. *A Era do Capital 1848-1875*. São Paulo: Paz e Terra, 1992.

_____. *A Era dos Impérios 1875-1914*. São Paulo: Paz e Terra, 1992.

HOLANDA, Sérgio Buarque de. *Caminhos e Fronteiras*. São Paulo: Companhia das Letras, 1995.

_____. In HOLANDA, Sérgio Buarque de (org.). *História Geral da Civilização Brasileira. Tomo II: O Brasil Monárquico, 2º Volume: Dispersão e Unidade*. São

Paulo: Difusão Européia do Livro, 1867, p. 515-472.

_____. *Raízes do Brasil*. Rio de janeiro: Livraria José Olympio Editora, 1971.

_____. *Visão do Paraíso. Os Motivos Edênicos no Descobrimento e Colonização do Brasil*. São Paulo: Universidade de São Paulo, 1958.

HOORNAERT, Eduardo. "Primeiro Periódo. A evangelização do Brasil durante a primeira época colonial". In HOORNAERT, Eduardo (org.). *História da Igreja no Brasil. Primeira Época*. Tomo II/1. Petrópolis: Vozes, 1992, p. 19-152.

_____. "Terceiro período. A cristandade durante a primeira época colonial". In HOORNAERT, Eduardo (org.). *História da Igreja no Brasil. Primeira Época*. Tomo II/1. Petrópolis: Vozes, 1992, p. 243-411. A passagem citada encontra-se nas p. 280-281.

HUMPHREYS, S.C. and KING, Helen. *Research Seminar in Arqueology and Related Subjects, 1980: London University; Mortality and Imortality : The anthropology and archaeology of death*. Londres: London Academic Press, 1981.

HUNT, Lynn. *A Nova História Cultural*. São Paulo: Martins Fontes, 1992.

HUNTINGTON, Richard & METCALF, Peter. *Celebrations of death*: the anthropology of mortuary ritual. 2ª ed. Cambridge: Cambridge University Press, 1992.

JORGE, Clóvis de Athayde. *Consolação: uma reportagem histórica*. São Paulo: Secretaria Municipal de Cultura.

JULIA, Dominique. "L' Enfance aux débuts de l' Époque Moderne". In BECCHI, Egle &, JULIA, Dominique (dir.). *Histoire de l'enfance em Occident*. Tome 1. *De l'Antiquité au XVII$^e$ siècle*. Paris: Éditions du Seuil, 1998, p. 373-286.

KARASH, Mary C. *A vida dos escravos no Rio de Janeiro (1808-1850)*. São Paulo: Cia das Letras, 2000.

KOK, Maria da Glória Porto. *Vivos e os mortos no Brasil colonial: da antropofagia à água do batismo*. Dissertaçãode Mestrado, São Paulo: Universidade de São Paulo, 1993.

KUZNESOF, Elisabeth. "Legal and religious rights and responsabilities of brazilian childhood: a history (1500-1937)". In *População e Família*. São Paulo, n.5, 2003, p. 255-272.

Lacombe, Américo Jacobina. "A Igreja no Brasil colonial". In Holanda, Sérgio Buarque. *História Geral da Civilização Brasileira. Tomo I: A época colonial. 2º Volume: Administração, Economia, Sociedade*. São Paulo: Difusão Europeia do Livro, 1968, p. 51-75.

Ladurie, Emmanuel Le Roy. *Le territoire de l'historien*. Paris: Gallimard, 1978.

Lavelle, Patrícia. *O Espelho Distorcido: imagens do indivíduo no Brasil oitocentista*. Belo Horizonte: UFMG, 2003.

Le Goff, Jacques e Nora, Pierre. *História: Novos Objetos*. São Paulo: Francisco Alves, 1976.

_____. *História: Novos Problemas*. São Paulo: Francisco Alves, 1974

Le Goff, Jacques. *A História Nova*. São Paulo: Martins Fontes, 1988.

_____. *O Nascimento do Purgatório*. Lisboa: Editorial Estampa, 1993.

Le Naour, Jean-Yves & Valenti, Catherine. *Historie de l'avortement: XIX$^e$-XX siècle*. Paris: Éditions du Seuil, 2003.

Leite, Miriam Moreira. "A infância no século XIX segundo memórias e livros de viagem". In Freitas, Marcos Cézar (org) *História Social da Infância no Brasil*. São Paulo: Cortez, 1997.

Leite, Mirian Lifchitz Moreira; Mott, Maria Lúcia de Barros & Appenzeller, Bertha Kauffmann. *A mulher no Rio de janeiro no século XIX. Um índice de refeências em livros de viajantes estrangeiros*. São Paulo: Fundação Carlos Chagas, 1982.

Levi, Giovanni e Schmitt, Jean-Claude (orgs.). *História dos Jovens I: Da Antigüidade à Era Moderna*. São Paulo: Cia das Letras, 1996.

Lima, Lana Lage da Gama Silva e Venancio, Renato Pinto. "O abandono de crianças negras no Rio de Janeiro". In Del Priore, Mary (org.). *História da criança no Brasil*. São Paulo: Contexto, 1991, p. 61-75.

Lima, Tânia Andrade. "De morcegos e caveiras a cruzes e livros: a representação da morte nos cemitérios cariocas do século XIX (estudo de identidade e mobilidade sociais)". In *Anais Do Museu Paulista*. São Paulo: N.Ser., vol.2, p. 87, janeiro-dezembro 1994.

Lobo, Eulália Maria Lahmeyer. *História do Rio de Janeiro (do capital comercial ao capital industrial e financeiro)*. Rio de Janeiro: IBMEC, 1978.

Lourigo, Maria Amélia Salgado. *Origem Histórica dos Cemitérios*. São Paulo: Secretaria de Serviços e Obras, 1977.

Machado, Alcântara. *Vida e Morte do Bandeirante*. São Paulo: Gráfica da Revista dos Tribunais, 1930.

Machado, Maria Helena Pereira Toledo. Sendo cativo nas ruas: a escravidão urbana na cidade de São Paulo. In Paula Porta (org.). *História da Cidade de São Paulo. A Cidade no Império, 1823-1889*. 1ªed. São Paulo, 2004, vol. 2, p. 57-99.

_____. *O Plano e o Pânico: Os Movimentos Sociais na Década da Abolição*. São Paulo: Edusp, 1994.

Machado, Roberto (et al.) *Danação da Norma: a medicina social e constituição da psiquiatria no Brasil*. Rio de Janeiro: Edições Graal, 1978.

Marcílio, Maria Luíza (org.). *Família, Mulher, Sexualidade e Igreja na História do Brasil*. Rio de Janeiro: Graal, 1978.

Marcílio, Maria Luíza. *A Cidade de São Paulo. Povoamento e População*. São Paulo: Pioneira, 1974.

Marcílio, Maria Luiza. "A roda dos expostos e a criança abandonada na História do Brasil 1726-1950". In Freitas, Marcos Cezar de (org.). *História Social da Infância no Brasil*. São Paulo: Cortez, 2003, p. 53-80.

Marins, Paulo César Garcez. *Através da rótula: sociedade e arquitetura no Brasil, séculos XVII a XX*. São Paulo: Humanitas, 2001.

Martinez, Alessandra Frota. "Educar e Instruir: Olhares Pedagógicos sobre a Criança Pobre no Século XIX". In Rizzini, Irene (org.). *Olhares sobre a Criança no Brasil*. Rio de Janeiro: Editora Universitária Santa Úrsula, 1997, p. 155-180.

Martins, José de Souza (org.) Martins, José de Sousa. *A Morte e os Mortos na Sociedade Brasileira*. São Paulo: Hucitec, 1983, p. 258-269.

Mattos, Ilmar Rohloff de. *O tempo Saquarema*. São Paulo: Hucitec, 1987.

Mattoso, José (dir.). *O Reino dos Mortos na Idade Média Peninsular*. Lisboa: Edições João Sá da Costa, 1995.

Mauad, Ana Maria. "A vida das crianças de elite durante o império". In Del Priore, Mary (org.). *História das crianças no Brasil*. São Paulo: Contexto, 1999, p. 137-191.

Mause, Lloyd de. *The History of Childhood*. London: The Psycohistory Press, 1974.

McElroy, Keith. "Death and Photography in Nineteenth Century Peru". In Fuente, Beatriz de la (coord.). *Arte funerario. Coloquio International de Historia del Arte*. Mexico, D. F.: Universidad Nacional Autônoma de México, 1987.

McManners, John. *Death and the Enlightenment: Changing Atitudes to Death in Eighteenth Century France*. Oxford: Oxford University, 1986.

Meihy, José Carlos Sebe Bom. *"Até o encontro na immortalidade. Tempo e morte nos cemitérios do Vale do Paraíba"*. (Fotos de Robert M. Levine e prefácio de José Luiz de Souza). Guaratinguetá: Museu Frei Galvão, 1983.

Mello e Souza, Laura de. *O Diabo e a Terra de Santa Cruz: feiticaria e religiosidade popular no Brasil colonial*. São Paulo: Cia das Letras, 1994.

Morin, Edgard. *O Homem e a Morte*. Lisboa: Publicações Europa-América, 1988.

Mota, Carlos Guilherme. *Ideologia da Cultura Brasileira: pontos de partida para uma revisão histórica*. São Paulo: Ática, 1977.

Motta, José Flavio. "A família escrava na historiografia brasileira: os últimos 25 anos". In Samara, Eni de Mesquita (org). *Historiografia brasileira em debate: "olhares recortes e tendências"*. São Paulo: Humanitas, 2002, p. 235-254.

Moura, Esmeralda B. de. *Trabalho feminino e Condição Social do Trabalho do Menor em São Paulo (1890-1930)*. São Paulo: Estudos cedhal 3, 1988.

Needel, Jeffrey D. *Belle Époque Tropical: Sociedade e cultura de elite no Rio de Janeiro na virada do século*. Tradução de Celso Nogueira. São Paulo: Cia das Letras, 1993.

Neiva Jr., Eduardo. *A imagem*. São Paulo: Ática, 1986.

Neves, Maria de Fátima R. das. "O sacrilégio permitido: filhos de padres em São Paulo Colonial". In Marcílio, Maria Luiza (org.). *Família, mulher, sexualidade e Igreja na história do Brasil*. São Paulo: Loyola, 1993, p. 135-148.

_____. *Infância de faces negras: a criança escrava brasileira no século xix*. Tese de Mestrado. São Paulo: Universidade de São Paulo, 1993.

OBERACKER, Carlos. Viajantes, naturalistas e artistas estrangeiros. In HOLANDA, Sérgio Buarque de (dir.). *História Geral da Civilização Brasileira. Tomo II: O Brasil Monárquico, 1º Volume: O Processo de Emancipação*. São Paulo, Difusão Europeia do Livro, 1970, p. 119-131.

OLIVEIRA, Alberto de. *Poesias Completas de Alberto de Oliveira* (Edição Crítica de Marco Aurélio Reis). Rio de Janeiro: Núcleo Editorial da UERJ, 1978.

ORME, Nicholas. *Medieval Children*. New Haven: Yale University Press, 2003.

PANOFSKY, E. *Meaning in the visual arts*. Garden City: Doubleday, 1955.

PASQUA, Suzana Podkolinski. *Mortalidade e população: o processo de urbanização da cidade de São Paulo 1890-1920 – o caso do Brás*. Dissertação de Mestrado, Universidade de São Paulo, 1998.

PAULA, Fabiano Lopes de. *Espaço da morte nas minerações inglesas em Minas Gerais – o exemplo de morro velho*. Dissertação de Mestrado, São Paulo: Universidade de São Paulo, 1997.

PIKE, E. Royston. *Diccionario de Religiones*. (Adaptación de Elsa Cecilia Frost) Mexico: Fondo de Cultura Económica, 1960.

PINTO, Olivério M. Oliveira. "Viajantes e naturalistas". In HOLANDA, Sérgio Buarque de (dir.). *História Geral da Civilização Brasileira. Tomo II: O Brasil Monárquico, 3º Volume: Reações e Transações*. São Paulo: Difusão Européia do Livro, 1969.

QUEIRÓS, Suely Robles Reis de. *São Paulo*. Madrid: Ed. Mapfre, 1992.

QUEIROZ, Maria Isaura Pereira de. *Cultura, sociedade rural, sociedade urbana no Brasil*. Rio de Janeiro: Livros Técnicos e Científicos; São Paulo: Edusp, 1978.

QUINTÃO, Antonia Aparecida. *Irmandades Negras: Outro Espaço de Luta e Resistência (1870-1890)*. Dissertação de Mestrado. São Paulo: Universidade de São Paulo, 1991.

RAGO, Margareth. *Do cabaret ao lar: a utopia da cidade disciplinar: Brasil 1890-1830*. São Paulo: Ed. Paz e Terra, 1997.

RAMOS, Fábio Pestana. "A história trágico-marítima das crianças nas embarcações portuguesas do século XVI". In Del Priore, Mary (org.). *História das crianças no Brasil*. São Paulo: Contexto, 1999.

REIS, Arthur Cezar Ferreira. "A Província do Rio de Janeiro e o Município Neutro". In HOLANDA, Sérgio Buarque de. *História Geral da Civilização Brasileira. Tomo II: O Brasil Monárquico, 2º Volume: Dispersão e Unidade*. São Paulo: Difusão Européia do Livro, 1867.

REIS, João José. *A Morte é uma Festa: ritos fúnebres e revolta popular no Brasil do século XIX*. São Paulo: Cia das Letras, 1995.

REIS, João José. "O cotidiano da morte no Brasil oitocentista". In ALENCASTRO, Luiz Felipe (org.). *História da Vida Privada no Brasil 2*. São Paulo: Cia das Letras, 1997.

REVISTA BRASILEIRA DE HISTÓRIA. *Dossiê infância e adolescência*. São Paulo, vol.19, n°37, 1999.

_____. *Dossiê Viagens e Viajantes*. São Paulo, vol. 22, n°44, 2002.

RICOEUR, Paul. *Time and Narrative*. Chicago: The University of Chicago Press, 1984, vol I.

RIGAU-PÉREZ, José G. "Surgery at the Service of Theology: Postmortem Cesarean Sections in Puerto Rico and the Royal Cedula of 1804". In *Hispanic American Historical Review* 75:3. Durhan: Duke University Press, 1995.

RODRIGUES, Jocy Neves; Silva, Laura Jane Nunes. *Ritos Fúnebres Populares no Maranhão*. Maranhão: Edições UFMA, 1981.

RODRIGUES, Cláudia. *Lugares dos mortos na cidade dos vivos: tradições e transformações fúnebres no Rio de Janeiro*. Rio de Janeiro: Secretaria Municipal de Cultura, 1997.

_____. "População, costumes fúnebres e epidemias: o papel desusturrador dos surtos epidêmicos sobre a administração dos últimos sacramentos aos moribundos (Rio de Janeiro, século XIX)". In *População e Família*. São Paulo, n.3, 2000.

RODRIGUES, José Carlos. *O Corpo na História*. Rio de Janeiro: Editora Fiocruz, 1999.

ROSALDO, Renato. *Culture & Truth*. Boston: Beacon Press, 1993.

SACARANO, Julita. *A Irmandade de Nossa Senhora do Rosário dos Pretos no Distrito Diamantino no Século XVIII*. São Paulo: Ed. Nacional, 1978.

SAMARA, Eni de Mesquita. *As mulheres, o poder e a família. São Paulo, Século XIX*. São Paulo: Marco Zero, 1989.

_____. "Tendências Atuais da História da Família no Brasil". In ALMEIDA, Ângela Mendes de et alii. *Pensando a família no Brasil: da colônia à modernidade*. Rio de Janeiro: Espaço e Tempo, 1987.

SANTOS FILHO, Lycurgo de Castro, *História geral da medicina brasileira*. São Paulo: Hucitec; Editora da Universidade de São Paulo, 1991.

SANTOS, Juana Elbein dos. *Os nagôs e a morte. Padé, asésé, e o culto egun na Bahia*. Petrópolis: Vozes, 1976.

SAUVY, Alfred; BERGUES, Helène; RIQUET, M. *Historia del control de nascimientos*. Barcelona: Ediciones Península, 1972.

SCARANO, Julita. "Criança esquecida das Minas Gerais". DEL PRIORE, Mary (org.). *História da criança no Brasil*. São Paulo: Contexto, 1991.

SCHMITT, Jean-Claude. *Os vivos e os mortos na sociedade medieval*. São Paulo: Companhia da Letras, 1999.

SCHWARCZ, Lilia Moritz. *O espetáculo das raças: cientistas, instituiçõe e questão racial no Brasil – 1870-1930*. São Paulo: Companhia da Letras, 1993.

SEVCENKO, Nicolau. *Literatura como missão: tensões sociais e criação cultural na Primeira República*. São Paulo: Ed. Brasiliense, 1983.

_____. *Orfeu Extático na Metrópole: São Paulo sociedade e cultura nos frementes anos 20*. São Paulo: Cia. das Letras, 1998.

SILVA, Maria Beatriz Nizza da. *História da Família no Brasil Colonial*. Rio de Janeiro: Nova Fronteira, 1998.

_____. *Vida Privada e Quotidiano no Brasil. Na época de D. Maria I e D. João VI*. Lisboa: Editorial Estampa, 1993.

SILVA, Olga Brites. *Imagens da Infância: São Paulo – Rio de Janeiro (1930-1950)*. Dissertação de Doutorado, Pontifícia Universidade Católica de São Paulo: São Paulo, 1999.

Souto Maior, Mário. *A Morte na Boca do Povo*. Rio de Janeiro: 1974.

Souza, Maria Lúcia de Barros Mott de Melo. "A criança escrava na literatura de viagens". *Cadernos de Pesquisa*, vol. 31, 1979.

_____. *Parto, Parteiras e Parturienses. Mm. Durocher e sua época*. São Paulo, 1998. Tese de Doutorado em História Social, Universidade de São Paulo.

_____. "Ser mãe: a criança escrava em face do aborto e do infanticídio". In *Revista História*. São Paulo: 120, jan/jul. 1989.

Thomas, Louis-Vincent. *Antropologia de la Muerte*. México: Fondo de Cultura Econômica, 1993.

Torres-Londoño, Fernando. *A Outra Família. Concubinato, Igreja e escândalo na colônia*. São Paulo: Edições Loyola, 1999.

_____. "A origem do conceito de menor". In Del Priore, Mary (org.). *História da criança no Brasil*. São Paulo: Contexto, 1991.

Vainfas, Ronaldo (dir.). *Dicionário do Brasil Colonial 1500-1808*. Rio de Janeiro: Objetiva, 2000.

_____. *Trópico dos Pecados. Moral, Sexualidade e Inquisição no Brasil*. Rio de Janeiro: Campus, 1989.

Valladares, Clarival do Prado. *Arte e Sociedade nos Cemitérios Brasileiros: Um estudo da arte cemiterial ocorrida no Brasil desde as sepulturas de igrejas e as catacumbas de ordens e confrarias até as necrópoles securalizadas, realizado no período de 1860 a 1970*. Rio de Janeiro: Ed. Conselho Federal de Cultura do Rio de Janeiro, 1972.

Venancio, Renato Pinto. Maternidade Negada. In Del Priore, Mary. *Historia das mulheres no Brasil*. São Paulo: Contexto, 1997, p. 189-222.

_____. "Os Expostos de Catas Altas – Minas Gerais, 1775-1885". In Rizzini, Irene (org.). *Olhares sobre a Criança no Brasil*. Rio de Janeiro: Editora Universitária Santa Úrsula, 1997, p. 127-141.

Verri, Gilda Maria Whitaker. *Viajantes Franceses no Brasil: bibliografia*. Apresentação de Denis Bernardes. Recife: Universidade Federal de Pernambuco, 1994.

VEYNE, Paul. *Como se escreve a história.* Brasília: Ed. UnB, 1995.

VOVELLE, Michel. *Ideologias e Mentalidades.* São Paulo: Brasiliense, 1987.

_____. *Imagens e Imaginário na História: Fantasmas e certezas nas mentalidades desde a Idade Media até o século XX.* São Paulo: Ed. Ática, 1997.

_____. *L'heure du grand passage: chronicle de la mort.* Paris: Gallimard, 1993.

_____. *Mort el L'Occident de 1300 à nos Jours.* Paris: Gallimard, 1983.

WADSWORTH, James E. "Moncorvo Filho e o problema da infância: modelos institucionais e ideológicos da assistência à infância no Brasil". In *Revista Brasileira de História.* São Paulo: vol. 19, n° 37, 1999.

WERNET, Augustin. *A Igreja Paulista no século XIX: A Reforma de D. Joaquim de Melo (1851-1861).* São Paulo: Editora Ática, 1987.

ZIGLER, Jeah. *Os Vivos e a Morte: Uma Sociologia da Morte no Ocidente e na Diáspora Africana no Brasil e seus Mecanismos Culturais.* Rio de Janeiro: Zahar, 1977.

# Agradecimentos

Gostaria de agradecer, primeiramente, à Capes, ao CNPq e à Comissão de Bolsas da Pós-Graduação do Departamento de História pelo apoio financeiro sem o qual o trabalho não teria se realizado tal como o fora e ao Programa de Pós-Graduação em História Social por tornar possível sua publicação.

À professora Maria Helena Pereira Toledo Machado por sua inteligência, ciência, exigência, paciência – e tantas outras valiosas qualidades com ou sem essa terminação – por meio das quais eu e meu trabalho nos vimos irretribuivelmente engrandecidos ao longo de todo esse processo.

Aos professores Ana Mauad, Augustin Wernet (in memorian), Elias Thomé Saliba, Esmeralda Moura, Fernando Torres-Londoño, John Monteiro, Margareth Rago, Maria Lígia Prado, Miriam Moreira Leite, Nicolau Sevcenko, Norberto Guarinelo e Ulpiano Bezerra de Menezes que, de um modo ou de outro, foram de imenso préstimo para o bom encaminhamento encaminhamento desta investigação desde que, nas suas várias formas, era ainda um espectro na cabeça do graduando.

Gostaria de agradecer especialmente à professora Maria Odila Leite da Silva Dias que, ao conceder-me assistência em seu curso de pós-graduação, me deu a oportunidade rara (para nós alunos deste departamento) e cara de conhecê-la de perto. Considero-me um afortunado por isso.

O mesmo deve ser dito pela amizade travada ao longo desse trabalho com a colega Maria Lúcia Mott. De sua postura profissional inspiradora e sua generosidade sem igual, meu trabalho se valeu inúmeras vezes. Nesse sentido, agradeço também aos colegas/amigos ou simplesmente amigos, cujos conselhos, apoio e prazerosa convivência tornaram o trabalho bem mais fácil: Albertina (*in memorian*), André Rosemberg, Alexander Guebara, Eni Bertin, Eduardo Occhi, Fabrícia Jahnel, Ivani Maia, Marco Antônio Santos, Marcel Braga, Marcel Iussef, Naia Veneranda da Silveira, Rubens Panegassi, Sebastião Vargas, Sidney Pires. Em especial, gostaria de agradecer a Fábio Joly, exemplo de erudição, humor fino e fleugma, por, dentre outras coisas, rever os originais.

Ao professor Henrique Vailati Neto, inspiração primeira.

Aos meus familiares, em especial meus irmãos, por tolerarem mais uma de minhas "excentricidades" e meus avós, cujo carinho adoçou o processo. Dois deles, Carmem e Henrique, o faço em memória.

Aos meus pais, de tal modo que me vejo impossibilitado de pôr em palavras o quanto foram indispensáveis para tudo o que diz respeito a esse trabalho. É a eles, por conseguinte, que o dedico.

A redação desta versão em livro ocorre no momento em que, na companhia de minha querida Priscila Dorella, compartilho a felicidade da publicação com quem me é fonte de muitas outras mais.

Fecho aqui minha lista. Escolhi fazê-la curta, de modo a, talvez, tornar menos injustos os inevitáveis, mas irreparáveis, esquecimentos.

Esta obra foi impressa em São Paulo na primavera de 2010 pela Prol Gráfica. No texto foi utilizada a fonte Minion Pro, em corpo 10 e entrelinha de 15 pontos.